Heinrich Bauregger

Abruzzen

Wandern zwischen Gran Sasso und Adriaküste

Die 60 schönsten Tal- und Höhenwanderungen

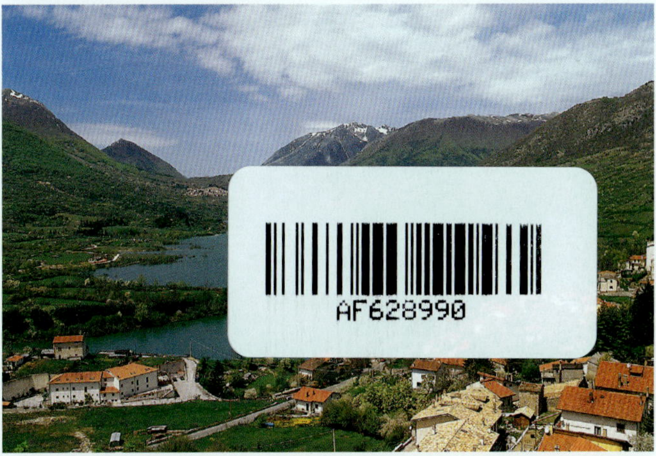

ROTHER
BERGVERLAG

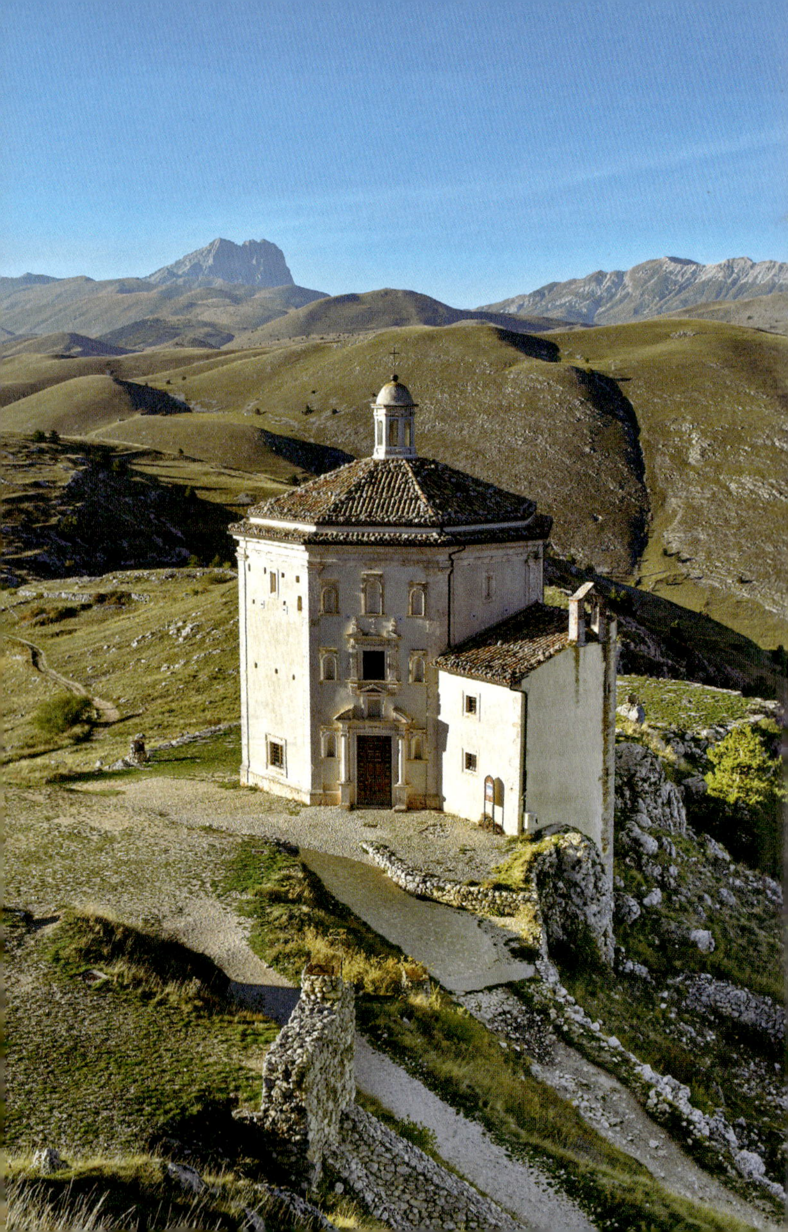

Vorwort

Die Abruzzen sind das Herzland Italiens. Dieses teilweise mächtige Kalkgebirge weist nicht nur eine große Vielfalt an Landschaftstypen, sondern auch hohe klimatische Gegensätze auf. Naturfreunde und andere Enthusiasten sehen in ihnen sogar die grüne Lunge der Halbinsel. Mit drei Nationalparks – »Parco Nazionale del Gran Sasso e Monti della Laga«, »Parco Nazionale della Majella«, »Parco Nazionale d'Abruzzo« und dem Naturpark Sirente-Velino hat es auch eine für Italien ungewöhnliche Dichte an Schutzgebieten mit großen, zusammenhängenden Wäldern. Diese nehmen bis zu einem Drittel der gesamten Region Abruzzen ein. Dort finden wir zudem mit dem Gran Sasso die höchsten Erhebungen des Apennin und mit dem Calderone den südlichsten Gletscher Europas. Nur knapp verfehlt der Corno Grande die Dreitausendmetermarke. Tief eingeschnittene Schluchten, zahlreiche Grotten und Wasserfälle, weite Hochebenen, stille Seen, kahle Gipfel und dunstverschleierte Talfurchen gehen eine grandiose Symbiose ein. Auf den Hügeln und an steilen Berghängen ducken sich jahrhundertealte Bergdörfer, die ihren Charme bis heute nicht verloren haben. Auch wenn viele Auswanderer die Region verlassen haben, der Charakter der Abruzzen ist unverfälscht erhalten geblieben. Zwischen den Felsgipfeln des Gran Sasso und der 140 Kilometer langen Küste der Adria liegen fruchtbare Hügel mit Weinbergen und Olivenhainen, die mit zahlreichen malerischen Bergdörfern, Bauernhöfen und beeindruckenden Landsitzen den Ausklang zum Meer hin bilden. Mit über 500 Burgen, Burgruinen und Schlössern weist die Region Abruzzen zugleich die höchste Burgendichte ganz Italiens auf. Sie ist damit auch ein historisches und kulturelles Kernland der italienischen Halbinsel. Neben zahllosen herrlichen Kirchen finden wir auch ehrwürdige Klöster, berühmte Abteien, versteckte Einsiedeleien, Trockensteinhäuser (Tholos) und Ausgrabungen, die bis weit in die Zeit der Römer, ja bis in die Epochen davor zurückreichen.

Diese vielgestaltige Bergwelt lädt heute mit ihrer Vielfalt und ihren Naturschönheiten zu intensiven Exkursionen ein. Die Palette reicht dabei von einfachen Waldwanderungen – wie z. B. ins »Tal der Hundert Wasserfälle« – bis hin zu Felstouren am Corno Grande im Gran-Sasso-Gebiet. Einige wenige, jedoch nur zur Hauptsaison voll bewirtschaftete Hütten, aber auch viele einfache Rifugi laden zu einem Besuch ein. Nahezu alle Wanderziele können aber auch als Tagesausflüge geplant werden. Zahllose Wanderwege – die häufig auf alten Maultierwegen und Hirtenpfaden verlaufen – bieten ein gutes Netz für abwechslungsreiche Touren in die Berge.

Die Abruzzen laden also in ihrer gesamten Vielfalt zu Abenteuern in der Natur, aber auch zu kulturellen und mit ihrer einfachen, aber unverfälschten Küche zu kulinarischen Entdeckungen ein.

München und Pratola Peligna, Sommer 2023 — Heinrich Bauregger

Inhaltsverzeichnis

Abruzzen-Nationalpark

Sirente-Velino

Der Umwelt zuliebe ...

Auch beim Wandern hinterlassen wir einen ökologischen Fußabdruck, aber im Einklang mit der Natur unterwegs zu sein, ist gar nicht so schwer!

VORBEREITUNG UND ANFAHRT

- Sich vorab informieren, worauf in Bezug auf Natur und Umwelt in der jeweiligen Wanderregion besonders zu achten ist.
- Soweit möglich mit Bahn und Bus anreisen, Wander- und Rufbusse nutzen.
- Ist eine Anfahrt mit dem Auto nötig, Fahrgemeinschaften bilden.
- Bei weiten Anfahrten Mehrtagestouren planen oder von einem Quartier vor Ort aus mehrere Touren absolvieren.
- Flugreisen möglichst reduzieren und durch Beiträge zu Klimaschutzprojekten kompensieren.

KLEIDUNG UND AUSRÜSTUNG

- Beim Kauf von Outdoor-Kleidung auf umweltfreundliche und faire Herstellung achten und Kleidungsstücke möglichst viele Jahre nutzen.
- Ausrüstung kann man eventuell auch gebraucht kaufen oder ausleihen.
- Reparieren statt neu kaufen.

VERPFLEGUNG

- Beim Einkauf Bio-Ware, regionale und saisonale Erzeugnisse bevorzugen.
- Hütten und Gasthäuser auswählen, die regionale Produkte verwenden.
- Auf Einwegflaschen und Plastikverpackungen verzichten, stattdessen wiederverwendbare Trinkflaschen und Brotzeitboxen benutzen.

ÜBERNACHTUNG

- Bei lokalen Anbietern buchen, damit Menschen vor Ort profitieren.
- Auf Hütten und in anderen Unterkünften Strom und Wasser sparen.

UNTERWEGS

- Wege benutzen und Abkürzer vermeiden.
- Sperrungen von Wegen und Schutzgebieten respektieren.
- Keine Blumen pflücken und keine Pflanzen entnehmen.
- Waldbrandgefahr beachten.
- Müll wieder mit nach Hause nehmen und dort entsorgen.
- Toilettengänge in freier Natur möglichst vermeiden.
- Lärm vermeiden.
- Hunde an die Leine nehmen.

ROTHER
BERGVERLAG

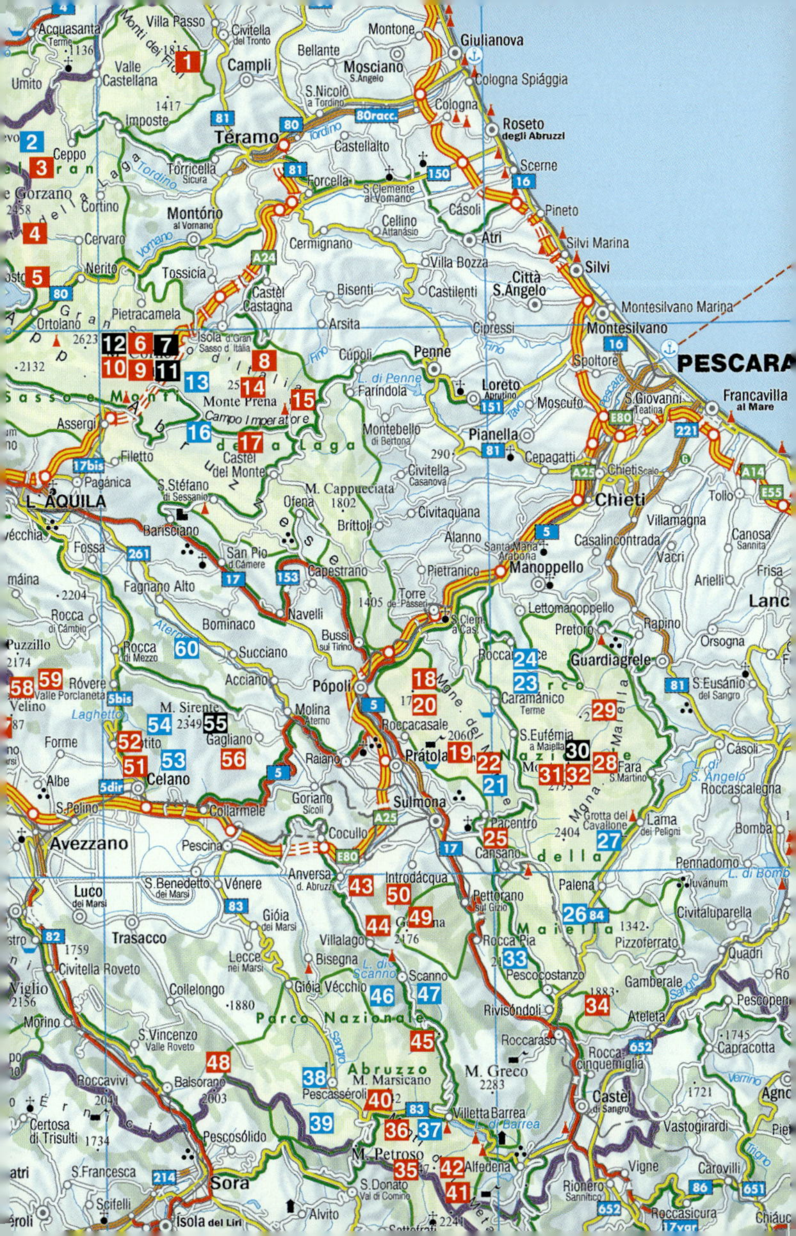

Acquasanta Terme
Villa Passo
Monti dei Fiori
Civitella del Tronto
Montone
Giulianova
Bellante
Mosciano S.Angelo
Valle Castellana
Campli
Cologna Spiaggia
Umito
S.Nicolò a Tordino
Cologna
Imposte
Roseto degli Abruzzi
Téramo
Tordino
Castellalto
Ceppo
Torricella Sicura
Forcella
Scerne
Gorzano
S.Clemente al Vomano
Cortino
Cásoli
Pineto
Montório al Vomano
Cellino Attanásio
Cervaro
Cermignano
Atri
Silvi Marina
Vomano
Villa Bozza
Silvi
Nerito
Tossicía
Castèl Castagna
Bisenti
Castilenti
Città S.Angelo
Montesilvano Marina
Ortolano
Pietracamela
Arsita
Cipressi
Montesilvano
Isola d.Gran Sasso d'Itália
Cúpoli
Penne
PESCARA
Spoltore
L. di Penne
Loreto Aprutino
Moscufo
S.Giovanni Teatina
Francavilla al Mare
Farindola
Monte Prena
Campo Imperatore
Assergi
Montebello di Bertona
Pianella
Cepagatti
Filetto
Castel del Monte
Civitella Casanova
Chieti Scalo
Pagánica
S.Stéfano di Sessanio
M. Cappucciata
L'AQUILA
Ofena
Chieti
Tollo
Brittoli
Civitaquana
Villamagna
Bariscíano
Alanno
Casalincontrada
Canosa Sannita
Fossa
San Pio d.Cámere
Santa Maria Arabona
Vacri
Capestrano
Pietranico
Manoppello
Ariclli
Frisa
Fagnano Alto
Torre de' Passeri
Lettomanoppello
Rocca di Cámbio
Navelli
S.Clem. a Cas.
Pretoro
Rapino
Bominaco
Bussi sul Tirino
Orsogna
Rocca di Mezzo
Succiano
Guardiagrele
Puzzillo
Acciano
Pópoli
Caramánico Terme
S.Eusánio del Sangro
Rovere
Valle Porclaneta
Velino
M. Sirente
Molina Aterno
Laghetto
Roccacasale
Forme
Gagliano
S.Eufémia a Maiella
Cásoli
Prátola
Raiano
Fara S.Martino
L. di S. Angelo
Albe
Celano
Roccascalegna
Goriano Sícoli
Sulmona
Grotta del Cavallone
Lama dei Peligni
S.Pelino
Collarmele
Avezzano
Cocullo
Pacentro
Bomba
Pescina
Cansano
Pennadomo
Anversa d. Abruzzi
Introdácqua
L. di Bomba
S.Benedetto dei Marsi
Vénere
Juvánum
Luco dei Marsi
Palena
Pettorano sul Gizio
Trasacco
Gióia dei Marsi
Civitaluparella
Villalago
Rocca Pia
Pizzoferrato
Civitella Roveto
Lecce nei Marsi
Bisegna
Quadri
L. di Scanno
Scanno
Pescocostanzo
Gamberale
Gióia Vécchio
Collelongo
Rivisóndoli
Ateleta
Pescopen
Morino
Parco Nazionale
Sangro
S.Vincenzo Valle Roveto
Roccaraso
Capracotta
Rocca cinquemiglia
Abruzzo
Roccavivi
Balsorano
M. Marsicano
M. Greco
Pescasséroli
Castel di Sangro
Villetta Barrea
L. di Barrea
Vastogirardi
Certosa di Trisulti
Pescosólido
M. Petroso
Alfedena
Vigne
Carovilli
S.Francesca
Sora
S.Donato Val di Comino
Rionero Sannitico
Scifelli
Roccasicura
Isola del Liri
Alvito

Touristische Hinweise

Anforderungen

Die meisten Wanderungen in den Abruzzen verlaufen auf teilweise gut instand gehaltenen und markierten Steigen und Wegen, aber auch auf alten Hirtenpfaden und Wirtschaftswegen. Dies sollte jedoch nicht darüber hinwegtäuschen, dass manche Stellen Trittsicherheit und Schwindelfreiheit erfordern. Für einige Wanderungen benötigt man zusätzlich auch gute Kondition. Darüber hinaus ist zu beachten, dass die Wege – vor allem im Gebiet der Majella – nicht immer optimal bezeichnet oder ausgeschildert sind, da ist dann schon auch mal etwas Orientierungssinn gefragt. Außerdem ist zu beachten, dass die Touren im Frühjahr oder Spätherbst und nach längeren Schlechtwetterperioden erhöhte Anforderungen aufweisen können.
Um die jeweiligen Anforderungen besser einschätzen zu können, wurden die Tourenvorschläge farbig markiert. Die Farben erklären sich wie folgt:

Leicht Der Weg ist meist gut markiert, oft ausreichend breit und nur mäßig steil, daher auch bei Schlechtwetter relativ gefahrlos zu begehen. Diese Wege können auch von Kindern und älteren Leuten ohne große Gefahr begangen werden.

Mittel Diese Wege und Steige sind ausreichend markiert, überwiegend aber schmal und über kurze Abschnitte etwas ausgesetzt. Kurze Strecken dieser Steige können bereits mit Drahtseilen gesichert sein und sollten daher nur von trittsicheren Bergwanderern begangen werden. Auch können steile An- und Abstiege Teil des Wegverlaufs sein.

Symbole

	mit Bahn/Bus erreichbar	†	Gipfel
	Einkehrmöglichkeit unterwegs	)(	Pass, Sattel
	für Kinder geeignet		Kirche, Kapelle, Kloster
	Ort mit Einkehrmöglichkeit	)(	Brücke
	Einkehrmöglichkeit		Höhle
	Schutzhaus, Unterstand		Picknickplatz
	verschlossene Hütte		Aussichtsplatz
P	eingerichteter Parkplatz		Abzweigung
	Seilbahn/Skilift		Wasserfall
	Fahrt mit Seilbahn/Sessellift		Brunnen, Quelle

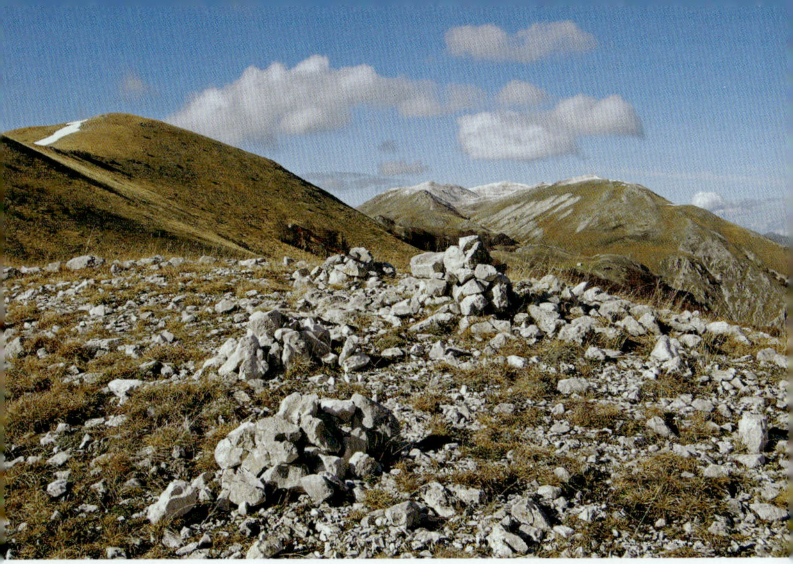

Der Gipfelkamm der Montagne del Morrone mit Blick in Richtung Norden (Tour 21).

■ **Schwierig** Diese Steige sind ebenfalls ausreichend markiert, aber schmal und über weite Abschnitte steil angelegt. Stellenweise können sie sehr ausgesetzt sein, manchmal wird die Zuhilfenahme der Hände notwendig. Diese Wege sollten nur von absolut trittsicheren, konditionsstarken und alpin erfahrenen Wanderern begangen werden. Einzelne Passagen können auch mit Drahtseilen und Eisenbügeln versehen sein.

Wegmarkierungen

In der Regel sind die Wanderwege in den Abruzzen rot-weiß markiert, zuweilen sind sie auch mit Markierungs-Nummern bzw. Wegtafeln versehen. Am besten sind die Wege im Gran-Sasso-Gebiet, Teilen des Majellagebirges sowie in den am häufigsten besuchten Gebieten des Abruzzen-Nationalparks (z. B. rund um die Camosciara und das Valle

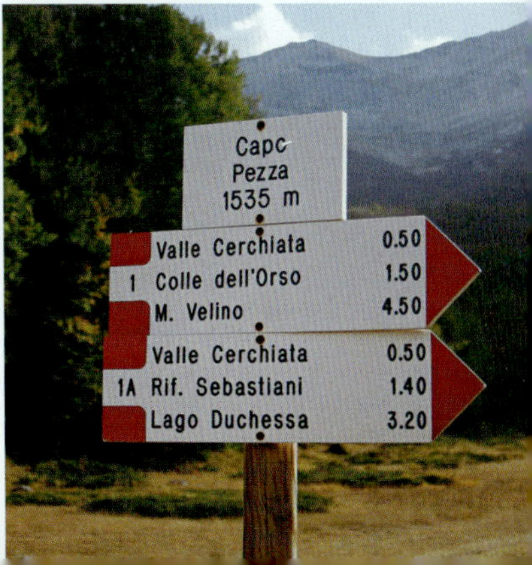

Am südlichen Ende der Piano di Pezza (Touren 58 und 59).

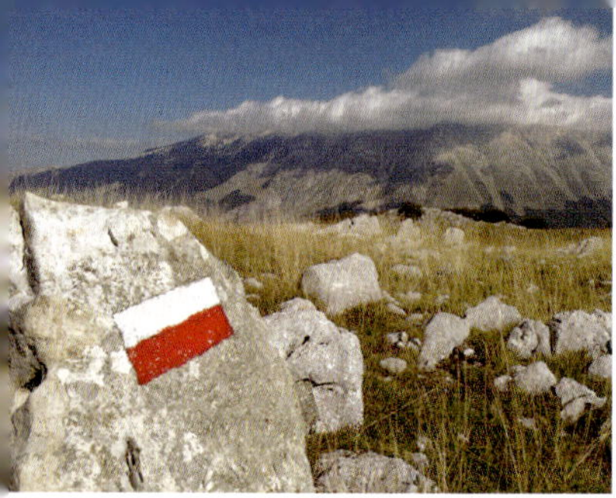

Natürlich finden sich auch in den Abruzzen die klassischen Wegmarkierungen.

Fondillo) ausgeschildert und markiert (mit Markierungs-Nummer, Gehzeiten, Wanderziel und Zwischenetappen). Falls es keine Wegtafeln gibt, können sich die Wegmarkierungen an Bäumen, auf Steinen oder sogar am Boden befinden. Ursache für die teilweise schlechte oder veraltete Markierung ist das Kompetenzgerangel zwischen den Nationalparkverwaltungen und dem Club Alpino Italiano (CAI).

Gehzeiten

Zeitangaben sind zwar reichlich bemessen, enthalten jedoch nur die reine Gehzeit. Bei den beigefügten Höhenprofilen sind die Gehzeiten für die einzelnen Etappen sowie die Gesamtgehzeit vermerkt. Die Zeitangaben auf den Wegweisern vor Ort sind oft etwas knapp angegeben. Grundlage der in diesem Führer angegebenen Zeiten sind folgende Erfahrungswerte beim Wandern: 4 km in der Ebene pro Stunde, max. 400 Höhenmeter pro Stunde im Aufstieg, 600 Höhenmeter pro Stunde im Abstieg.

Ausgangspunkte

Bei allen Tourenvorschlägen wurden neben der genauen Angabe des Startpunkts auch die vorhandenen Parkmöglichkeiten angegeben. Oft sind diese aber recht begrenzt. Da die Frequenz der öffentlichen Busse nicht sehr hoch ist, müssen wir meistens auf das Auto als Transportmittel zurückgreifen (siehe auch »Öffentliche Verkehrsmittel«, S. 20).

Beste Jahreszeit

Grundsätzlich kann man in den Abruzzen in einigen Regionen das ganze Jahr über wandern – mit Ausnahme der Hochlagen. Die schönsten Wandermonate sind aber im Frühjahr (in den unteren Lagen bereits im April), besonders Mai und Juni bieten sich wegen der üppigen Flora an. Für die höheren Lagen ist natürlich der Sommer ideal, dann sind auch die wenigen bewirtschafteten Rifugi und Malghe bewirtschaftet. Doch auch wenn die Sommer heiß sein mögen, in den Abruzzen gibt es viel Wald, man findet also fast immer ein schattiges Plätzchen. Wanderungen über 2000 Metern Höhe sind in der Regel erst ab Mitte Juni, dann jedoch bis Mitte Oktober möglich. Der Herbst lädt wegen der guten Fernsicht und der angenehmen Temperaturen für Ausflüge in die Berge ein. Die Schneefallgrenze liegt in den Abruzzen relativ niedrig. Bei wenig Schnee können aber zahlreiche Wege auch im Winterhalbjahr begangen werden.

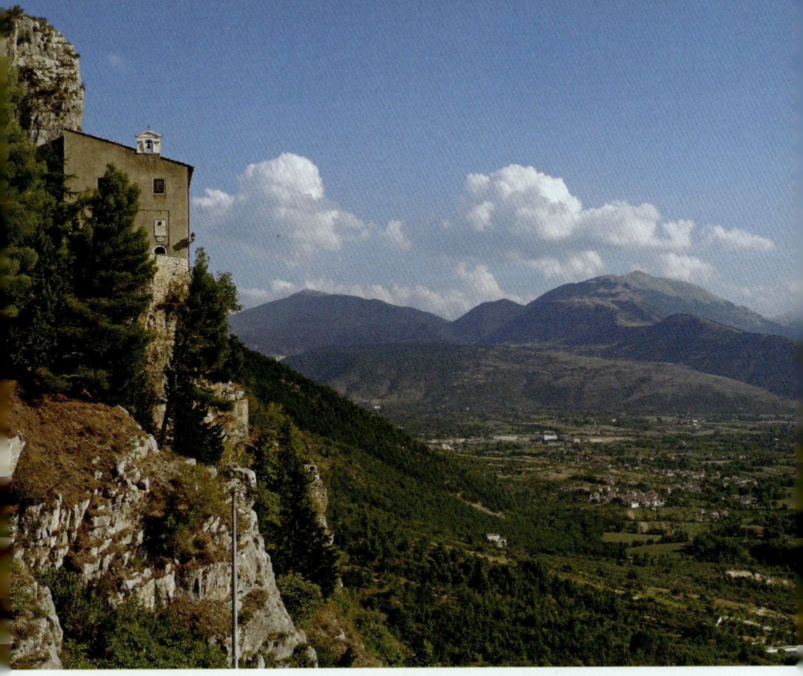

Die Eremitenklause Sant'Onofrio hoch über dem weiten Valle Peligna.

GPS-Tracks und Koordinaten der Ausgangspunkte

Auf **gps.rother.de** stehen zu diesem Wanderführer GPS-Tracks und die Koordinaten der Ausgangspunkte zum kostenlosen Download bereit. Dieser QR-Code führt direkt zum Download.
3. Auflage, Passwort: **401303btz**
Die GPS-Tracks können in die **Rother App** importiert werden. In der App kann man unterwegs stets sehen, wo man gerade ist und wo es langgeht. **Anleitungen dazu: rother.de/gps**
Trotz sorgfältiger Prüfung können wir Fehler und zwischenzeitliche Veränderungen nicht ausschließen. Verlassen Sie sich für die Orientierung niemals einzig und allein auf die GPS-Daten, sondern beurteilen Sie die Verhältnisse vor Ort.

Top-Touren in den Abruzzen

Zu den Hundert Wasserfällen

Schattige Bachwanderung in den Monti della Laga. Über zahlreiche Felsabbrüche stürzt der Fosso dell'Acero in Kaskaden talwärts (Tour 4, 4.00 Std.).

Corno Grande (Normalweg)

Der höchste Gipfel nicht nur der Abruzzen, sondern des gesamten Apennin bietet bei klarem Wetter eine überwältigende 360°-Aussicht (Tour 11, 5.30 Std.).

Von Tocco da Casauria zum Monte Rotondo

Großartige Waldwanderung mit überraschendem Meerblick (Tour 18, 7.45 Std.).

In die Orfentoschlucht

Kühle Abwechslung für heiße Tage in einem der schönsten und am besten gepflegten Naturreservate im Majellagebirge. Vor der Begehung muss jedoch eine kostenlose Genehmigung eingeholt werden (Tour 23, 3.00 Std.).

Monte Porrara

Aussichtsreiche Kammwanderung mit Blick nach Molise (Tour 26, 5.20 Std.).

Von der Maielletta zum Monte Amaro

Durch eine karge Felslandschaft auf den höchsten Gipfel der Majella (Tour 30, 11.00 Std.).

Monte Tranquillo

Tal- und Höhenwanderung auf einem Pilgerweg an der Grenze zu Latium (Tour 39, 5.20 Std.).

Die Schlucht von Celano

Leichte Wanderung durch ein Naturwunder nach Ovindoli. Die wohl am häufigsten besuchte Schlucht im zentralen Apennin bietet senkrechte Felswände, eine beeindruckende Vegetation und vielleicht sogar das Erlebnis eines Adlerflugs (Tour 51, 5.15 Std.).

Zum Rifugio V. Sebastiani

Zur einzigen, voll bewirtschafteten Hütte im Regionalpark Sirente-Velino (Tour 59, 7.00 Std.).

Zu den »Pagliare« von Tione degli Abruzzi

Alte Almdörfer vor den Felsmauern des Monte Sirente (Tour 60, 5.15 Std.).

Ausrüstung

Feste Schuhe mit Profilgummisohle, strapazierfähige Hose sowie Rucksack mit Fleecejacke, Regenschutz, Anorak und Tourenproviant (Wasserflasche) sind bei den meisten Touren Voraussetzung; besonders im Gran-Sasso-Gebiet, in der Majella und im Velino-Gebiet ausreichend Schutz gegen Kälte mitnehmen. Auch den Sonnenschutz (es gibt zwar viele Wälder in den Abruzzen, doch die Höhenlagen befinden sich nahezu alle oberhalb der Baumgrenze, und da gibt es kein Entrinnen vor der Sonne) und ein Erste-Hilfe-Set sowie Wanderstöcke (besser noch ein Wanderstab) nicht vergessen. Bitte beachten: Auch

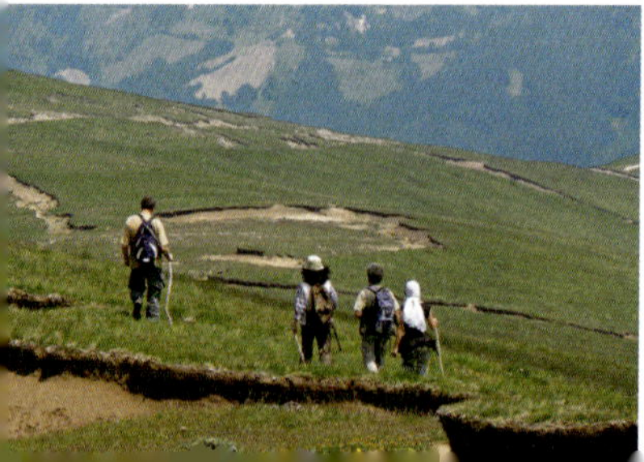

Abstieg vom Pizzo di Moscio (Tour 3).

wenn, z. B. im Frühjahr, die Temperaturen in den Tälern bereits hoch sein mögen, in den Bergen wird das nicht unbedingt der Fall sein, denn die Höhenunterschiede sind beträchtlich. Mütze und Handschuhe sind dann oft noch unerlässlich.

Karten

Die den einzelnen Wandervorschlägen beigegebenen, mehrfarbigen Kartenausschnitte mit Routeneintragungen sind ein wesentlicher Bestandteil des Führers. Mit ihnen erübrigt sich bei den meisten Touren die Mitnahme anderer Wander- und Spezialkarten. Es ist nicht immer leicht, vor Ort brauchbare Wanderkarten zu erhalten, da es zum einen nur wenig Kartenmaterial gibt (manchmal nur für regionale Gebiete), aber auch weil es nur wenige Buchläden gibt. In der Regel kann man in den Tourismusämtern (Uffico turistico) sowie in den Infostellen der Nationalparks vor Ort fündig werden. Folgende Kartenblätter, die im Wesentlichen alle wichtigen Gebiete abdecken, sind im Handel bzw. vor Ort erhältlich:

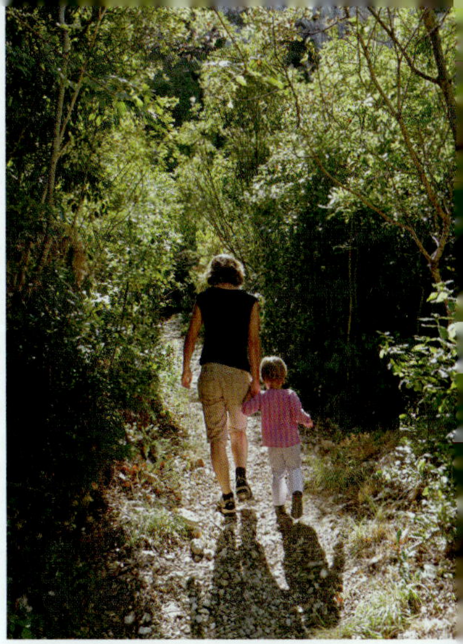

Viele Wanderwege in den Abruzzen sind auch für Kinder geeignet.

- Kompass-Wanderkarte WK 2476 im Maßstab 1:50.000 »Parco Nazionale del Gran Sasso e Monti della Laga« (aktuelle Auflage 2023)
- »Carta turistica Maiella Parco Nazionale« im Maßstab 1:50.000 (herausgegeben von der Nationalparkverwaltung; aktuelle Auflage 2019)
- »Carta turistico Parco Nazionale d'Abruzzo, Lazio e Molise« im Maßstab 1:50.000 (hg. von der Nationalparkverwaltung; aktuelle Auflage 2019)
- »Carta Turistica Parco Naturale Regionale SIRENTE – VELINO« im Maßstab 1:50.000 von Edizioni Il Lupo & Co.

Wandern mit Kindern

Zahlreiche in diesem Band vorgestellte Touren sind auch für größere Kinder geeignet und von den konditionellen wie technischen Anforderungen gut machbar: z. B. der Besuch der Gole del Salinello (Tour 1), der Abstieg in die Orfentoschlucht (Tour 23), der Abstecher zur Eremo di San Bartolomeo (Tour 24), der Besuch der Grotta del Cavallone (Tour 27) oder der Sessellift zum Colle Rotondo (Tour 46). Diese auch für Familien interessanten Wanderungen sind im Tourensteckbrief gekennzeichnet.

Einkehr und Unterkunft

Unter dem Stichwort »Einkehr und Unterkunft« im Tourensteckbrief findet man alle am Ausgangspunkt bzw. an der Wanderroute gelegenen Stützpunkte (Rifugio, Capanna, Malga; auch Selbstversorgerhütten, Biwakschachteln und Alberghi). Da es in den Bergen der Abruzzen nur wenige voll bewirtschaftete Hütten mit Übernachtungsmöglichkeit gibt, werden auch die in der Nähe der Ausgangspunkte gelegenen B&Bs (Bed & Breakfast), die in den letzten Jahren vermehrt entstanden sind, aufgeführt. Empfehlenswert sind auch die Agriturismi, die nicht nur reizvolle Übernachtungsmöglichkeiten bieten, sondern auch die regionale Küche pflegen.
Gegebenenfalls werden Nächtigungsmöglichkeit und Bewirtschaftungszeit sowie Telefonnummern angegeben. Da die Öffnungszeiten im Frühjahr und im Herbst witterungsabhängig sind, empfiehlt es sich, vorher Erkundigungen einzuziehen.
Zelten ist in den Nationalparks grundsätzlich verboten.

Hütten

In den Abruzzen gibt es zwar zahlreiche kleine oder sogar größere Hütten (Rifugi), nur die wenigsten von ihnen sind jedoch voll bewirtschaftet. In den Hütten des CAI (siehe S. 24) ist ein Hüttenschlafsack obligatorisch. In der Regel handelt es sich um sektionseigene Hütten mit wenigen Schlafstellen sowie einer Kochgelegenheit. Viele dieser Hütten sind ganzjährig zugänglich, bei den anderen muss der Schlüssel jeweils bei der zuständigen Sektion besorgt werden. Für diese Hütten ist in der Regel die Mitnahme eines Schlafsacks sowie einer Matte Voraussetzung, um darin nächtigen zu können.
Hier eine Übersicht, in welchen Gebieten der Abruzzen voll bewirtschaftete Hütten (also mit Hüttenwirt, Verpflegung und Unterkunft) zur Verfügung stehen, die nicht mit dem Auto angefahren werden können:

- **Monti della Laga:** Keine bewirtschaftete Hütte. Es gibt allerdings Unterkunftsmöglichkeiten, die mit dem Auto zu erreichen sind und, z. B. Ristorante/Rifugio dell'Alpino (Zimmer) in Rocca Santa Maria bei Ceppo.

Das Bivacco Carlo Fusco in der Majella (Tour 30).

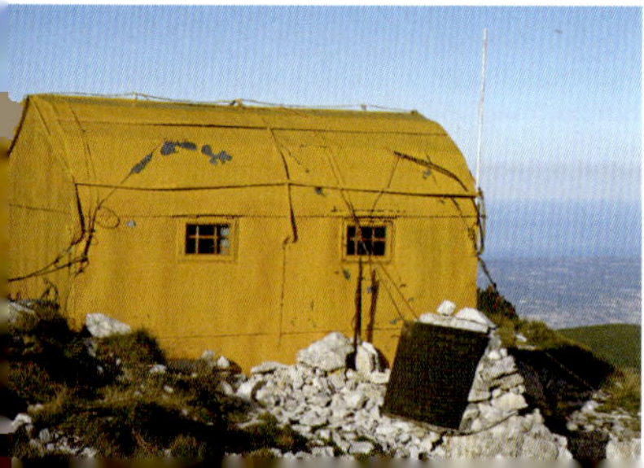

Rifugio Bruno Pomilio und Sendemasten auf der Maielletta (Touren 29 und 30).

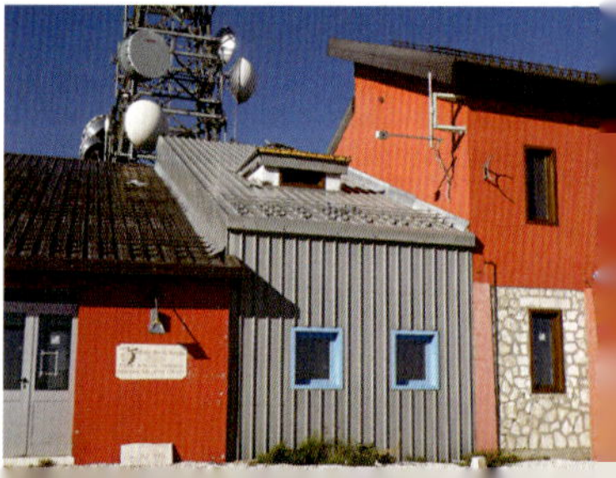

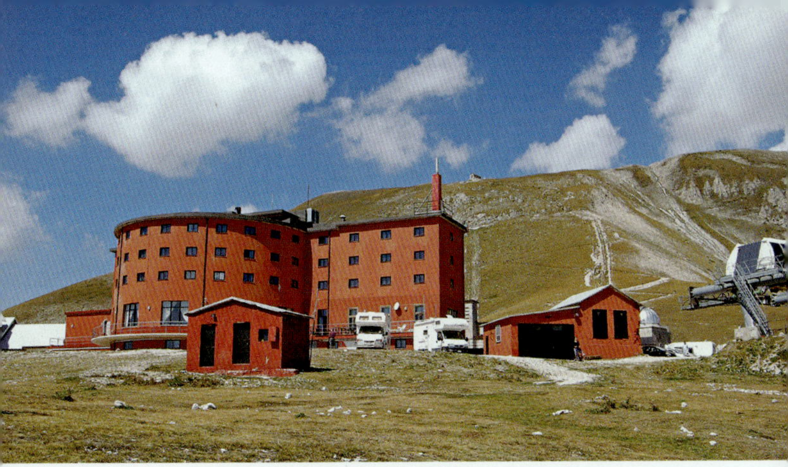

Das Hotel Campo Imperatore am oberen Ende des Hochtals; links davon befindet sich die Bergstation der Funivia (Touren 9–12 und 16).

- **Gran Sasso:** Rifugio Duca degli Abruzzi (Mitte Juni bis Mitte September), Rifugio Garibaldi (Anfang Juli bis Mitte September; zur Zeit – 2023 – wegen Renovierung geschlossen), Rifugio Carlo Franchetti (von Anfang Juni bis Ende September).
- **Majella:** Eine bewirtschaftete Unterkunft, das Rifugio Bruno Pomilio auf der Maielletta (mit dem Auto erreichbar), hilfreich als Ausgangspunkt für die Ersteigung des Monte Amaro und seiner Nachbargipfel.
- **Nationalpark Abruzzen:** Keine voll bewirtschaftete Unterkunftshütte. Das Rifugio Iorio (oberhalb von Pescassèroli) wird von Ecotur geführt. Buchungen nur über diese Organisation möglich (siehe S. 18).
- **Regionalpark Sirente-Velino:** Rifugio V. Sebastiani (Mitte Juni bis Mitte September), Rifugio Sèvice (nur im August, Schlafsack und Matte erforderlich).

Einige der Rifugi sind vor und nach den üblichen Öffnungszeiten im Sommer an schönen Wochenenden bewirtschaftet. Unbedingt jedoch Rücksprache mit dem Hüttenwirt halten, bevor man zur jeweiligen Hütte aufbricht.

Gefahren

Die Abruzzen sind auch heute noch ein teilweise wildes Gebirge mit sehr einsamen Ecken, und sowohl Bären und Wildschweine als auch Wölfe und Luchse haben dort ihre Rückzugsgebiete; doch geht von diesen selbst keine Gefahr aus, da diese Tiere in der Regel die Menschen scheuen. Nur mit sehr viel Glück werden Wanderer Wildtiere zu Gesicht bekommen. Der Zugang zu den Schutzgebieten ist streng reglementiert (ein Verlassen der

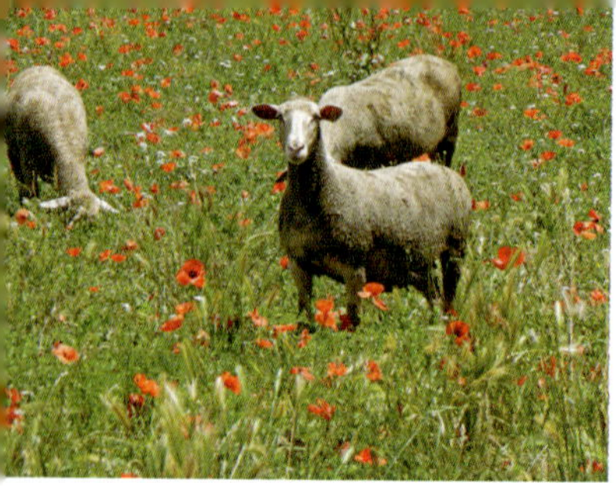

Ein selten werdender Anblick – Schafe.

Wege ist dort bei Strafandrohung verboten). Dies gilt vor allem für Teile des Abruzzen-Nationalparks. Für Interessierte gibt es jedoch geführte Nachtwanderungen (z. B. in Campo di Giove und in Pescassèroli, siehe S. 18).

Größte Gefahr in den Bergen der Abruzzen – besonders in den Weidegebieten – sind wilde Hunde sowie die Hirtenhunde der Schäfer, die oftmals in Rudeln auftreten. Achtung vor allem dann, wenn die Schäfer nicht zu sehen sind! Zum Schutz gegen Hunde sollten Sie einen langen Wanderstock mitführen (können Sie sich jederzeit vor Ort besorgen bzw. selbst schneiden, denn es gibt genügend Haselnusssträucher). Den Stock jedoch nicht gegen die Hunde führen, sondern mit diesem auf den Boden schlagen. Falls Sie keinen Stock zur Hand haben, heben Sie einen größeren Stein auf (werfen ihn jedoch in keinem Fall), das schüchtert die Hunde ein.

Selten, aber nicht ungefährlich sind Schlangen, besonders Vipern. Sie halten sich bevorzugt im Bereich von alten Steinmauern und Steinhaufen auf, da diese sich gut aufheizen und diese Tiere die Wärme lieben. Bei der Suche nach einem geeigneten Brotzeitplatz also aufpassen. Ideal ist hier wiederum der Wanderstock, so kann man die Umgebung ein bisschen abklopfen.

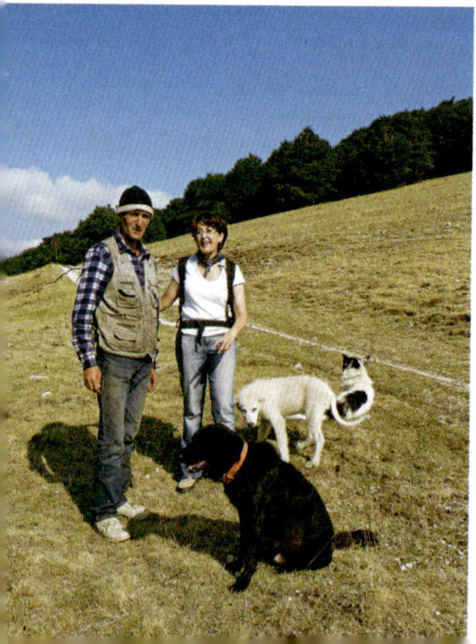

Auch wenn die Abruzzen in Mittelitalien liegen (für Mitteleuropäer ist das »der Süden«), sind Kälte, Schnee und Eis keine zu unterschätzenden Gefahren. Meist schneit es erst ab Anfang November, doch in manchen Gebieten hält sich der Schnee bis in den Sommer. Und in den Höhenlagen kann es bereits im Oktober empfindlich kalt werden. Auch kann es zuweilen dichten Nebel geben, dann erschwert sich die Orientierung besonders in Gebieten, die nicht optimal ausgeschildert und markiert sind (z. B. im Gebiet der Sirente und in den Höhenlagen der Majella).

Der Schäfer Osman aus Mazedonien beim Rifugio Risvolta (Tour 50).

Flora und Fauna

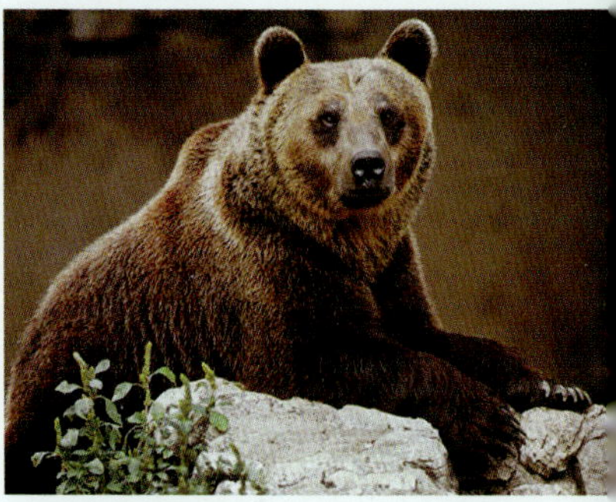

Der Orso bruno marsicano – der Braunbär in den Abruzzen.

Flora: Die Abruzzen weisen mittlerweile wieder einen großartigen Bestand an Buchen- und Eichenwäldern sowie an Kiefernwäldern auf. Die Zeit der intensiven Bewirtschaftung und Beweidung ist schon lange zu Ende. Wo noch vor einigen Jahrzehnten Tausende von Schafen und zahlreiche Ziegen weideten, erobern die Bäume und Blumen wieder ihr altes Reich zurück. Wo noch vor hundert Jahren ganze Bergflanken baumlos waren, wuchert heute dichtes Grün. Die weiten, noch erhaltenen Weideflächen explodieren nun jedes Frühjahr in bunten Farben. Auf dem Campo Imperatore gibt es im Frühjahr ganze Teppiche von Krokussen zu bewundern. Orchideen, aber auch Enzian, Primeln, Pfingstrosen, Feuerlilien und weitere 2000 Arten schmücken die Bergwiesen.

Fauna: Bären, Wölfe, Luchse, Gämsen, Hirsche, Rehe, Füchse und Wildschweine sind mittlerweile in allen Gebirgsregionen und Nationalparks der Abruzzen sowie dem Regionalpark Sirente-Velino wieder beheimatet. Dies ist der dünnen Besiedelung und den abgelegenen Bergregionen, den dichten Wäldern sowie dem konsequenten Schutz dieser selten gewordenen Wildtiere zu verdanken. Das spektakulärste dieser Tiere ist wohl der abruzzische Braunbär (Orso bruno marsicano), den wir auf unseren Wanderungen wohl kaum zu Gesicht bekommen werden (lediglich seine Pfotenabdrücke und seine Losung); die Bärenpopulation dürfte inzwischen ein paar Hundert Exemplare betragen. Dasselbe gilt für den Wolf, der ebenso sehr scheu ist; seine Population dürfte etwa bei 300 Exemplaren liegen. Noch rar ist der Luchs. Mittlerweile werden sogar an Talstraßen Warnschilder wegen des Bärenwechsels aufgestellt.

Womit wir jedoch auf unseren Wanderungen rechnen können, ist, dass wir ein Rudel Abruzzengämsen zu sehen bekommen (vor allem im Nationalpark Abruzzen und in der Majella, denn dort finden wir die größte Konzentration dieser Wildtiere). Auch der Hirsch und das Reh sind nicht mehr so selten. Darüber hinaus gibt es einige wenige Adler (vor allem in der Schlucht von Celano, in der Schlucht von Santo Spirito bei Fara San Martino und am Monte Marsicano bei Opi), aber auch über hundert Vogelarten. In der Orfentoschlucht haben sich Otter angesiedelt. Die Wildschweine fühlen sich naturgemäß in den dichten Eichen- und Buchenwäldern am wohlsten, vor allem, wenn sie zudem an Agrarflächen angrenzen, denn auch dort ist für sie so einiges zu holen.

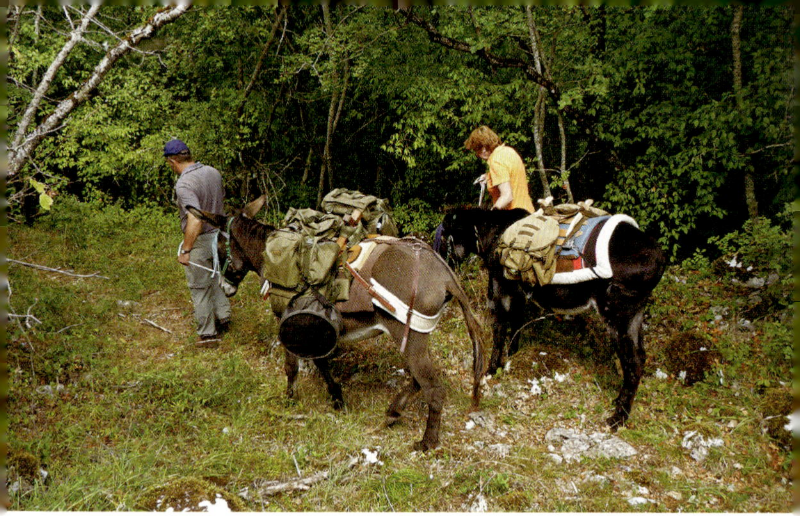

Eseltrekking im Regionalpark Sirente-Velino – eine Möglichkeit für geduldige Wanderer.

Tierbeobachtungen

- In Campo di Giove führt der Parkranger »William« Besucher zu seinem selbst errichteten Aussichtsturm (»Pine Cube«) in freier Natur. Dort ist eine ungestörte Wildbeobachtung möglich. Mit etwas Glück können wir Hirsche, Rehe, Füchse, Wildschweine, Bären und Wölfe sehen. Einstündige Wanderung, die Rückfahrt erfolgt auf einer anderen Route mit Landrovern. Info: pinecube.eu, Tel. +39 320 813 4997.
- In Pescassèroli bietet Ecotur geführte Wanderungen in den Nationalpark Abruzzen, darunter auch nächtliche Wanderungen zum Rifugio Iorio. Besucher können mit etwas Glück Wölfe und Bären, Gämsen, Adler oder Hirsche beobachten. Ecotur, Via Piave, 9, 67032 Pescassèroli, Tel. +39 0863 912760, ecotur.org.
- In Villetta Barrèa werden Wanderungen zur Gämsenbeobachtung durchgeführt: »I Camosci«. Info bei: Pro-loco, Tel. +39 0864 89333, escursionismoicamosci.org.
- Bei Popoli wurde das Forschungszentrum »Il Lupo« eingerichtet: Am Fuß des Monte Corvo, auf der Höhe Impianezza (655 m), befinden sich eine Beobachtungsstation, ein Museum und ein Freigehege für Rotwild sowie ein großes Wolfsgehege. Es gibt geführte Wanderungen zum Wolfsgehege (täglich nach Voranmeldung; Dauer: 3 Std.). Freigehege und Museum mit Shop sind kostenfrei. Auffahrt von der SS 5 (2 km vor Popoli, von Pratola Peligna kommend; Hinweistafel »Il Lupo«) auf schmaler Teerstraße (4,6 km) hinauf zum Parkplatz.

Trinkwasser

In den meisten Dörfern gibt es Brunnen oder Trinkwasserspender, wo wir unsre Trinkflaschen auffüllen können (eine wunderbare Einrichtung). Falls das Wasser nicht geeignet ist, finden wir dort ein Schild vor: »Non potabile«. Unterwegs werden wir jedoch nicht immer fündig werden (vor allem im Sommer und im Herbst), daher ist eine volle Wasserflasche sehr wichtig.

Bergbahnen

Funivia del Gran Sasso d'Italia: Die einzige große Kabinenbahn in den Abruzzen, die die Talstation bei Assergi mit der Bergstation am obersten Ende des Campo Imperatore verbindet. An der Bergstation befinden sich ein Hotel (z. Z. geschlossen; Stand 2023), ein Albergo mit Unterkunft sowie eine Wetterstation. Die Bergstation kann jedoch auch über eine lange Autostraße quer über das Weidegebiet des Campo Imperatore angefahren werden. Am Ende der Straße befindet sich ein großer Parkplatz. In den Sommermonaten Juli und August kann dieser nicht immer angefahren werden. Man parkt dann am Beginn der Serpentinenstraße und wandert zu Fuß hinauf (20 Min.).
Weitere Bergbahnen befinden sich auf den Prati di Tivo (Cabinovia; siehe Tour 7); bei Campo di Giove (zur Guado di Coccia; jedoch unregelmäßiger Betrieb im Sommer); Seggiovia (Sessellift) zum Colle Rotondo in Scanno (Tour 46); die Seggiovia (Sessellift) am Monte delle Vitelle bei Pescassèroli und die Stehgondelbahn zur Grotta del Cavallone (Tour 27); zwei weitere Möglichkeiten (auch Sommerbetrieb) gibt es im Regionalpark Sirente-Velino: »Le Fosse-Monte Magnola« (Kleinkabinenbahn bei Ovindoli) und den Sessellift »La Brecciara« bei Rocca di Mezzo; alle anderen Bergbahnen sind nur im Winter in Betrieb.

Weitwanderwege

Quer durch die Abruzzen führt der »Sentiero Italia«; dieser auf dem ganzen Apennin verlaufene Weitwanderweg wird nicht mehr sehr gepflegt, die Markierungen sind verblichen.
Für die Abruzzen interessanter sind drei andere, mehrtägige Weitwanderwege:

- »Sentiero del Parco«, von Campo di Giove nach Roccacaramanico.
- »Sentiero della Libertà«, von Minco d'Adamo nach Pescocostanzo.
- »Sentiero dello Spirito«, von Sulmona über die Montagne delle Morrone nach Serramonacesca.

Abendstimmung auf der Nordseite der Majella. Links die Ausläufer der Montagne del Morrone, rechts die Vorberge des Gran Sasso.

Informationen und Adressen

Anreise

Mit dem Pkw: Gewöhnlich reisen die Besucher der Abruzzen mit dem eigenen Fahrzeug über die Brenner-Autobahn und die Autostrada del Sole an. Vor Ort ist ein eigenes Fahrzeug oder ein Mietauto unerlässlich, um die teilweise abgelegenen Ausgangspunkte erreichen zu können.

Mit der Bahn & Bus: Die Anreise kann über den Brenner entweder direkt nach Rom oder mit Umsteigen in Bologna nach Pescara erfolgen. Flixbus fährt über Nacht von München nach Pescara.

Mit dem Flugzeug: Der einzige Flughafen in den Abruzzen liegt westlich von Pescara (abruzzoairport.com). Ab Deutschland fliegt nur Ryanair von Memmingen, Frankfurt-Hahn bzw. von Düsseldorf-Weeze diesen kleinen Airport an. Von dort fährt der Bus Nr. 38 direkt zum Bahnhof in Pescara. Da Rom nur etwa 150 km von den Abruzzen entfernt liegt, bietet sich natürlich auch diese Möglichkeit an; alle großen Fluglinien bedienen den Airport Fiumicino, die Billigfluglinien jedoch vorwiegend den Airport Ciampino, oft sogar mehrmals täglich. Von beiden Flughäfen gibt es einen Direktbus (Pronto-Bus, mehrmals über Avezzano in die Abruzzen bis Chieti (hält an einigen Autobahnausfahrten, z. B. Sulmona/Pratola-Peligna; Casella). Weitere Busse (TUA) fahren von Rom-Tiburtina nach Pratola bzw. Sulmona (ganzjährig), bzw. nach Pescassèroli (nur im Sommer).

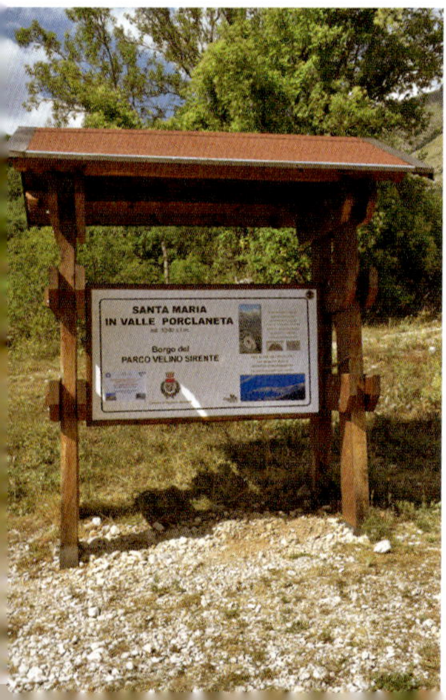

Öffentliche Verkehrsmittel

Bahn: Eine Bahnlinie verbindet Rom mit Pescara (wobei der Zug an vielen Haltepunkten Station macht), eine weitere führt an der Küste entlang, mit einer Nebenlinie nach Teramo. Die Verbindung von Sulmona über Castel di Sangro nach Neapel wurde leider vor einigen Jahren eingestellt (die Linie wird nun von Bussen bedient). Noch in Betrieb ist die Bahnlinie von Sulmona nach L'Aquila, wobei jedoch nicht mehr alle Haltestellen bedient werden (also vorher Erkundigungen einziehen). L'Aquila kann von Roma-Termini über Terni (umsteigen) erreicht werden. Infos unter trenitalia.it.

In den letzten Jahren wurden zahlreiche neue Infotafeln installiert.

Wichtige Internetadressen

Abruzzen allgemein

- enit-italia.de
- abruzzo-airport.com
- trenitalia.it
- tuabruzzo.it (alle Busverbindungen in den Abruzzen)
- prontobusitalia.it (Verbindungen von den Flughäfen Fiumicino und Ciampino in die Abruzzen)
- abruzzen-online.de
- regione.abruzzo.it
- valfondillo.it
- turismo.abruzzo.it
- borghitalia.it
- ihotels.it
- 3bmeteo.com (Wetter)

Unterkunft

- agriturismi.it/it/abruzzo
- bedandbreakfast.it
- abruzzoverdeblu.it
- caiabruzzo.it
- camping.it

Die meisten Unterkunftsmöglichkeiten findet man im Internet auch über die Eingabe des gesuchten Ortes. Mittlerweile verfügt nahezu jeder Ort in den Abruzzen über eine eigene Homepage. Gute Angebote auch über Airbnb.

Nationalparkverwaltungen und Naturschutzgebiete

- www.parks.it
- parcoabruzzo.it
- www.gransassolagapark.it
- parcomajella.it
- majambiente.it (Caramanico Terme)
- www.parcosirentevelino.it
- riservagenzana.it

Bus: Nahezu alle Orte in den Abruzzen werden zwar mit Bussen bedient, jedoch fahren sie nicht sehr häufig, vorwiegend am Morgen, um die Mittagszeit und am späten Nachmittag. Oft auch nur während der Schulzeiten und nicht in den Ferien (Sommerferien zwischen Mitte Juni und Mitte September; an Ostern und Pfingsten gibt es in Italien keine Schulferien).
Um die etwas abgelegeneren Ausgangspunkte für Wanderungen zu erreichen, wird man aber auf das Auto zurückgreifen müssen. Bitte beachten: In den Bussen werden nicht immer Fahrkarten verkauft. Tickets gibt es an den Vorverkaufsstellen, am Automaten (oft nicht an der Haltestelle vorhanden) oder in einer Bar bzw. Tabaccheria. Falls man also an Haltestellen außerhalb von Ortschaften oder abends zusteigen möchte, sollte man die Fahrkarten zur Sicherheit auf Vorrat kaufen.
Infos unter tuabruzzo.it und orariautobus.it.

Auskunft

Zahlreiche Orte in den Abruzzen verfügen über ein Tourismusbüro (Ufficio turistico). Viele dieser Büros sind jedoch nur in der Hauptsaison und teilweise nur vormittags geöffnet (ganzjährig geöffnete Tourismusbüros gibt es z. B. in Sulmona, Roccaraso, Pescocostanzo und Pescassèroli). Man findet dort zahlreiche Broschüren (manchmal auch in Deutsch oder Englisch), Wanderkarten und Reise- sowie Wanderführer sowie die Adressen der Beherbergungsbetriebe (B&Bs, Alberghi, Hotels, Campingplätze). Alle Öffnungs-

zeiten der Tourismusämter, der Nationalpark-Infostellen sowie die Betriebszeiten der Bergbahnen und Sessellifte unterliegen Schwankungen. Bitte vor Ort immer nachprüfen. Eine wichtige Orientierungshilfe (mit den längsten Öffnungszeiten) ist das Ufficio Turistico (Palazzo SS. Annunziata, Tel. +39 0864 210216; E-Mail: servizituristicisul@gmail.com) in Sulmona.
Informationen kann man auch über die Italienische Zentrale für Tourismus ENIT erhalten:
Diese unterhält Büros in Deutschland (Frankfurt/Main und München), in Österreich (Wien) und seit ein paar Jahren auch wieder in der Schweiz (Zürich). enit.it

Infostellen der Nationalparks

Aufgrund der derzeitigen Sparpolitik wurden einige der Infostellen geschlossen bzw. haben reduzierte Öffnungszeiten:

Nationalpark Gran Sasso und Monti della Laga:

- *Santo Stéfano di Sessánio:* Centro visite Terre della Baronia, Via del Municipio, Tel. +39 340 710 0218; Öffnungszeiten: im Juni, Juli und August täglich 10–13 Uhr und 14–18 Uhr; 1. – 15. September gleiche Öffnungszeiten, aber nur Donnerstag bis Sonntag; von Mitte bis Ende September nur Samstag/Sonntag 10–17 Uhr; von Oktober bis Mai Samstag/Sonntag 10–15 Uhr, über Ostern jedoch täglich.

Nationalpark Majella:

- *Caramánico Terme:* Centro Visita dell'Orfento, Via del vivaio, Santa Croce, Tel. +39 085 922343; ganzjährig täglich geöffnet (mit Ausnahme von Weihnachten, Neujahr, Santo Stefano und Ostern 9–13 Uhr, von Mitte Juni bis Mitte September auch nachmittags 15–19 Uhr.
- *Pacentro:* Piazza del Popolo, Palazzo Tonno, n. 7, Tel. +39 0864 41304 und +39 349 847 444 70; Öffnungszeiten: vom 1. März bis 31. Mai Samstag, Sonntag und Feiertage 9–13 Uhr, im Juni täglich 10–13 Uhr und 17–19 Uhr, vom 1. Juli bis 14. September täglich 9–13 Uhr und 16–20 Uhr. Das Zentrum verkauft auch Führer und Karten und bietet einen MTB-Verleih sowie geführte Touren an).

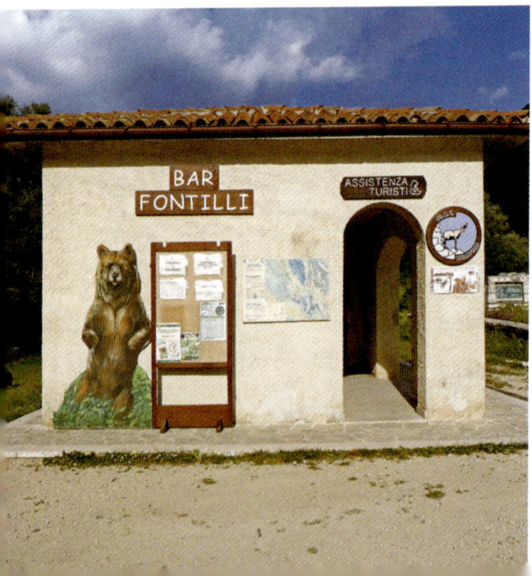

Die Bar am Eingang ins Valle Fondillo. (Touren 35 und 36).

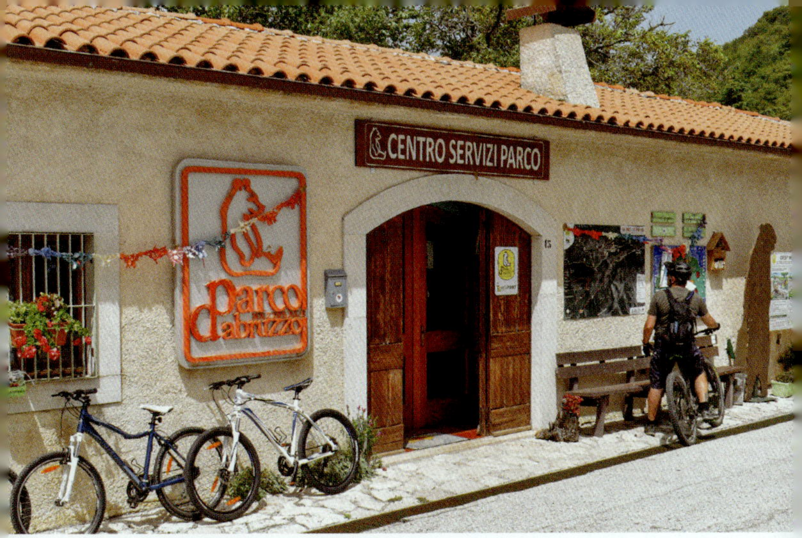

Die Nationalpark-Infostelle in Bisegna. Dort kann man auch Bikes ausleihen.

- *Cansano:* Casa Chioda – Via dell'Emigrante, 15, Tel. +39 347 134 4793; Öffnungszeiten wie Pacentro.
- *Campo di Giove:* Centro informazione, Piazza A. Duval, Palazzo Nanni, Tel. +39 0320 8134997; Öffnungszeiten wie Pacentro.
- *Sant'Eufemia a Maiella:* Centro informazione, Via Roma, 99, Tel. +39 085 922343; Öffnungszeiten wie Pacentro.
- *Sulmona:* Centro informazione all'interno dell'Abbazia di S. Spirito al Morrone, Via Badia, 28, Localita Badia, Tel. +39 0864 251 863; Öffnungszeiten: vom 1. April bis 30. September 10–13 Uhr und 16–19.30 Uhr; im Winterhalbjahr 9–13 Uhr, nur Dienstag bis Samstag.

Nationalpark Abruzzen:

- *Centro visita di Civitella Alfedena:* Via Santa Lucia, Tel. +39 0864 890141; auch Museum und Wolfsgehege; ganzjährig geöffnet, von April bis Oktober 10–13.30 Uhr und 15–18 Uhr, von Oktober bis März 10–17.30 Uhr durchgehend.
- *Centro visita di Pescassèroli:* Via Colli dell'Oro, Tel. +39 0863 9113221 und 9113266; ganzjährig geöffnet von April bis September 10–18.30 Uhr, von Oktober bis März 10–17.30 Uhr. Dort gibt es auch Informationen zum Tiergehege (Parco Faunistico).
- *Bisegna:* Centro visita del Capriolo (Rehgehege), Tel. +39 377 0862236; ganzjährig geöffnet, aber nur am Sonntag 10–13 Uhr und 15–18 Uhr, im Sommer vom 21. Juli bis zum 21. August.

Regionalpark Sirente-Velino:

- *Informationsstellen:* zentrale Telefonnummer +39 0862 916624.
- *Rocca di Cambio:* Via Duca degli Abruzzi, 2 c/o Pro-loco, Tel. +39 0862 918100; geöffnet vom 1. Juli bis 15. September und von 15. Dezember bis 7. Januar 10–13 Uhr und 16–19 Uhr, in den anderen Monaten nur am Samstag und am Sonntag (nur vormittags).
- *Rocca di Mezzo:* Piazza Dell'Oratorio, c/o Pro-loco, Tel. +39 0862 916125; Öffnungszeiten wie Rocca di Cambio.
- *Castelvecchio Subequo:* Via Roma, Tel. +39 0864 790246; geöffnet vom 1. Juli bis 15. September 10–13 Uhr und 16.30–19.30 Uhr sowie auch an den Weihnachtstagen und an den Ostertagen, im Rest des Jahres nur Samstag und Sonntag 10–13 Uhr und 16–19 Uhr.
- *Celano:* Corso Umberto, n. 8, Tel. +39 0863 792184; falls diese Informationsstelle geschlossen ist, bekommt man Auskünfte beim Rathaus; geöffnet vom 15. Juli bis zur 1. Woche im September, in der übrigen Zeit nur Samstag und Sonntag sowie vom 23. Dezember bis 6. Januar 10–13 Uhr und 16–19 Uhr.
- *Massa d'Albe (Alba Fucens):* Piazza della Scuola 1, Tel. +39 0863 449642; Öffnungszeiten: 10–13 Uhr und 14.30–16.30 Uhr, im Hochsommer verlängert bis 18.30 Uhr.

Club Alpino Italiano (CAI)

Für Informationen, die über diesen Band hinausgehen, bietet sich der Kontakt zum italienischen Alpenverein an, der in den Abruzzen mit 21 Sektionen und mehreren Untersektionen vertreten ist. Dort findet man auch weitere Tourenvorschläge, aktuelle Hinweise zu den Öffnungszeiten der Hütten und Bivacchi. Adressen und Telefonnummern der ansonsten verschlossenen kleinen Rifugi in den Bergen muss man über die lokalen Sektionen suchen. Im Internet unter cai.it und caiabruzzo.it findet man Postadressen, Telefonnummern, E-Mail-Adressen und weitere Informationen.

Wetter und Wetterbericht

Die Region Abruzzen (als politische Einheit) ist zugleich das Wandergebiet Abruzzen. Bis auf wenige Ausnahmen – es gibt ein paar intramontane Becken – sind die Abruzzen Bergland mit Gipfeln bis nahe an die Dreitausendmetergrenze; sie decken nahezu jede Wetterlage ab: vom schwülen Badestrand an der Adria bis zum Hochgebirgsklima am Gran Sasso und in der Majella ist alles vertreten. Es kann in allen Monaten zu Regenschauern kommen. Stabile Wetterlagen sind nicht immer gegeben; am ehesten weist der Monat August schönes Hochdruckwetter auf. Aber selbst im Hochsommer kann es in den alpinen Hochlagen schneien (besonders am Corno Grande und am Monte Amaro). Wetterberichte unter wetter.com oder allgemein für Italien unter ilmeteo.it.

Telefon

Aus dem Ausland wählt man nach Italien die Vorwahl +39, die Null der Ortsvorwahl wird mitgewählt. Telefoniert man von Italien nach Deutschland, wählt man +49, nach Österreich +43, in die Schweiz +41. Handynummern in Italien haben generell keine Null. Italien hat ein flächendeckendes Handynetz, in den Bergen der Abruzzen gibt es allerdings viele Funklöcher.

Notruf

Die Notrufnummer in Italien lautet: 118 (Pronto Soccorso; zur Bergrettung – Soccorso Alpino – wird man weitergeleitet). Die Bergwacht der Abruzzen verfügt jedoch über eine eigene Verbindung (Numero Verde: Tel. 800 258 239). Die europaweite Notrufnummer 112 gilt auch dort.

Weiterführende Literatur:

- Sabine Becht/Sven Talaron: Abruzzen (Michael Müller Verlag).
- Luigi Filocamo/Valentino Di Salvo: Tracce di Sci in Appennino (Skitourenführer – Italienisch/Englisch).
- Gebhardt & Cataldo: La Promozione. Ein kulinarischer Wanderkrimi aus den Abruzzen (Berg & Tal).
- Gebhardt & Cataldo: Wenn der Tod nicht scheidet. Comissario Morettis zweiter Fall (Berg & Tal).

Der Marktplatz von L'Aquila. Die Stadt wurde beim Erdbeben im Jahre 2009 schwer beschädigt, mittlerweile aber wiederaufgebaut.

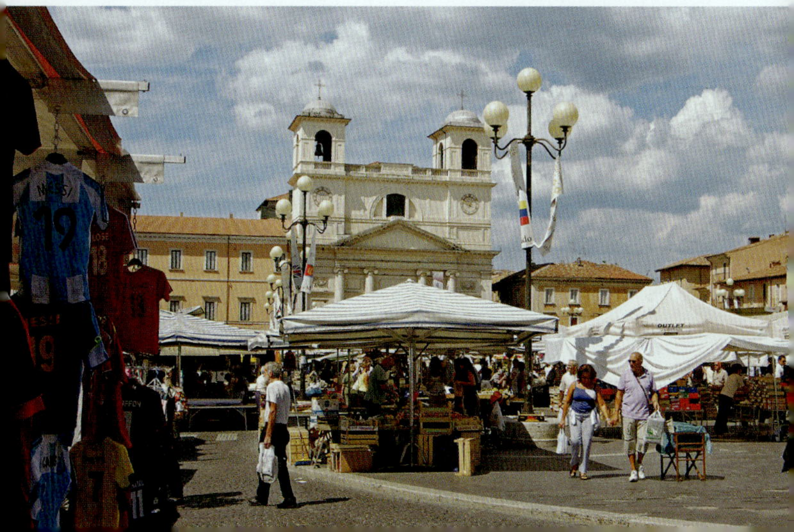

Nationalparks in den Abruzzen

Die Region Abruzzen weist mit drei Nationalparks und dem Regionalpark Sirente-Velino die größte Dichte an Naturschutzgebieten in ganz Italien auf. Somit werden die Abruzzen zu Recht als das »grüne Herz« Italiens gepriesen, denn ein Drittel des Gesamtgebiets wird als schützenswert erachtet. In den Bergen der Abruzzen befinden sich auch die drei höchsten Gipfel des gesamten Apennin: Corno Grande (2912 m), Monte Amaro (2793 m) und Monte Velino (2486 m). In allen vier Parkgebieten kann man nicht nur wandern und bergsteigen, sondern im Winter auch alle Skisportarten betreiben. Darüber hinaus gibt es Möglichkeiten für Mountainbiking, Rennradfahren, Rafting, Gleitschirmfliegen, Klettern und Pferdetrekking.

Nationalpark Gran Sasso und Monti della Laga

Der im Jahre 1991 eingerichtete Nationalpark ist aufgrund seiner Topografie und seiner Größe (ca. 141 000 Hektar) wohl der bedeutendste in der gesamten Runde und einer der größten Naturschutzparks in ganz Italien. Neben dem Gran Sasso gehören auch die Monti della Laga und die Monti Gemelli zum Gebiet. Zudem weist er mit dem Corno Grande den höchsten Gipfel der Abruzzen und damit des gesamten Apennin auf. Der Nationalpark liegt im Herzen des Apennin, seine größte Fläche hat er in den Abruzzen, reicht aber über die Regionalgrenzen hinauf in die Region Marken und in die Region Latium. Das gesamte Massiv ist untertunnelt und verbindet mit einer Autobahn die Küstenregion mit der Stadt L'Aquila und weiter nach Rom. Im Gran Sasso d'Italia, kurz Gran Sasso genannt (was lediglich »Großer Stein« heißt), auf der Südostseite des Corno Grande, befindet sich auch der einzige Gletscher der Abruzzen, der Ghiacciaio del Calderone, der mittlerweile fast gänzlich ausgeapert ist. Trotzdem ist er der südlichste Gletscher Europas. Der Hauptgipfel, der Corno Grande, wurde bereits am 18. August 1573 von Francesco De Marchi, einem

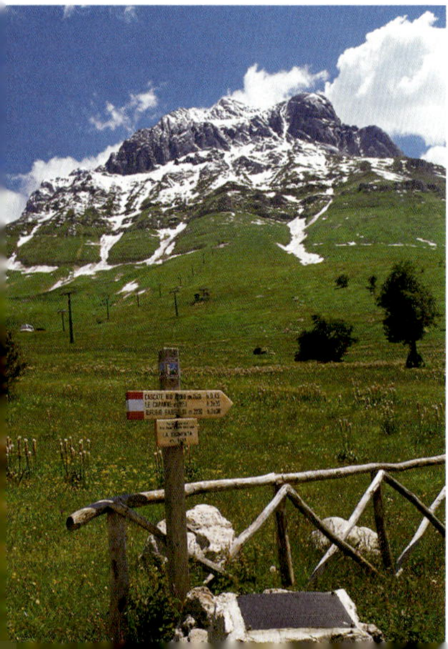

Prati di Tivo mit dem Corno Piccolo (Touren 6 und 7).

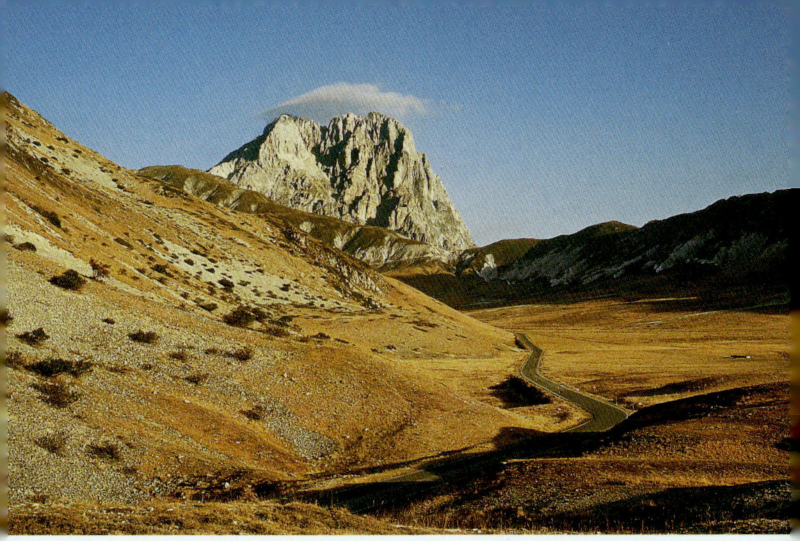

Herbstliche Stimmung auf dem Campo Imperatore. Den Talschluss bildet der höchste Gipfel der Abruzzen – der Corno Grande.

Militäringenieur, und seinen Begleitern erstbestiegen. Er ist ein Muss für den geübten Bergwanderer, aber auch für zahllose italienische Bergwanderer, die einmal in ihrem Leben dem höchsten Gipfel Italiens außerhalb der Alpen aufs Haupt steigen wollen (Touren 7 und 11). Einsamkeit findet man dort oben garantiert nicht.

Rund um die höchsten Gipfel finden sich Relikte der früheren Vergletscherung und es hat sich eine endemische Flora und Fauna erhalten. Zum Beispiel haben hier die Orsiniviper, der Gracchio Alpino (profan, die Alpendohle), der nie unterhalb von 1500 Metern Höhe anzutreffen ist, sowie der Fringuello Alpino, der Schneefink, der sich nur in hochalpinem, felsigem Gebiet wohlfühlt, ihren Lebensraum. Südlich davon erstreckt sich der Campo Imperatore (s. Foto S. 36/37). Dieses 25 Kilometer lange Hochtal, in einer Höhe zwischen 1600 und 2200 Metern, wurde benannt nach Kaiser Friedrich II., der als Kaiser des Hl. Römischen Reiches Deutscher Nation im Mittelalter Herrscher über dieses Gebiet war. Einer der zahllosen Reisenden, die diese Region besuchten, hat ihr den Beinamen »Klein Tibet« gegeben. Der Campo Imperatore war jahrhundertelang Endstation der Transumanza, der jährlichen Wanderschaft von etwa 4 Millionen Schafen und Ziegen aus Apulien, die über eine Strecke von 400 Kilometern auf die Sommerweide getrieben wurden. Diese Wanderschaft lässt sich bereits zur Zeit des Römischen Reiches nachweisen, ihren Höhepunkt erreichte sie im 17. und 18. Jahrhundert.

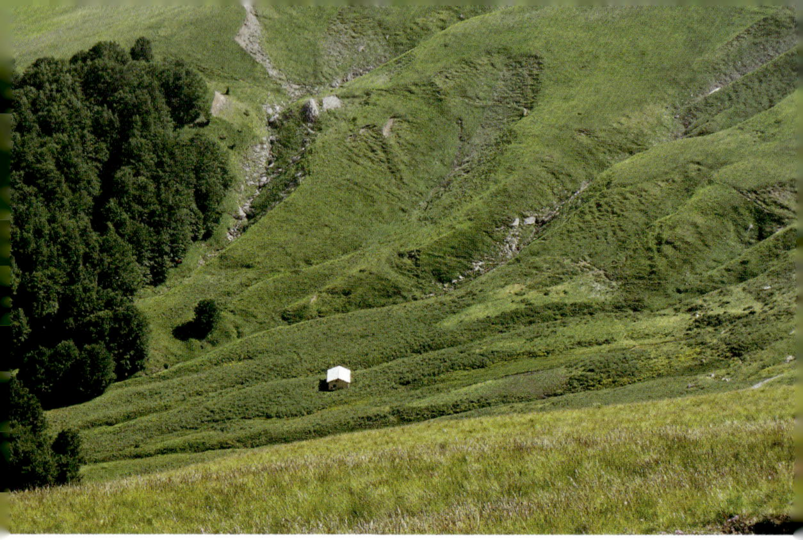

Die Berghänge in den Monti della Laga sind aufgrund des geomorphologischen Aufbaus starken Erosionserscheinungen ausgesetzt.

Im Norden wurde dem Nationalpark das Gebiet der Monti della Laga angegliedert, eine touristisch noch wenig erschlossene, jedoch sehr reizvolle und vor allem sehr grüne Region mit dichten Wäldern und geringer Besiedelungsdichte. Die Monti della Laga erstrecken sich über 24 Kilometer, ihr höchster Gipfel, der Monte Gorzano, ist mit 2458 Metern zugleich auch der höchste Gipfel der Region Latium. Mit 2364 erfassten Arten weist dieser Teil des Nationalparks eine der größten Biodiversitäten Europas auf. Von den uns geläufigen Tieren finden wir dort Hirsche, Rehe, Gämsen, Wölfe und vereinzelte Exemplare des Braunbären, aber auch den Königsadler, das Wildschwein und – nicht ungefährlich – Vipern. Eine Besonderheit der Monti della Laga ist ihre Hydrologie: Das Wasser, das durch häufige Regenfälle von oben kommt, versickert nicht, daher zeichnet sich das Gebiet durch ein üppiges Grün, aber auch durch viele Wasserfälle und reißende Bäche aus, die eine Landschaft mit ausgefurchten Tälern entstehen ließen. Diese Wasserfälle befinden sich besonders auf der östlichen Seite, sie gefrieren im Winter und ermöglichen so Eiswasserfallklettern.

Der Nationalpark Gran Sasso und Monti della Laga gehört – jedenfalls im Kerngebiet – neben dem Nationalpark Abruzzen zu den meistbesuchten Regionen der Abruzzen. Während es in den Monti della Laga mit Ausnahme einiger weniger Routen eher gemächlich zugeht, ist das Gebiet des Gran Sasso touristisch gut erschlossen (z. B. auch mit zwei Bergbahnen). Dort finden wir auch drei bewirtschaftete Berghütten des Club Alpino Italiano, von denen das Rifugio Garibaldi die älteste Schutzhütte in den gesamten Abruzzen ist. Weitere Schutzhütten und Biwaks ergänzen die touristische Infrastruktur. Der gesamte Nationalpark wird von Nord nach Süd vom »Sentiero Italia« gequert, der jedoch kaum noch unterhalten wird. Dafür gibt es einen Weitwanderweg, der das Gebiet der Monti della Laga von Ost nach West quert und den vermuteten Spuren Hannibals folgt: »Tracciolino di Annibale«. Größter See des Nationalparks ist der Lago di Campotosto; er wurde im letzten Jahrhundert zur Energiegewinnung angelegt.

Nationalpark Majella

Dieser Nationalpark, der im Norden – im Tal des Fiume Pescara – an den Nationalpark Gran Sasso angrenzt, wurde ebenfalls im Jahre 1991 gegründet und weist eine Fläche von 74 Hektar auf. Er wird gebildet vom Hauptkamm der Majella, der im Monte Amaro (2793 m) kulminiert und im Nordwesten von der Montagne del Morrone flankiert wird. Im Süden reicht der Park bis zum Monte Secine und an die Grenze zur Nachbarregion Molise. Das gesamte Gebiet ist sehr gebirgig, was sich auch darin zeigt, dass 55 % seiner Fläche über 2000 Meter Höhe liegen. Neben der bereits im Nationalpark Gran Sasso erwähnten Fauna finden wir dort auch Fisch- und Wiesenotter, Brillensalamander und Glattnattern. Außerdem gibt es nachgewiesene 2114 Pflanzenarten, davon 142 endemische. Das Majellagebirge ist die südlichste alpine Region Europas und das hat auch seine Spuren in der Pflanzenwelt hinterlassen: So gibt es dort den Weißen und den Gelben Alpenmohn und die Hängebirke.

Früher wurde dieses Gebiet weitgehend beweidet, doch sind heute nur noch Spuren davon vorhanden. Die menschliche Besiedelung reicht bis ins Neolithikum zurück. Charakteristisch für das Gebiet der Majella sind die Trockensteinhütten (sogenannte Tholos), die sich dort in zahlreichen Formen erhalten haben; sie dienten als Lager- und Aufbewahrungsstätten für Produkte und Arbeitsgeräte sowie als Rückzugsorte bei Schlechtwetter. Zu diesen Steinhütten hat die

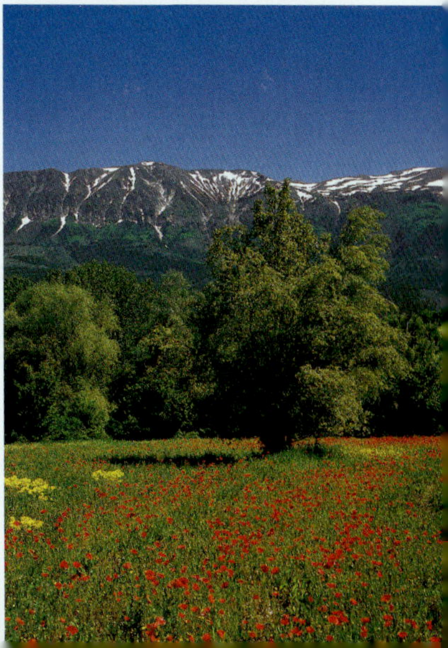

Frühlingserwachen im Valle Peligna bei Pratola Peligna.

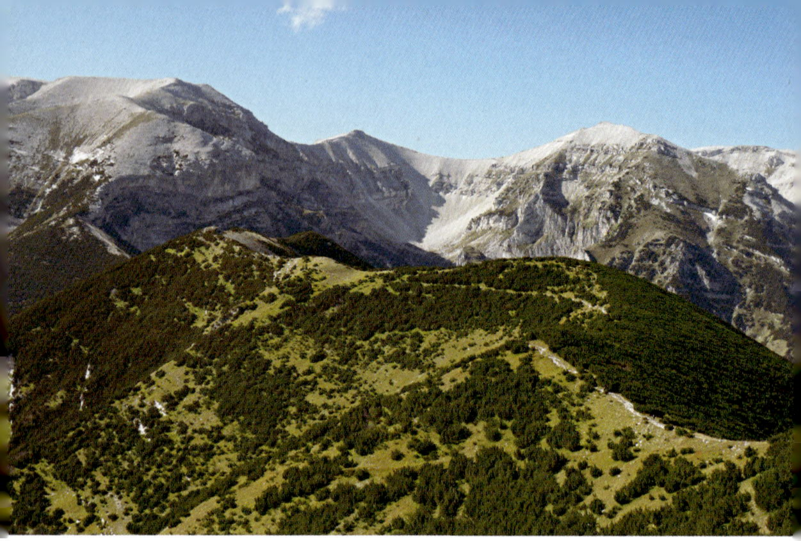

Blick von Nordosten über den Monte Cavallo auf Monte Focalone und die Tre Portoni in der Majella. Über diese Gipfel führt der Anstieg zum Monte Amaro (Tour 30).

Nationalparkverwaltung einen eigenen Führer mit Kurzbeschreibungen, Fotos und Routenkarten herausgebracht.
Neben dem zweithöchsten Gipfel der Abruzzen weist dieses Gebirge eine der beeindruckendsten, begehbaren Höhlen, die Grotta del Cavallone (siehe Tour 27), sowie die ebenfalls imposante Gole di Santo Spirito (siehe Touren 28 und 32), eine tief eingeschnittene Schlucht, und die nicht weniger bedeutende Orfentoschlucht (Tour 23) auf. Zahlreiche Wanderwege, die vorwiegend alten Hirtenpfaden folgen, durchziehen das Gebirge; leider gibt es keine einzige bewirtschaftete Unterkunftshütte, jedoch zahlreiche Bivacchi und offene oder auch verschlossene kleine Schutzhütten (Schlüssel bei der jeweiligen Sektion des CAI oder den anderen Eigentümern). Einige der früheren Hüttenunterkünfte wurden zu einfachen Unterkünften für Bergwanderer.
Eine Besonderheit des Majellagebirges sind seine zahlreichen Einsiedeleien (siehe dazu exemplarisch Tour 24) auf der Nordostseite, die dort aufgrund der unzugänglichen Topografie im Mittelalter eingerichtet wurden. Diese großartigen Höhlen- und Felskirchen würden einen eigenen kleinen Führer verdienen. Für manchen Besucher der Abruzzen ist diese Region auch mit Geschichten über Briganten (politisch motivierte Bandenmitglieder) und Räuber verbunden, die sich hier vor allem vor und nach der Gründung des italienischen Königreichs um 1861 aufhielten. Aus dieser Zeit sind noch einige Gravierungen erhalten, so die »Tavola dei Briganti« (siehe Tour 30).

Nationalpark Abruzzen, Molise und Latium

Der älteste der drei Nationalparks in den Abruzzen wurde 1923 gegründet, Teile des Gebiets waren jedoch bereits kurz nach Gründung des Königreichs Italien königliches Jagdgebiet und damit anderen Jägern entzogen. Dieser Nationalpark umfasst knapp 51 Hektar plus eine zusätzliche Schutzzone. Nach einigen Auswüchsen in den 50er- und 60er-Jahren des vergangenen Jahrhunderts, bei denen die Vorgaben der Parkverwaltung bezüglich Natur- und Umweltschutz nicht eingehalten worden waren, kam es zu einer Korrektur, und in den 1970er-Jahren wurden dann die Grundlagen für einen neuartigen, naturnahen Tourismus geschaffen. Es wurden sechs dezentrale Besucherzentren eingerichtet, mit jeweils eigenen Schwerpunkten. Es wurden Campingplätze und kleine Unterkunftsbetriebe, aber auch Hotels gefördert, das lokale Handwerk mit einbezogen. Der Tourismus, aber auch die kleinen Kommunen profitierten davon erheblich. Das Wegenetz wurde verbessert und gut ausgeschildert. Kleine Museen mit Bezug zur Geschichte und zur Landwirtschaft wurden eingerichtet (z. B. Wollmuseum in Scanno, Wolfsmuseum in Civitella Alfedena). Heute hat der Nationalpark Abruzzen Vorbildcharakter für andere Nationalparks.

Bisegna ist mit 1210 Metern das höchstgelegene Bergdorf am Rand des Nationalparks Abruzzen (Bar und B&B »Tana del Lupo«).

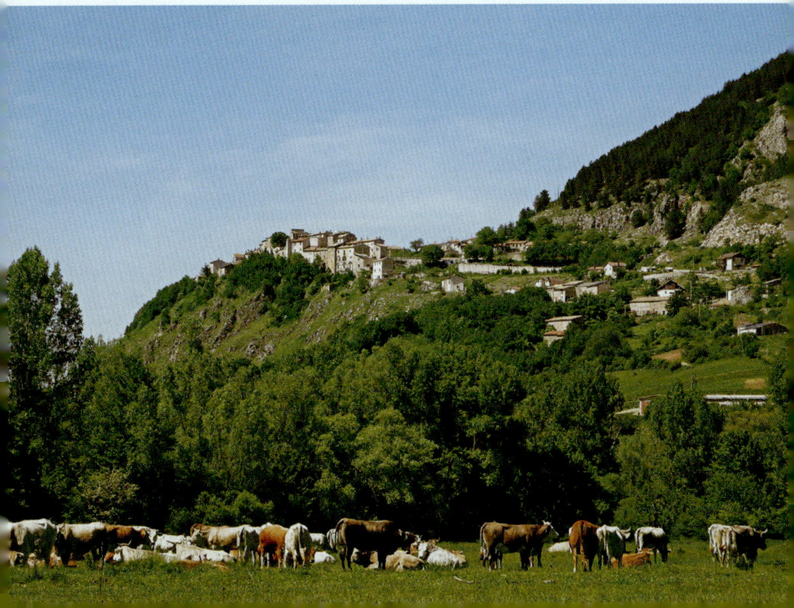

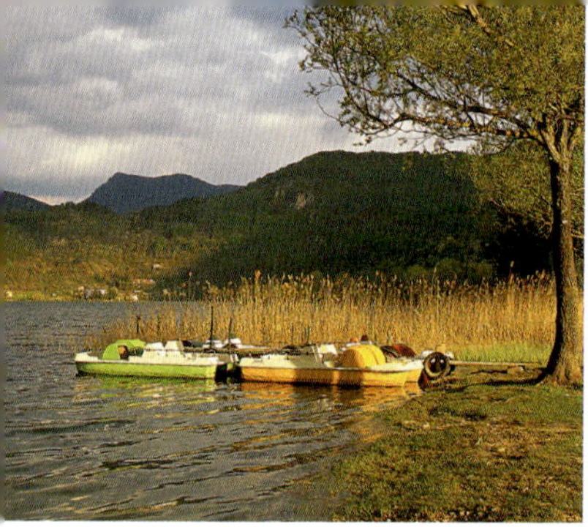

Am Lago di Scanno kann man baden oder auch ein Boot mieten; er wurde zum vierten Mal mit der »Blauen Flagge« ausgezeichnet.

Die beiden höchsten Gipfel des Nationalparks sind der Monte Petroso (2249 m), der aus Wildschutzgründen teilweise gesperrt ist, sowie der Monte Marsicano (2245 m). Das Gebiet weist kaum spektakuläre Gipfel auf, nur wenige erreichen die magische Grenze von 2000 Metern. Große Teile sind von schönen Buchenwäldern bedeckt, was das Wandern besonders in heißen Sommermonaten enorm erleichtert. Es gibt einige natürliche Seen – Lago di Scanno, Lago Vivo – sowie den künstlich angelegten Lago di Barrèa; in den beiden großen Seen kann man im Sommer auch herrlich baden.

Die besondere Attraktion des Nationalparks ist der Braunbär (Orso bruno marsicano), der, nachdem er fast ausgerottet schien, heute wieder eine Population von ein paar Hundert Exemplaren aufweist. Darüber hinaus leben hier die Abruzzengämse, der apenninische Wolf, Hirsche und Rehe, Marder, Wild- und Stachelschweine, Dachse, Fischotter und auch Luchse. Abgerundet wird die Fauna von kleineren Säugetieren, wie Fuchs, Igel, Wiesel und Eichhörnchen, und Vögeln, wie Adler, Bussard, Habicht, Uhu und weitere 300 Vogelarten.

Im Nationalpark gibt es ein gutes, ausgeschildertes Wegenetz, aber keine bewirtschaftete Übernachtungshütte bzw. Einkehr. Also: Proviant und Getränke gehören immer in den Rucksack. In den Tälern gibt es jedoch zahlreiche B&Bs, Pensionen, Campingplätze und Hotels sowie Restaurants, die den Bedarf gut abdecken. Es werden auch geführte Wanderungen zur Wildbeobachtung durchgeführt (z. B. in Campo di Giove und Pescassèroli; siehe S. 18).

Regionalpark Sirente-Velino

Dieser Naturpark wurde im Jahre 1989 gegründet und umfasst eine Fläche von ca. 55 Hektar. Da er von allen vier Naturparks am weitesten vom Meer entfernt ist, weist er auch das raueste Klima auf. Er besteht aus zwei unterschiedlichen Gebirgszügen: dem Gebiet des Monte Velino (2486 m) im Westen, dessen Kerngebiet eine hervorgehobene Schutzzone bildet, und dem Gebiet des Monte Sirente (2348 m) im Osten, der sich vor allem durch großflächige frühere Weidegebiete auszeichnet. Im Süden wird das Gebiet von der Fuciner Ebene begrenzt, einem trockengelegten großen See. Zwischen diesen beiden Gebirgsstöcken liegen die beiden Hochflächen »Altopiano Rocca di Pezza« und »Altopiano Rocca dei Prati del Sirente«. Auf Letzterer

liegen auch die bedeutendsten Orte des Gebiets. Im Osten umfasst es auch das Gebiet des Valle Aterno, das einige geschichtsträchtige Orte aufweist. Neben den Berggipfeln, die zum Teil von schönen Eichen- und Buchenwäldern gesäumt werden, finden wir auch eine der beeindruckendsten Schluchten der Abruzzen, die Gole di Celano (Tour 51). Schöne Ausflüge garantieren die kleine Schlucht Gole di San Venanzio bei Raiano oder die Kalkhöhle Grotte di Stiffe, die nahezu 700 Meter lang ist und unterirdische Flüsse und kleine Seen aufweist (siehe S. 35).
Aufgrund der Kalkhaltigkeit dieser Berge, der unterschiedlichen Höhenzonen, der Wälder und der Karstregionen sowie der uralten Weidewirtschaft finden wir im Regionalpark Sirente-Velino eine reiche Flora vor, die besonders im Frühjahr überwältigend ist. So können wir dort u. a. die Alpen-Aster, den apenninischen Enzian, die Schachblume, die Feuerlilie, zahlreiche Veilchenarten und den Ginster entdecken. Die Fauna ist u. a. mit Braunbär und Wolf, Hirsch und Reh, Gämse, Wildschwein, Wildkatze und Adler vertreten, wenngleich nicht im selben Umfang wie im Nationalpark Abruzzen. Besonders hervorzuheben ist der Vogelreichtum, darunter auch seltene Greifvögel wie Falken und Eulen.
Im Regionalpark finden wir neben mehreren nur zeitweise bewarteten und verschlossenen kleinen Schutzhütten (Schlüssel bei den Eigentümern, vorwiegend Sektionen des CAI, erhältlich) auch die voll bewirtschaftete Schutzhütte Rifugio V. Sebastiani (Tour 59).

Blick von Südosten auf den lang gezogenen Felsabbruch des Monte Sirente nach Nordosten; auf der Südseite hingegen läuft das Massiv nahezu sanft aus.

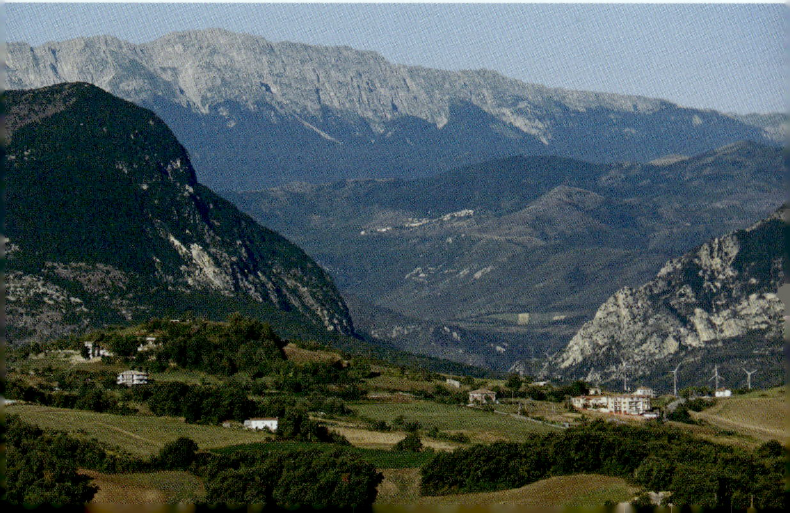

Kurzwanderungen und Ausflüge

Wer sich einen **ersten Überblick** über die Bergwelt der Abruzzen (Majella, Gran Sasso, Sirente-Velino und Nationalpark Abruzzen) verschaffen will, kann mit dem Auto die hier vorgeschlagene Rundtour unternehmen: Sulmona – Cocullo – Gioia dei Marsi – Bisegna – Pescassèroli – Villetta Barrea – Passo Godi – Scanno – Sulmona. Unterwegs gibt es zahlreiche hübsche Bergdörfer zu besichtigen.

Lago Ticino

Südöstlich von Campo di Giove (1,5 km, 20 Minuten zu Fuß auf der Via del Lago; Anfahrt mit Pkw möglich) liegt dieser hübsche kleine See, an dem im Sommer ein kleines, schlichtes Restaurant betrieben wird; es gibt typische abruzzesische Küche und man kann leger im Freien sitzen. Anschließend wandern wir auf dem Rundweg um den See.

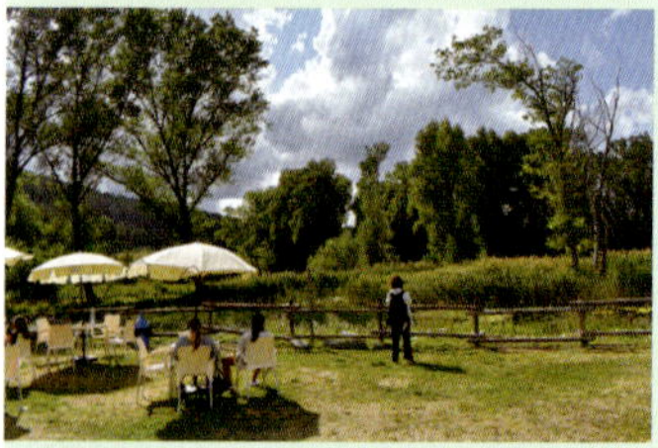

Sorgenti del Pescara

Bei Popoli, am Hang des Colle Pescara, entspringt der Fluss, der sich nach längerer Reise in die Adria ergießt. Im Quellgebiet wurde im Jahre 1986 ein Biosphärenreservat (Riserva naturale, 49 ha) eingerichtet. Von dort führt ein ausgeschilderter Wanderweg (»Sentiero Canapine«) hinauf zum Colle Pescara. Am Parkeingang Info-Point (Montag geschlossen), Kiosk, Restaurant mit regionaler Küche, Picknickplätze und Toiletten. Anfahrt: Am westlichen Ende von Popoli rechts in Richtung Vittorito (Wegweiser), zunächst durch Industriegebiet, dann über die Autobahn und rechts haltend zum Parkplatz am Eingang (Ende der öffentlichen Straße; Infotafeln). Zu Fuß dann 300 m weiter zu den Sorgenti.

Calanche di Atri

Dieses Schutzgebiet umfasst Teile des Hügels, auf dem die Stadt Atri errichtet wurde. In einem jahrhundertelangen Erosionsprozess wurden beeindruckende Gräben geformt, die seit 1995 unter Naturschutz stehen. Heute untersteht das Gebiet dem WWF. Durch dieses reizvolle, wenn auch karge Naturwunder führen mehrere Wanderwege. Im Tourist Office von Atri gibt es dazu einen kleinen Führer und eine Wanderkarte.

Cascata di San Giovanni, 970 m

Großartiger Wasserfall in einem waldreichen Tal auf der Ostseite der Majella, der mit einer leichten Wanderung erreicht werden kann. Wird im Sommer häufig besucht. Von Bocca di Valle 2.30 Std.

Fontana Romana

Beliebtes Ausflugsziel auf der Westseite der Majella. Anfahrt: Von Pacentro zur Straßenverzweigung auf der Hochfläche unterhalb von Passo San Leonardo (11 km), dort rechts, bis wir nach 2 km auf einen kleinen Parkplatz treffen. Dort links 200 m zu Fuß in den Wald hinein zum Bar/Ristorante »Fontana Romana«. Dort beginnt ein weiterer Aufstieg auf den Monte Amaro (leicht, 1550 Hm, 5.30 Std.).

Rocca di Calascio, 1450 m

Rest einer großartigen Befestigungsanlage aus dem 10. Jahrhundert. Ganz in der Nähe befindet sich die kleine Kirche Santa Maria della Pietà. Von Calascio führt eine gewundene Straße hinauf zum

Weiler am Fuß der Burg. Von dort auf Bergpfad weiter. Großartige Sicht auf das Massiv des Gran Sasso. Einkehr/ Unterkunft: Rifugio della Rocca (nettes Ambiente in renoviertem altem Haus; weitere Zimmer in renovierten Nachbarhäusern; insgesamt 34 Betten) am Fuß der Ruine; MTB-Verleih; November bis Januar geschlossen. Tel. +39 338 805 9430, rifugiodellarocca.it. Oder das B&B »Da Natalia« in Calascio.

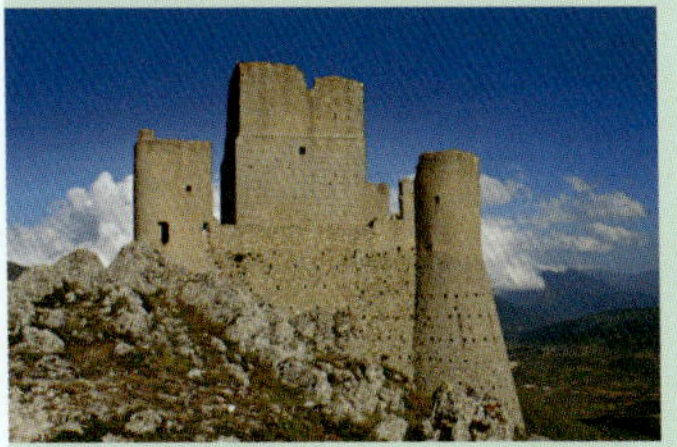

Grotte di Stiffe

Großartige Tropfsteinhöhle bei San Demetrio ne' Vestini im Valle Aterno. Eine Besichtigung ist nur mit Führung möglich. Vom Parkplatz (dort gibt es auch die Tickets) bringt uns ein Shuttlebus zum Eingang der Höhle. Öffnungszeiten: täglich, auch im Winter, 10–13 Uhr und 15–18 Uhr. Dauer der Führung: 1 Std. Tel. +39 0862 86142, grottestiffe.it.

Sant'Onofrio

Die ehemalige Einsiedelei des späteren Papstes Coelestin V. und die kleine Kirche Sant'Onofrio, hoch über dem Pelignatal in die Felsen der Montagne del Morrone gebaut, ist durch eine reizvolle Wanderung in 20 Min. zu erreichen. Direkt vom ehemaligen Kloster Badia Morronese bei Sulmona folgt man dem bergwärts führenden Teersträßchen bis zu einem Parkplatz mit Kiosk (ca. 2 km). Dort leitet ein breiter, gesicherter Bergwanderweg in Serpentinen hinauf zu diesem wunderbaren Ort.

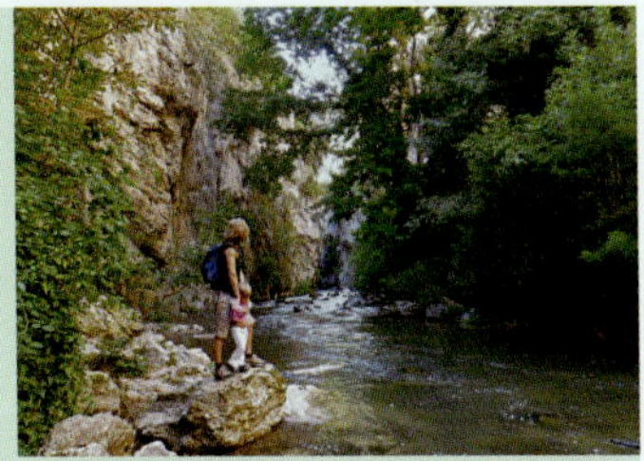

Gole di San Venanzio

Von der Autostrada Pescara – Roma, Ausfahrt Pratola Peligna/Sulmona, in Richtung Raiano, am Kreisverkehr vor Raiano rechts in Richtung Corfinio, dann links der Ausschilderung »Vittorito« folgen. Durch Vittorito hindurch und hinab zur Gole di Venanzio. Kleiner Parkplatz links nach der Brücke über den Aterno. Wir gehen zurück zur Brücke und folgen links dem Wegweiser zur Eremo Venanzio. Bereits nach wenigen Minuten zweigt rechts der Weg zu einer alten Mühle (Mulino) ab. Nach der Besichtigung folgen wir dem breiten Wanderweg eine Viertelstunde lang oberhalb des Fiume Aterno zur Eremo. Die alte Einsiedelei mit Kirche wurde teils direkt über dem Fluss gebaut und vor wenigen Jahren wieder hergestellt. Schattiger Picknickplatz mit Tischen und Bänken, Wasserstelle (im Sommer Kioskbetrieb).

Der Buchenwald von Sant'Antonio

Einer der schönsten Wälder der Abruzzen; dieses 550 ha große Waldgebiet steht seit 1985 unter Naturschutz und ist seit 1992 Teilstück des Nationalparks Majella. Er wurde benannt nach der Einsiedelei Sant'Antonio, die heute noch existiert. Wir finden dort noch jahrhundertealte Buchen. Besonders im Herbst bei der Laubfärbung ein Genuss. Zugang auf halbem Weg von der Straße Cansano – Pescocostanzo. Einkehr: Il Fagetto (Zimmer).

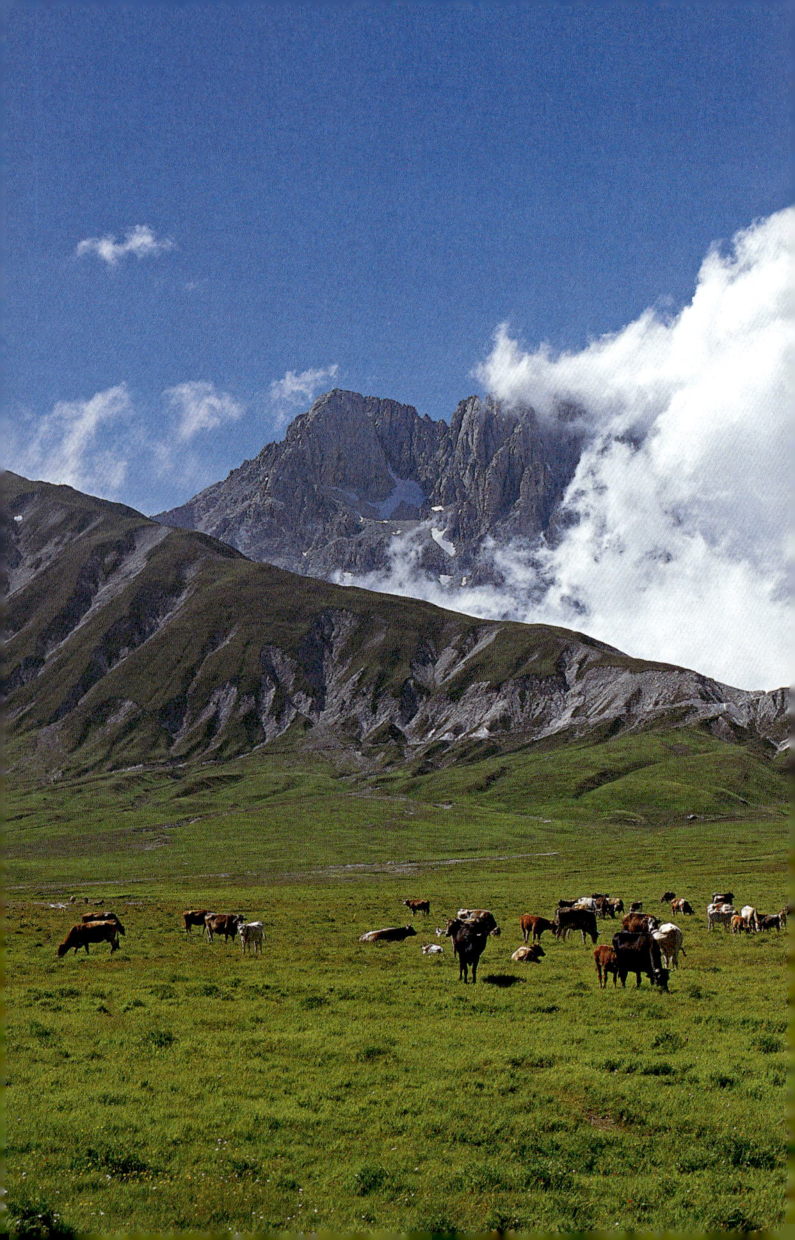

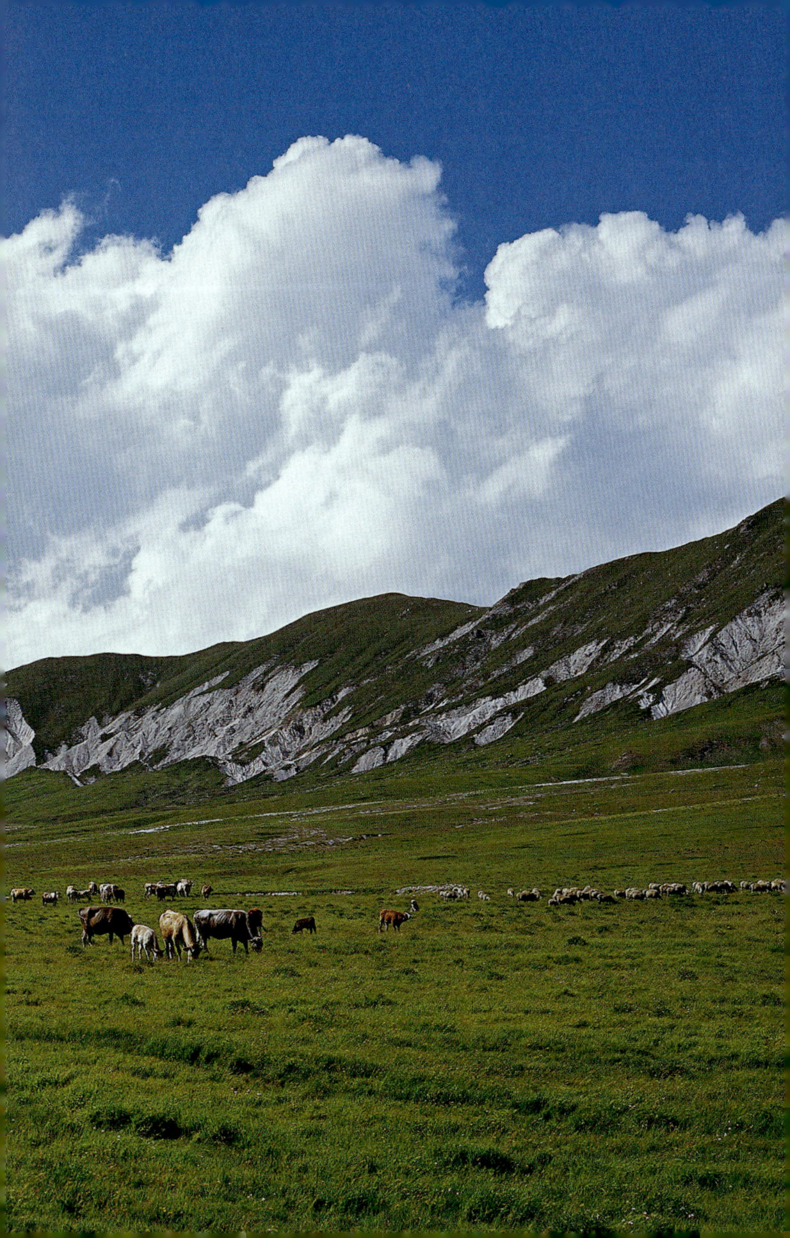

1 Gole del Salinello

4.15 Std.

Spektakuläre Wanderung in die Schlucht des Torrente Salinello

In den zur Adria hin auslaufenden Hügeln im Nordosten der Abruzzen befindet sich eine kleine, aber recht spektakuläre Schlucht, die Gole del Salinello. Zweihundert Meter hohe Felswände erheben sich über dem tiefsten Teil des Torrente Salinello. Die Grotta Sant'Angela, der wir beim Abstieg in die Schlucht einen Besuch abstatten können, wurde nachweislich bereits 6000 Jahre vor unserer Zeitrechnung von Menschen bewohnt. Im Mittelalter fanden hier dann Einsiedler ihre Zufluchtsstätten; kleine Kapellen geben davon heute noch Zeugnis. Im Jahre 1990 wurde die Schlucht zum regionalen Naturschutzgebiet erklärt. Bereits am Eingang des kleinen Naturwunders finden wir daher informative Schautafeln und dementsprechend groß ist mittlerweile auch wieder die Artenvielfalt. Mit etwas Glück können wir sogar seltener Exemplare des Königsadlers ansichtig werden.

Ein Ausflug zur Gole del Salinello sollte in jedem Fall mit einem Besuch von Civitella del Tronto kombiniert werden. Reizvolle mittelalterliche Gassen, nette Cafés und kleine Hotels laden zu einem Aufenthalt ein. Und nicht zu vergessen, dort gibt es die schmalste Gasse in ganz Italien.

Am tiefsten Punkt der Gole del Salinello. Die Begehung ist nur bei Niedrigwasser möglich.

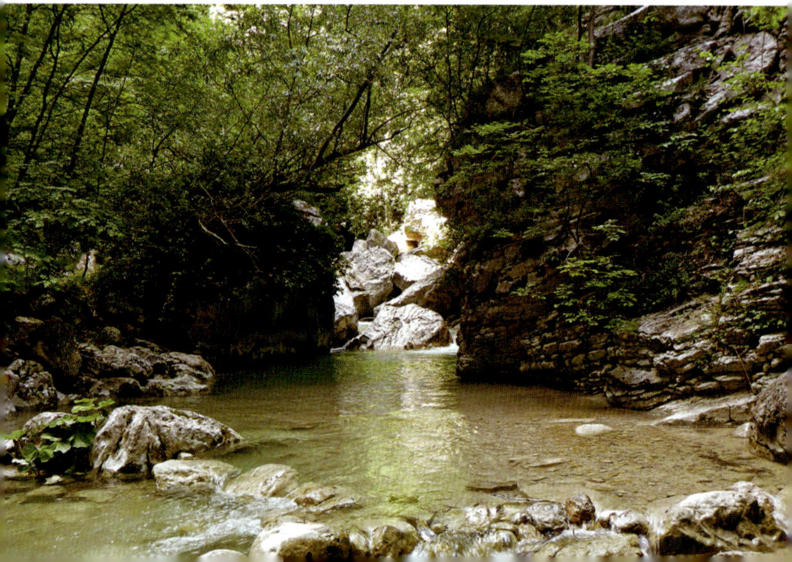

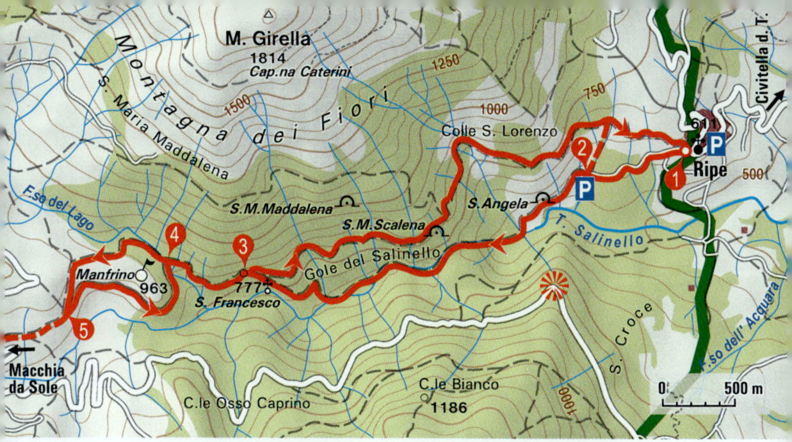

Talort: Civitella del Tronto (645 m). Kleine, prominent auf einem Hügel gelegene Stadt in der Provinz Teramo mit etwa 5400 Einwohnern, gewaltiger Stadtmauer und einem mittelalterlichen Ortskern. Besonderes Merkmal ist die großartige Festungsanlage (Waffenmuseum) oberhalb auf einem Felsen.

Ausgangspunkt: Ripe (611 m). Kleines Dorf am Eingang der Schlucht. Mittlerweile nach dem letzten Erdbeben von 2016 nahezu verlassen. Anfahrt von Teramo auf der SS 81 oder von der Küste bei Alba Adriatica auf der SS 259/ 81 bis Civitella del Tronto; man bleibt im Tal und biegt in Höhe der hoch oben gelegenen Stadt zum Dörfchen Ripe ab, das man nach 3 km erreicht. In der Ortsmitte bei der Kirche parken. Eventuell kann man bis zum zweiten Parkplatz weiterfahren.

Markierung: Rot-gelb sowie ein paar Wegweiser.

Höhenunterschied: 540 Hm im Aufstieg wie im Abstieg.

Anforderungen: Überwiegend leichte Wanderung, aber ein paar steile Passagen auf dem Rückweg. Trittsicherheit jedoch erforderlich. Keinesfalls nach längeren Regenfällen in die Schlucht wandern. Eventuell Steinschlaggefahr.

Einkehr und Unterkunft: Unterwegs keine. Am zweiten Parkplatz befinden sich ein Kiosk (9–18 Uhr an Wochenenden und an Feiertagen) und ein Picknickplatz (Toilette). Ansonsten bietet sich das nahe gelegene Civitella del Tronto mit seinen kleinen, gemütlichen Hotels und Restaurants an.

Variante: Diese Route kann, wenn ausreichend Zeit zur Verfügung steht, bis Macchia da Sole fortgesetzt werden. Allerdings müssen wir dann denselben Weg wieder zurücklaufen (plus 40 Min. Gehzeit).

Hinweise: 1. Achtung: Die Schlucht selbst kann erst im späten Frühjahr, im Sommer und in der ersten Herbsthälfte begangen werden (aufgrund des Wasserstandes in der Schlucht). Bis zum Eingang der Schlucht ist die Wanderung jedoch immer möglich.
2. Am Eingang zur Schlucht gibt es im Sommer einen »Punto Informativo del Parco«.

Von der Ortsmitte von **Ripe (1)** folgen wir zunächst dem kleinen Teersträßchen bergan und aus dem Dorf hinaus. Das Sträßchen wird zum unbefestigten Fahrweg und senkt sich allmählich in Richtung Schlucht ab. Nach einem Kilometer erreichen wir einen kleinen **Wanderparkplatz (2)** mit Informa-

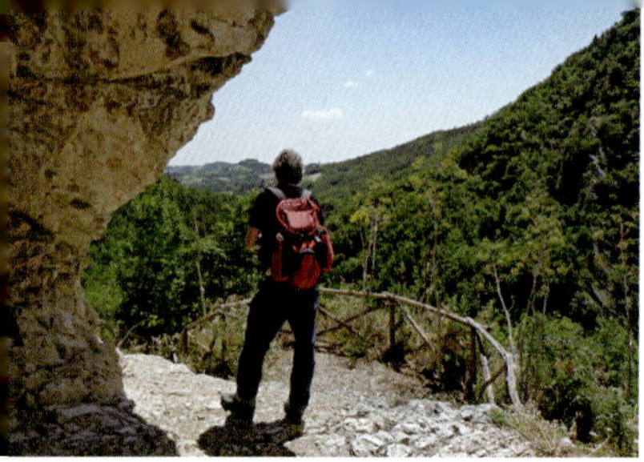

Bei der Grotta Sant'Angela.

tionspunkt. Wir wandern weiter bergab durch den bewaldeten Hang, wobei sich der Fahrweg allmählich zum Wanderweg verengt. Mehrere Info-Tafeln geben Auskunft über die geologischen, morphologischen und historischen Aspekte der Region und der Schlucht. Auf halbem Weg in die Schlucht befindet sich rechts oberhalb die **Grotta Sant'Angela** (30 Minuten für den Abstecher), der wir einen Kurzbesuch über einen Treppenweg abstatten können. Zurück auf dem Hauptweg wandern wir nun hinab zum Eingang der Schlucht; links unten sehen wir bereits den tief eingeschnittenen Bach, nachdem er die enge Schlucht verlassen hat. Über einige Serpentinen geht es hinunter zu einer Wegverzweigung. (Rechts führt ein Steig hinauf zum Höhenweg nach Castel Manfrino, den wir auf dem Rückweg begehen werden.) Wir halten uns links und gehen hinab zum Grund der Schlucht. Dort führt unsere Route rechts am Bach entlang durch Wald zum **Schluchteingang**. Bis hierher können wir immer wandern, unabhängig von der Saison. Zunächst geht es am Wasser entlang, dann allerdings auch im steinigen Bachbett. Bald betreten wir den spektakulärsten Teil der Schlucht mit steil aufragenden Felsen. Im weiteren Verlauf fällt Wasser von beiden Bergflanken über Kaskaden herab und verstärkt den bereits faszinierenden Eindruck. (Nach rechts zweigt ein steiler Aufstieg zur Eremo di Santa Maria Scalena ab, den wir hier vernachlässigen wollen.) Nachdem wir die Schlucht durchschritten haben, führt uns ein Pfad steil hinauf zum **Höhenweg (3)** (777 m), einer früheren Mulattiera, die Ripe mit Macchia da Sole verbindet. (Am Anstiegsweg können wir einen Abstecher zur Eremo di San Francesco einlegen; 30 Minuten für Hin- und Rückweg.) Am Höhenweg halten wir uns links und wandern eben bis zu einer **Wegverzweigung (4)**, dann weiter zum Fosso del Lago, den wir auf einer kleinen Holzbrücke überqueren. Wir umrunden somit die Anhöhe, auf der das verfallene **Castel Manfrino** steht. 500 Meter nach dem Graben treffen wir auf eine **Wegkreuzung (5)**; dort halten wir uns links, wandern auf der Südseite der Burgruine entlang und können einen Abstecher zu dieser machen. Dann treffen wir in einem Linksbogen wieder auf den **Höhenweg (4)**. Auf diesem rechts weiter, vorbei an der Einmündung des Steiges, der aus der Schlucht hochkommt **(3)**, und durch den Wald – mit immer wieder schönen Ausblicken – zurück nach **Ripe (1)**.

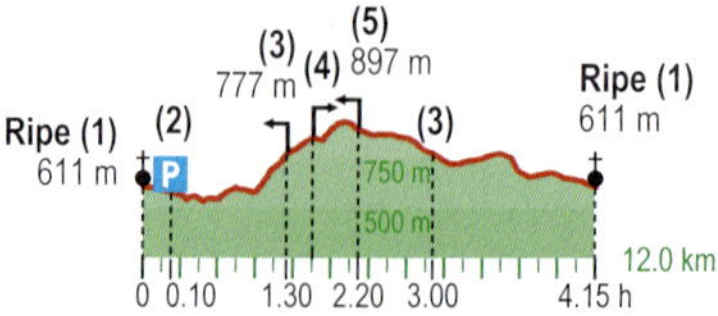

5.00 Std.

Zur Cascata della Morricana

2

Stille Wanderung in den Bosco della Martese

Die kleine Hotelsiedlung Ceppo ist Anziehungspunkt für zahlreiche Wanderer in den Monti della Laga, denn sie ist Startpunkt für mehrere schöne Touren, darunter auch die hier vorgeschlagene in den Bosco della Martese. In diesem dichten Wald aus Buchen und im hinteren Teil auch aus Tannen, übrigens dem weitläufigsten im gesamten Gebiet der Monti della Laga, gab es im Zweiten Weltkrieg Zusammenstöße zwischen deutschen Truppen und italienischen und kroatischen Partisanen (ein Denkmal bei Ceppo erinnert daran). Ziel dieser Wanderung sind die beeindruckenden Wasserfälle am Talende, darunter der bedeutendste unter ihnen, die Cascata della Morricana. Da bei dieser Wanderung nur gut 200 Höhenmeter zu bewältigen sind, der Weg dorthin breit – ideal also auch für Wandergruppen – und auch die Schlussetappe nicht sehr fordernd und selbst bei großer Hitze angenehm zu begehen ist, gehört diese Route zu den häufig frequentierten.

Blick auf die Cascata. Der Zugang erfolgt durch das bewaldete Tal.

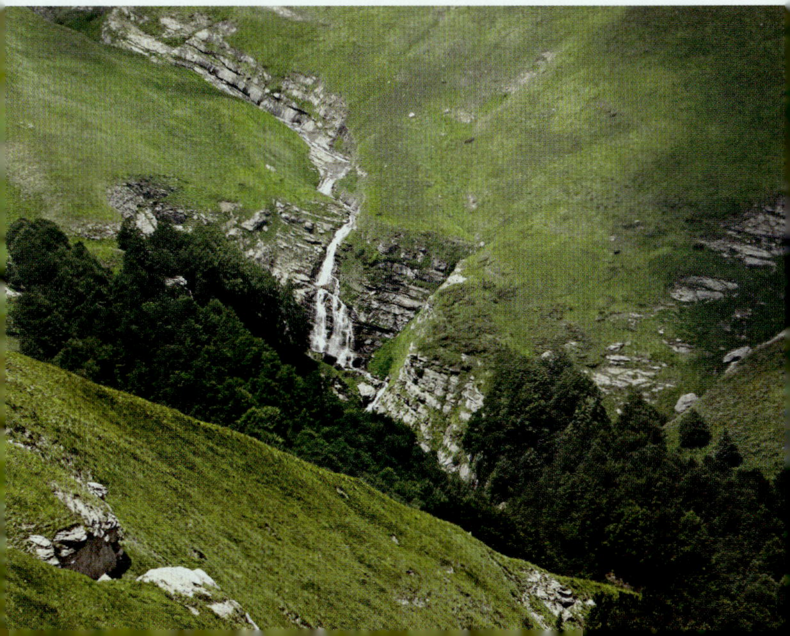

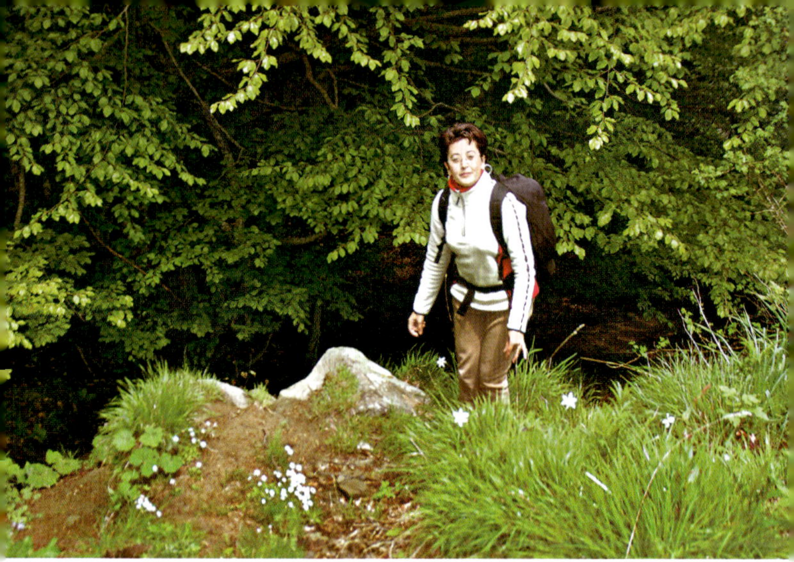

Der Anstieg ist im Sommer durch den Laubwald angenehm schattig.

Talort: Valle Castellana (625 m). Größter Ort (ca. 1100 Einwohner) in der näheren Umgebung (18,5 km von Ascoli Piceno) mit allen nötigen Einkaufsmöglichkeiten, Bars und Restaurant inmitten einer großartigen, waldreichen Landschaft. Ökomuseum Terre del Castellano.

Ausgangspunkt: Ceppo (1334 m). Kleine, abgelegene Hotelsiedlung in der Comune Rocca S. Maria mit großem Parkplatz. Anfahrt: Auf der A 24 bis zur Autobahnausfahrt Teramo, dann weiter über Torricella Sicura, Santo Stefano, Imposte und Paranesi auf schmaler und kurvenreicher Straße hinauf in den Bosco Solagnone zu dem auf einem bewaldeten Rücken gelegenen Ausgangspunkt (ca. 40 km ab A 24). Keine Busverbindung.

Markierung: Einige Wegtafeln sowie Mark.-Nr. 333.

Höhenunterschied: 390 Hm im Aufstieg wie im Abstieg.

Anforderungen: Der größte Teil verläuft auf einem Wirtschaftsweg durch Wald (6 km), dann Bergwanderweg und Bergsteig; an einigen Stellen mit Holzgeländer gesichert. Im Bereich der Wasserfälle Trittsicherheit erforderlich.

Einkehr und Unterkunft: Unterwegs keine. Kiosk 1 km vor Ceppo. Bei Wegpunkt 2 befindet sich ein Campingplatz (Auskunft über die Comunità Montana della Laga, Zona »M«, Tel. +39 0861 59401). B&B »i 7 Cerri« in Valle Castellana (einige Kilometer außerhalb des Ortes in den Vorbergen; Tel. +39 328 974 2901).

Hinweis: Im Bereich dieser Wanderung, wie überhaupt in den Monti della Laga bieten sich für den Pilzesammler zahlreiche Möglichkeiten. Aber Achtung, dafür benötigt man eine Genehmigung! Für das Gebiet um Ceppo ist die Gemeindeverwaltung Rocca S. Maria zuständig. Wer keine Pilze sammeln will, findet jede Menge Esskastanien am Wege (aber auch das Sammeln ist reguliert, also besser nachfragen).

Vom **Wanderparkplatz** in **Ceppo (1)** folgen wir dem Wirtschaftsweg bergwärts durch Wald 800 Meter lang – vorbei am Denkmal für die Partisanen – bis zu

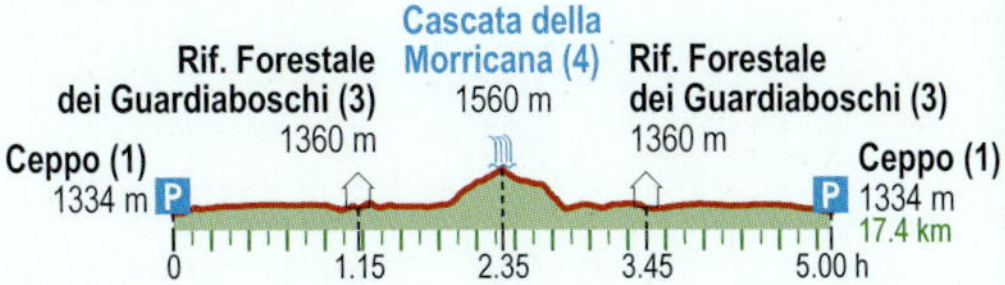

einer **Wegverzweigung (2)** beim Campingplatz. (Bis hierher könnten wir auch noch mit dem Auto fahren; der Weiterweg ist ab hier für Autos gesperrt.) Dort halten wir uns rechts und wandern auf einem guten Forstweg hoch über dem Rio Valle Castellana in einen schönen Buchenwald (Bosco della Martese) hinein. Der Weg macht viele Kurven, da er zahlreiche tief eingeschnittene Bachtäler und mehrere Gräben – mit so wohlklingenden Namen wie Fosso Castellano, Fosso dell'Orso und Fosso Gelato – überwinden muss. Dann erreichen wir das **Rifugio Forestale dei Guardiaboschi (3)** (1360 m). Das letzte Drittel dieses bequemen, nahezu ebenen Weges zieht sich weiterhin durch den Wald, der nun auch von zahlreichen Tannen aufgelockert wird, verläuft dann überwiegend gerade und endet nach etwa sechs Kilometern (1471 m) ab Ausgangspunkt. Dort beginnt ein Bergwanderweg und Bergsteig, der uns nun etwas oberhalb des Bachgrundes hinein in den **Fosso Valle Castellana** leitet. Zuerst leicht ansteigend weiter, bald über einen tief eingeschnittenen Graben hinweg, dann steil hinab in den Grund des Hochtals. Bei der folgenden Wegverzweigung halten wir uns links (rechts geht es zum Colle Petrata) und steigen über die zahlreichen Gräben hinweg weiter bergan. Beim letzten Graben, der sich nach rechts neigt, halten wir uns links und erreichen den Boden eines großen Grabens. Von dort können wir nun endlich den größten Wasserfall sehen, die **Cascata della Morricana (4)**. Falls wir näher an den Wasserfall herangehen wollen, müssen wir uns entlang des Baches und zwischen Felsblöcken vorarbeiten, um in den direkten Genuss des herabfallenden Wassers zu kommen.
Die **Rückkehr** erfolgt auf dem Anstiegsweg.

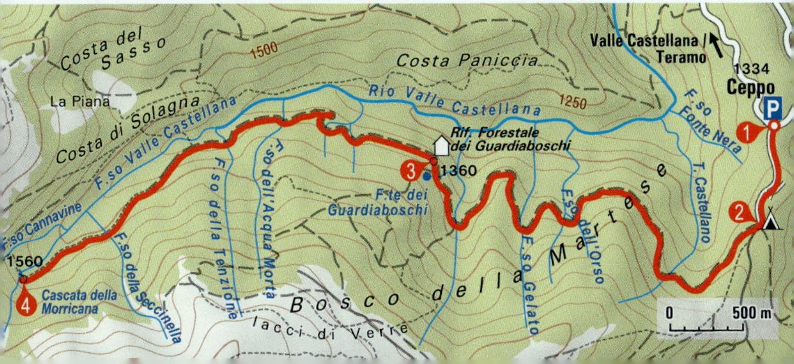

3 Pizzo di Moscio, 2411 m

6.40 Std.

Klassische Gipfelwanderung in den Monti della Laga

Das Herzstück der Monti della Laga ist der lange Gipfelkamm, der sich von der Costa Piangrano bis zum Lago di Campotosto erstreckt. Deren höchste Erhebungen sind: Macera della Morte (2073 m), Cima Lepri (2445 m), Pizzo di Moscio (2411 m), Monte Gorzano (2458 m), Cima della Laghetta (2369 m) und der Monte di Mezzo (2153 m). Allen ist gemeinsam, dass sie weit entfernt von Talsiedlungen sind und sich zwischen den einzelnen Gipfeln kaum Übergangsmöglichkeiten von der Teramer Seite im Osten zur Seite von Amatrice im Westen befinden. Am schnellsten gelangen wir auf einen dieser hohen Gipfel, wenn wir den hoch gelegenen Ausgangspunkt Ceppo wählen. Noch vor einigen Jahrzehnten war der Pizzo di Moscio der am schnellsten erreichbare Gipfel, bevor der Fahrweg zu den Iacci di Verre geschlossen wurde (in den 1980er-Jahren war dort oben ein Skigebiet geplant, dann aber verhindert worden). Aber auch so gehört diese Tour zu den schönen, leichten und schnellen Touren, wenngleich wir beim Aufstieg über den drei Kilometer langen Kamm »La Storna« teilweise einer ausgeschwemmten Piste folgen müssen. Doch der Panoramablick vom Gipfel ist umfassend.

Freier Blick über den Bosco della Martese zur Montagna dei Fiori.

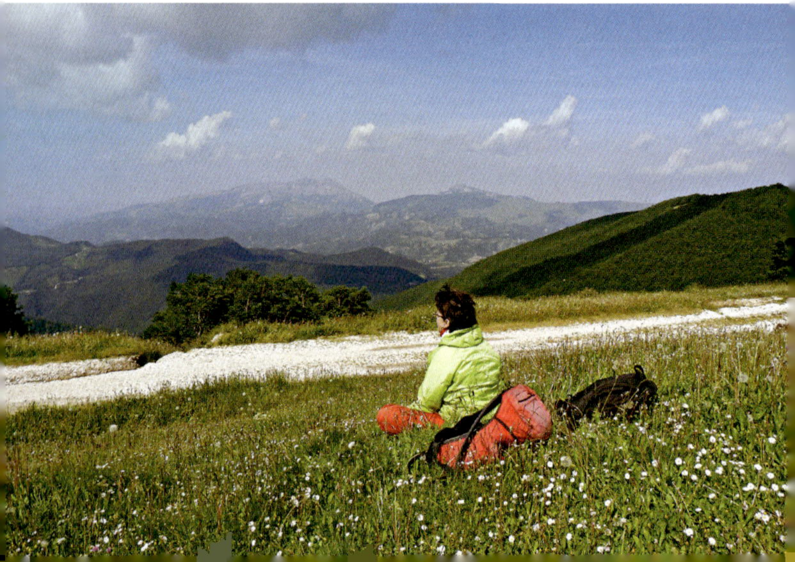

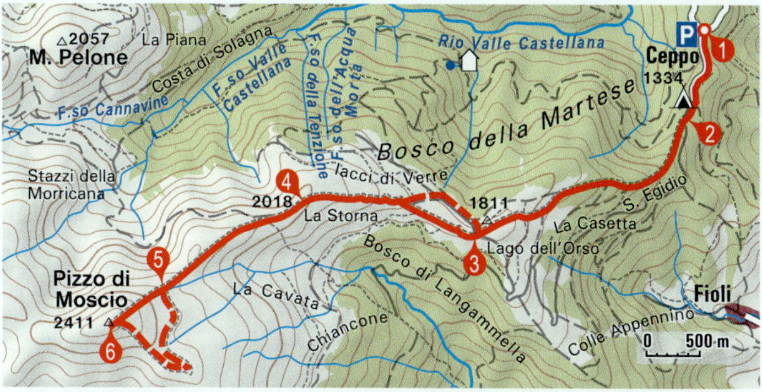

Talort: Valle Castellana (625 m). Siehe Tour 2.

Ausgangspunkt: Ceppo (1334 m). Kleine, abgelegene Hotelsiedlung in der Comune Rocca S. Maria mit großem Parkplatz. Anfahrt: Auf der A 24 bis zur Autobahnausfahrt Teramo, dann weiter über Torricella Sicura, Santo Stefano, Imposte und Paranesi auf schmaler und kurvenreicher Straße hinauf in den Bosco Solagnone zu dem auf einem bewaldeten Rücken gelegenen Ausgangspunkt (ca. 40 km ab A 24). Keine Busverbindung. Von Ceppo können wir auch der bergwärts führenden Piste 800 m weit bis zum Campingplatz folgen und dort parken.

Markierung: Rot-weiß markiert sowie Mark.-Nr. 380.

Höhenunterschied: 1080 Hm im Aufstieg wie im Abstieg.

Anforderungen: Zu Beginn auf Wirtschaftsweg durch Wald, dann Bergwanderweg und Pfadspuren. Kann im Gipfelbereich sehr windig werden, außerdem sehr der Sonne ausgesetzt. Trittsicherheit am Gipfel von Vorteil, da der letzte Teil des Anstiegs »direttissima« verläuft. Objektiv bestehen aber keine Schwierigkeiten. Teile des Weges sind sehr ausgewaschen.

Einkehr und Unterkunft: Unterwegs keine. Unterkunft in Valle Castellana, siehe Tour 2. Kiosk 1 km vor Ceppo. Campingplatz bei Ceppo.

Variante: Eine Besonderheit sind die eindrucksvoll durch Wind gebogenen Buchen bei den Iacci di Verre. Vom Lago dell'Orso folgen wir rechts haltend dem Wirtschaftsweg bis zu einem Gebäude. Direkt dahinter am Nordhang können wir einen der ungewöhnlichsten Buchenhaine besichtigen. Von dort können wir ohne Problem unseren Hauptweg erreichen, indem wir uns am Fahrweg rechts halten und dann links einer Piste durch den Hang hinauf zur Kammhöhe folgen.

Hinweis: »Punto Informativo del Parco« in Ceppo. Öffnungszeiten: Nur in der Hauptsaison von Juni bis September.

Vom **Wanderparkplatz (1)** in **Ceppo** folgen wir dem Wirtschaftsweg (Wegweiser »Pizzo di Moscio« und »Lago dell'Orso«) bergwärts durch Wald 800 Meter lang – vorbei am Denkmal für die Partisanen – bis zu einer Wegverzweigung beim Campingplatz. (Bis hierher könnten wir auch noch mit dem Auto fahren; der Weiterweg ist ab hier für Autos gesperrt.) Dort folgen wir dem geradeaus führenden (rechts geht es zur Cascata della Morricana; Tour 2) unbefestigten Fahrweg weiter durch Buchenwald, der in weiten

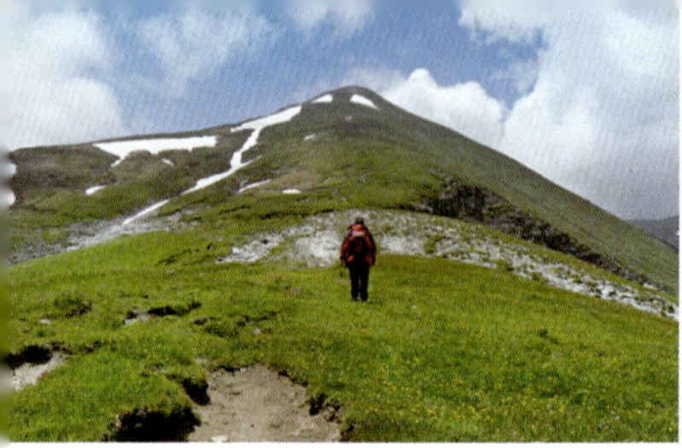

Kammhöhe La Storna mit Pizzo di Moscio.

Schleifen hinauf zum Lago dell'Orso verläuft. Wir kürzen diesen Weg jedoch ab und folgen nach etwa 150 Metern (wo die Straße eine leichte Linkskurve macht) dem rechts abzweigenden **Wanderweg (2)** (rotweiß markiert). Zunächst geht es durch dichten Buchenwald bequem weiter, dann über zahlreiche Serpentinen links und rechts des Kammes, der sich in Richtung Gipfel zieht. Nach einer Dreiviertelstunde Gehzeit verlassen wir den Wald und folgen dem Weg weiter durch Bergwiesen bis zum **Sattel (3)** beim **Lago dell'Orso** (1811 m), wo wir wieder auf den vorhin verlassenen Fahrweg treffen. Der Name des kaum mehr vorhandenen Tümpels weist auf Erlebnisse von Schafhirten hin, die früher hier oben zuweilen Bären gesehen haben. Links blicken wir auf die felsigen Gipfel des Gran Sasso, vor uns erhebt sich der Pizzo di Moscio. Wir queren nun den Fahrweg, halten uns rechts vom kleinen Bach und steigen ohne Markierung über die Bergwiesen hinauf zum Bergkamm »**La Storna**« **(4)**, der sich vom Lago dell'Orso bis zum Gipfel zieht. Rechts unten sehen wir die Reste einer geplanten Skistation. Der weitere Anstieg ist etwas mühsam, denn er führt durch lange, ausgewaschene Gräben oder auch neben diesen aufwärts. Rechts schauen wir hinab in den tief eingeschnittenen Graben des Fosso Valle Castellana, auf der linken Seite sehen wir die durchfurchten Grashänge auf der Nordostseite des Monte Pelone. Wir erreichen die höchste Erhebung des Kammes, einen unbenannten **Vorgipfel**, und steigen dann leicht hinab zum **Bergfuß (5)** des Pizzo di Moscio. Ein schwach markierter Pfad zweigt hier links ab und führt hinauf zur Sella della Solagna (diese Variante sollten wir nehmen, wenn im Frühjahr noch Schnee liegt). Wir gehen den Gipfel jedoch direkt an und steigen über die steilen Grashänge hinauf zur höchsten Erhebung des kegelförmigen **Pizzo di Moscio (6)**, den ein Kreuz und eine Madonna schmücken. Linker Hand sehen wir den Monte Gorzano, die höchste Erhebung der Monti della Laga, rechts schauen wir hinüber zur Cima Lepri. Zwischen diesem Gipfel und dem Pizzo di Moscio soll der Karthager Hannibal im Jahre 218 die Monti della Laga überschritten haben. Heute führt aus der Provinz Teramo ein nach ihm benannter Wanderweg auf seinen Spuren hinüber in die Provinz L'Aquila.

Der **Abstieg** erfolgt auf dem Anstiegsweg.

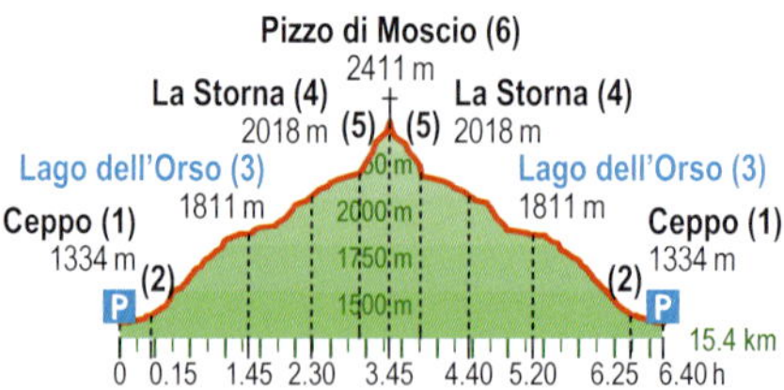

4.00 Std.

Zu den Hundert Wasserfällen

4 TOP

Stimmungsvolle Szenerien vor der Kulisse des Monte Gorzano

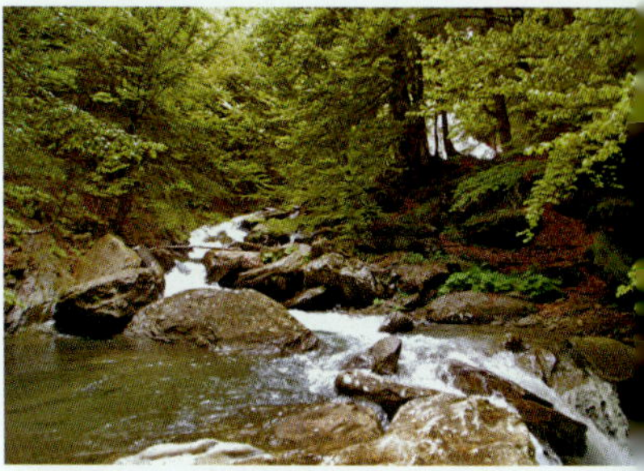

Im bewaldeten Tal des Fosso dell'Acero.

In der Nationalparkgemeinde Crognaleto mit ihren zahlreichen Dörfern, unter anderem Aiello, Alvi, Cervaro, Cesacàstina, Nerito, Poggio Umbricchio und Tottea (bekannt für seine Steinmetz-Werkstätten), bieten sich besonders für den Einsamkeit suchenden Wanderer zahlreiche Möglichkeiten. Viele der Dörfer haben unter Landflucht zu leiden, man findet daher auch nur wenige Einkehr- und Unterkunftsmöglichkeiten. Die Zeit scheint hier stehen geblieben zu sein. Beliebtes Wanderziel ist das Valle delle Cento Fonti. Entlang des wohl bekanntesten Gebirgsbaches, dem Fosso dell'Acero, bietet sich besonders im späten Frühjahr ein großartiges Spektakel: Über zahlreiche Felsabbrüche stürzt das Wasser in unglaublichen Kaskaden talwärts. Zweites Plus dieser Wanderung sind die mächtigen Buchenwälder, deren Stämme teilweise mehrere Hundert Jahre alt sind. Das Ziel der Wanderung ist der Wasserfall Sorgente Mercurio, der sich bereits oberhalb der Waldgrenze, inmitten eines Halbrunds aus Almwiesen befindet. Dort kommen auch botanisch interessierte Wanderer auf ihre Kosten.

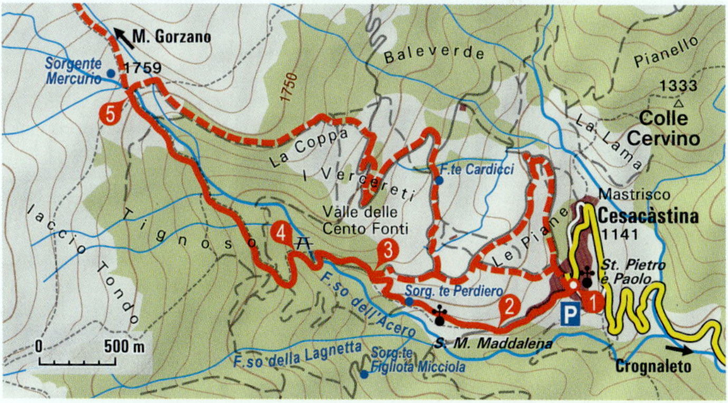

Talort: Crognaleto (1105 m). Gemeinde mit mehreren Ortsteilen mit insgesamt knapp 1500 Einwohnern. Sehenswerte Kirchen: Chiesa di Santa Caterina und Chiesa della Madonna della Tibia. Keine Unterkunftsmöglichkeit und keine Bar.

Ausgangspunkt: Ortsmitte von Cesacàstina (1141 m), bei der Kirche, dort auch Parkmöglichkeit. Anfahrt: Auf der A 24 bis Ausfahrt Basciano, dann weiter auf der SS 150 und SS 80 über Montório al Vomano in Richtung Lago di Campotosto. Beim Weiler Aprati (17,3 km nach Montório) rechts ab und weiter in Richtung Crognaleto, in Cervaro links ab nach Cesacàstina (9 km ab SS 80).

Markierung: Rot-weiß, aber nicht durchgehend; ein paar Wegtafeln.

Höhenunterschied: 630 Hm im Aufstieg wie im Abstieg.

Anforderungen: Wanderung auf Forstwegen und auf Bergpfaden. Trittsicherheit jedoch erforderlich. Einige rutschige Passagen. Da es viele Wegvarianten gibt, ist etwas Orientierungssinn hilfreich! Auf keinen Fall die markierten Wege verlassen.

Einkehr und Unterkunft: Unterwegs keine. Bar/Trattoria Monte Gorzano (einige Betten) in Cesacàstina. Am Anfahrtsweg nach Crognaleto befindet sich der Agriturismo »La Tana del Lupo« im Ortsteil Poggio Umbricchio; Unterkunft (30 Betten) u. a. in kleinen Steinhütten im weitläufigen Garten; Tel. +39 0861 95460, agriturismolatanadellupo.it.

Varianten: 1. Abstiegsvariante: Falls wir die Wanderung lieber in Form einer Rundtour bewältigen wollen, kehren wir vom Wasserfall Sorgente Mercurio zur Mulattiera unterhalb zurück, halten uns dort links, queren die Brücke und folgen im weiteren Verlauf der Mulattiera rechts haltend talwärts, bis wir auf einen Wirtschaftsweg stoßen. Dieser leitet uns unfehlbar über die freien Hänge »I Vercereti« und »Le Piane« zurück nach Cesacàstina, wobei die Mulattiera die weiten Kehren des Fahrwegs mehrmals abkürzt.
2. Gipfelvariante: Vom höchsten Punkt unserer Wanderung können wir die Route mit der Mark.-Nr. 354 bis zum Monte Gorzano (2458 m), dem höchsten Gipfel der Monti della Laga, fortsetzen (2 Std.; steiler Anstieg, Trittsicherheit und Schwindelfreiheit am Gipfelgrat erforderlich).

Hinweis: Am beeindruckendsten sind die Wasserfälle im Frühjahr, wenn getauter Schnee und häufige Regenfälle die Wassermengen anschwellen lassen. Der Weg kann jedoch auch im Winter begangen werden, dann können wir die zahlreichen Eiswasserfälle bewundern.

Tipp: Es gibt eine kulinarische Spezialität aus der Region, die »Ventricina«, eine mit Chili und vielen Kräutern gewürzte Wurst aus Schweinefleisch.

Von der Kirche in **Cesacàstina (1)** folgen wir zunächst der Hauptstraße, die uns leicht ansteigend aus dem Dorf hinausführt, zum anschließenden Ortsteil Colle. Dann geht es eben auf einem unbefestigten Sträßchen weiter, vorbei an einem frei stehenden Brunnen, bis wir nach etwa 15 Minuten Gehzeit auf eine **Weggabelung (2)** (1157 m) stoßen. Dort halten wir uns rechts (Mark.-Nr. 300; »Sentiero Italia«) und wandern zunächst auf der rechten Seite des Bachtals bergwärts. Wir passieren die Ruinen der Kirche Santa Maria Maddalena und nach zahlreichen kurzen Kehren die **Sorgente Perdiero**, treten in Buchenwald ein und erreichen bald ein **Wirtschaftssträßchen (3)**, das rechts von

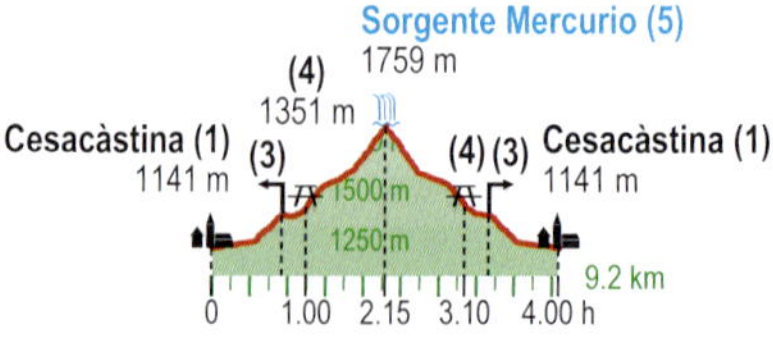

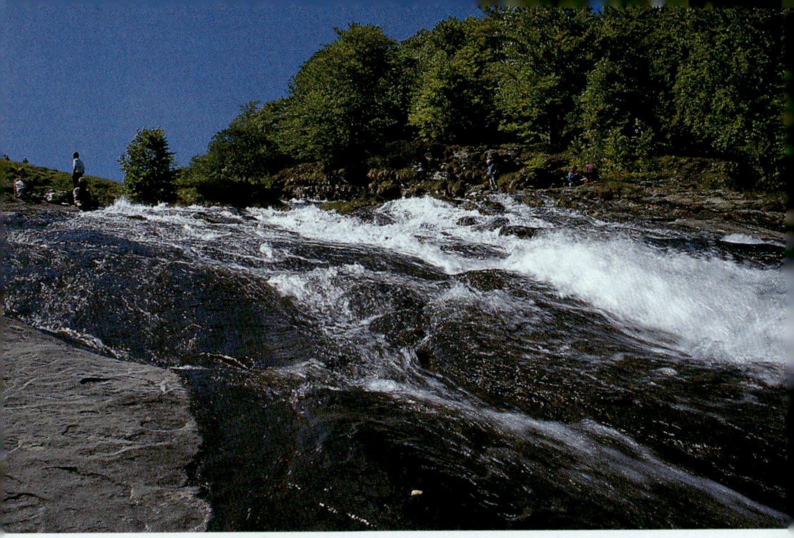

Einer der zahlreichen beeindruckenden Wasserfälle im Valle delle Cento Fonti.

der kleinen Hochebene »Le Piane« herüberzieht. Wir halten uns links und folgen der Straße ein Stück, bis wir auf ein Auffangbecken der ENEL stoßen. Eine Kette versperrt hier das Sträßchen, wir folgen ihm aber weiterhin, queren den Fosso dell'Acero und treffen auf ein versperrtes kleines Gebäude der ENEL mit **Picknickplatz (4)** (1351 m). Dort können wir rechts auf einem Pfad zu den ersten Wasserfällen gelangen (wenige Minuten).
Kurz zurück, dann zweigen wir – vor dem Häuschen – rechts auf einen Pfad ab, der uns eben und links entlang eines eingefassten Wasserlaufs weiterführt. Über diesen hinweg und durch den Buchenwald **Le Cannare** weiter empor (zahlreiche Wegvarianten). Immer wieder erhaschen wir einen Blick in den Graben, in dem die Wassermassen talwärts schießen. Bald kreuzen wir eine alte Mulattiera, der wir rechts (Mark.-Nr. 354) kurz zu einem Bacheinschnitt (1437 m) folgen können (Abstecher zum beeindruckendsten Teil der Wasserfälle!). Dann wandern wir weiter durch den Buchenwald Tignoso bis zu dessen oberer Grenze bei etwa 1600 Meter Höhe (weitere 45 Min.). Wir entfernen uns ein wenig vom Bach und steigen weiterhin durch ein leicht bewaldetes Hochtal an. Wir treffen noch mal auf einen unbefestigten Fahrweg, der von rechts kommend das Bachtal und den Torrente mittels Brücke quert. Etwas oberhalb befindet sich das Ziel dieser Wanderung, der imposante Wasserfall **Sorgente Mercurio (5)** (1759 m; 30 Min.), der sich inmitten eines kleinen Amphitheaters befindet, hinter dem sich der Monte Gorzano erhebt. Die **Rückkehr** erfolgt auf dem Anstiegsweg.

5 Monte di Mezzo, 2153 m

6.00 Std.

Großartiger Aussichtsgipfel über dem Lago di Campotosto

Der grandiose Anblick des blau glitzernden Lago di Campotosto lässt nicht erahnen, dass hier einmal in großem Stil Torf abgebaut worden ist. In den 30er-Jahren des letzten Jahrhunderts wurde dieses weitläufige Becken jedoch geflutet und ein Stausee für die Stromerzeugung angelegt. Heute steht dieser auf 1400 Meter gelegene See unter Naturschutz und ist Teil des Nationalparks Gran Sasso e Monti della Laga. Im Nordosten des Sees erheben sich steile, bewaldete Hänge, die im 2153 Meter hohen Monte di Mezzo gipfeln. Von dort oben bietet sich ein großartiges Panorama auf die hohen Gipfel des Gran Sasso, die höchsten Gipfel der Monti della Laga sowie in die nördlichen Täler von Latium. Aufgrund der hohen Ausgangsposition ist der empfohlene Aufstieg in gut drei Stunden zu schaffen. Der hier beschriebene Anstieg von Süden ist die leichtere Route, setzt aber etwas Orientierungsvermögen voraus. Dagegen ist für den direkten Anstieg von Campotosto Kletterfertigkeit im II. Schwierigkeitsgrad gefragt. Eine komplette Runde ist daher nur sehr geübten Berggehern anzuraten.

Talort: Campotosto (1420 m). Die einzige größere Siedlung in der Umgebung mit knapp 600 Einwohnern weist keine Besonderheiten auf; Tankstelle, Bar und kleiner Laden im Ort. Sehenswert sind jedoch die Kirche Santa Maria di Brugnoletto, die von Bergen gesäumte Landschaft und der große Stausee. Am Anfahrtsweg, noch vor der Staumauer, befindet sich ein Laden, in dem man frisches Fleisch und Käse kaufen kann.

Ausgangspunkt: Parkplatz oberhalb des Sees (1338 m), kurz vor Erreichen der Brücke am Rio Fucino. Anfahrt: Auf der A 24 bis Ausfahrt Basciano, dann weiter auf der SS 150 und SS 80 über Montório al Vomano in Richtung Lago di Campotosto. Oder über L'Aquila (A 24 Ausfahrt L'Aquila Ovest) und die SS 80 zum Valico delle Capannelle (1300 m). Auf der Hochfläche »Le Pozze« rechts (bzw. links, wenn man von L'Aquila kommt) ab und auf der SS 577 hinauf durch Bergwiesen mit frei laufenden Kühen und Pferden zum großen Stausee (7 km). Dort rechts haltend weiter, immer am See entlang, bis am See-Ende die Straße nach links in Richtung Campotosto schwenkt.

Markierung: Mark.-Nr. 300 (»Sentiero Italia«) sowie Mark.-Nr. 305, 356 und 301, rot-weiß, aber nicht durchgehend; ein paar Wegtafeln sowie einige Steinmänner.

Höhenunterschied: 815 Hm im Aufstieg wie im Abstieg.

Anforderungen: Überwiegend leichte Wanderung auf Forstwegen und auf Bergpfaden, zum Teil nur auf Pfadspuren. Teilweise durch Wald, dann überwiegend

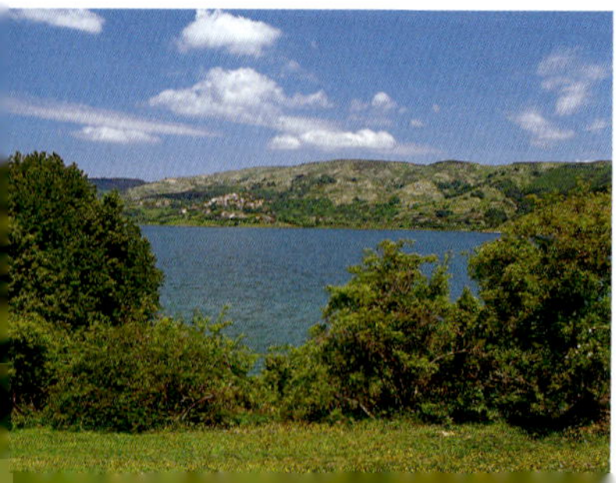

Der Stausee Lago di Campotosto.

über freies Gelände (Sonnenschutz mitnehmen). Trittsicherheit erforderlich. Bei Nebel sollten wir diese Tour meiden, da sie besonders im Gipfelbereich etwas Orientierungssinn erfordert.

Einkehr und Unterkunft: Unterwegs keine. In Campotosto: Bar/Trattoria »Da Barilotto« (evtl. Übernachtung in einfachen Zimmern möglich; Tel. +39 0862 900141); Albergo-Ristorante Valle am Ortseingang (Tel. +39 0862 900119); Hotel Saint Andrew (Tel. +39 0862 900325). Am Anfahrtsweg Ristorante-Bar-Pensione Serena (7 km ab Staumauer) und Osteria dell'Pescatore. Entlang der Uferstraße gibt es zahlreiche kostenlose Möglichkeiten, sein Wohnmobil abzustellen. An der SS 80 bei Paladini (806 m) befindet sich die Foresteria del Cervo (im Sommer durchgehend, davor und danach an den Wochenenden bewirtschaftet, 25 Betten in Mehrbettzimmern; Tel. +39 0862 60521).

Hinweis: Im Sommer finden wir am Rathausplatz von Campotosto einen Info-Point der Nationalparkverwaltung vor (nur vormittags geöffnet).

Tipp: In Campotosto gibt es einen Radverleih, den man in Anspruch nehmen sollte, wenn man den kompletten See strampelnd umrunden will.

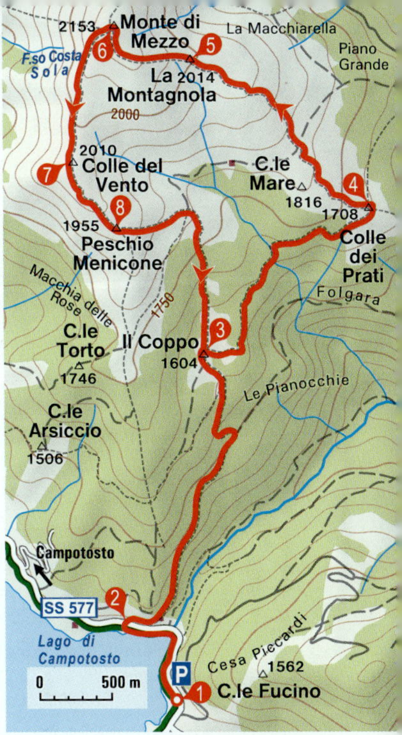

Vom **Parkplatz (1)** an der Straße am nordöstlichen Rand des **Lago di Campotosto** folgen wir ein Stück dieser Straße weiter am See entlang und queren die Brücke über den Rio Fucino (dem natürlichen Auslauf des künstlich aufgestauten Lago di Campotosto). 200 Meter dahinter zweigt rechts **(2)** ein befestigter Wirtschaftsweg ab (»Sentiero Italia«), der uns durch den bewaldeten Osthang des Colle Torto bergwärts leitet. Wir passieren zunächst eine Schranke und wandern dann durch Buchenwald höher. Die beiden Wegabzweigungen nach rechts ignorieren wir, und erreichen – vorbei an einer kleinen Hütte – nach zahlreichen, steilen Kehren eine große Lichtung, **Il Coppo**. Rechts erstrecken sich die Wälder von »Le Pianocchie«, die zum Rio Fucino hin abfallen. Die Piste gabelt sich hier **(3)**; wir folgen nun dem rechten Weg (Wegweiser »Colle dei Prati 35 Min.«, Mark.-Nr. 305) 300 m weit und gehen nach einer Gabelung links weiter. Wir folgen dem Wanderweg (Mark.-Nr. 305), der sich in gleicher Richtung fortsetzt, queren den Graben Fosso di Cesa Grande und steigen in Kehren weiter an. Bald verlassen wir den Wald und erreichen P. 1708, in Nähe des **Colle dei Prati (4)**. Wir befinden uns hier

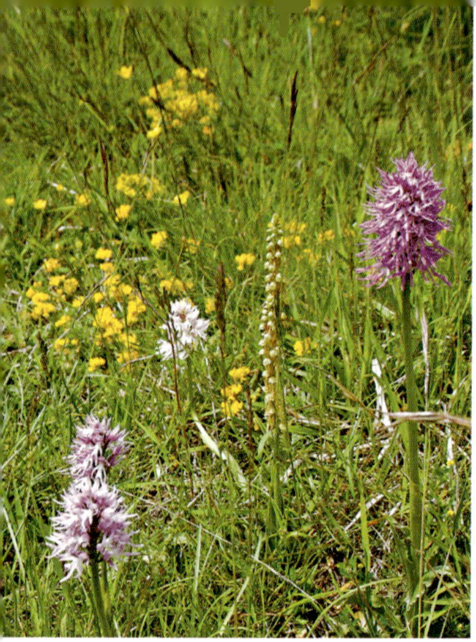

Im Frühjahr sind die Wiesen in den Monti della Laga ein einziges Blumenmeer.

an einer Wegkreuzung (rechts geht es hinab nach Alvi, geradeaus zur Piano Grande). Wir halten uns links und wandern über die freien Grashänge (Mark.-Nr. 356) leicht ansteigend weiter (den Colle Mare lassen wir links liegen), queren dann einen Fahrweg und steigen – vorbei an einem Tümpel – hinauf zum Vorgipfel **La Montagnola (5)**. Unser Pfad biegt nun nach links und erreicht dann in einem Rechtsbogen einem etwas ausgeprägteren Kamm folgend – zuletzt etwas steiler ansteigend – den **Monte di Mezzo (6)**. Ein großer Steinmann und ein Pfahl markieren den höchsten Punkt. Überwältigend von hier oben ist der Blick auf den Gran Sasso mit den beiden Corni, rechts daneben der Pizzo d'Intermesoli und der Monte Corvo, die alle zum Greifen nah scheinen. Unter uns liegt der blau glitzernde Lago di Campotosto, der sich im Halbrund um den Monte Mascioni schmiegt. Auf der anderen Seite bietet sich ein faszinierender Tiefblick zu den tiefen Gräben rund um das Tal der Hundert Wasserfälle (Tour 4) oberhalb von Cesacàstina.

Wir verlassen diesen Aussichtsbalkon wieder, wenden uns nach links und wandern weglos die Grashänge hinab (einige Steinmänner geben Orientierung). Wir bleiben jedoch auf der Kammhöhe, folgen den Pfadspuren (Mark.-Nr. 301) und erreichen so den **Colle del Vento (7)**, den ein großer Steinmann schmückt, und kurz darauf den nur wenige Meter niedrigeren **Peschio Menicone (8)**. Dort verlassen wir die Kammhöhe nach links und wandern über die steilen Grashänge hinab (weiterhin mit Mark.-Nr. 301), queren einen Wirtschaftsweg und treten in einen Laubwald ein. Unser Weg führt durch diesen hindurch und erreicht dann die große Lichtung **Il Coppo**. Bei der folgenden Wegverzweigung halten wir uns links und erreichen so wieder den Anstiegsweg **(3)**, dem wir nun nach rechts hinab zur **Fahrstraße (2)** am **Lago di Compotosto** und links zurück zu unserem **Parkplatz (1)** folgen.

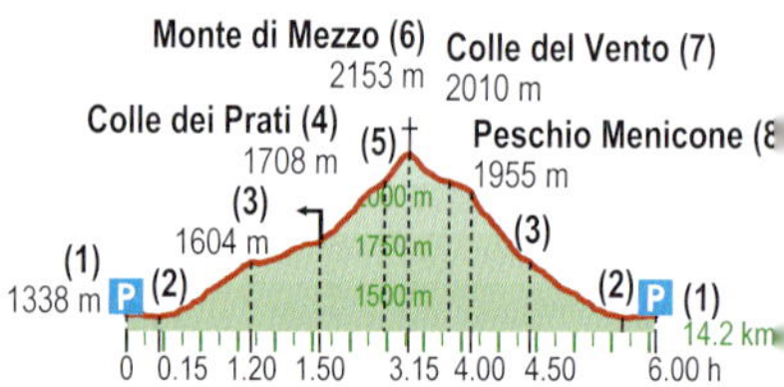

7.15 Std.

Durch das Val Maone 6

Von Prati di Tivo durch das grüne Herz des Gran-Sasso-Massivs

Die Wanderung durch das großartige, von steilen Felswänden eingefasste Val Maone ist trotz ihrer Länge eine großartige Unternehmung. Diese erfordert lediglich Trittsicherheit und ein wenig Orientierungssinn, aber natürlich auch etwas Kondition. Dabei berühren wir zwei (falls wir die Rückkehr variieren, sogar drei) der im Sommer bewirtschafteten Hütten im Gran-Sasso-Gebiet. Nachdem wir das lange Tal hinter uns gelassen haben, steigen wir hinauf zum Monte Portella und genießen trotz seiner bescheidenen Höhe dank der zentralen Lage einen grandiosen Panoramablick auf die höchsten Gipfel des Massivs. Und nicht zu vergessen, einen überraschenden Blick auf die Südseite des Gran Sasso, über L'Aquila hinweg auf die Gipfel des Sirente-Velino-Massivs. Wir bewegen uns dabei auf einer alten Handelsroute, auf der schon vor Jahrhunderten Waren (meist Schafwolle und leicht transportierbare Güter) von der Provinz L'Aquila hinüber zur Provinz Teramo und umgekehrt auf einer nur noch zum Teil existenten Mulattiera transportiert wurden. Eine Tour der Extraklasse, die alle Zutaten aufweist, die eine großartige Wanderung ausmachen.

Talort: Pietracamela (1005 m). Hübscher Ausflugsort in schöner Lage mit etwa 300 Einwohnern auf der Nordseite des Gran-Sasso-Massivs. Das Ortszentrum, die Chiesa San Giovanni (1432 erbaut), der alte Waschplatz (Lavatoio pubblico) und Reste der alten Mühle am Fluss Arno sind sehenswert.
Ausgangspunkt: Prati di Tivo (1450 m). Weiträumig angelegter Retortenort oberhalb von Pietracamela, vorwiegend für den Wintersport erbaut. Großer Parkplatz am oberen Ortsende. Anfahrt: A 24 bis Ausfahrt Val Vomano, dann auf der SS 150 und SS 80 über Montório al Vomano in Richtung Lago di Campotosto bis zur Wegabzweigung (8,5 km ab Montorio al V.); links ab und über zahlreiche Kehren hinauf nach Pietracamela (9 km) und über weitere Kehren hinauf nach Prati di Tivo (6 km von Pietracamela). Es gibt dort ein Museum über Alpinismus.
Markierung: Rot-gelb sowie Wegtafeln.
Höhenunterschied: 1150 Hm im Aufstieg wie im Abstieg.
Anforderungen: Lange, aber technisch unschwierige Wanderung. Zu Beginn auf Wirtschaftswegen, dann Bergwanderweg und Bergpfade.
Bergbahn: Funivia del Gran Sasso (2130 m). Nahezu ganzjährig 8–17 Uhr, in der Hochsaison bis 18 Uhr in Betrieb (im Winter auch Skibetrieb). Achtung, Mittagspause! Tel. +39 0862 606143, ilgransasso.it.
Einkehr und Unterkunft: In Pietracamela: Albergo-Ristorante Antica Locanda sowie Hotel Gran Sasso (beide im Zentrum) sowie B&Bs »Diana« und »La Fontana«. In Prati di Tivo: zahlreiche Möglichkeiten, u. a. Rifugio delle Guide (1380 m; privat, 25 Betten in einfachen Mehrbettzimmern mit Frühstück, evtl. Schlafsack mitbringen, ganzjährig bewirtschaftet; Tel. +39 0861 959 642 oder +39 333 364 7557) sowie Albergo La Gran Baita, Albergo Miramonti und Hotel Europa Ginevra.
Rifugio Duca degli Abruzzi (2388 m; CAI Roma, bewirtschaftet von 15. Juni bis

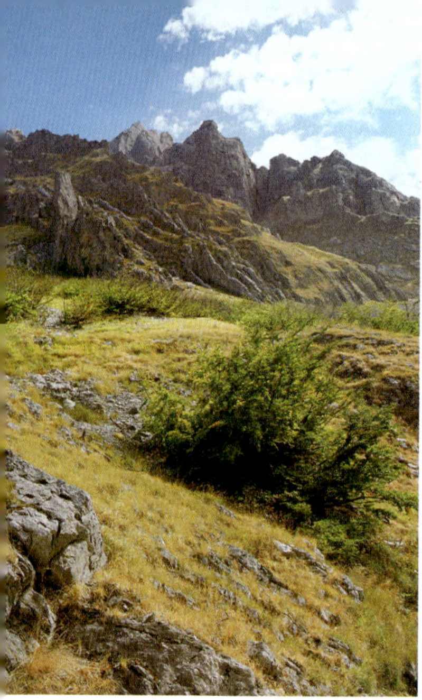

Die zerklüftete Westseite des Gran-Sasso-Massivs aus dem unteren Val Maone.

15. September, danach an schönen Wochenenden, 20 Lager, Winterraum mit 8 Lagern immer offen; Tel. +39 347 6232101). Bottega del Parco in Prati di Tivo (u. a. auch Spezialitäten, Ausrüstung, Karten). Rifugio Garibaldi (2238 m; CAI L'Aquila, bewirtschaftet von Anfang Juni bis Mitte September, 12 Lager, Schlafsack erforderlich, Winterraum mit 8 Lagern; Rückfrage beim CAI erforderlich; Tel. +39 0862 24342; z. Zt. wegen Renovierungsarbeiten geschlossen, Stand 2023).
Bei der Bergstation am Ende der Variante 1 befinden sich das Ostello di Campo Imperatore »Lo Zio« (2130 m; mit Restaurant und Bar, nahezu ganzjährig bewirtschaftet, 40 Betten; Tel. +39 349 811 0032) sowie das Albergo di Campo Imperatore (2130 m; Hotel mit 100 Betten; z. Zt. wegen Sanierung geschlossen, Stand 2023). Unterkunftsmöglichkeiten auch in Fonte Cerreto und Assergi.

Varianten: 1. Wer diese Tour mit öffentlichen Verkehrsmitteln unternehmen will (Bus von Teramo/Bahnstation bis zum Ausgangspunkt), kann von Pietracamela (bzw. Prati di Tivo) hinüber zum Campo Imperatore (2130 m; Bergstation der Seilbahn) wandern, mit der Seilbahn zum Fonte Cerreto hinabschweben und von dort mit dem Bus nach L'Aquila fahren. Dort besteht dann wieder Bahnanschluss. Ein Kleinbus verbindet die Bergbahnstation (bzw. Fonte Cerreto) mit Prati di Tivo. Info-Telefon: +39 328 359 5462 (Lucio Profeta).
Die Route (breiter Wanderweg; Mark.-Nr. 102) beginnt am oberen Ende von Pietracamela und führt durch das Valle del Rio Arno bis zu »Le Cascate« (Wasserfälle), wo wir auf die von Prati di Tivo einmündende Hauptroute stoßen (1.30 Std. von Pietracamela).
2. Die Rückkehr kann auch durch die Felslandschaft im Bereich von Corno Grande und Corno Piccolo unternommen werden. Diese Route erfordert jedoch Trittsicherheit und Schwindelfreiheit; einige Passagen sind dabei mit Seilen oder Eisentritten gesichert. Kombination der Touren 11 und 7 (dort in entgegengesetzter Richtung beschrieben). Bergbahn von La Madonnina hinab nach Prati di Tivo siehe Tour 7. Gehzeit: 5.30 Std.

Hinweise: 1. Diese Tour kann frühestens ab Anfang Juni begangen werden, da im oberen Teil des Val Maone wegen seiner Nordausrichtung sehr lange Schnee liegt. Die Tour kann an einem Tag bewältigt werden; wer jedoch übernachten will, sollte sich unbedingt vorher über die Öffnungszeiten der beiden an der Route gelegenen Hütten erkundigen.
2. In Pietracamela gibt es eine Informationsstelle des Parco Nazionale Gran Sasso e Monti della Laga (nur im Sommer Do. bis So. 10–13 Uhr geöffnet).

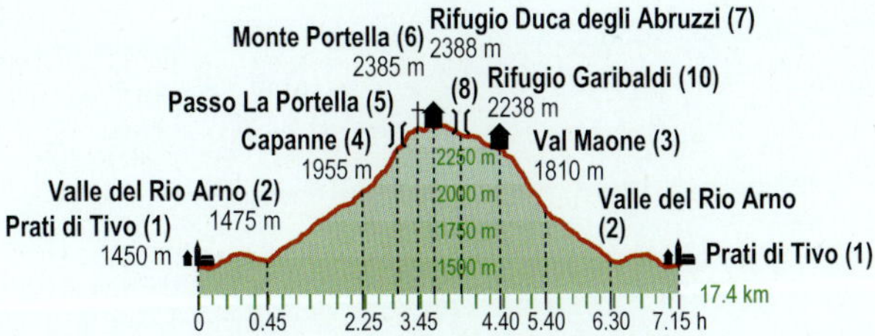

Beim großen **Wanderparkplatz (1)** in **Prati di Tivo** halten wir uns – den über den gleichnamigen Bergwiesen eindrucksvoll aufragenden Felsaufschwung des Corno Piccolo vor Augen – rechts. Vom westlichen Ende des Parkplatzes kurz auf Teerstraße, bis nach 250 m links ein unbefestigter Wirtschaftsweg abzweigt (durch eine Schranke versperrt; Wegweiser), der uns zunächst durch Bergwiesen, dann durch schönen Buchenwald und jenseits davon wieder durch Bergwiesen in einem Linksbogen um den Hauptkamm des Gran Sasso herumführt. Wir bewegen uns dabei auch auf den Spuren des »Sentiero Italia«, der das Gran-Sasso-Gebiet von Norden nach Süden durchquert. Bei einer Weggabelung (Wegweiser) halten wir uns links und erreichen nach leichter Steigung einen Sattel. Jenseits geht es dann auf teils steilem, aber breitem Weg durch die überwiegend bewaldeten Coste S. Giovanni hinab ins **Valle del Rio Arno (2)**. Im Talgrund stoßen wir auf den munter fließenden Bach und den von rechts heraufführenden Wanderweg von Pietracamela (siehe Variante 1). Der Weg ist hier stellenweise zum Bach hin durch ein Holzgeländer geschützt. Wir halten uns an der Wegverzweigung links und wandern weiter in Richtung Val Maone. Schon nach wenigen Minuten treffen wir auf die gesicherte Aussichtswarte, von der wir den **Wasserfall** (cascata) des Rio Arno betrachten können. Wir folgen dann leicht ansteigend dem breiten Weg, der auf der linken Bachseite bergwärts führt. Dieser endet jedoch bald und geht in einen schmalen Wanderweg (rot-weiß markiert) über. Wir steigen weiter bergan, passieren dann ein eindrucksvolles Bergsturzgebiet (links oberhalb ragt der Corno Piccolo empor und verstärkt zusätzlich den gewaltigen Eindruck, rechts dahinter der Corno Grande). Wir verlassen den spektakulärsten Teil des Tales und wandern im weiteren Verlauf nur noch mäßig steil aufwärts. Das nun allmählich breiter werdende **Val Maone** verwandelt sich im späten Frühjahr und im Sommer in eine grüne Landschaft mit zahlreichen Blumen. Rechts oberhalb erhebt sich der eindrucksvolle Pizzo d'Intermesoli mit seiner imposanten Ostwand, der das lange Hochtal um knapp tausend Meter überragt.

Nach etwa eineinhalb Stunden Gehzeit erreichen wir einen größeren ebenen Flecken. Etwa 150 Meter nach einem großen Felsblock weist uns ein Wegweiser zur **Grotta dell'Oro**, der wir einen Besuch abstatten können. Jahr-

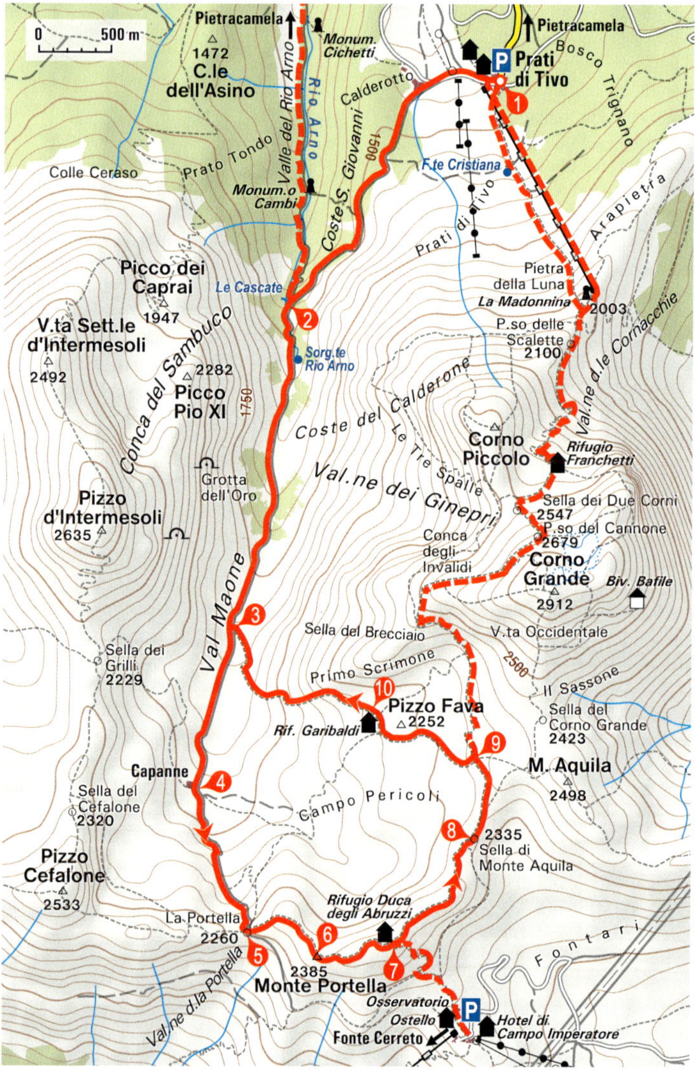
0 500 m
Pietracamela
1472
C.le dell'Asino
Monum. Cichetti
Pietracamela
Prati di Tivo
Bosco Trignano
Calderotto
Valle del Rio Arno
Rio Arno
Prato Tondo
Coste S. Giovanni
1500
F.te Cristiana
Colle Ceraso
Monum.o Cambi
Prati di Tivo
Arapietra
Picco dei Caprai
Le Cascate
Pietra della Luna
La Madonnina
2003
1947
V.ta Sett.le d'Intermesoli
Conca del Sambuco
P.so delle Scalette
2100
Val.ne d.le Cornacchie
Sorg.te Rio Arno
2492
2282
Picco Pio XI
1750
Coste del Calderone
Le Tre Spalle
Corno Piccolo
Rifugio Franchetti
Grotta dell'Oro
Val.ne dei Ginepri
Pizzo d'Intermesoli
2635
Sella dei Due Corni
2547
P.so del Cannone
2679
Conca degli Invalidi
Corno Grande
Biv. Bafile
2912
Val Maone
Sella del Brecciaio
V.ta Occidentale
Sella dei Grilli
2229
Primo Scrimone
2500
Il Sassone
Pizzo Fava
2252
Rif. Garibaldi
Sella del Corno Grande
2423
M. Aquila
2498
Capanne
Sella del Cefalone
2320
Campo Pericoli
2335
Sella di Monte Aquila
Pizzo Cefalone
2533
Rifugio Duca degli Abruzzi
La Portella
2260
2385
Monte Portella
Fontari
Val.ne d.la Portella
Osservatorio
Ostello
Fonte Cerreto
Hotel di Campo Imperatore
1
2
3
4
5
6
7
8
9
10

hundertelang fanden Hirten, Händler und Jäger in dieser Höhle Schutz.
Im weiteren Verlauf passieren wir die Stelle, an der unser Rückweg wieder auf den Anstiegsweg stoßen wird **(3)**, und erreichen sodann ein Kar, das vom Pizzo d'Intermesoli herabzieht. Jenseits davon erweitert sich das Hochtal zum »Campo Pericoli«, zum gefährlichen Feld. Wir durchwandern also einen Talabschnitt, der teilweise von Buchenniederwald bedeckt, aber besonders von zahlreichen Felsblöcken übersät ist. Die Gefahr, die hier für Tier und Mensch bestand, ist also direkt greifbar. Bald sind dann die Steinhütten von **Capanne (4)** erreicht. Wir ignorieren die Wegabzweigungen nach links und rechts, wandern geradeaus weiter auf den Talschluss zu und folgen der alten Mulattiera (weiterhin auf dem »Sentiero Italia«), die sich über einen schuttbedeckten Hang hinauf zum **Passo La Portella (5)** zieht. Den Übergang auf die Südseite markiert ein Felseinschnitt im quer verlaufenden Kamm, der den Campo Pericoli einfasst. Am Pass halten wir uns links und steigen etwas mühsam den felsigen Weg hinauf zur Kammhöhe und im Auf und Ab weiter zum **Monte Portella (6)**. Dem weiteren Kammverlauf folgend erreichen wir das **Rifugio Duca degli Abruzzi (7)**. (Hier könnten wir auf breitem Wanderweg hinabsteigen zur Bergstation der Seilbahn am Campo Imperatore und nach Fonte Cerreto hinabschweben.) Wir bleiben jedoch weiter auf der Kammhöhe und steigen jenseits der Hütte noch mal hundert Höhenmeter an, bis uns links ein schmaler Bergsteig durch die Nordflanke des Kammes hinab zur **Sella di Monte Aquila (8)** leitet. Dort halten wir uns links und folgen leicht abwärts ein Stück dem Normalweg zum Corno Grande (Wegweiser), bis nach etwa 500 Metern links ein **Wanderweg (9)** abzweigt (Wegweiser; Mark.-Nr. 101), der uns über freies, aber welliges Gelände hinüberbringt zum **Rifugio Garibaldi (10)**. Diese sehr einfache, älteste Hütte des CAI im Gebiet der gesamten Abruzzen könnte unser Nachtquartier sein, z. Zt. (2023) ist sie allerdings wegen Renovierung vorübergehend geschlossen. Jenseits der Hütte leitet uns ein Pfad zunächst zu einem Sattel vor dem Felssporn des Primo Scrimone, dann steigen wir links haltend durch wildes Berggelände hinab in den Talgrund des **Val Maone (3)**, das wir beim Stazzo Conchetta d'Oro (etwa bei P. 1850) erreichen. Dort halten wir uns rechts (Wegweiser), folgen dem Herweg hinaus zum Wasserfall am **Rio Arno (2)** und wandern von dort rechts haltend zurück nach **Prati di Tivo (1)**.

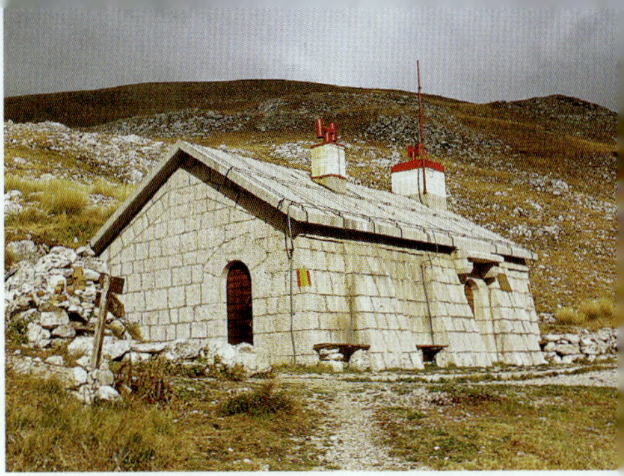

Das schlichte Rifugio Garibaldi am Rückweg.

7 Von Prati di Tivo auf den Corno Grande, 2912 m

5.15 Std.

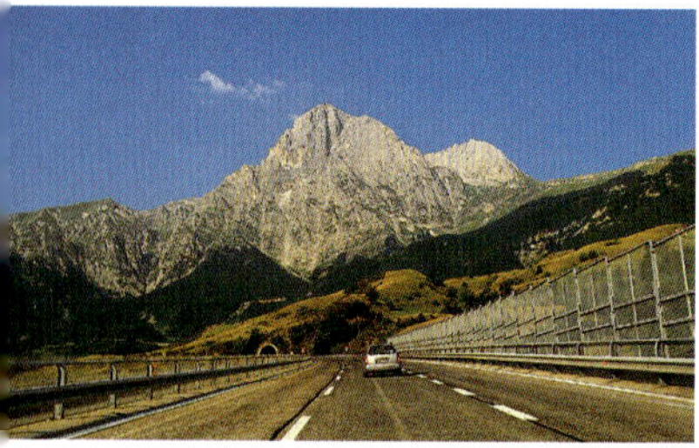

Die imposante Ostseite des Gran Sasso.

Über den Passo del Cannone zum »König« der Abruzzen

Fahren wir von der Adria kommend auf der Autobahn auf den Gran Sasso d'Italia zu – und das ist sein trefflicher Name (»großer Stein von Italien«) –, so beeindrucken uns diese steilen Felsfluchten weit mehr, als wenn wir uns dieser Berggruppe von Westen nähern. Denn vom Westen aus ist der höchste Gipfel des gesamten Apennin (und damit auch der Abruzzen) aus dem Tal gar nicht zu sehen. Der Normalweg auf den Corno Grande beginnt auf dem Campo Imperatore (siehe Tour 11) und ist technisch leichter als die hier beschriebene Route von Norden. Doch der Anstieg von Prati di Tivo, unserem Ausgangspunkt, ist kürzer und hat überdies den Vorteil, dass sich an seiner direkten Route eine klassische Bergsteigerunterkunft, das Rifugio Franchetti, befindet. Eine Übernachtung dort oben lässt uns an ein Bergabenteuer in den Dolomiten denken, denn die Hütte liegt inmitten eines felsigen Geländes direkt gegenüber der steil abfallenden Ostwand des Corno Piccolo.

Talort: Pietracamela (1005 m). Hübscher Ausflugsort in schöner Lage mit etwa 300 Einwohnern auf der Nordseite des Gran-Sasso-Massivs. Das Ortszentrum, die Chiesa San Giovanni (1432 erbaut), der alte Waschplatz (Lavatoio pubblico) und Reste der alten Mühle am Fluss Arno sind sehenswert.
Ausgangspunkt: Prati di Tivo (1450 m). Weiträumig angelegter Retortenort oberhalb von Pietracamela, vorwiegend für den Wintersport erbaut. Großer Parkplatz am oberen Ortsende. Anfahrt: A 24 bis Ausfahrt Val Vomano, dann auf der SS 150 und SS 80 über Montório al Vomano weiter in Richtung Lago di Campotosto bis zur Wegabzweigung (8,5 km ab Montorio al V., 22 km ab A 24); links ab und über zahlreiche Kehren hinauf nach Pietracamela (9 km) und über weitere Kehren hinauf nach Prati di Tivo (6 km von Pietracamela, 37 km ab Autobahn).
Markierung: Rot-weiß (Streifen und Punkte; Mark.-Nr. 103) sowie einige Wegtafeln.
Höhenunterschied: 990 Hm im Aufstieg wie im Abstieg.
Anforderungen: Bergwanderweg und Bergpfade. Im Anstieg zum Rifugio Franchetti eine längere Seilsicherung, ebenso am Anstieg zum Passo del Cannone, wie auch am Beginn des Gipfelanstiegs. Trittsicherheit und Schwindelfreiheit unbedingt erforderlich; unterhalb des Passo del Cannone sowie im Gipfelbereich einige ausgesetzte Stellen.
Bergbahn: Kleinkabinenbahn in Prati di Tivo (1449 m – 2020 m) zur Bergstation »La Madonnina«. Nahezu ganzjährig 8–18 Uhr in Betrieb (im Winter Skibe-

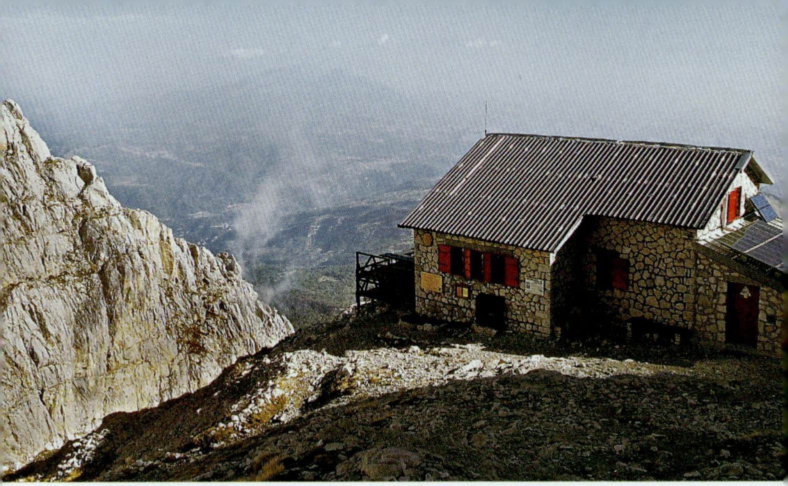

Das Rifugio Franchetti liegt in einem felsigen Halbrund mit freiem Blick in Richtung Adria.

trieb), Tel. +39 0861 959605. Im Sommerhalbjahr vom 15. Juni bis September tgl., im Oktober nur an den Wochenenden.
Einkehr und Unterkunft: In Pietracamela: Albergo-Ristorante Antica Locanda sowie Hotel Gran Sasso (beide im Zentrum) sowie B&Bs »Diana« und »La Fontana«. In Prati di Tivo: Rifugio delle Guide (1380 m; privat, 25 Betten in einfachen Mehrbettzimmern mit Frühstück, evtl. Schlafsack mitbringen, ganzjährig bewirtschaftet, Tel. +39 0861 959642 oder +39 333 364 7557) sowie Hotel Gran Sasso 3, Albergo Miramonti, Hotel Amorocchi und Hotel Europa Ginevra. Bar auf »La Madonnina«. Rifugio Carlo Franchetti (2433 m; CAI Roma, 24 Lager, bewirtschaftet von Anfang Juni bis Ende September; Tel. +39 0861 959634 oder +39 333 232 4474).
Variante: Der Anstieg von Prati di Tivo (gelb markiert) nach »La Madonnina« kann problemlos zu Fuß bewältigt werden. Zunächst geht es links von der Talstation über Bergwiesen auf einem Wanderweg bergan, dann unter der Trasse der Bergbahn hindurch. Weiter oben leitet uns dann ein Pfad durch die steilen Wiesen weiter. Bis zur Bergstation bleiben wir dabei auf der rechten Seite der Bergbahntrasse (1.30 Std. Anstieg).
Hinweis: In Pietracamela finden wir eine Informationsstelle des Parco Nazionale Gran Sasso e Monti della Laga (nur im Sommer Do. bis So. 10–13 Uhr geöffnet).
Tipp: In Prati di Tivo gibt es einen Bike-Park sowie einen Adventure-Park (inkl. Kletterpark).

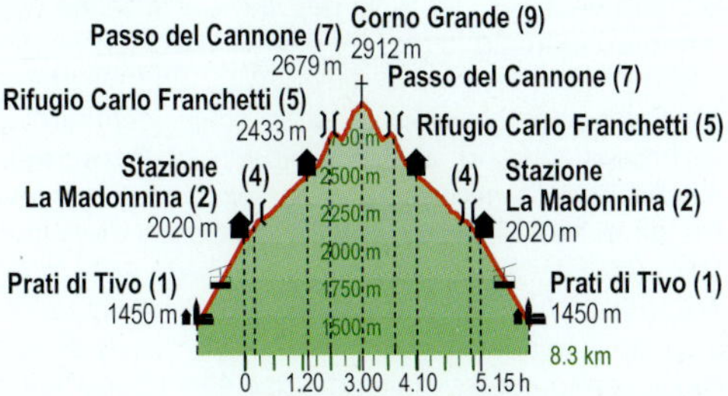

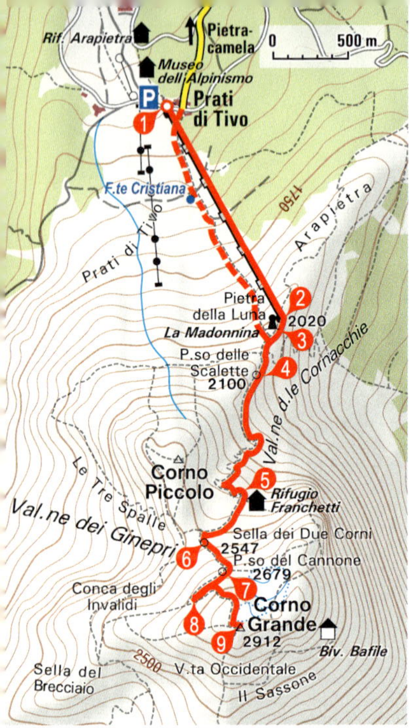

Von **Prati di Tivo (1)** mit der Kabinenbahn hinauf zur **Bergstation »La Madonnina« (2)**. Von dort wandern wir auf der Kammhöhe rechts haltend auf breitem Wanderweg hinauf zur Statue **»La Madonnina« (3)**, direkt auf den Vorgipfel des Corno Piccolo zu. Bei der Murenverbauung links haltend auf gutem Wanderweg (Tafel, ob das Rifugio geöffnet ist; Mark.-Nr. 103) durch einen steilen Grashang und um eine Felsflanke herum zum **Passo delle Scalette (4)**. Dann leicht bergab – falls noch Schnee liegt, problematisch – auf ein großes **Blockfeld** zu, dem oberen Teil des Vallone delle Cornacchie. Durch dieses auf felsigem Bergsteig hindurch und zu einem Felsaufschwung, den wir auf einer künstlichen Steiganlage mit Drahtseilen und künstlichen Stufen überwinden. Anschließend bringt uns ein serpentinenreicher Pfad am Rand eines großen Blockfeldes hinauf zum **Rifugio Carlo Franchetti (5)**, das sich aussichtsreich auf einem Felssporn befindet.

Auf der kleinen Terrasse erholen wir uns kurz, bevor es weiter durch steiles Gelände geht. Von der Hütte folgen wir dem in einem kleinen Rechtsbogen verlaufenden Steig bergwärts, der sich in Serpentinen zur **Sella dei Due Corni (6)** fortsetzt. Jenseits bietet sich uns ein großartiger Tiefblick in das Vallone dei Ginepri und über das Val Maone hinweg auf den Pizzo d'Intermesoli. An der Sella dei Due Corni halten wir uns nun links und über einen Schutthang folgen wir den Serpentinen weiter bergwärts zu einem felsigen Durchschlupf. Dort links weiter und steil hinauf (Drahtseilsicherung). Im Folgenden müssen wir eine steile, sehr ausgesetzte Passage (keine Drahtseilsicherung) meistern, bis wir den **Passo del Cannone (7)** erreichen. Rechts haltend geht es nur mehr leicht ansteigend weiter zu einer Kammhöhe, dann leicht bergab in Richtung Conca degli Invalidi zu einer **Weggabelung (8)**. Hier zweigt rechts der Steig (rot-weiß markiert) zum Campo Imperatore ab. Wir gehen jedoch geradeaus (links haltend) weiter zum Fuß des steilen Gipfelaufschwungs. Zuerst durch eine felsige Rinne (Drahtseilsicherung), dann rechts haltend über schuttbedeckte Serpentinen durch ab-

schüssiges Gelände hinauf bis knapp unterhalb des Nordgrates. Dort biegen wir rechts ein, queren die steile Flanke und steigen dann direkt zum Grat an. Links unten erkennen wir die Reste des Caldronegletschers. Zunächst links haltend, dann auf der Nordostseite weiter bis zu einer **Erinnerungstafel** (dort beginnt rechts der Westgrat; siehe Variante Tour 11). Nun links über steile Serpentinen hinauf und oben rechts haltend zum höchsten Punkt des **Corno Grande (9)** (Vetta Occidentale) mit kleinem, eisernem Kreuz. Von einem kleinen Vorgipfel haben wir einen herrlichen Tiefblick auf den Campo Imperatore. Das Panorama ist – vorausgesetzt es herrscht klares Wetter – im sprichwörtlichen Sinne umfassend. Kein Gipfel in der nahen wie weiteren Umgebung ist höher. Im Süden sehen wir die Majella, die mit dem Monte Amaro immerhin den zweithöchsten Gipfel der Abruzzen aufweist. Im Westen bauen sich die Gipfel der Sirentegruppe auf, im Norden die der Monti della Laga. Im Osten sehen wir die blaue Adria, manche behaupten sogar, man könne die dalmatinische Küste von dort oben sehen. Leider lädt der Gipfel selbst nicht zu einer langen Rast ein, daher verlassen wir ihn bald wieder.
Der **Abstieg** erfolgt auf dem Anstiegsweg.

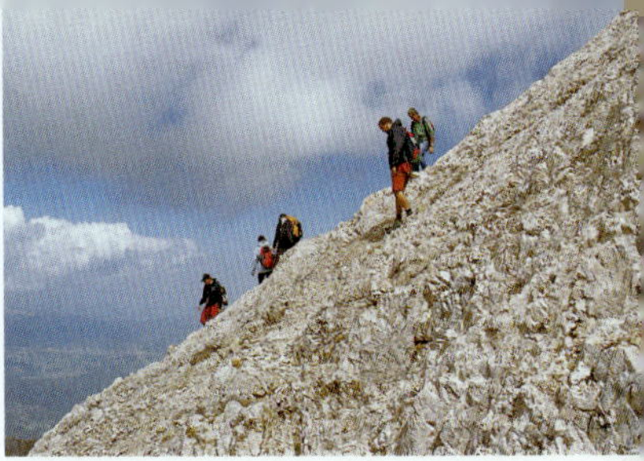

Am steilen Gipfelhang des Corno Grande.

Das steile Blockfeld im oberen Teil des Vallone delle Cornacchie.

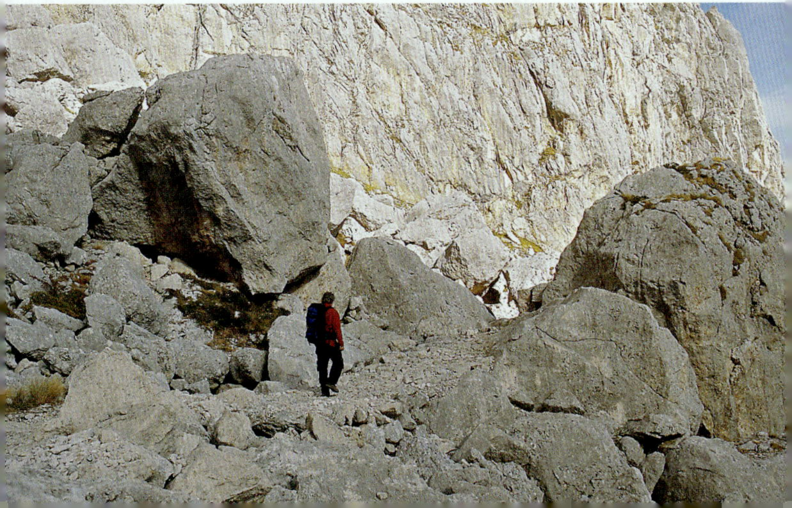

8 Von Castelli zum Fondo della Salsa

3.30 Std.

Waldreiche Wanderung an den Fuß der Nordwand des Monte Camicia

Die Nordwand des Monte Camicia gehört zu den spektakulärsten Steilwänden in den Abruzzen, ja des gesamten Apennin. 1200 Meter hoch erhebt sie sich über der Waldgrenze. Der Wandfuß trägt den Namen Fondo della Salsa, was vermutlich daher rührt, dass sich in seinem Schatten der Schnee in manchen Jahren den ganzen Sommer über hält. Im Winter jedenfalls sind die gefrorenen Eiswasserfälle Anlaufstelle für Extremkletterer. Vom reizvollen Ort Castelli, der vor allem für seine Keramikwerkstätten bekannt ist und daher auch von Tagesausflüglern besucht wird, haben wir einen besonders schönen Blick auf die faszinierende Nordwand des Monte Camicia. Doch wir können nicht nur schauen, es führt auch ein Wanderweg über den Colle delle Nozze zu dieser Felsbastion. Die Verwüstungen durch Murenabgänge vor ein paar Jahren wurden beseitigt und neue Schilder aufgestellt.

Talort: Castelli (497 m). Schönes, mittelalterliches Dorf auf der Ostseite des Gran Sasso mit ca. 1200 Einwohnern. Sehenswert sind das Ortszentrum und die Chiesa di San Donato.

Ausgangspunkte: Die Frazione San Rocco (670 m), 2,5 km oberhalb von Castelli, beim Beginn eines nach rechts abzweigenden, unbefestigten Wirtschaftsweges; kein ausgewiesener Parkplatz. Anfahrt nach Castelli von der A 24, Ausfahrt San Gabriele/Colledara, dann über Santo S. Gabriele, Isola del Gran Sasso d'Italia und San Giovanni al Mavone nach Castelli. Busverbindung von Teramo nach Castelli.

Markierungen: Rot-gelb.

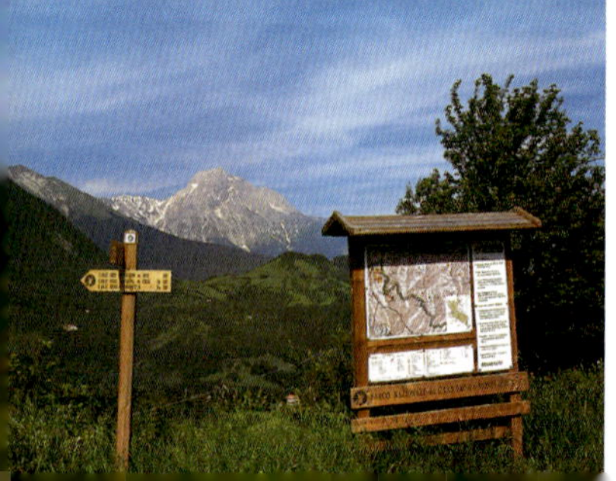

Höhenunterschied: 530 Hm im Aufstieg wie im Abstieg.

Anforderungen: Bergwanderwege und Bergsteige, ein kurzes Stück auf Teerstraße. Trittsicherheit erforderlich!

Einkehr und Unterkunft: Unterwegs keine. In Castelli: Bars, Pizzeria und Restaurant; B&B »Vecchio Mulino« (etwas außerhalb gelegen; Tel. +39 0861 979232); Agriturismo »Il Bivacco del Parco« kurz vor Castelli (Tel. +39 0861 979551). Zahlreiche Agriturismo-Betriebe entlang der Anfahrtsstrecke.

Variante: Der Zugang von Castelli zum Ausgangspunkt kann auch zu Fuß entlang der Straße erfolgen (2,5 km; 45 Min. einfache Gehzeit). Keine Ausschilderung.

Hinweis: Aufgrund möglicher Steinschläge ist es ratsam, nicht zu nahe an die Felswand heranzugehen!

Tipp: In Castelli gibt es nicht nur Läden und Werkstätten, die Keramiken verkaufen und herstellen, sondern auch ein Museum dazu: »Museo delle Ceramiche Abruzzesi« im ehemaligen Franziskanerkloster San Donato etwas außerhalb des Ortes.

Freier Blick zum Gran Sasso.

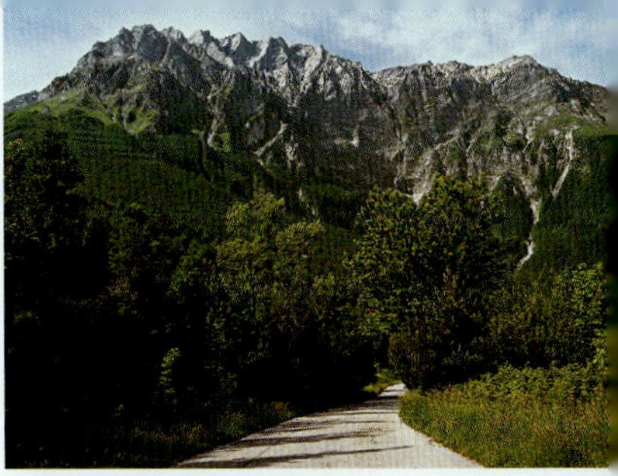

Die östlichen Steilabbrüche des Monte Camicia.

Von der **Frazione San Rocco (1)** von Castelli folgen wir dem nach rechts abzweigenden unbefestigten Fahrweg (Mark.-Nr. 242) bergwärts. Vorbei an einigen Häusern erreichen wir einen quer führenden Wirtschaftsweg, den wir kreuzen. Wir gehen nun in den Wald hinein, bei einer scharfen Rechtskurve verlassen wir den breiten Weg und folgen linker Hand dem sich dort fortsetzenden Wanderweg (Mark.-Nr. 244), der uns hinab in einen Bachgraben führt, den »Fosso Leomogna«. Wir wandern auf der linken Seite ein Stück entlang, queren dann hinüber auf die andere Seite und steigen anschließend steil durch einen schönen Buchenwald an (leichte Orientierungsprobleme; leicht links haltend). Wir erreichen eine **Weggabelung (2)**, an der wir uns scharf links halten (nun weiter mit der Mark.-Nr. 243; rechts geht es zu den »Quattro Vadi«), und erreichen über einen rauen Rücken den höchsten Punkt des **Colle delle Nozze**. Von hier genießen wir den freien Blick auf die Nordwand des Monte Camicia, bevor wir weiterwandern. Wir queren hinab durch den bewaldeten Hang »Camiciole«, halten uns bei der Wegverzweigung geradeaus (rechts geht es hinauf in den Vado di Ferruccio), steigen auf gewundenem Pfad abwärts, queren zwei Bachgräben, und stoßen auf eine **Mulattiera (3)**, die links vom Colle Rustico heraufführt. Wir halten uns auf dieser rechts, steigen wie-

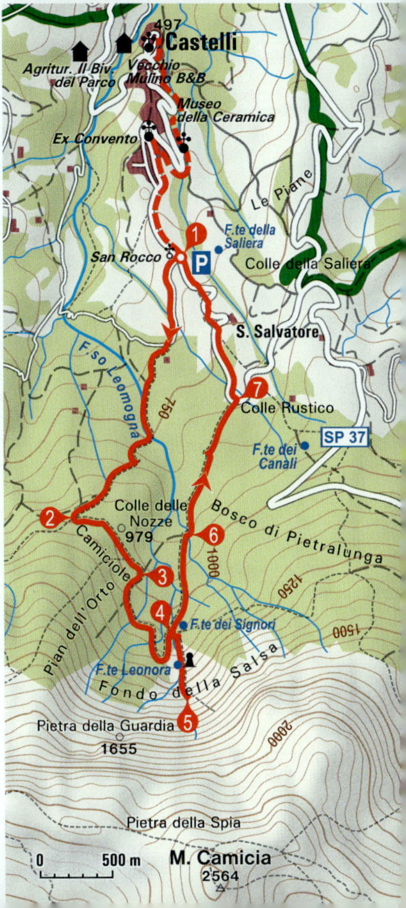

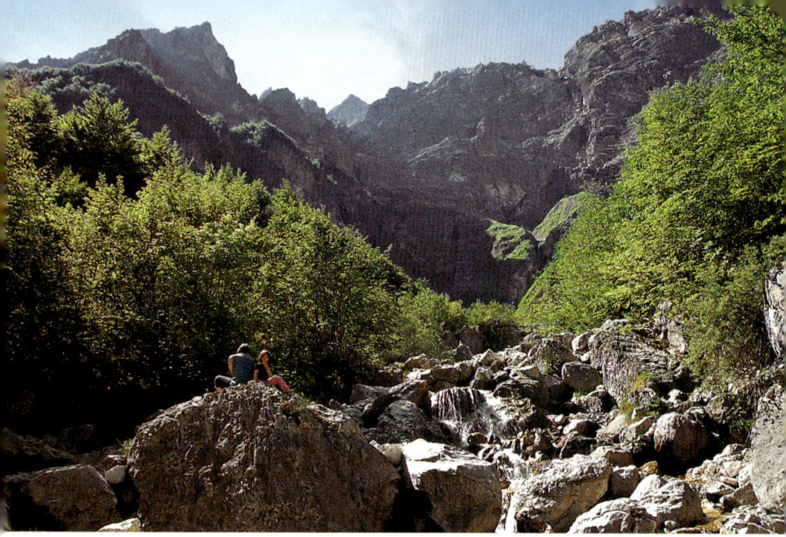

Der untere Teil des Fondo della Salsa mit den düsteren Felswänden des Monte Camicia.

der an und treffen auf eine weitere Wegverzweigung, an der wir links gehen. Wir queren einen großen Graben, der mit Schnee und entwurzelten Bäumen gefüllt sein kann, und steigen auf der anderen Seite steil nach rechts an. Wir queren einen weiteren Graben und gelangen so zum Denkmal für Piergiorgio De Paulis. Wenig oberhalb stoßen wir auf einen Felsen (mit Erinnerungstafel), halten uns links und erreichen den **Graben »Fosso Leomogna« (4)**. Hier verlassen wir den markierten Wanderweg nach rechts und wandern in den Kessel des **Fondo della Salsa (5)**. Im Frühjahr oder nach Regenfällen stürzt hier ein Wasserfall über die Wand herab.

Der Rückweg: Wir steigen wieder hinab zum Monument und in Kehren hinunter zum großen Graben, queren diesen, halten uns bei der Wegverzweigung, wo wir wieder auf die alte **Mulattiera (6)** stoßen, rechts. Wir überschreiten eine Wasserleitung und folgen dieser, bis der Wanderweg in einen unbefestigten Wirtschaftsweg übergeht. Nun steigen wir auf diesem bequem hinab zur Teerstraße, die wir beim **Colle Rustico (7)** erreichen. Wir folgen dieser Straße nach links und wandern über San Salvatore, wobei wir einige Kehren abkürzen, hinunter zur Fraktion **San Rocco (1)**, wo wir wieder unseren Ausgangspunkt erreichen.

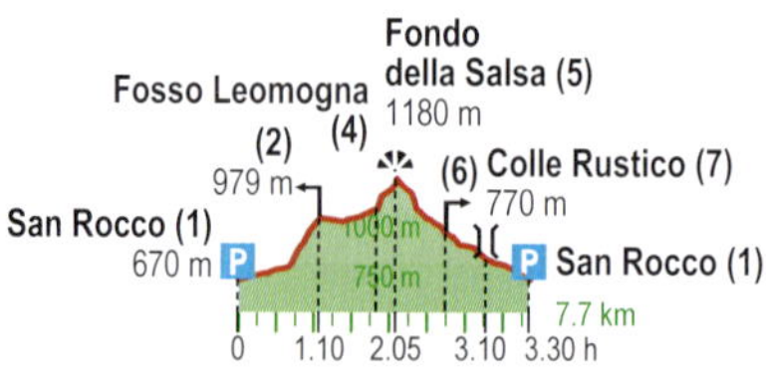

2.45 Std.

Rifugio Duca degli Abruzzi und Monte Aquila, 2494 m

9

Leichte Wanderung mit Panoramablick auf den Corno Grande

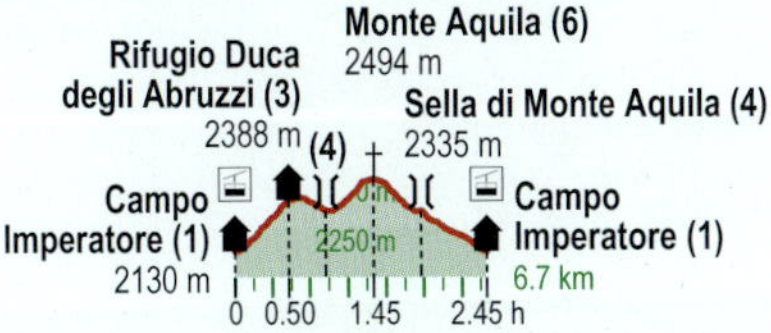

Der Monte Aquila ist kein spektakulärer Gipfel, im Gegenteil, er ist nur ein großer Buckel. Aber er ist ein spektakulärer Aussichtsgipfel. Und deshalb wandern manchmal ganze Gruppen von Ausflüglern von der Bergstation der Seilbahn dort hinauf, um der »Majestät«, dem Corno Grande, die Referenz zu erweisen. Es gibt keinen Punkt im Gran-Sasso-Gebiet, wo der normale Wanderer näher an den eindrucksvollen felsigen Südabbruch des höchsten Gipfels der Abruzzen gelangen könnte. Vom Gipfel haben wir auch einen großartigen Tiefblick auf das wilde Valle dell'Inferno, das schon seinem Namen nach nichts Gutes verheißt und den gewaltigen Eindruck noch zusätzlich akzentuiert. Und dank seiner grasigen Flanken erblüht der Monte Aquila im Frühjahr und im Sommer in herrlichen Blumenteppichen.

An der Sella di Monte Aquila mit Blick auf den gleichnamigen Gipfel.

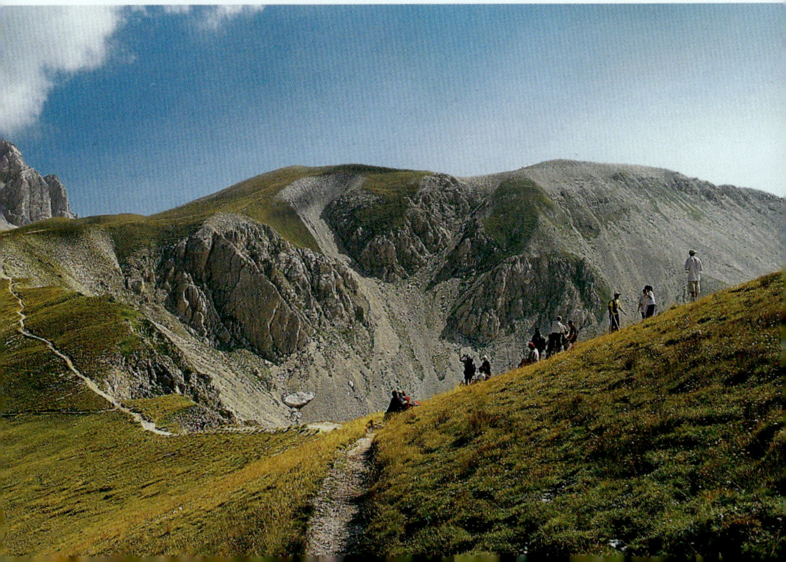

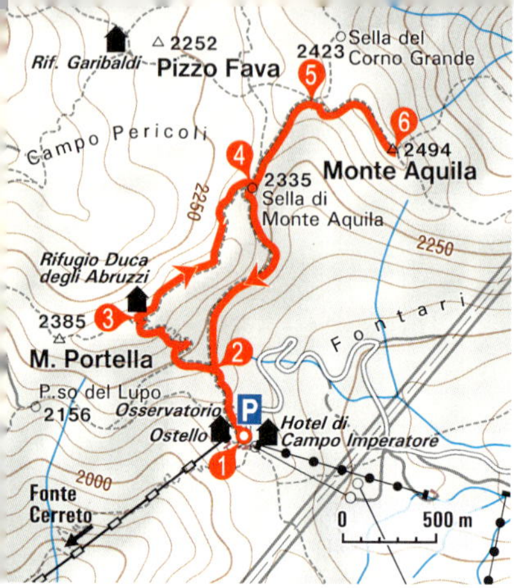

Talort: Assergi (886 m). Mittelalterliches Dorf mit etwa 500 Einwohnern, das ein noch relativ geschlossenes Ortsbild aufweist (11 km von L'Aquila). Sehenswert sind neben dem Centro storico die Chiesa di Santa Maria Assunta und das Aquarium.
Ausgangspunkt: Bergstation der Funivia del Gran Sasso (2130 m). Anfahrt über die SS 17 oder die SS 261, dann über Bazzano und Paganica und Assergi immer gut ausgeschildert bis zur Talstation der Bergbahn. Oder über die A 24 Rom – Teramo bis zur Ausfahrt Assergi und noch ein kurzes Stück auf der Landstraße; großer kostenfreier Parkplatz an der Talstation in Fonte Cerreto. Oder Weiterfahrt über den Campo Imperatore zum großen Parkplatz vor der Bergstation der Bergbahn (27 km von Fonte Cerreto).

Bergbahn: Funivia del Gran Sasso. Nahezu ganzjährig 8–17 Uhr, in der Hochsaison bis 18 Uhr in Betrieb (im Winter auch Skibetrieb). Achtung, Mittagspause! Tel. +39 0862 606143, ilgransasso.it.
Markierungen: Rot-gelb sowie einige Wegweiser.
Höhenunterschied: 445 Hm im Aufstieg wie im Abstieg.
Anforderungen: Breiter, rauer Wanderweg zum Rifugio Duca degli Abruzzi, dann schmale Bergpfade durch freies Gelände. Der Abstieg von der Sella di Corno Grande erfordert Trittsicherheit und Schwindelfreiheit (wenngleich sehr einfach; ansonsten über das Rifugio absteigen). Im Sommer unbedingt für ausreichende Kopfbedeckung sorgen, da wir uns weit oberhalb der Baumzone bewegen.
Einkehr und Unterkunft: Bei der Bergstation befindet sich das Ostello di Campo Imperatore »Lo Zio« (2130 m; mit Restaurant und Bar, nahezu ganzjährig bewirtschaftet, 40 Betten; Tel. +39 349 811 0032) sowie das Albergo di Campo Imperatore (2130 m; Hotel mit 100 Betten; z. Zt. wegen Sanierung geschlossen, Stand 2023). Rifugio Duca degli Abruzzi (2388 m; CAI Roma, bewirtschaftet von 15. Juni bis 15. September, danach an schönen Wochenenden, 20 Lager, Winterraum mit 3 Lagern immer offen; Tel. +39 347 6232101). An der Talstation gibt es ebenfalls Übernachtungsmöglichkeiten: Albergo-Ristorante Fior di Gigli (Tel. +39 0862 606171), Hotel Cristallo (Tel. +39 348 4715115). In Assergi: B&B »Il grottino di Assergi« (Tel. +39 331 3070174).
Hinweis: In Assergi befindet sich ein Sitz der Nationalparkverwaltung Parco Nazionale Gran Sasso e Monti della Laga (Via del Convento 1). An der Talstation der Funivia gibt es einen Info-Point, wo wir uns auch mit Kartenmaterial, Büchern und Broschüren versorgen können.

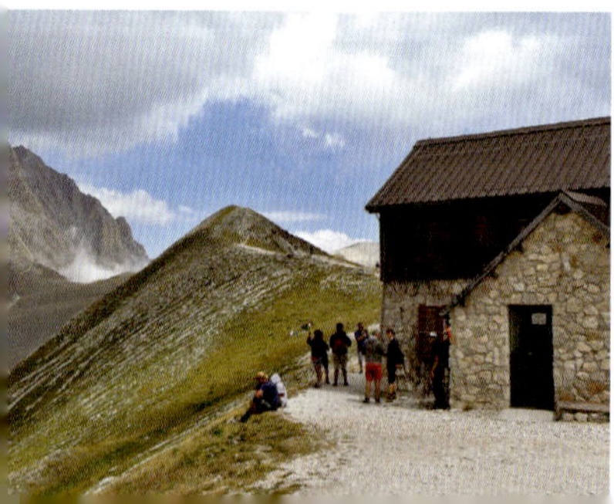

Das renovierte Rifugio degli Abruzzi auf der Kammhöhe.

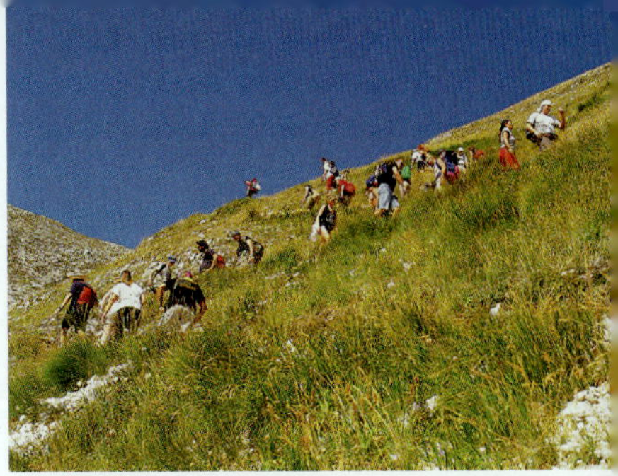
Die Nähe zur Bergbahn zeigt sich deutlich.

Vom **Wanderparkplatz (1)** bei der Bergstation auf dem **Campo Imperatore** gehen wir links am Osservatorio vorbei und folgen dem zunächst breiten und ausgewaschenen Schuttweg bergwärts (Wegweiser zum Rifugio Duca degli Abruzzi bzw. zur Sella di Monte Aquila). Auf halbem Weg zur Kammhöhe verzweigt sich der Weg **(2)**. Wir halten uns links und wandern nun über den teilweise gestuften, immer noch breiten Wanderweg in Kehren hinauf zum **Rifugio Duca degli Abruzzi (3)**. Dort erwartet uns ein großartiger Ausblick. Wir befinden uns nun auf dem Halbrund, das den Campo Pericoli einrahmt, den großen Kessel, um den herum sich beeindruckende Gipfelgestalten gruppieren: Rechts sehen wir endlich den Corno Grande in seiner ganzen Größe, links den Pizzo Cefalone und den Pizzo d'Intermesoli, um nur die prominentesten Gipfel zu nennen. Rechts neben dem Corno Grande können wir bereits unser Ziel, den Monte Aquila, erkennen. Das im Jahre 1908 erbaute Rifugio befindet sich direkt auf der Kammhöhe des langen Bergriegels, der den Campo Imperatore vom Val Maone trennt. Die einfache Hütte ist benannt nach dem italienischen Bergsteiger und Marineoffizier Luigi Amedeo di Savoia-Aosta, der neben dem Ruwenzori-Gebirge auch das Karakorum erforschte.

Wir wandern nun rechts haltend auf dem Bergkamm in direkter Linie auf den Corno Grande zu; zunächst leicht ansteigend, dann leicht bergab durch den steilen Nordhang des Kammes hinab zur **Sella di Monte Aquila (4)**, wo von rechts der direkte Anstieg von der Bergstation einmündet. Wir wandern in gerader Linie weiter auf gutem Wanderweg (Mark.-Nr. 104). Rechts bricht der Kamm steil ab; links zweigt der Normalweg in Richtung Corno Grande ab. Über einen grasigen Hang erreichen wir einen Kammrücken mit einer **Wegkreuzung (5)**, wo wir den Wanderweg, der leicht fallend zur Sella del Corno Grande weiterführt, nach rechts verlassen. Über einen leichten Grashang steigen wir weiter bergan und gelangen dann zu einem kleinen Sattel. Dort biegen wir rechts ein und erreichen über einen kurzen Grat den Gipfel des **Monte Aquila (6)**.

Abstieg: Wir wandern zurück auf dem Anstiegsweg bis zur **Sella di Monte Aquila (4)**; dort halten wir uns links und nehmen den etwas ausgesetzten Steig (Mark.-Nr. 101) durch den steilen, schrofigen Südosthang. Zunächst steil hinab, dann eine lange Querung nach rechts, bis wir auf den Anstiegsweg stoßen **(2)**. Auf diesem links hinunter zum **Wanderparkplatz (1)** bei der Bergstation neben dem Albergo di Campo Imperatore.

10 Über den Passo La Portella auf den Pizzo Cefalone, 2533 m

3.45 Std.

Ein kurzer und steiler Anstieg auf eine formschöne Pyramide

Neben dem Monte Aquila ist der Pizzo Cefalone der zweite leichte Aussichtsgipfel im Umkreis des Corno Grande. Seine leichte Erreichbarkeit über den Passo La Portella macht ihn zu einem beliebten Wanderberg. Wir kombinieren ihn mit einem Schlenker über das Rifugio Duca degli Abruzzi und genießen so auch noch die Einkehr in einer typischen Bergsteigerhütte. Da der Zugang zu diesen hohen Bergen mit einer Seilbahn erleichtert wird, eignet sich diese Tour für einen schönen Tagesausflug. Wer jedoch auf der Hütte übernachten will, genießt ziemlich sicher einen großartigen Sonnenuntergang im Westen und einen Sonnenaufgang im Osten – mit schönem Farbenspiel am direkt gegenüberliegenden Corno Grande. Wenn dann die Bergbahn ihren Tagesbetrieb eingestellt hat, wird es dort oben angenehm ruhig.

Das Observatorium am Ende der Fahrstraße vor der Kulisse des Corno Grande.

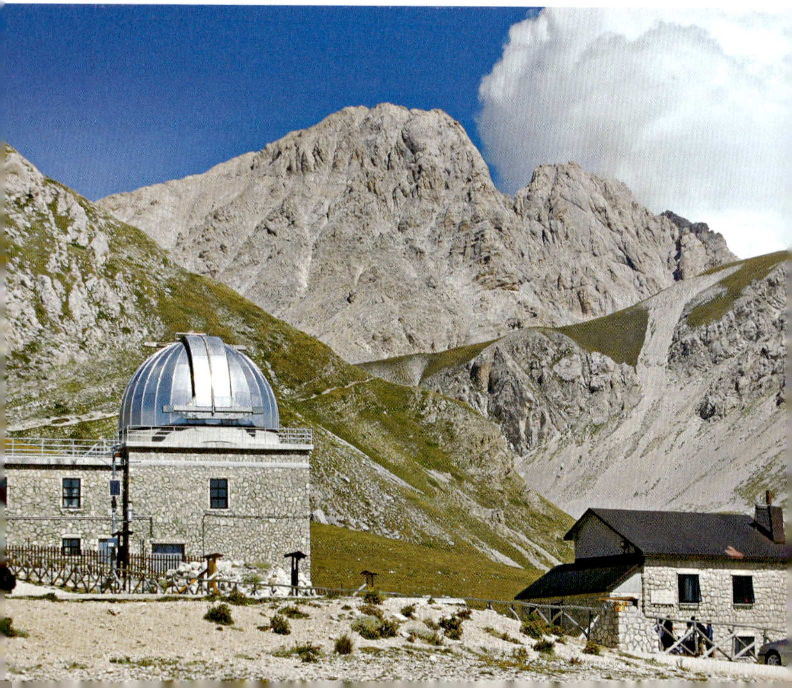

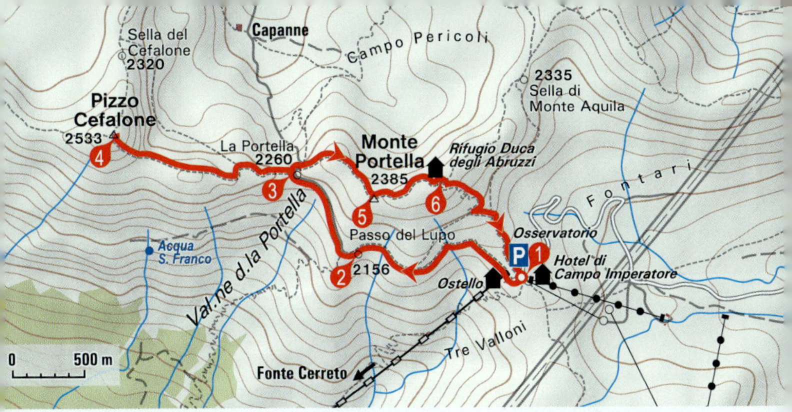

Talort: Assergi (886 m). Mittelalterliches Dorf mit etwa 500 Einwohnern, das ein noch relativ geschlossenes Ortsbild aufweist (11 km von L'Aquila). Sehenswert ist neben dem Centro storico die Chiesa di Santa Maria Assunta.

Ausgangspunkt: Bergstation der Funivia del Gran Sasso (2130 m). Anfahrt über die SS 17 oder die SS 261, dann über Bazzano und Paganica und Assergi immer gut ausgeschildert bis zur Talstation der Bergbahn in Fonte Cerreto. Oder Anfahrt über die A 24 Rom – Teramo bis zur Ausfahrt Assergi und noch ein kurzes Stück auf der Landstraße; großer kostenfreier Parkplatz an der Talstation. Möglich ist auch die Weiterfahrt über den Campo Imperatore zum großen Parkplatz vor der Bergstation der Bergbahn (27 km von Fonte Cerreto).

Bergbahn: Funivia del Gran Sasso. Nahezu ganzjährig 8–17 Uhr, in der Hochsaison bis 18 Uhr in Betrieb (im Winter auch Skibetrieb). Achtung, Mittagspause! Tel. +39 0862 606143, ilgransasso.it.

Markierungen: Rot-gelb sowie einige Wegweiser.

Höhenunterschied: 580 Hm im Aufstieg wie im Abstieg.

Anforderungen: Zunächst Bergwanderweg, dann Wirtschaftsweg bis zum Passo La Portella, anschließend schmaler Bergweg und Bergsteig bis zum Gipfel. Trittsicherheit und Schwindelfreiheit erforderlich. Rückweg über das Rifugio Duca degli Abruzzi auf Bergpfaden, Abstieg auf breitem Wanderweg. Sonnenschutz mitnehmen.

Einkehr und Unterkunft: Bei der Bergstation befindet sich das Ostello di Campo Imperatore »Lo Zio« (2130 m; mit Restaurant und Bar, nahezu ganzjährig bewirtschaftet, 40 Betten; Tel. +39 349 811 0032) sowie das Albergo di Campo Imperatore (2130 m; Hotel mit 100 Betten; z. Zt. wegen Sanierung geschlossen, Stand 2023). Rifugio Duca degli Abruzzi (2388 m; CAI Roma, bewirtschaftet von 15. Juni bis 15. September, danach an schönen Wochenenden, 20 Lager, Winterraum mit 3 Lagern immer offen; Tel. +39 347 6232101). An der Talstation gibt es ebenfalls Übernachtungsmöglichkeiten: Albergo-Ristorante Fior di Gigli (Tel. +39 0862 606171), Hotel Cristallo (Tel. +39 348 4715115). In Assergi: B&B »Il grottino di Assergi« (Tel. +39 331 3070174), B&B »Le Pagliare del Gran Sasso« (Tel. +39 347 2942970).

Hinweise: In Assergi befindet sich ein Verwaltungssitz des Parco Nazionale Gran Sasso e Monti della Laga im historischen Convento di Santa Maria in Valle. An der Talstation der Funivia gibt es eine kleine Tourist-Info, wo wir uns auch mit Kartenmaterial, Büchern und Broschüren versorgen können.

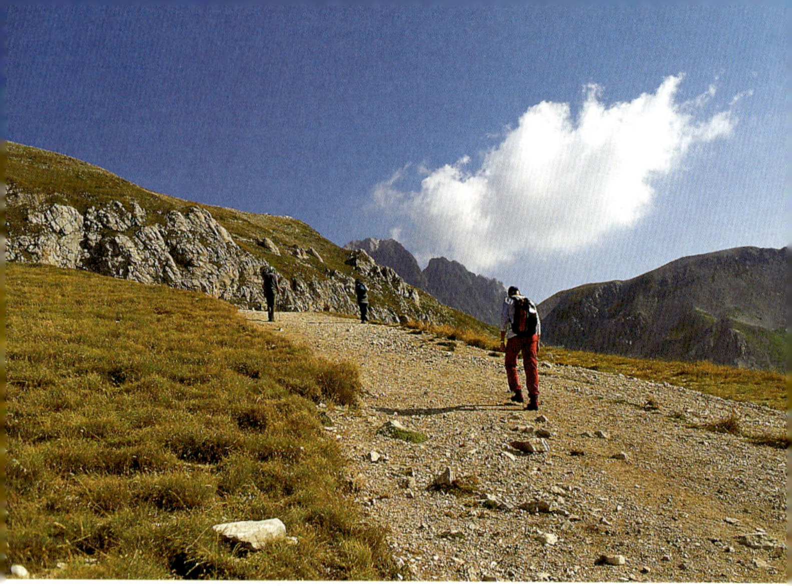

Im Bereich des Passo Portella; hier sind die Wege noch breit.

Am **Wanderparkplatz (1)** bei der Bergstation von **Campo Imperatore** halten wir uns sofort links und orientieren uns an der Ausschilderung zum »Sentiero Italia«. Dieser schöne Wanderweg führt nur leicht ansteigend durch die freie Südflanke des Monte Portella zum **Passo del Lupo (2)**. Aufgrund des großen Andrangs von Wanderern werden wir jedoch hier keinesfalls auf einen Wolf stoßen. Am Übergang machen wir einen scharfen Knick nach rechts und wandern nun auf einem leicht, aber stetig ansteigenden Wanderweg durch die freie Südwestflanke des Monte Portella hinauf zum **Passo La Portella (3)**, eine nur mäßig eingeschnittene Kerbe im Kammverlauf, von der wir einen herrlichen Blick nach Norden hinab in das Val Maone genießen. Schauen wir hingegen nach Süden, erblicken wir die Hauptstadt der Abruzzen, das vom letzten Erdbeben schwer beschädigte L'Aquila. Dieser alte Pass war ein wichtiger Übergang zwischen der Provinz L'Aquila und der nördlich davon gelegenen Provinz Teramo. So wurde hier z. B. zur Zeit der Transumanza Wolle nach Pietracamela getragen, um sie den nördlichen Märkten zuzuführen.

Wir gehen einige Meter zurück und halten uns dann rechts (vom Passo del Lupo kommend links) und steigen auf einem Bergpfad (Mark.-Nr. 111) mäßig steil auf dem freien Kamm weiter an. Bei der folgenden Verzweigung halten wir uns links (rechts geht es zur Sella del Cefalone) und erreichen eine

Erhebung (2336 m) im Kammverlauf. Kurz hinab in eine Einsattelung im steilen Berghang, der sich nach Assergi hinabzieht. Wir durchschreiten ein kleines Hochtal und halten uns dann

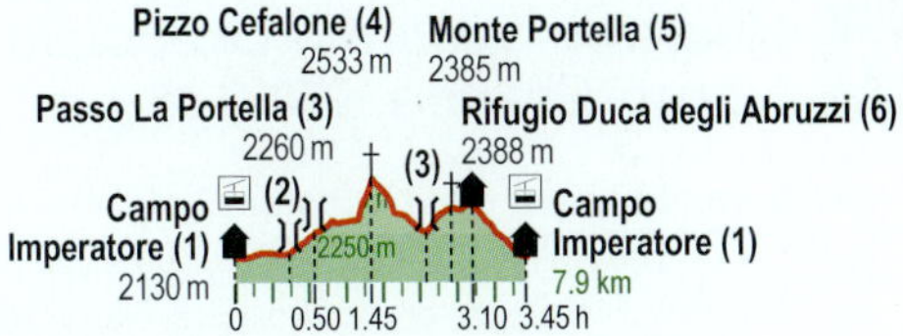

rechts auf den Ostgrat des Monte Cefalone zu. Am Gratfuß passieren wir einige bizarre Kalkformationen, erreichen dann eine grasige Rinne und steigen in kurzen Serpentinen steil hinauf. Am oberen Ende halten wir uns rechts und gelangen über leichte Felsen und eine steinige Rinne hinauf zum Gipfel des **Pizzo Cefalone (4)**, den zwei Metallkreuze schmücken.
Rückkehr: Wir steigen auf dem Anstiegsweg ab bis zum **Passo La Portella (3)**. Dort folgen wir geradeaus dem Kammverlauf auf einem Bergsteig hinauf zum **Monte Portella (5)**. Von hier ist es nicht mehr weit zum **Rifugio Duca degli Abruzzi (6)**, das auf vergleichbarer Höhe auf dem Kamm liegt. Vor der Hütte zieht dann rechts der breite, teilweise gestufte Wanderweg hinab Richtung Bergstation. Bei der Wegverzweigung auf halber Höhe gehen wir rechts und erreichen über den ausgeschwemmten Fahrweg den **Wanderparkplatz (1)** bei der Bergstation neben dem Albergo di Campo Imperatore.

Das Rifugio Duca degli Abruzzi wurde in den letzten Jahren komplett renoviert. Rechts von der Hütte genießen wir einen freien Blick auf den Campo Imperatore.

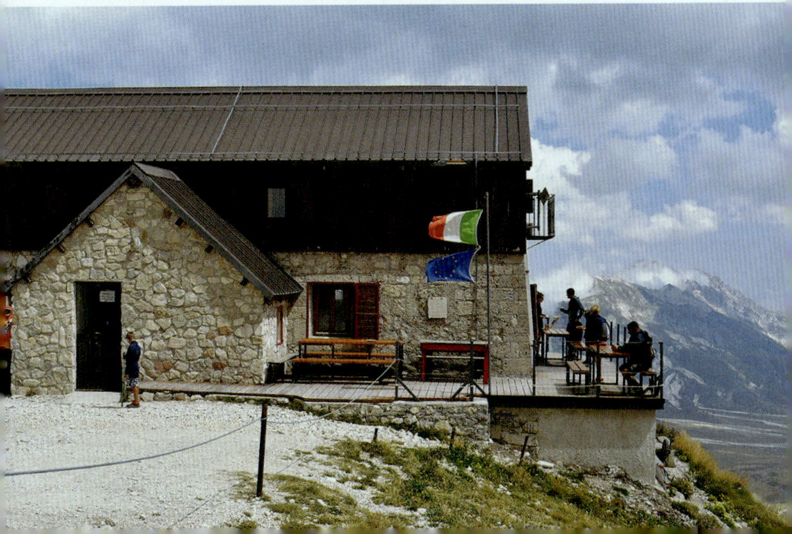

TOP **11**

Über die Sella del Brecciaio auf den Corno Grande, 2912 m

5.30 Std.

Der Normalweg auf den höchsten Gipfel der Abruzzen

Der Corno Grande ist unbestreitbar die Nummer eins der Gipfel in den Abruzzen. Darüber hinaus ist er der höchste Gipfel des gesamten Apennin. Unübersehbar thront er über den deutlich niedrigeren Gipfeln in seiner Umgebung. Bereits von der Adriaküste aus ist er gut zu erkennen und im Gebirge des Gran Sasso bietet er den majestätischen Abschluss des Campo Imperatore. Da er von jedem etwas geübten Bergsteiger gut zu erreichen ist, ist der Andrang entsprechend groß. Besonders im August müssen wir mit zahlreichen Gipfelaspiranten rechnen. Dank der Seilbahn von Fonte Cerreto hinauf zum Campo Imperatore ist der Anstieg auch gut an einem Tag zu bewältigen und muss nicht mit einer Hüttenübernachtung kombiniert werden. Der Normalweg führt über die Nordflanke und den Nordgrat zum Gipfel. Alle anderen Routen sind deutlich schwieriger und geübten Bergsteigern und Kletterern vorbehalten. Die 360°-Aussicht vom Corno Grande – vorausgesetzt, es herrscht klares Wetter – ist überwältigend und reicht Hunderte Kilometer weit.

Der Corno Grande von Westen; der Zustieg zum Gipfel erfolgt über seine Nordostflanke.

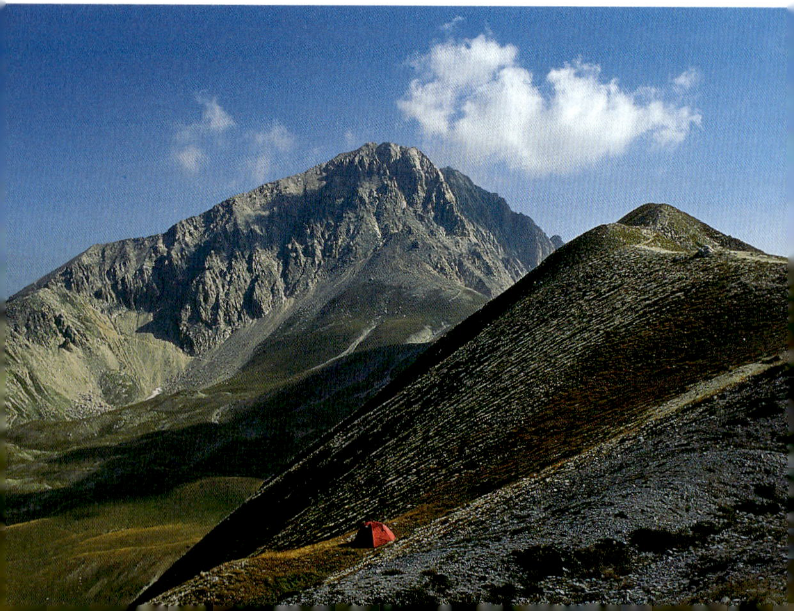

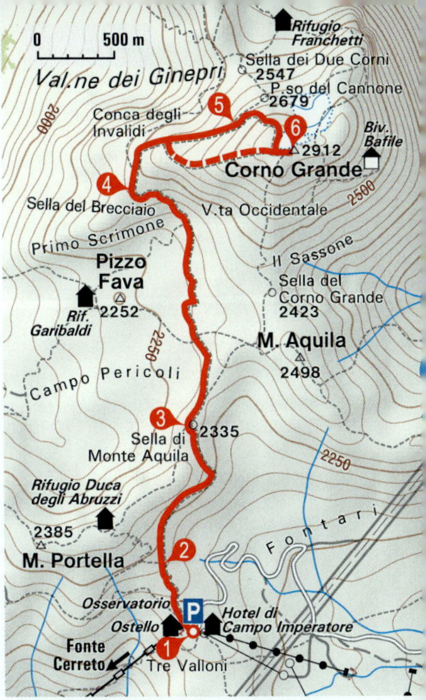

Talort: Assergi (886 m). Mittelalterliches Dorf mit etwa 500 Einwohnern, das ein noch relativ geschlossenes Ortsbild aufweist (11 km von L'Aquila). Sehenswert ist neben dem Centro storico die Chiesa di Santa Maria Assunta.

Ausgangspunkt: Bergstation der Funivia del Gran Sasso (2130 m). Anfahrt über die SS 17 oder die SS 261, dann über Bazzano und Paganica und Assergi immer gut ausgeschildert bis zur Talstation der Bergbahn in Fonte Cerreto. Oder über die A 24 Rom – Teramo bis zur Ausfahrt Assergi und noch ein kurzes Stück auf der Landstraße; großer kostenfreier Parkplatz an der Talstation. Oder Weiterfahrt über den Campo Imperatore zum großen Parkplatz vor der Bergstation der Bergbahn (27 km von Fonte Cerreto).

Bergbahn: Funivia del Gran Sasso. Nahezu ganzjährig 8–17 Uhr, in der Hochsaison bis 18 Uhr in Betrieb (im Winter auch Skibetrieb). Achtung, Mittagspause! Tel. +39 0862 606143, ilgransasso.it.

Markierungen: Rot-gelb sowie einige Wegweiser.

Höhenunterschied: 810 Hm im Aufstieg wie im Abstieg.

Anforderungen: Zunächst Bergwanderweg bis zur Sella di Monte Aquila, dann teils schmaler Bergpfad über die Sella del Brecciaio bis zum Gipfelfuß. Von dort schmaler, teilweise ausgesetzter Steig bis zum Gipfel. Einige abrutschbereite Flanken. Trittsicherheit und Schwindelfreiheit erforderlich. Ausreichend Wasser mitnehmen!

Einkehr und Unterkunft: Bei der Bergstation befindet sich das Ostello di Campo Imperatore »Lo Zio« (2130 m; mit Restaurant und Bar, nahezu ganzjährig bewirtschaftet, 40 Betten; Tel. +39 349 811 0032) sowie das Albergo di Campo Imperatore (2130 m; Hotel mit 100 Betten; z. Zt. wegen Sanierung geschlossen, Stand 2023). Rifugio Duca degli Abruzzi (2388 m; CAI Roma, bewirtschaftet von 15. Juni bis 15. September, danach an schönen Wochenenden, 20 Lager, Winterraum mit 3 Lagern immer offen; Tel. +39 347 6232101). An der Talstation gibt es ebenfalls Übernachtungsmöglichkeiten: Albergo-Ristorante Fior di Gigli (Tel. +39 0862 606171), Hotel Cristallo (Tel. +39 348 4715115). In Assergi: B&B »Il grottino di Assergi« (Tel. +39 331 3070174), B&B »Le Pagliare del Gran Sasso« (Tel. +39 347 2942970).

Variante: Der Anstieg zum Gipfel kann auf einer Variante über den Westgrat abgekürzt werden. Kurz nach der Sella del Brecciaio verlässt diese Route den Normalweg und führt über felsiges Gelände (Passagen im I. Schwierigkeitsgrad) hinauf zum Gipfel.

Hinweis: An der Talstation der Funivia gibt es eine kleine Tourist-Info, wo wir uns auch mit Kartenmaterial, Büchern und Broschüren versorgen können.

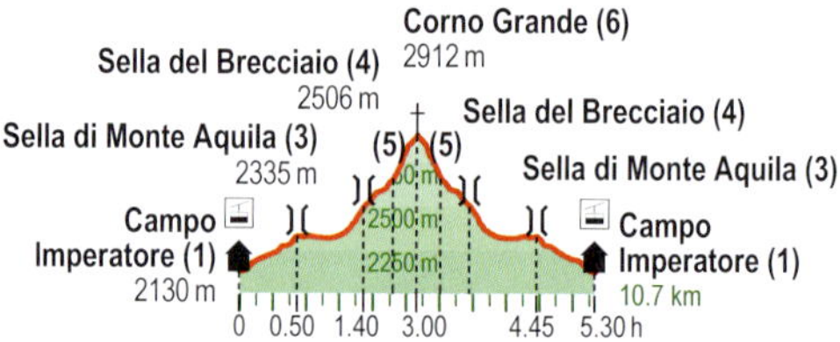

Zwischen dem großen **Wanderparkplatz (1)** und der **Bergstation** auf dem **Campo Imperatore** wandern wir auf breitem Weg (rot-weiß) bergwärts (links am Observatorium vorbei) hinauf zu einer **Wegverzweigung (2)** mit großer Tafel. Dort halten wir uns rechts und steigen auf gutem Bergweg durch die steile Südostflanke des Monte Portella hinauf zur **Sella di Monte Aquila (3)** (Wegtafeln). Bei dieser kleinen Wegkreuzung (von links mündet der Steig vom Rifugio Duca degli Abruzzi ein; rechts beginnt der Anstiegsweg zum Monte Aquila) halten wir uns halb rechts und folgen dem schmalen Pfad (»Corno Grande – Via Normale«, Mark.-Nr. 103) durch eine grasige Flanke leicht bergab auf den Corno Grande zu. Nach etwa zehn Minuten zweigt links der Hüttenzugangsweg zum Rifugio Garibaldi ab. Wir wandern am oberen Rand des Campo Pericoli geradeaus weiter und erreichen leicht abwärts die Gipfelfelsen, dann steigen wir in einem Linksbogen durch ein steiles Kar hinauf (anstrengend!) zur **Sella del Brecciaio (4)**, einem Felsvorsprung mit Wegverzweigung (nach links geht es zur Sella di Due Corni). Wir steigen rechts haltend weiter an, bewältigen eine

Übergang über die Sella del Brecciaio zur Conca degli Invalidi.

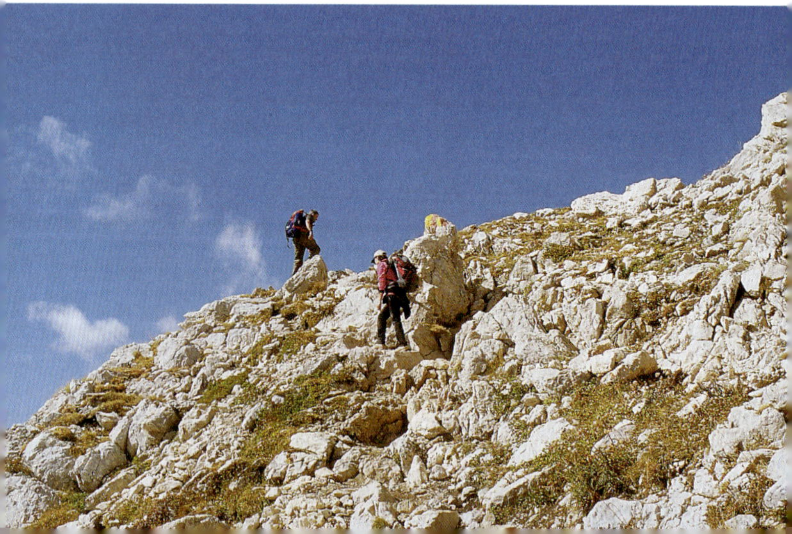

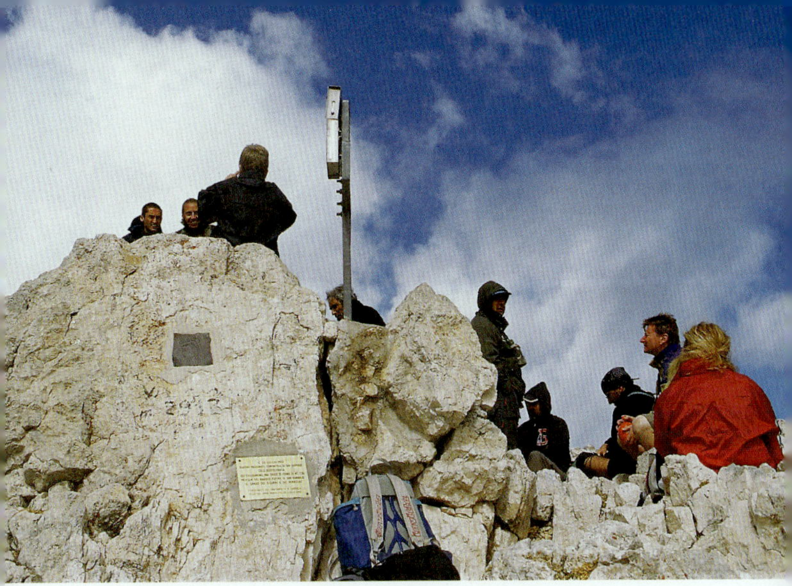

Auf dem Gipfel der Vetta Occidentale – da ist leider wenig Platz.

ausgesetzte Passage und wandern dann auf einem schuttbedeckten Bergweg – zuletzt in Serpentinen – hinauf zu einem flachen Geländeabsatz. Links sehen wir die beeindruckenden Felsflanken des Corno Piccolo, die über der weiten Conca degli Invalidi aufragen. Dahinter erkennen wir die buckligen Vorgipfel der Monti della Laga. Wir steigen weiter an zu einer zweiten Geländestufe. Kurz dahinter treffen wir auf eine **Weggabelung (5)** (nach links zweigt hier der Steig – gelb-rot markiert – zum Rifugio Franchetti ab). Wir gehen geradeaus weiter zum Fuß des steilen Gipfelaufschwungs. Zuerst durch eine felsige Rinne (Drahtseilsicherung), dann rechts haltend über schuttige Serpentinen durch abschüssiges Gelände hinauf bis knapp unterhalb des Nordgrates. Dort biegen wir rechts ein, queren die steile Flanke und steigen nun direkt zum Grat an; zunächst links haltend, dann auf der Nordostseite weiter bis zu einer **Erinnerungstafel** (dort beginnt rechts der Westgrat; siehe Variante). Dort links über steile Serpentinen hinauf und schließlich oben rechts haltend zum höchsten Punkt des **Corno Grande (6)** (Vetta Occidentale) mit kleinem, eisernem Kreuz. Von einem kleinen Vorgipfel haben wir einen herrlichen Tiefblick auf den Campo Imperatore, links unten sehen wir das an ausgesetzter Stelle errichtete Bivacco Bafile in der Ostwand, das aber nur von Kletterern erreicht werden kann.

Der **Abstieg** erfolgt auf dem Anstiegsweg.

12 Auf den Pizzo d'Intermesoli, 2635 m

7.00 Std.

Großartige Wanderung über der 2000-Meter-Grenze

Der Pizzo d'Intermesoli ist ein großartiger Gipfel im Zentrum des Gran-Sasso-Gebiets – direkt gegenüber dem Corno Grande und Corno Piccolo –, dessen Grundstock ein während der Jurazeit emporgehobenes Meeresriff darstellt. Daher ist der Gipfel reich an Versteinerungen wie Seeschnecken, Mollusken und Muschelschalen. Auf dem Rückweg statten wir der ersten, bereits im Jahre 1888 errichteten Schutzhütte im Gran-Sasso-Gebiet, dem Rifugio Garibaldi, einen Besuch ab (z. Zt. geschlossen; der Winterraum ist immer offen). Die Hütte besteht nur aus einem großen Raum und ist spartanisch eingerichtet. Falls wir auf der Hütte übernachten wollen, können wir die Tour auch in umgekehrter Richtung unternehmen. Der Normalweg auf den Gipfel, der das Val Maone in eindeutiger Weise dominiert, erfolgt aus diesem allerdings auf anstrengenden Pfaden. Daher wählen wir lieber die umgekehrte Route über die Sella del Cefalone und die Sella dei Grilli und ersparen uns so zumindest beim Gipfelanstieg zahlreiche Höhenmeter.

Der Pizzo d'Intermesoli vom Campo Pericoli aus gesehen.

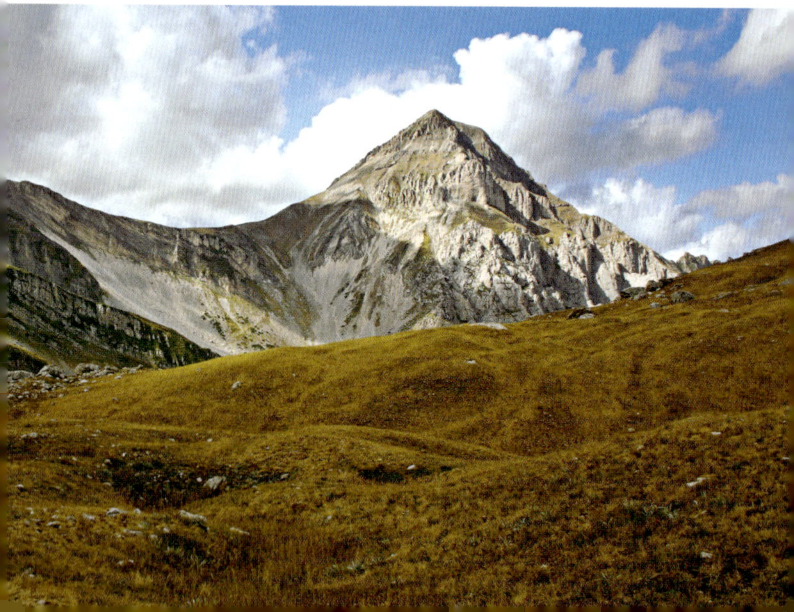

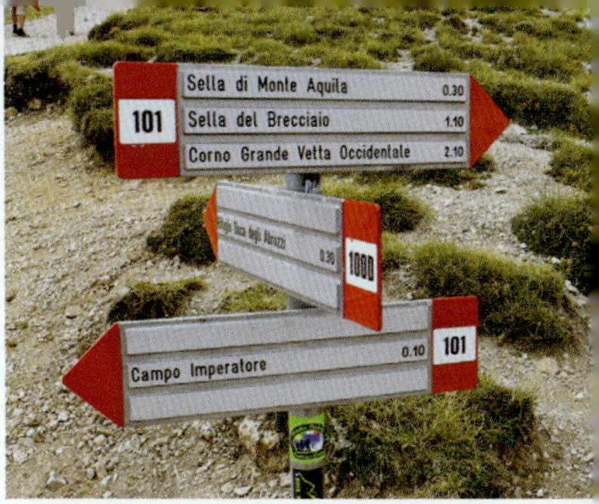

Auf dem Rückweg: Bald sind wir wieder am Ausgangspunkt.

Talort: Assergi (886 m); siehe Tour 11.
Ausgangspunkt: Bergstation der Funivia del Gran Sasso (2130 m). Anfahrt siehe Tour 11.
Bergbahn: Funivia del Gran Sasso. Nahezu ganzjährig 8–17 Uhr, in der Hochsaison bis 18 Uhr in Betrieb (im Winter auch Skibetrieb). Achtung, Mittagspause! Tel. +39 0862 606143, ilgransasso.it.
Markierungen: Rot-gelb, aber nicht durchgehend; etwas Orientierungssinn hilfreich.
Höhenunterschied: 1080 Hm im Aufstieg wie im Abstieg.
Anforderungen: Zunächst Bergwanderweg, dann Wirtschaftsweg bis zum Passo La Portella, anschließend schmaler Bergweg und Bergsteig bis zum Gipfel. Trittsicherheit und Schwindelfreiheit erforderlich. Rückweg über das Rifugio Garibaldi auf Bergpfaden und Bergwanderwegen.
Einkehr und Unterkunft: Bei der Bergstation befinden sich das Ostello di Campo Imperatore »Lo Zio« (2130 m; mit Restaurant und Bar, nahezu ganzjährig bewirtschaftet, 40 Betten; Tel. +39 349 811 0032) sowie das Albergo di Campo Imperatore (2130 m; Hotel mit 100 Betten; z. Zt. wegen Sanierung geschlossen, Stand 2023). Rifugio Garibaldi (2238 m; CAI L'Aquila, bewirtschaftet von Anfang Juni bis Mitte September, 12 Lager, Winterraum mit 8 Lagern; Rückfrage beim CAI notwendig; Tel. +39 0862 24342; z. Zt. wegen Renovierungsarbeiten geschlossen, Stand 2023). An der Talstation gibt es ebenfalls Übernachtungsmöglichkeiten; siehe dazu Tour 11.
Variante: Falls wir nicht die ganze Route ausgehen wollen, können wir sie im Val Maone (8) abkürzen und von dort auf der alten Mulattiera wieder zum Passo La Portella (3) ansteigen und auf dem Anstiegsweg zum Ausgangspunkt zurückkehren. Gehzeit: 1.30 Std.
Hinweis: In Assergi befindet sich ein Verwaltungssitz des Parco Nazionale Gran Sasso e Monti della Laga im historischen Convento di Santa Maria in Valle. An der Talstation der Funivia gibt es eine kleine Tourist-Info, wo wir uns auch mit Kartenmaterial, Büchern und Broschüren versorgen können.

Beim großen **Wanderparkplatz (1)** vor dem **Ostello di Campo Imperatore** halten wir uns rechts und folgen sogleich links der Ausschilderung zum »Sentiero Italia«. Dieser aussichtsreiche Wanderweg führt nur leicht ansteigend durch die freie Südflanke des Monte Portella zum **Passo del Lupo (2)**. Am Übergang machen wir einen scharfen Knick nach rechts und wandern nun auf einem leicht, aber stetig ansteigenden Wirtschaftsweg durch die freie Südwestflanke des Monte Portella hinauf zum **Passo La Portella (3)**, eine nur mäßig eingeschnittene Felskerbe im Kammverlauf, von der wir einen herrlichen Blick nach Norden hinab ins Val Maone genießen. Dieser alte Pass war ein wichtiger Übergang zwischen der Provinz L'Aquila und der nördlich davon gelegenen Provinz Teramo. Wir gehen einige Meter zurück und halten uns dann rechts (vom Passo del Lupo kommend links) und stei-

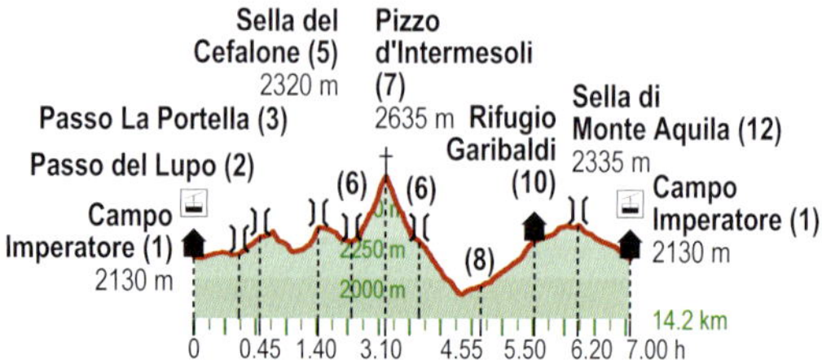

gen auf einem Bergpfad (Mark.-Nr. 111) mäßig steil auf dem freien Kamm weiter an zu einem weiteren Einschnitt bei Punkt 2326. Bei der folgenden **Wegverzweigung (4)** halten wir uns rechts (links führt der Weg zum Pizzo Cefalone) und folgen dem Pfad (Mark.-Nr. 149), der uns auf der anderen Seite des Kammes in kurzen Serpentinen durch einen steilen Schutthang hinabführt (bis P. 2150). Dann queren wir nach links hinüber unter die Ostwand des Pizzo Cefalone. In faszinierender Landschaft steigen wir immer am Fuß der Wand entlang durch den steil abfallenden Grashang hinauf zur **Sella del Cefalone (5)**. Dort halten wir uns rechts und wandern auf dem Kamm über eine Erhebung hinweg, dann leicht hinab in den breiten Sattel der **Sella dei Grilli (6)**. Direkt vor uns baut sich nun der

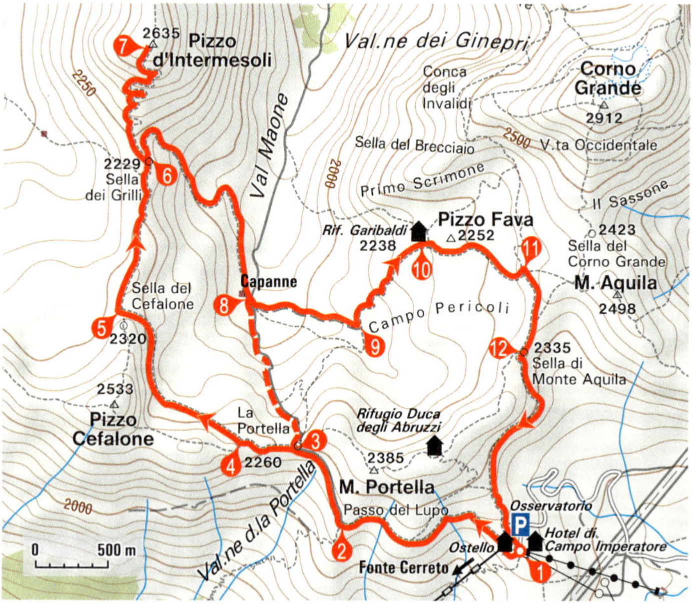

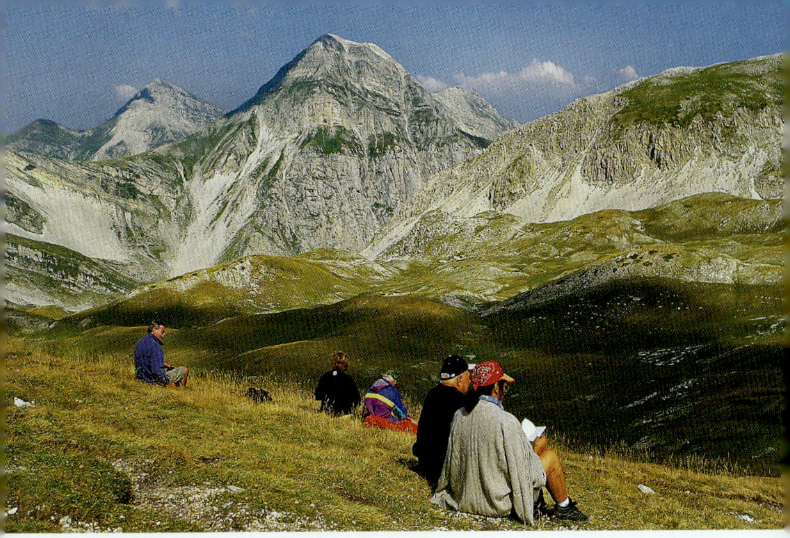

Blick über den weiten Hochtalkessel Campo Pericoli hinweg zum Gipfel.

Pizzo d'Intermesoli auf, der den Pizzo Cefalone um hundert Höhenmeter überragt. Wir steuern direkt auf ihn zu, steigen zunächst über Grashänge, dann über den steilen Schutthang über zahlreiche Serpentinen hinauf bis zu einem Felsband, das wir durch einen Felskamin überwinden. Dann geht es kurz über einen steilen Schutthang zur kleinen Gipfelfläche des **Pizzo d'Intermesoli (7)** mit dem großen Steinmann und dem kleinen Gipfelkreuz. Vom Gipfel steigen wir wieder hinab zur **Sella dei Grilli (6)**; dort folgen wir links (also nach Osten) dem Pfad (Mark.-Nr. 101), der uns durch einen riesigen Schutthang hinab ins **Val Maone** führt. Unser Pfad biegt vor Erreichen desselben jedoch nach rechts und leitet uns dann hinab zu den Hütten von **Capanne (8)**. Wir folgen dem breiten Weg kurz nach rechts, bis links der markierte Pfad (Mark.-Nr. 101) abbiegt, der über die Buckel des »Campo Pericoli« zu einer **Wegverzweigung (9)** leitet und uns dann links haltend hinauf zum – z. Zt. geschlossenen – **Rifugio Garibaldi (10)** bringt. Von dort führt ein Wanderweg rechts haltend hinauf zum Normalweg zum Corno Grande (Wegweiser). Wir biegen dort **(11)** rechts ab und folgen leicht ansteigend dem Wanderweg am oberen Rand des Campo Pericoli zur **Sella di Monte Aquila (12)**. Dort halten wir uns links und nehmen den etwas ausgesetzten Steig (Mark.-Nr. 101) durch den steilen, schrofigen Südosthang. Zunächst steil hinab, dann eine lange Querung nach rechts, bis wir auf eine Wegverzweigung stoßen. Auf breiter Piste links hinab zum **Wanderparkplatz (1)** beim **Ostello di Campo Imperatore**.

13 Vado di Corno und Monte Brancastello, 2385 m

5.15 Std.

Großartiger Aussichtsbalkon über dem Campo Imperatore

Unser Talort, Santo Stéfano di Sessánio, ist berühmt für seine roten Linsen. Jedes Jahr im September gibt es dort die »Sagra della lenticchia«, das Linsenfest mit Veranstaltungen, Musik und Essen auf der Piazza. Falls wir also zur richtigen Zeit kommen, können wir gestärkt hinauffahren zum Campo Imperatore und den hier vorgeschlagenen Panoramaweg hoch über diesem bekannten Hochtal unternehmen. Knapp fünf Kilometer lang ist dieser »Belvedere«. Wir bewegen uns dabei auf der ersten Etappe des »Sentiero del Centenario«, der großartigen, alpinistisch anspruchsvollen Gratwanderung, die vom Vado di Corno bis zum Rifugio Fonte Vetica führt. »Unser« Abschnitt hingegen ist leicht und bietet ebenfalls Aussicht nach beiden Seiten sowie einen großartigen Blick zurück auf den Corno Grande, der uns von dort seine wildeste Seite zeigt. Wer nur eine kurze Wanderung unternehmen möchte, kann auch nur die erste Teilstrecke gehen und zum Vado di Corno hinaufwandern; von dort bietet sich bereits ein wunderbarer Blick über die Hügellandschaft der Ostseite hinaus bis zur Adria.

Der zerklüftete Monte Brancastello über dem lang gestreckten Campo Imperatore.

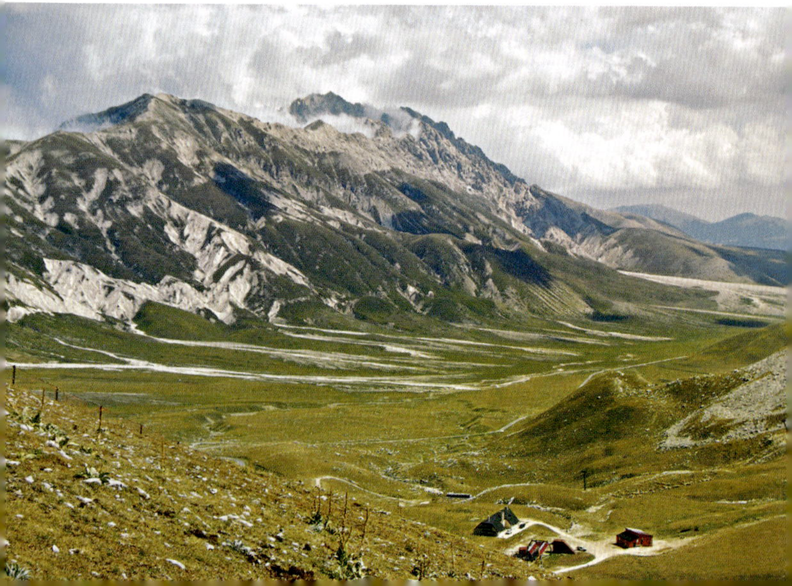

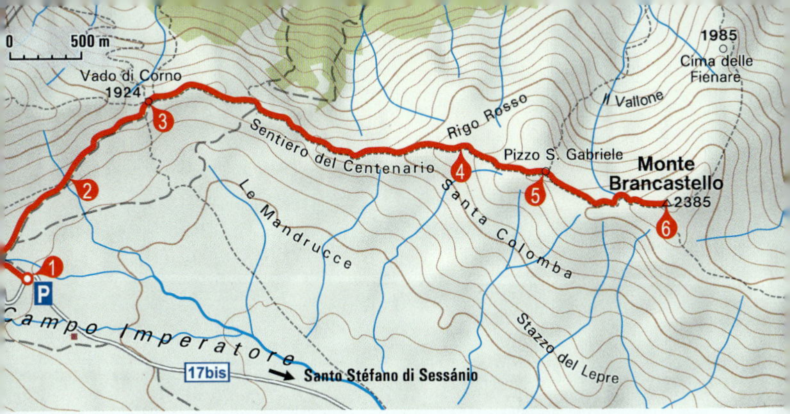

Talort: Santo Stéfano di Sessánio, (1251 m). Reizvoller mittelalterlicher Ort in den Terre della Baronia mit engen Gassen, kleinen Läden, Gallerien, Tabaccheria, charakteristischem Medici-Turm und nur noch knapp über 100 ständigen Bewohnern. Beliebtes Ausflugsziel am Weg zum Campo Imperatore.

Ausgangspunkt: Parkmöglichkeit entlang der Piste (1800 m) in Richtung Vado di Corno. Anfahrt: A 25 bis Ausfahrt Bussi/Popoli, dann weiter auf der SS 17 Bussi – L'Aquila bis Barisciano, dort rechts ab und hinauf nach Santo Stéfano di Sessánio und weiter bergwärts zur Hochfläche des Campo Imperatore. Bei der Weggabelung auf dem Campo Imperatore links weiter, bis zur nächsten Gabelung und rechts weiter in Richtung des Hotel Campo Imperatore und Bergstation der Funivia. Bei der ersten scharfen Linkskurve zweigt rechts ein unbefestigtes Sträßchen ab, an dessen Beginn wir parken. Alternative Anfahrt: A 24 bis Ausfahrt Assergi, dann weiter über Fonte Cerreto zum Campo Imperatore.

Markierungen: Rot-gelb und Mark.-Nr. 6 sowie 6a.

Höhenunterschied: 610 Hm im Aufstieg wie im Abstieg.

Anforderungen: Bis zum Vado di Corno Piste, dann Bergwege und Bergpfade. Trittsicherheit und Schwindelfreiheit jedoch erforderlich, obwohl die Route objektiv nicht schwierig ist.

Einkehr und Unterkunft: Unterwegs keine. Auf der Hochebene, kurz vor der Einmündung in die 17bis, ca. 9 km südöstlich des Ausgangspunkts, befindet sich das Rifugio di Lago Racollo (Zimmer; Tel. +39 320 850 3575). In Santo Stéfano di Sessánio ein paar Bars und Restaurants (z. B. Pane & Vino). Zum Übernachten: Hotel »Residenza La Torre«, »La Locanda sul Lago« sowie B&B »La Candeletta«, B&B »La Bifora e Le Lune«, B&B »Il Sogno«. Ferienwohnungen: »La Casa Sù Le Dimore Del Borgo«. Camping Gran Sasso. Bemerkenswert, aber nicht ganz billig ist das »Sextantio Albergo Diffuso« (ganzjährig geöffnet; Tel. +39 0862 899 112), das sich über mehrere restaurierte alte Häuser im ganzen Ort verteilt. Reizvoll und nur 8 km von Santo Stéfano di Sessánio entfernt liegt das Rifugio della Rocca (1420 m; B&B sowie Restaurant mit regionaler Küche, 51 Schlafplätze in mehreren Häusern verteilt im Dorf, ganzjährig bewirtschaftet; Tel. +39 338 805 9430, rifugiodellarocca.it), an der Straße von Calascio zur gleichnamigen Burgruine Rocca Calascio. Im Ort Calascio gibt es das »Affittacamere Accà Lascio« (1200 m; 6 Betten, ganzjährig bewirtschaftet; Tel. +39 0862 1965174).

Hinweis: In den Sommermonaten befinden sich in Santo Stéfano di Sessánio ein Pro Loco sowie ein Info-Büro der Nationalparkverwaltung Gran Sasso e Monti della Laga (siehe S. 22).

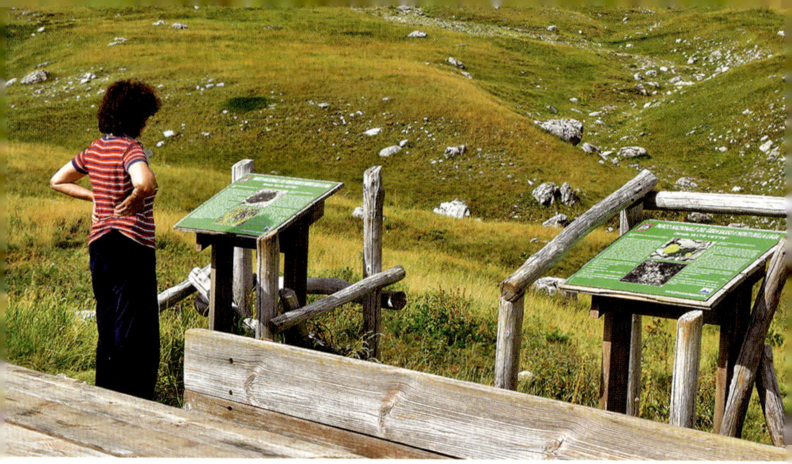

Am Ausgangspunkt des Weges befinden sich mehrere Infotafeln und ein Picknickplatz.

Vom **Wanderparkplatz (1)** nahe der SS 17bis folgen wir zunächst der Piste, die uns direkt auf den langen und zerklüfteten Ostkamm des Monte Aquila zuführt. Von links mündet am Bergfuß der Weg Nr. 215 ein **(2)**. Leicht ansteigend geht es dann rechts haltend hinauf zum **Vado di Corno (3)**. Hier war früher ein alter Hirtenübergang vom Campo Imperatore hinüber zum Casale San Nicola. Das 300 m unterhalb gelegene Rifugio N. d'Arcangelo (1665 m) ist nur mit einem Schlüssel zugänglich.

Am Passeinschnitt folgen wir nun rechts der Mark.-Nr. 6a sowie den gelbroten Punkten, die uns auf dem breiten Kammrücken in direkter Linie auf den Monte Brancastello hinführen. Wir wandern zunächst auf der rechten Seite des Kammes, bis dieser immer schmäler wird. Der Weg ist zwar der Sonne ausgesetzt, bietet dafür aber unvergleichliche Panoramaausblicke. Im Verlauf unseres Wegs queren wir das kleine Plateau »**Rigo Rosso**« **(4)** (wir sehen noch ein paar verfallene Trockensteinmauern von alten Vieheinfriedungen, als hier noch Schafe und Ziegen hochgetrieben wurden), mühen uns dann ein bisschen den folgenden Geröllhang hinauf zu **Punkt 2230 (5)**, gehen seitlich am Vorgipfel Pizzo San Gabriele vorbei und gelangen anschließend durch leichtes Wiesengelände im Auf und Ab zu einem Sattel. Gleich dahinter beginnt das letzte steile Stück – nun über einen Geröllhang – hinauf zum **Monte Brancastello (6)**.

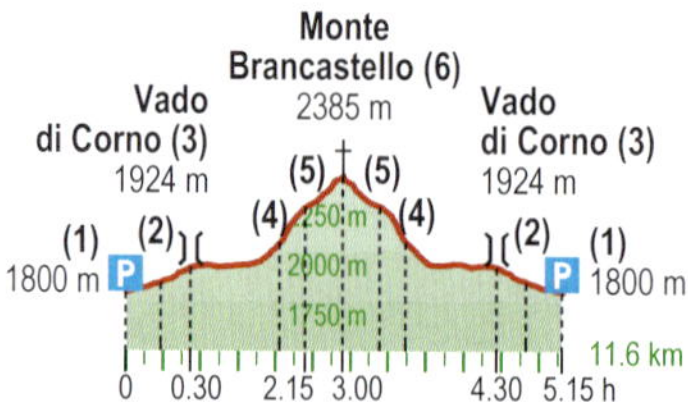

Der **Abstieg** erfolgt auf dem Anstiegsweg.

5.30 Std.

Monte Prena, 2561 m

14

In eine zerklüftete Mondlandschaft mit großartiger Aussicht

Von allen Gipfeln, die sich über dem Campo Imperatore erheben, macht der Monte Prena auf den ersten Blick den abweisendsten Eindruck. Dieser Gipfel über der Coste di Sferruccio, was soviel wie »Kugelhang« heißt, bildet einen faszinierenden Anblick mit zahllosen kleinen Felstürmen, Geröllrinnen und schroffen Felsgraten. Der Normalweg, der über den Vado di Ferruccio führt, ist von geübten Bergwanderern gut zu bewältigen. Allerdings gibt es unterwegs keine Einkehr und kein Wasser. Dafür bietet der Monte Prena eine grandiose Aussicht nach allen Seiten. Da der Gipfel aufgrund seiner Höhe nahezu vegetationslos ist, empfiehlt sich ein früher Aufbruch. Deshalb sollten wir am Vorabend besser auch auf dem Campo Imperatore übernachten.

Talort: Castel del Monte (1346 m). Mittelalterlicher Ort mit knapp 450 Einwohnern, der in der Zeit der Transhumanz von großer Bedeutung war. Sehenswert sind das Centro storico mit seinen engen Gassen und einigen Kirchen, der Palazzo del Governatore sowie ein paar kleine Museen (Museo della Pastorizia, Museo dell'Arte della Lana, Museo della Casa Antica, Museo del Lavoro nei Campi, Museo del Forno del Ballo). Einige Geschäfte, Bank, Trattorien und Bars.

Ausgangspunkt: Parkmöglichkeit an der Zufahrtsstraße zum aufgelassenen Minengelände am Bergfuß (1745 m). Anfahrt: A 25 bis Ausfahrt Bussi/Popoli, dann weiter auf der SS 17 Bussi – L'Aquila; von dieser abzweigend entweder über Ofena oder über Barisciano und Santo Stéfano di Sessánio nach Castel del Monte; von dort bergwärts zur Hochfläche des Campo Imperatore. Bei der Weggabelung auf dem Campo Imperatore links weiter, bis nach 1,3 km nach der Abzweigung zur Fonte Vetica bei einer Linkskurve rechts die Zufahrtsstraße zur stillgelegten Mine abzweigt; dieser folgen wir 3,4 km lang bis zur Parkmöglichkeit (nur mit Offroadautos, ansonsten am Beginn der Abzweigung parken; Gehzeit knapp 1 Std., nahezu eben). Alternative Anfahrt: A 24 bis Ausfahrt Assergi, dann weiter über Fonte Cerreto zum Campo Imperatore.

Markierungen: Rot-gelb sowie einige Steinmännchen; Mark.-Nr. 109.

Höhenunterschied: 875 Hm im Aufstieg wie im Abstieg.

Anforderungen: Bergsteige und Bergpfade. Trittsicherheit und Schwindelfreiheit jedoch erforderlich, obwohl die Route objektiv nicht schwierig ist. Das Schlussstück führt über einen steilen Geröllhang. Steinschlaghelm empfehlenswert.

Einkehr und Unterkunft: Rifugio Fonte Vetica (1632 m; siehe Tour 15). In Castel del Monte mehrere B&Bs (z. B. »Casa Tuccella«, »Il Rifugio del Pastore«; »Le Civette«), das Albergo »La Locanda delle streghe und »Ristorante Dal Gattone«.

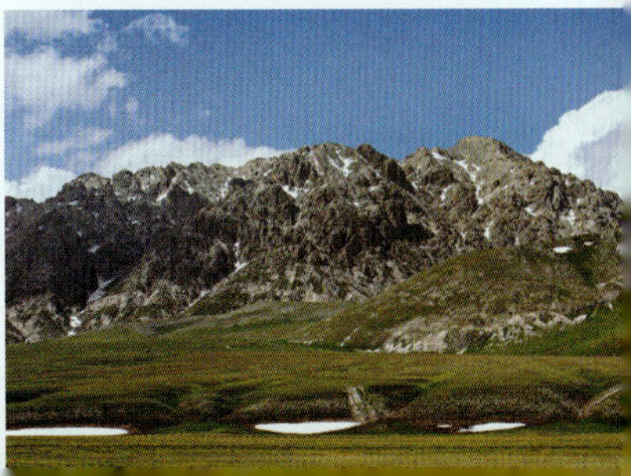

Der wild zerklüftete Monte Prena.

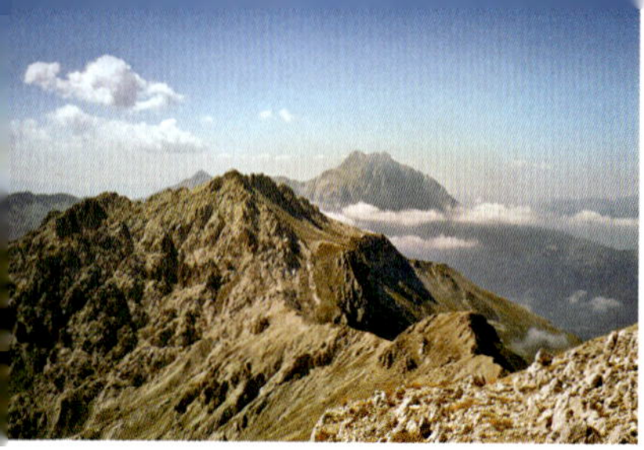

Blick über den Gipfelkamm hinweg zum Corno Grande.

Vom **Parkplatz (1)** kurz vor der stillgelegten »Min.a di Bitume« (der Abbau wurde in den 30er-Jahren des letzten Jahrhunderts begonnen und während der deutschen Besatzung im Jahre 1944 eingestellt; Ziel war, Italien im Energiebereich unabhängiger zu machen) folgen wir den Pfadspuren (Mark.-Nr. 109) bergwärts und wandern auf der rechten Seite eines breiten Geröllhanges über den grasigen und schrofigen Hang aufwärts. Rechts steigen die ariden Flanken zum Monte Camicia an. Wir passieren die »Fornaca«, einen felsigen Kessel, dessen Name einen Hinweis auf die hier zuweilen herrschenden Temperaturen gibt: Fornaca heißt

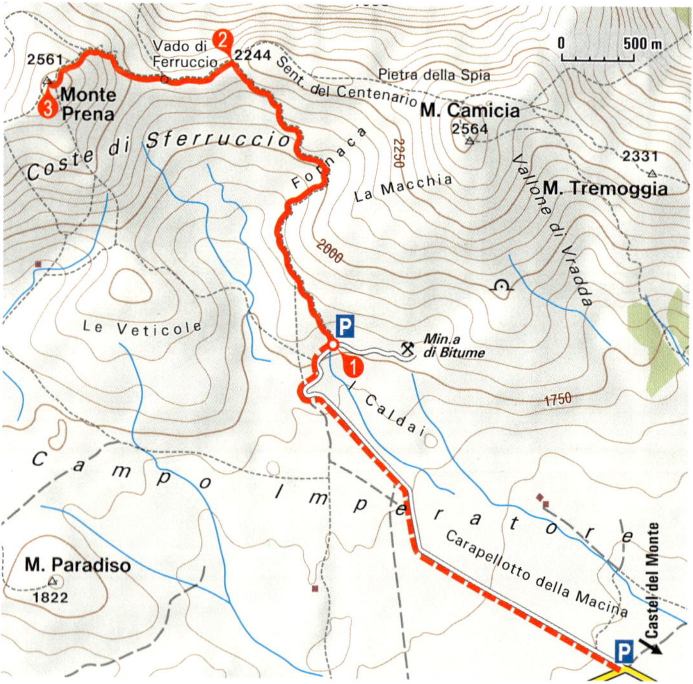

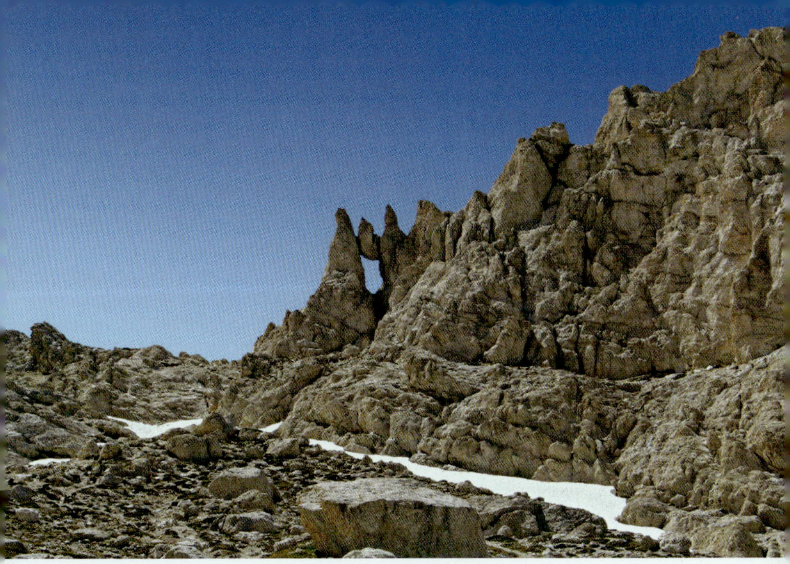

Bizarre Felsformationen unter dem Gipfel des Monte Prena.

Glutofen oder Backstube. Wir passieren den Fonte Comune, der im Hochsommer jedoch trocken ist. In einem leichten Linksbogen und über zahlreiche Kehren steigen wir durch di Coste di Sferruccio an und erreichen schließlich den Sattel **Vado di Ferruccio (2)** (2244 m), wo uns Aufschriften auf den Steinblöcken den Weiterweg anzeigen. Die Aussicht hinaus bis zur Adria und der Blick auf die zerklüftete Gipfelregion des Monte Prena auf der einen sowie auf den Felskranz des Monte Camicia auf der anderen Seite würden schon den Aufstieg lohnen. Wir halten uns nun links und wandern auf dem felsigen Kamm in Richtung Monte Prena, wobei wir nach einer Viertelstunde einen kleinen Sattel durchschreiten. Am Gipfelfuß folgen wir der Markierung nach links und steigen über einen schrofigen Grashang hinauf zu einem großen Amphitheater auf der Nordseite des Monte Prena. Steile Serpentinen leiten uns links haltend durch bizarre Felsformationen und Felsbrocken durch eine steile Rinne hinauf zur Grathöhe. Dort gelangen wir rechts in wenigen Schritten hinauf zum Gipfel des **Monte Prena (3)**.

Der **Abstieg** erfolgt auf dem Anstiegsweg.

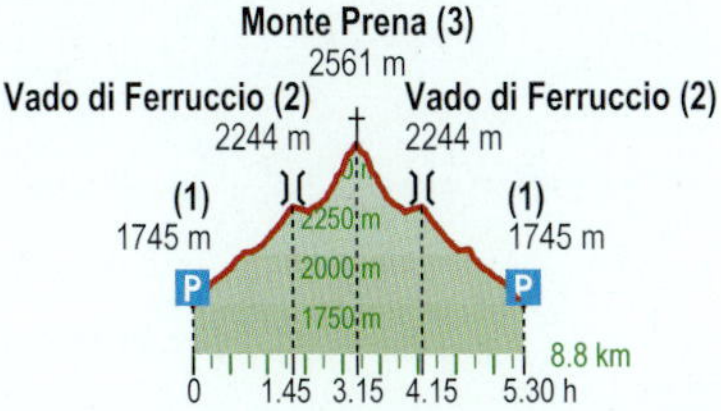

15 Monte Tremoggia, 2331 m, und Monte Camicia, 2564 m

5.00 Std.

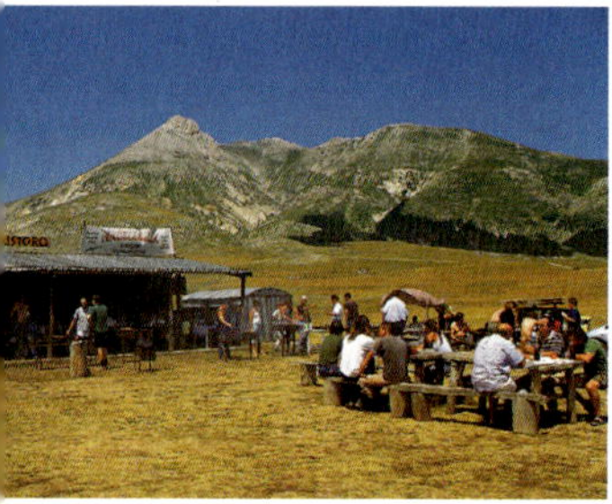

Grillstation »Mucciante« am Campo Imperatore, Nähe Fonte Vertica.

Doppelgipfel mit Blick auf die Adria

Der Campo Imperatore ist ein großartiges, etwa 25 Kilometer langes Hochtal auf der Südostseite des Gran-Sasso-Massivs, das aufgrund seiner Größe und seiner ariden Landschaft von manchen Einheimischen auch das »kleine Tibet der Abruzzen« genannt wird. Am Ende dieses langen Hochtals ragt der höchste Gipfel der Abruzzen, der Corno Grande (2912 m) mit seinem felsigen Gipfelaufbau in den Himmel. Flankiert wird der Campo Imperatore auf seiner Nordseite von einer langen Reihe zerklüfteter Felsgipfel, dessen höchste Erhebung im Monte Camicia mündet. Spektakulär ist seine Nordwand, der wir uns auf Tour 8 nähern können. Auf dieser Wanderung, die ihren Ausgang beim beliebten Rifugio Fonte Vetico nimmt, genießen wir jedoch nicht nur eine großartige Aussicht auf den Campo Imperatore und die Berge rundum, bei klarer Sicht reicht unser Blick auch hinaus bis zur Adria. Und falls wir Glück haben, können wir auf der Kammhöhe rund um die Sella di Fonte Fredda sogar das seltene alpine Edelweiß bewundern.

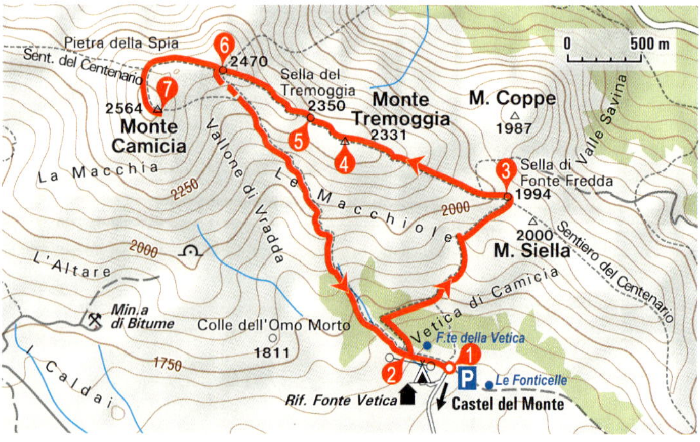

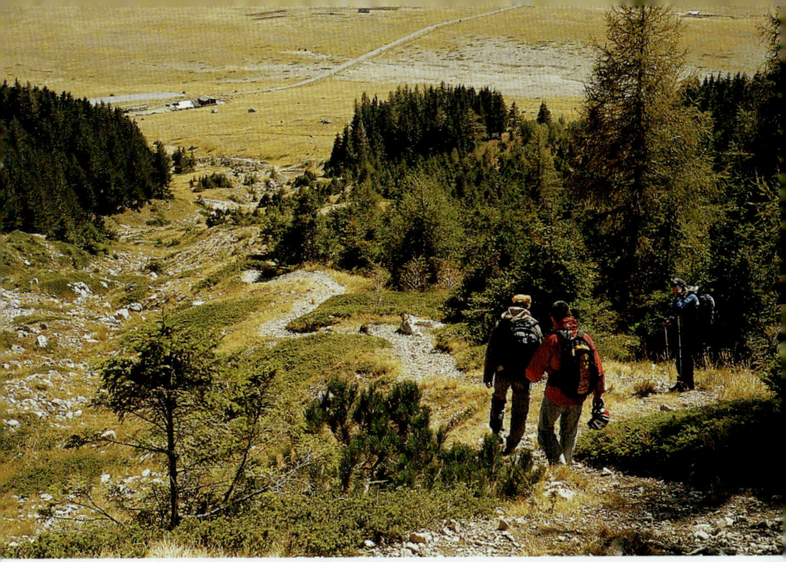

Tiefblick vom Abstiegsweg vom Monte Camicia auf das Rifugio Fonte Vetica.

Talort: Castel del Monte (1346 m); siehe Tour 14.
Ausgangspunkt: Wanderparkplatz beim Rifugio Fonte Vetica (1632 m). Anfahrt: A 25 bis Ausfahrt Bussi/Popoli, dann weiter auf der SS 17 Bussi – L'Aquila; von dieser abzweigend entweder über Ofena oder über Barisciano und Santo Stéfano di Sessánio nach Castel del Monte; von dort bergwärts zur Hochfläche des Campo Imperatore. Bei der Weggabelung auf dem Campo Imperatore links weiter, bis nach ca. 2 km rechts die Zufahrtsstraße zum Rifugio abzweigt (13 km ab Castel del Monte). Alternative Anfahrt: A 24 bis Ausfahrt Assergi, dann weiter über Fonte Cerreto zum Campo Imperatore.
Markierungen: Rot-gelbe Markierungen bzw. gelbe Farbtupfer sowie einige Steinmännchen.
Höhenunterschied: 930 Hm im Aufstieg wie im Abstieg.
Anforderungen: Bergsteige und Bergpfade. Trittsicherheit und Schwindelfreiheit jedoch erforderlich, obwohl die Route objektiv nicht schwierig ist.
Einkehr und Unterkunft: Rifugio Fonte Vetica (1632 m; privat, Bar, Restaurant, 20 Betten, bewirtschaftet von Mitte Juni bis Mitte September, danach an schönen Wochenenden bis in den Oktober hinein; für Gruppen ist die Hütte auf Anfrage das ganze Jahr über bewirtschaftet; Tel. +39 0862 938138). Beim Rifugio befindet sich auch ein Campingplatz. In Castel del Monte mehrere B&Bs (z. B. »Casa Tuccella«, »Il Rifugio del Pastore«; »Le Civette«) und das Albergo »La Locanda delle streghe«. Bei Anfahrt von der Küste Unterkunftsmöglichkeiten in Penne, Faríndola und Rigopiano (B&B, Hotel und Campingplatz).
Tipp: Schon bei der Anfahrt (bei der Abzweigung zum Rifugio) können wir beim typischen »Ristoro Mucciante« haltmachen – wie es einige auf dem Campo Imperatore gibt –, und Fleisch vom Grill, Frischfleisch sowie Bergkäse kaufen. Diese Grillstationen sind eine Besonderheit und werden gerne auch von Tagesausflüglern angefahren.

Am **Wanderparkplatz (1)** beim **Rifugio Fonte Vetica** (das links oberhalb liegt) gehen wir zum hinteren Ende und folgen dort links einem rauen Karrenweg. (Rechts am Waldrand befindet sich das alte Rifugio forestale, das jedoch nicht zugänglich ist.) Diesem folgen wir über freies Gelände in einen trockenen Bachgraben hinein. Bei einem **großen, auffälligen Stein (2)** verlassen wir den Karrenweg nach rechts (rot-gelbe Markierung) und folgen einem Bergwanderweg (Mark.-Nr. 252). Entlang einem Bachlauf geht es, zunächst links und bald wieder rechts, am Rand eines Tannenwäldchens bergwärts. Wir bewegen uns dann vom Bachlauf weg und wandern hinauf zu einer kleinen Terrasse, wo der Weg stark nach rechts umbiegt. Nach einer längeren Querung geht es links haltend in Kehren durch die »Vetica di Camicia« aufwärts. In einem weiten Rechtsbogen halten wir auf den Monte Siella zu. In den steilen Hängen springen immer wieder mal Gämsen umher. Noch unter der Kammlinie links haltend geht es hinauf zur weiten und grasgrünen **Sella di Fonte Fredda (3)**. Dort genießen wir einen herrlichen Tiefblick auf Castelli und hinaus bis zur Adria. Wir gehen nun links weiter den Markierungen folgend (»Sentiero Centenario«) über den grasigen Rücken zu einem Vorgipfel und weiter zum höchsten Punkt des **Monte Tremoggia (4)**, der ein kleines Gipfelplateau aufweist. Nun folgt ein kurzer Abstieg – immer der Kammlinie folgend – zur **Sella del Tremoggia (5)**. Vor einem kleinen Buckel halten wir uns links und stoßen so auf den durch das Vallone di Vradda heraufkommenden Steig **(6)**. Wir gehen geradeaus weiter und queren einen großen Schutthang, an dessen Ende wir mit einem kurzen Schlenker nach rechts durch eine Scharte (P. 2470) einen herrlichen Tiefblick auf die schroffe Nordseite des Monte Camicia werfen können. Kurz zurück und rechts hinauf zu einem schuttbedeckten Sattel. Dort halten wir uns links und steigen hinauf zum Gipfel des **Monte Camicia (7)** mit kleinem eisernem Gipfelkreuz.
Abstieg: Vom Gipfel gehen wir zurück bis zur **Weggabelung (6)** vor der Sella del Tremoggia. Dort halten wir uns nun rechts und steigen durch den tristen Schutthang (Mark.-Nr. 253) und rare Grasflecken oberhalb des Vallone di Vradda hinab. In einem leichten Rechtsbogen wandern wir über einen wenig ausgeprägten Kamm abwärts durch die Südflanke des Monte Tremoggia, die den bezeichnenden Namen »Le Macchiole« (die Buschwälder) trägt, die aber nicht mehr existent sind. Dann geht es über zahllose kurze Serpentinen talwärts, über einen Graben – vorbei an einer ausgesetzten Passage – dann links haltend am Taleinschnitt entlang zur Wegverzweigung beim großen, auffälligen Stein **(2)**. Dort rechts weiter zum Ausgangspunkt am **Wanderparkplatz (1)**.

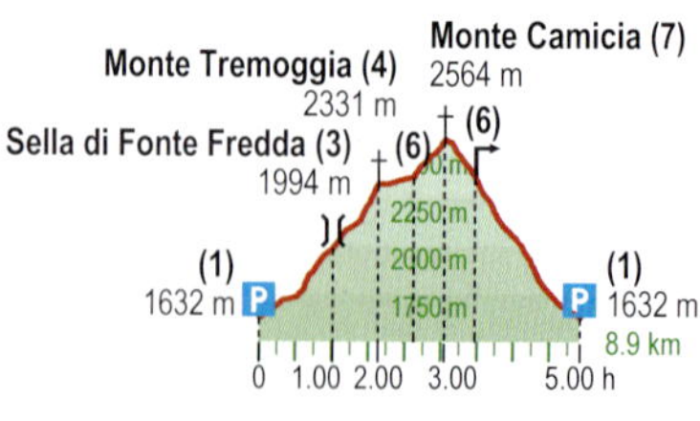

6.00 Std.

Durch das Vorgebirge des Gran Sasso

16

Von Campo Imperatore hinab nach Santo Stéfano di Sessánio

Den Ausgangspunkt dieser reizvollen, langen Wanderung durch die Vorberge des Gran-Sasso-Massivs erreichen wir mit der Seilbahn, der Funivia del Gran Sasso. Doch der Platz gibt Anlass zum Staunen, denn direkt neben der Bergstation befindet sich ein großer Parkplatz. Berg- und Talstation sind durch eine lange, kurvenreiche Straße verbunden. Da unser Ausgangspunkt und der Endpunkt unserer Tour weit auseinanderliegen, ziehen wir für die Anreise öffentliche Verkehrsmittel vor. Es sei denn, Freunde holen uns von Santo Stéfano di Sessánio ab. Auf dieser Streckenwanderung genießen wir am Ausgangspunkt zunächst die großartige Aussicht auf den höchsten Berg des Gran Sasso, den Corno Grande, dann machen wir uns auf den langen aussichtsreichen Weg bergab. Entlang unserer Route treffen wir nicht nur auf die eine oder andere Schafherde und alte, verlassene Almhütten und Schafpferche, sondern auch auf halb verfallene Kulissen aus den 1960er- und 1970er-Jahren des letzten Jahrhunderts, als hier oben sogenannte Spaghetti-Western gedreht wurden. Auf dem Campo Imperatore wurden mittlerweile zahlreiche Tafeln zu diesem Thema aufgestellt. Ziel unserer Wanderung ist der reizvolle Ort Santo Stéfano di Sessánio. Viele der alten Häuser und Gassen sind heute restauriert. Ein idealer Zielpunkt zum »Abhängen« nach der Tour.

Freier Ausblick von der Scindarella über das Aternotal bis zu den Monti Simbruini.

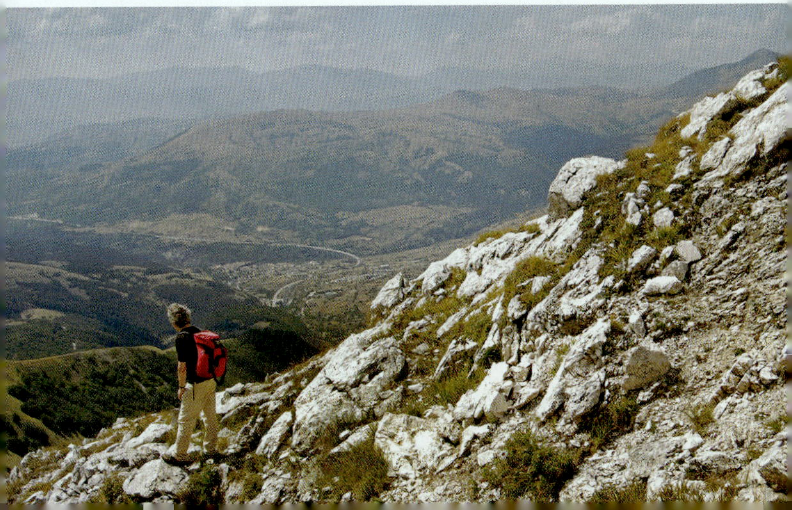

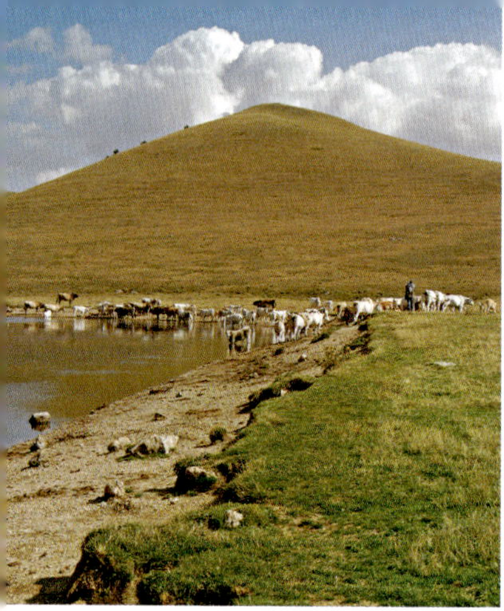

Am Lago di Barisciano.

Talort: Assergi (886 m); siehe Tour 11. Santo Stéfano di Sessánio (1251 m); siehe Tour 13.
Ausgangspunkt: Bergstation der Funivia del Gran Sasso (2130 m). Anfahrt über die SS 17 oder die SS 261, dann über Bazzano und Paganica und Assergi immer gut ausgeschildert bis zur Talstation der Bergbahn. Oder über die A 24 Rom – Teramo bis zur Ausfahrt Assergi und noch ein kurzes Stück auf der Landstraße. Großer kostenfreier Parkplatz jeweils an der Talstation sowie an der Bergstation der Bergbahn. Bus von L'Aquila zur Talstation.
Endpunkt: Santo Stéfano di Sessánio (1251 m). Busverbindung nach L'Aquila.
Bergbahn: Funivia del Gran Sasso. Nahezu ganzjährig 8–17 Uhr, in der Hochsaison bis 18 Uhr in Betrieb (im Winter auch Skibetrieb). Achtung, Mittagspause! Tel. +39 0862 606143, ilgransasso.it.
Markierungen: Verblasste Markierungen (gelb-rot).
Höhenunterschied: 1175 Hm im Abstieg, 295 Hm im Aufstieg.
Anforderungen: Schmale Bergpfade und streckenweise raue Wirtschaftswege durch baumfreies Weidegebiet. Trittsicherheit an einigen wenigen Passagen erforderlich, die Wegfindung erfordert bei einigen Abschnitten Orientierungssinn. Im Sommer unbedingt für ausreichende Kopfbedeckung sorgen.
Einkehr und Unterkunft: Unterwegs keine. Am Ausgangspunkt das Ostello di Campo Imperatore mit Restaurant und Bar. In Santo Stéfano gibt es eine Bar in der Ortsmitte und mehrere Restaurants (z. B. »L'Elisir del Poeta«, vegetarisch, »La Locanda sul Lago«, »Sotto Gli Archi« und »Il Ristoro degli Elfi«) sowie Übernachtungsmöglichkeiten (siehe dazu Tour 13).
Variante: Von Santa Maria del Monte über Fonte di S. Cristoforo nach Castel del Monte. Dieser Weg (Mark.-Nr. 225 und 229) ist leichter zu finden als der nach Santo Stéfano, aber weniger reizvoll. Er führt jedoch vorbei am Lago di Racollo mit dem Rifugio Lago Racollo (1600 m; Zimmer und kleine Lager, von Mai bis Oktober bewirtschaftet, August bis Anfang September durchgehend, danach nur noch an den Wochenenden; Tel. +39 0862 1956099). Gehzeit: 4.30 Std.
Hinweis: In Santo Stéfano di Sessánio gibt es einen »Punto informazione del Parco« (Info-Zentrum).

Von der **Bergstation der Funivia del Gran Sasso (1)** links um das Hotel Campo Imperatore herum. Auf halbem Weg folgen wir links einer rauen Piste hinab in eine Senke und wandern auf der Gegenseite hinauf; dort verlassen wir den Fahrweg nach links und sehen die ersten Markierungen (gelbrot, SI = Sentiero Italia, Stange). Wir folgen einem Pfad, der uns seitlich durch einen Grashang leitet. Unser Weg führt dann abwärts und durch eine weitere Einsenkung (links oben sehen wir die Bergstation eines Sessellifts).

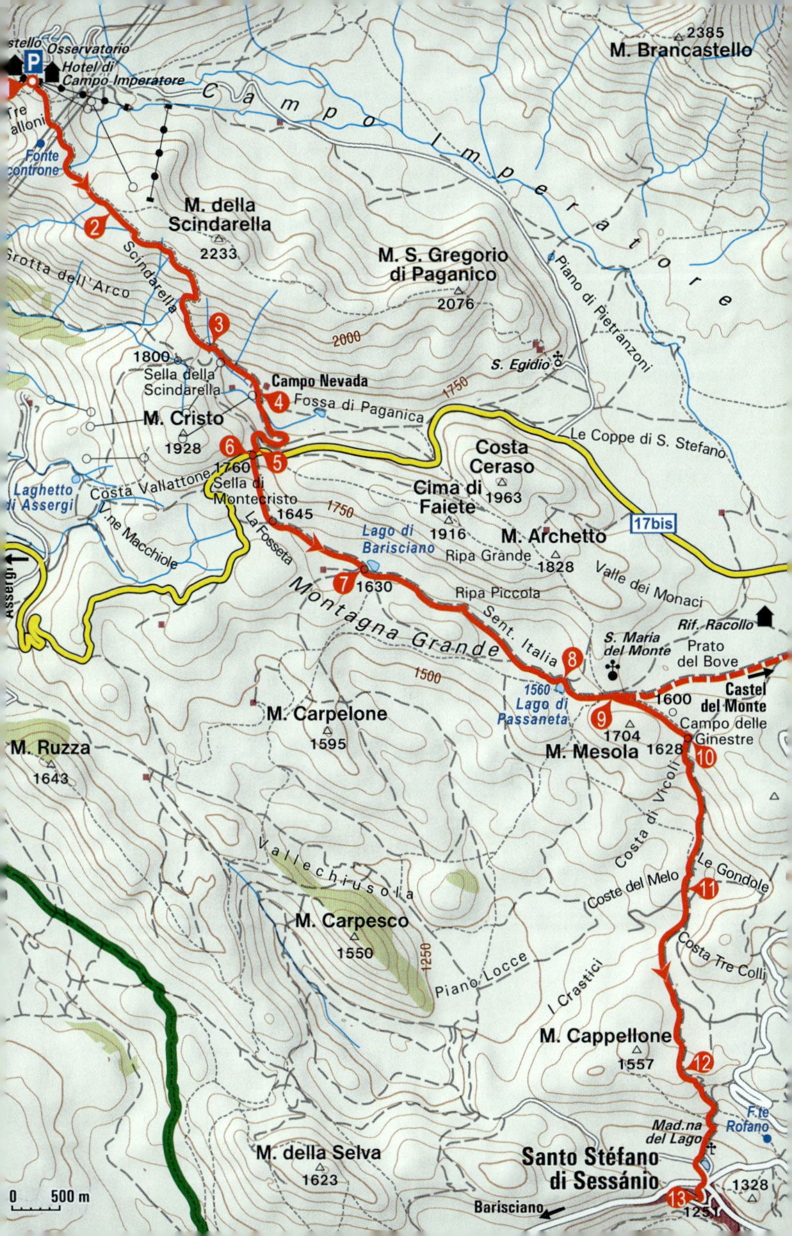

Osservatorio
Hotel di Campo Imperatore
Campo Imperatore
M. Brancastello
2385
Fonte
M. della Scindarella
2233
Scindarella
Grotta dell'Arco
M. S. Gregorio di Paganico
2076
Piano di Pietranzoni
2000
1800
Sella della Scindarella
Campo Nevada
S. Egidio
Fossa di Paganica
1750
M. Cristo
1928
Le Coppe di S. Stefano
Costa Ceraso
1963
1760
Sella di Montecristo
Laghetto di Assergi
Costa Vallattone
1645
Cima di Faiete
1916
17bis
V.ne Macchiole
La Fosseta
Lago di Barisciano
Ripa Grande
M. Archetto
1828
Valle dei Monaci
Assergi
1630
Montagna Grande
Ripa Piccola
Sent. Italia
S. Maria del Monte
Rif. Racollo
Prato del Bove
1500
1560
Lago di Passaneta
1600
Castel del Monte
M. Carpelone
1595
1704
M. Mesola
1628
Campo delle Ginestre
M. Ruzza
1643
Costa di Vicoli
Vallechiusola
Le Gondole
Coste del Melo
M. Carpesco
1550
1250
Costa Tre Colli
Piano Locce
I Crastici
M. Cappellone
1557
F.te Rofano
Mad.na del Lago
M. della Selva
1623
Santo Stéfano di Sessánio
1328
0 500 m
Barisciano
1251

Auf einem Pfad geht es weiter durch Weideland (im Sommer treffen wir dort sogar auf Kühe). Auf einem Stein bei einer **Wegverzweigung (2)** finden wir den Hinweis für den Aufstieg zum Monte della Scindarella. Wir gehen jedoch rechts seitlich vorbei, zunächst noch etwas bergauf, dann bergab. Vor uns erhebt sich der Monte Cristo mit seinen Schleppliftanlagen. Weiter den Hang entlang, dann rechts haltend in Serpentinen durch schrofiges Gelände hinab. Bei einem Geländevorsprung links eine Rinne hinab, wo wir auf eine **Piste (3)** stoßen. Rechts führt diese Piste über die Sella della Scindarella (1800 m) hinab nach Fonte Cerreto. Wir folgen ihr jedoch nach links hinab zur verrotteten Talstation der Skianlage auf dem **Campo Nevada (4)**. Dann weiter auf dieser Piste (links erstreckt sich die Fossa di Paganica) und hinauf zur **Fahrstraße (5)**, die Assergi mit dem Campo Imperatore verbindet. Auf dieser kurz nach rechts zur **Sella di Montecristo (6)**, dann biegen wir auf der gegenüberliegenden Straßenseite links in einen Pfad (schlecht markiert) ein. Vorbei an zwei Tümpeln erreichen wir einen rauen Wirtschaftsweg (»Sentiero Italia«), der uns leicht abwärts durch den Graben »La Fossetta« zum **Lago di Barisciano (7)** bringt. Rechts erhebt sich die Montagna Grande, links der lang gezogene Kamm der Cima di Faiete. Ebenfalls auf der rechten Seite befinden sich ein Schafpferch und eine kleine Hütte. Wir wandern rechts am See vorbei und folgen dem Wirtschaftsweg immer geradeaus weiter, dann leicht ansteigend zu einem kleinen Sattel. Jenseits hinab durch ein Tälchen zum **Lago di Passaneta (8)**. Links an diesem vorbei und weiter dem breiten Weg folgend hinauf zu einer **Passhöhe (9)**, die rechts vom Monte Mesola und links von einem Hang flankiert ist, auf dem sich die Ruinen der Kirche Santa Maria del Monte di Paganica befinden, die im Mittelalter Teil eines großen Konvents war. Hier zweigt unser Weg nach Santo Stéfano rechts ab (der Fahrweg führt weiter zum Rifugio Lago Racollo; siehe Variante) und führt uns im weiteren Verlauf durch sehr hügeliges Gelände. Rechts oberhalb sehen wir eine Steinsäule mit Markierung. Wir wandern auf einem Pfad seitlich des **Campo delle Ginestre** den Hang entlang (links von der Säule). Von hier genießen wir nach links einen schönen Blick auf Monte Prena und Monte Camicia, die sich über dem Campo Imperatore erheben. Wir erreichen einen weiteren **Übergang (10)**, wo wir auf eine überwachsene alte Mulattiera stoßen. Dort gehen wir rechts haltend hinab. Zunächst folgen

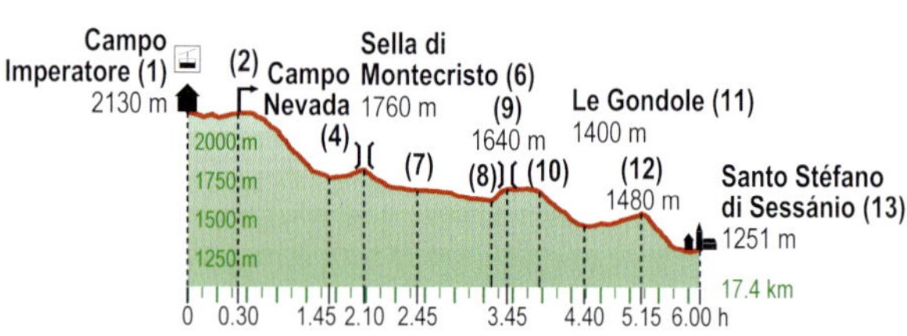

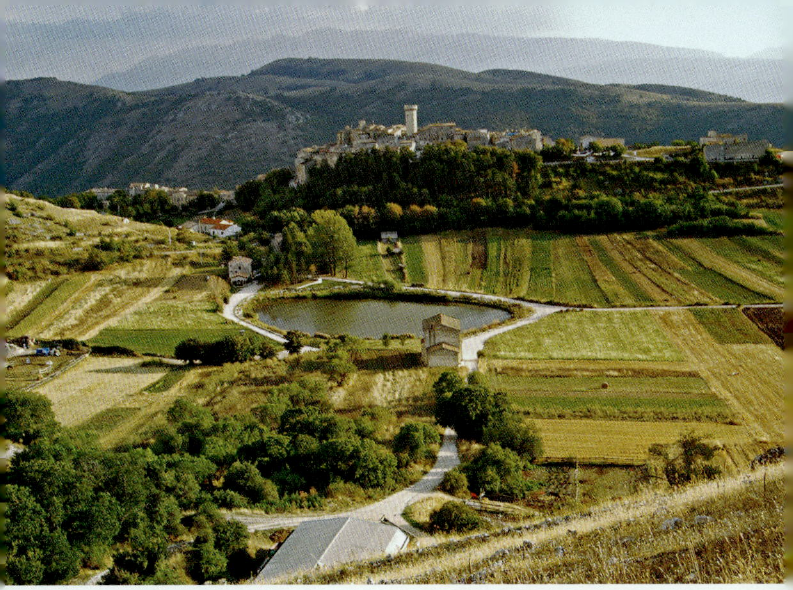

Das Bergdorf Santo Stéfano di Sessánio, das berühmt ist für seine roten Linsen.

wir einer spärlichen Markierung, dann stoßen wir auf einen guten Pfad. Auf diesem treffen wir etwas unterhalb auf einen unbefestigten Wirtschaftsweg, dem wir linker Hand folgen, und passieren einige Jahrhunderte alte Steinbauten (»Le Lecce«). Wir wandern auf dem guten Weg talwärts, immer oberhalb der Costa di Vicoli und des Valle Pè di Toro, und erreichen eine **Wegverzweigung (11)** auf der kleinen Hochebene »Le Gondole« (links sehen wir die Straße, die vom Campo Imperatore hinab nach Calascio führt), dort halten wir uns halb links. Der Weg ist nun etwas verwachsen. Die spärliche Markierung leitet uns links durch das »Val Traetta« hinauf zu einer Anhöhe (ca. 1450 m) mit Baum. Jenseits weiter, bis wir auf eine alte Mulattiera treffen. Auf dieser links haltend **(12)** hinab, der Weg macht dann eine Rechtsbiegung (links sehen wir wieder die Fahrstraße), wo sich am jenseitigen Hang mehrere Wegmöglichkeiten ergeben. Wir nehmen die unterste und wandern mit schönen Ausblicken hinab – vorbei an einem kleinen See mit der Madonna del Lago – nach **Santo Stéfano di Sessánio (13)**. Wir treffen auf die Straße, die das reizvolle Dorf, das auf einem Hügel liegt, nordseitig umgeht. Dort weist uns ein Wegweiser hinauf zum Ort. Wir folgen nun links kurz der Straße und wandern dann rechts an einem kleinen Parkplatz vorbei ins Dorf hinauf oder wir nehmen den Treppenweg, der am Fuß des Hügels beginnt und steil hinauf zum Parkplatz auf der gegenüberliegenden Seite des Dorfes führt.

17 Auf den Monte Bolza, 1904 m

5.30 Std.

Aussichtsreiche Runde über Castel del Monte

Unser Ausgangsort Castel del Monte galt in früherer Zeit, als Schafzucht noch einen Wert hatte, als wohlhabender Ort. Heute jedoch ist der alte Ortskern weitgehend verlassen und dient gelegentlich als Filmkulisse (»Der Amerikaner« mit George Clooney). Auf einem Rundgang durch die verwinkelten Gassen und die besonders für Castel del Monte typischen überdachten Bogengänge können wir etliche restaurierte alte Läden sowie den typischen Charakter abruzzischer Berghäuser studieren. Unser Ziel, der Monte Bolza, ist ein dem Campo Imperatore vorgelagerter, felsiger Bergrücken. Vom Wendepunkt der Tour auf dem Monte Bolza bietet sich ein grandioser Blick auf den Campo Imperatore und die darüber aufragenden Gipfel, darunter – unübersehbar – der Corno Grande, der höchste Gipfel des Apennin. Direkt gegenüber liegt der Monte Camicia.

Castel del Monte war früher Zentrum der Schafzucht; heute ist der Ort nur noch teilweise bewohnt, weist aber nach wie vor ein intensives soziales Leben auf.

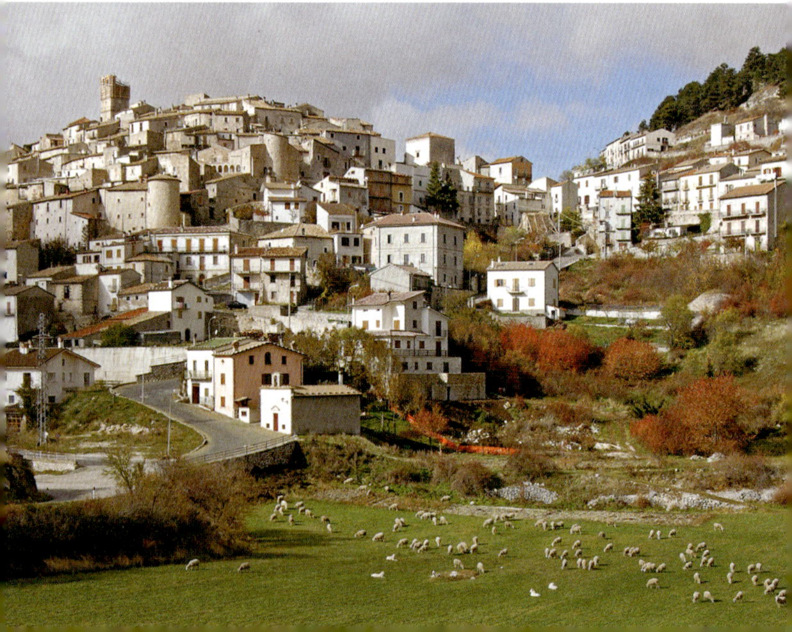

Talort: Castel del Monte (1346 m). Siehe Tour 14.
Ausgangspunkt: Großer Parkplatz am Ortseingang von Castel del Monte (von Ofena kommend) oder an der Piazza XX Settembre in der Ortsmitte; ein weiterer Parkplatz (1367 m) liegt ca. 1 km nach der Straßenverzweigung auf der Westseite von Castel del Monte an der Straße in Richtung Campo Imperatore. Anfahrt: A 25 bis Ausfahrt Bussi/Popoli, dann weiter auf der SS 17 Bussi – L'Aquila; von dieser abzweigend entweder über Ofena oder über Barisciano und Santo Stéfano di Sessánio (24 km) nach Castel del Monte.
Markierungen: Verblichene rot-weiße Markierungen bzw. gelbe Farbtupfer sowie einige Steinmännchen. Etwas Orientierungssinn, vor allem im Gipfelbereich, ist erforderlich.
Höhenunterschied: 590 Hm im Aufstieg wie im Abstieg.
Anforderungen: Der Anstieg zum Guado della Montagna erfolgt auf Bergpfad und Wirtschaftsweg, der weitere Anstieg zum Gipfel nahezu pfadlos, am Gipfel eine etwas schwierige Stelle – da müssen die Hände an die Felsen. Der Übergang über die beiden Gipfel ist bis auf eine Stelle am Monte Bolza problemlos (dort wird jedoch Trittsicherheit und Schwindelfreiheit verlangt; diese Passage kann jedoch umgangen werden). Der Abstieg von der Sella di S. Cristoforo erfolgt auf unbefestigtem Wirtschaftsweg.

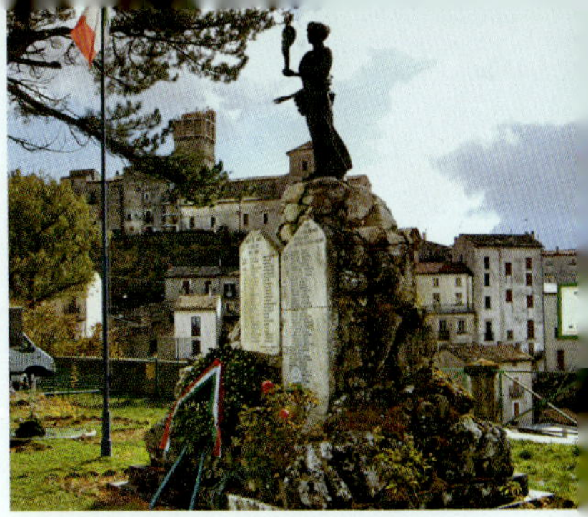

In der Ortsmitte von Castel del Monte; hier finden wir Bars und Unterkünfte.

Einkehr und Unterkunft: Unterwegs keine. Mehrere B&Bs (z. B. »Casa Toccella«) und Alberghi in Castel del Monte, z. B. Albergo »Locanda delle streghe« am nordwestlichen Ortsrand; Ristorante »Il Borgo del tempo perso« und »Osteria del Lupo«.
Variante: Anstieg zum Guado della Montagna auf dem »Sentiero Italia«: An der scharfen Biegung der Straße oberhalb von Castel del Monte zweigt dort, wo der Wirtschaftsweg zur Sella di S. Cristoforo beginnt, dieser Weitwanderweg ab, der einer alten Mulattiera folgt. Er ist jedoch weniger aussichtsreich als der unten beschriebene Anstieg. Falls wir jedoch den Monte Bolza nicht überschreiten wollen, bietet er sich als Abstiegsweg an (45 Min.).

Vom **Parkplatz (1)** in der Ortsmitte von **Castel del Monte** (es gibt oberhalb des Ortes, an der Straße zum Campo Imperatore, einen weiteren Parkplatz) gehen wir zunächst zur Viale della Vittoria und biegen aber nach wenigen Metern rechts in die Via S. Donato ein; bei der nächsten Gabelung rechts, dann links und geradewegs hinauf zur **Staatsstraße (2)**. Auf dieser halten wir uns kurz rechts, bis links (50 Meter nach der Schranke) ein markierter Weg bergwärts weist. Diesem folgen wir nun ein kurzes Stück steil hinauf, entlang einiger verfallener Trockensteinmauern, dann über eine kurze Wegschleife auf einen Kiefernhain zu und wiederum rechts zu einem Kiefernwäldchen. Dort links hinauf, vorbei an einem mit Steinen gesäumten Kessel (einige gelbe Wegmarkierungen) und einem Wasserreservoir mit zwei kleinen Türmen, zu einem Wirtschaftsweg (Steinmann und gelbe Punkte). Die-

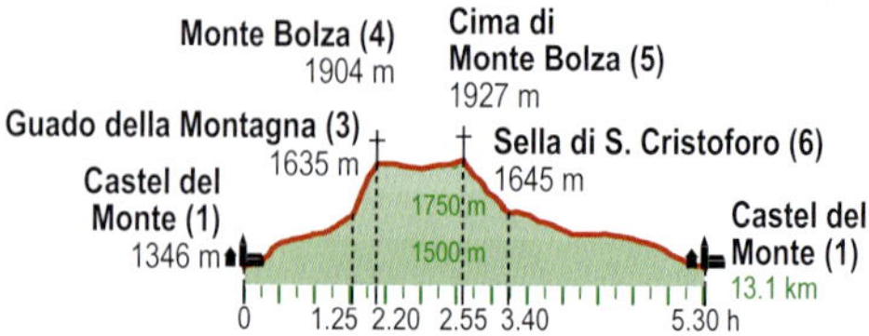

sem folgen wir rechts durch einen steinübersäten Hang – die Bergwiesen »Le Tagliate« – leicht ansteigend zu einer Weggabelung. Wir gehen bergwärts weiter, vorbei an einem Viehpferch, zum Ende des Sträßchens und folgen einer alten Mulattiera weiter hinauf zum **Guado della Montagna (3)**, der mit vielen mühsam zusammengetragenen Steinhaufen sowie verstreuten Felsblöcken übersät ist. Hier werden wir mit einem Blick auf den Campo Imperatore belohnt. An diesem Sattel verzweigen sich mehrere Wege. Wir wenden uns nach links und wandern unmarkiert durch Wiesen und vorbei an einzelnen Felsbrocken links an den Bergfuß des Monte Bolza heran. Wir halten uns links und steigen über den mit Felsblöcken übersäten Grashang zunächst in direkter Linie, dann rechts haltend in Richtung Gipfel an. Der Berghang wird immer steiler, im oberen Teil treffen wir auf felsiges Gelände. Wir müssen nun einige Male die Hände

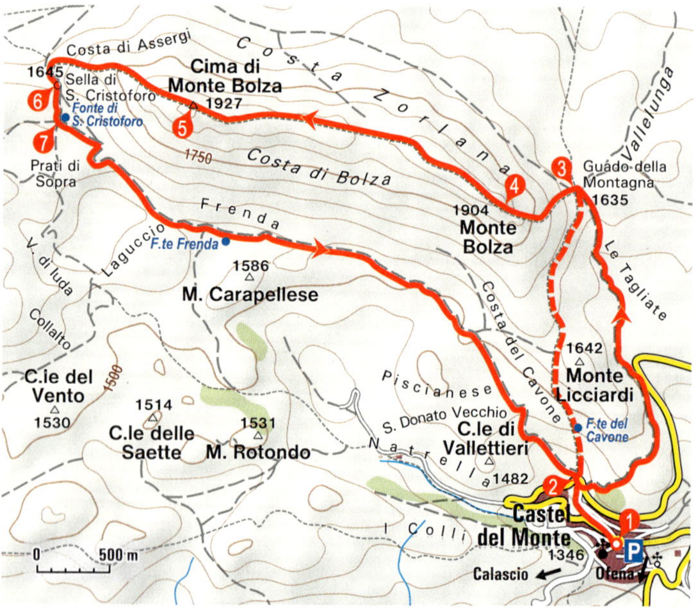

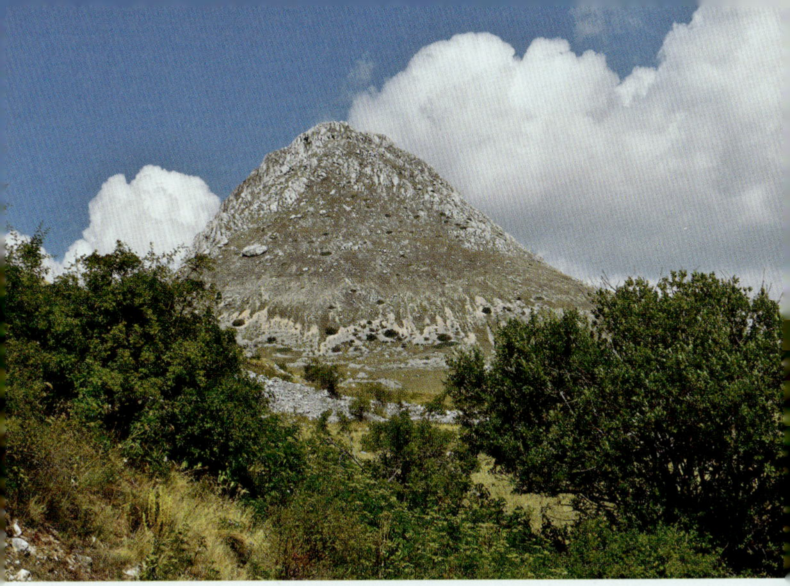

Sind wir erst auf dem Gipfel, bietet sich vom Monte Bolza ein großartiger Rundblick.

benutzen, um den höchsten Punkt des **Monte Bolza (4)** zu erreichen. Aussichtsreich folgt unsere Route nun immer der Kammlinie in nordwestliche Richtung (Mark.-Nr. 274) und im Auf und Ab zur Cima di Monte Bolza. Grasige Aufschwünge wechseln sich ab mit schrofigen Passagen. Aber alles ohne Gefahr. Ein felsiger Aufschwung auf halbem Weg, der sich auf seiner Südseite mit einem bizarren Felsgrat ins Tal schwingt, wird rechts umgangen, dann steigen wir über blockiges Gelände hinauf zur **Cima di Monte Bolza (5)**. Auf der rechten Seite läuft der Höhenkamm mit der Costa Zorlana zum Campo Imperatore aus. Linker Hand fallen die Hänge der Costa di Bolza ab. All das war früher Weidegebiet für die Schafzucht. Aber die eine oder andere Herde werden wir vielleicht auch heute noch zu Gesicht bekommen. Vom Gipfel steigen wir nun über den grasigen, zuweilen mit Felsblöcken gesprenkelten Hang in einem leichten Linksbogen hinab zur **Sella di S. Cristoforo (6)**, wo wir auf einen rauen Wirtschaftsweg stoßen. Wir halten uns dort links und wandern in südlicher Richtung weiter, bis wir bei einer Weggabelung auf die **Fonte di S. Cristoforo (7)** treffen. Wir halten uns erneut links und gehen leicht abwärts auf dem Wirtschaftsweg weiter, passieren den Fonte Frenda und gelangen durch Weidegebiet und Äcker hinab zur **Staatsstraße (2)**. Von dort auf dem vom Hinweg bekannten Weg zurück nach **Castel del Monte (1)**.

TOP 18

Von Tocco da Casauria zum Monte Rotondo, 1731 m

7.45 Std.

Von der Strada delle Olive hinauf zur Schiena d'Asino

Die Montagne del Morrone sind auf ihrer West-, mehr aber noch auf ihrer Ostseite dicht bewaldet. Das ist angenehm, wenn wir die Tour im Sommer unternehmen, hat aber den Nachteil, dass die Wanderung im ersten Abschnitt ohne Aussicht verläuft. Haben wir den Grüngürtel dann aber überwunden, ändert sich das schlagartig, denn vom Gratrücken der Schiena d'Asino bietet sich uns ein großartiges Panorama: Im Osten reicht der Blick bis zur Adria, im Süden sehen wir die Kette der Majella, im Norden die Gipfel des Gran Sasso und im Westen – über das Pelignatal hinweg – die Gipfel des Nationalparks Abruzzen. Ja, sogar die felsige Ostflanke der Sirente haben wir im Blick. Haben wir den bergsteigerischen Teil geschafft, können wir uns anschließend in Tocco da Casauria umsehen und regionale Spezialitäten probieren.

Tocco da Casauria liegt an der Strada delle Olive und ist bekannt für sein Olivenöl.

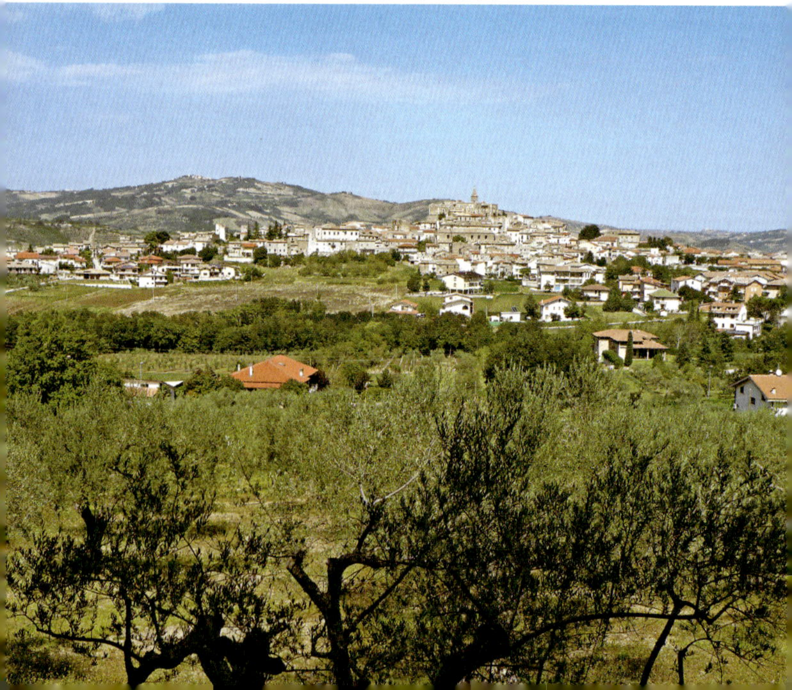

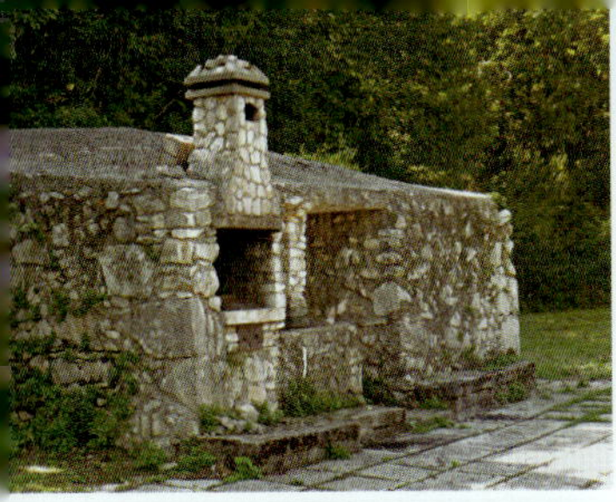

Eine stillgelegte Kalkbrennerei.

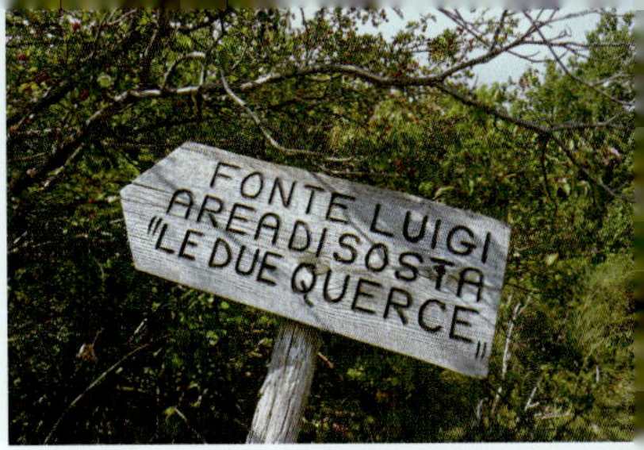

Wegweiser zur ersten Zwischenstation.

Talort: Tocco da Casauria (356 m). Mittelalterliche Ansiedlung mit der markanten Ruine des Castello Caracciolo und der Kirche Sant'Eustachio. Das Dorf liegt auf einer schiefen Hochebene an der Strada delle Olive (das hier produzierte Olivenöl kann im Ort gekauft werden). In der Umgebung werden auch Reben für den Rotwein Montepulciano d'Abruzzo angebaut.
Ausgangspunkt: Kleiner Parkplatz 500 Meter nach dem Ende der geteerten Straße (460 m). Anfahrt von der A 25, Ausfahrt Casauria/Torre de Passeri bzw. Bussi/Popoli. Über die SS 5 und die SP 71 hinauf nach Tocco da Casauria (8 km ab Bussi/Popoli). In der Ortsmitte links weiter in Richtung Caramánico, wir passieren eine Kirche, die wir rechts umfahren, kurz dahinter zweigt rechts die Via Villa ab (Wegweiser Gleitschirmplatz etc.), dann am Sportplatz vorbei bis zum Ende der Teerstraße (vorbei an einer Schwefelquelle), 500 m weiter auf unbefestigtem Fahrweg zum Parkplatz (der Anstieg beginnt direkt gegenüber auf der linken Seite).
Markierungen: Ab Parkplatz rot-weiß markiert, Mark.-Nr. A5 und »P«.
Höhenunterschied: 1330 Hm im Aufstieg wie im Abstieg.
Anforderungen: Zu Beginn Wirtschaftsweg (bis Fonte Luigi), dann Bergwanderweg und Bergpfad. Etwas Orientierungssinn nötig. Auf der Grathöhe Trittsicherheit und Schwindelfreiheit erforderlich, wenngleich keine technischen Probleme bestehen.
Einkehr und Unterkunft: Unterwegs keine. Auf der Westseite der Schiena d'Asino befindet sich das Rifugio di Monte Corvo (1095 m; ein Teil der Hütte ist offen für Selbstversorger, mit Kamin). In Tocco da Casauria gibt es Bars, eine Tabaccheria und ein Ristorante sowie Lebensmittelläden. In Richtung Convento dell'Osservanza liegt der Agriturismo »La Masseria di Villa Giulia« mit Übernachtungsmöglichkeit (Tel. +39 085 880357). B&B »Casa di Tocco« (Zentrum von Tocco di Casauria).
Variante: Vom kleinen Parkplatz der Paraglider folgen wir dem schmalen Steig über eine Geländestufe hinauf und wandern dann über die Wiese zum Startplatz; hier befindet sich eine offene Unterstandshütte. Von dort folgen wir dem Pfad weiter, halten uns bei der Weggabelung links und wandern durch Gebüsch und schmale Wiesenstücke (vereinzelt Weidevieh), zuletzt durch Wald hinüber zur Fonte Luigi.
Hinweis: Da das Massiv des Monte Marrone eine Barriere zur Adria hin bildet, können wir beim Anstieg evtl. aufkommendes Unwetter aus dem Westen nicht gleich erkennen. Umgekehrt können auf der Adriaseite Wolken am Berg hängen, wenn im Pelignatal noch schönes Wetter herrscht.
Tipp: Il Convento Santa Maria del Paradiso (auch Convento dell'Osservanza) etwas außerhalb des Ortes; im Jahre 1470 gegründetes Benediktinerkloster mit Bibliothek, Seminarangeboten und Rückzugsmöglichkeiten für kirchliche Gruppen sowie Schulklassen (Übernachtungsmöglichkeiten und Küche für 130 Personen; Tel. +39 085 80525).

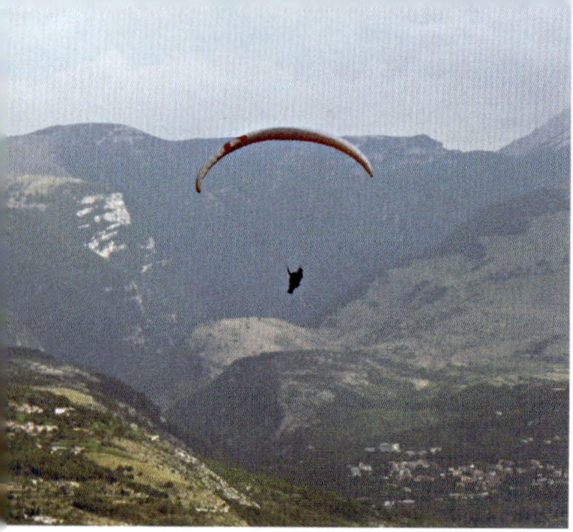

Günstige Aufwinde am Monte Rotondo.

Vom kleinen **Wanderparkplatz (1)** oberhalb von **Tocco da Casauria** folgen wir zunächst dem links bergwärts führenden, unbefestigten Wirtschaftssträßchen. Nach zehn Minuten passieren wir einen Picknickplatz, steigen weiter bergan und nehmen dann den Abkürzer, der zwei Mal den Fahrweg quert. Anschließend folgen wir dem Fahrweg links weiter. Bald ist ein kleiner Parkplatz erreicht, der vorwiegend von Paraglidern benutzt wird (der Startplatz ist 150 Meter oberhalb, auf einem Pfad erreichbar). Leicht ansteigend weiter, bis vor uns ein Bauernhaus auftaucht. Etwa 150 Meter davor zweigen rechts Fahrspuren ab **(2)**, denen wir bis zur **Fonte Luigi (3)** (680 m) folgen. Dort bietet sich ein schöner, schattiger Rastplatz mit Brunnen und kleinem Hain mit kräftigen Eichen an. Im Anschluss geht es links haltend auf einem Pfad (Mark.-Nr. A5, rot-weiß) weiter. Wir queren ein paar Bächlein, durchqueren ein paar freie Flecken. Im Frühjahr leuchtet hier der eine oder andere Ginsterstrauch in intensivem Gelb, im Herbst können wir uns an den Brombeeren laben! Hier ist allerdings etwas Orientierungssinn nötig, bis wir wieder auf eine »sterrata«, einen rauen Feldweg, treffen. Diesen Weg benutzen wir eine Weile, verlassen ihn dann nach rechts und folgen einem Wanderweg. Dieser leitet uns bergwärts, an einem Aufforstungsflecken vorbei, anschließend durch Macchia und Wald in großen Kehren hinauf zum **Südwestkamm des Monte della Grotta (4)**. Hier genießen wir kurz den Tiefblick zur Gole di Popoli, bevor wir links haltend weiterwandern. Zunächst geht es durch Wald, dann über eine Lichtung (»i Tufarelli«) mit schönen Ausblicken und weiter durch die bewaldete Bergflanke hinauf zum grasbewachsenen Nordwestgrat des Monte Rotondo bei **Punkt 1293 (5)**, wo wir auf eine Wegverzweigung stoßen (rechts geht es hinab nach Popoli). Wir halten uns links und wandern auf schma-

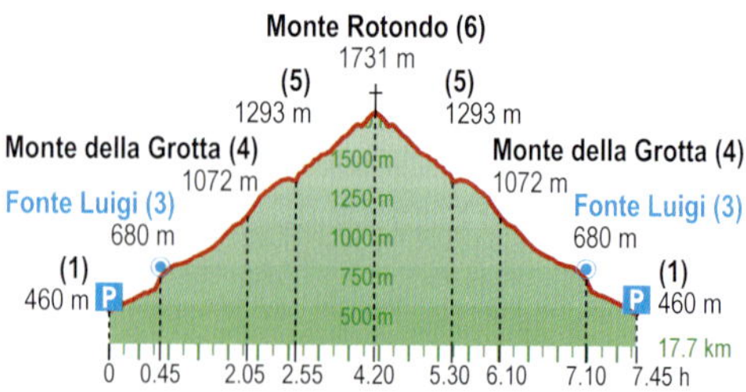

lem Pfad auf der rechten Seite des Kammes, bis wir auf einer Höhe von 1600 Metern die **Schiena d'Asino** erreichen. Wir folgen dem Kamm zunächst weiter durch Wald, dann leicht ansteigend, später auf seiner rechten Seite, wechseln jedoch aber aufgrund von Felsabbrüchen auf die linke Seite. Kurz vor dem Gipfel kommt der Wald wieder bis an die Gratkante herauf, sodass wir ein Stück Schatten haben, bis wir im ansteigenden Sinn im kleinen Auf und Ab den Gipfel des **Monte Rotondo (6)** erreichen.

Der **Abstieg** erfolgt auf dem Anstiegsweg.

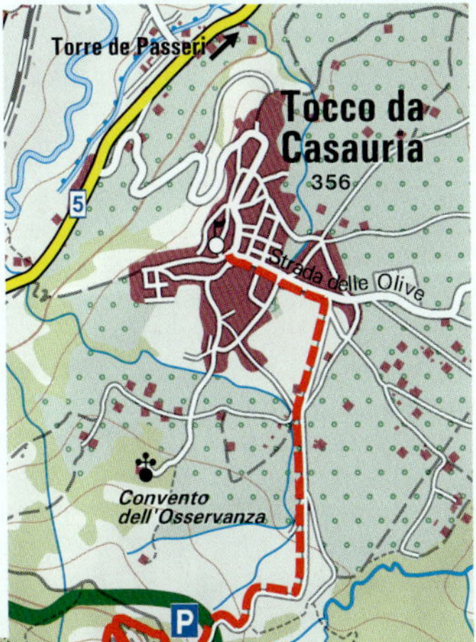

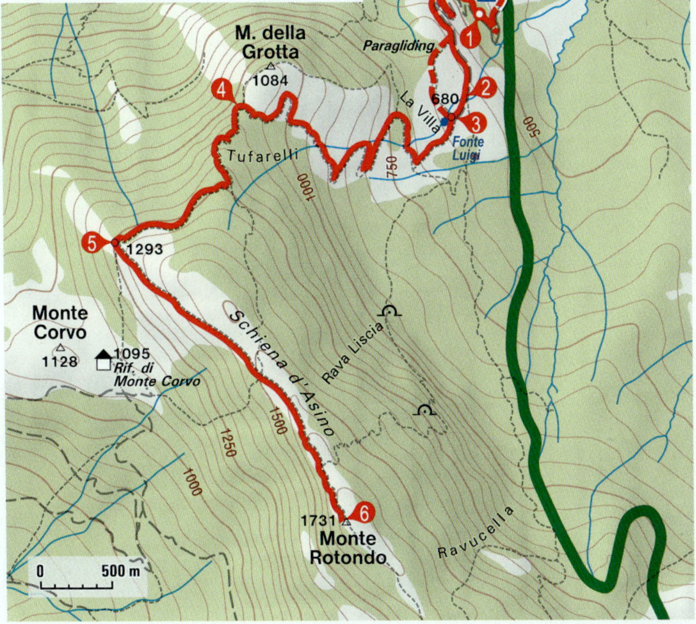

19 Bagnaturo – Colle delle Vacche – Eremo di San Pietro

7.15 Std.

Durch die Westflanke der Montagne del Morrone

Die Montagne del Morrone grenzen das Valle Peligna wie ein großer Riegel nach Osten hin ab. Seine höchste Erhebung ist der Monte Morrone mit 2061 Metern, der jedoch nur mäßig über die anderen Gipfel herausragt und keinen besonderen bergsteigerischen Reiz ausübt. Der gesamte Gebirgszug ist Teil des Nationalparks Majella. Seine grasigen Gipfel waren noch vor 50 Jahren gut besuchte Weideplätze für Schafe und Rinder, während sich heute nur mehr selten ein Hirte dorthin bemüht. Das gilt auch für die breite Westflanke des Gebirgszuges. Auf alten Fotos kann man erkennen, dass diese heute bewaldeten Hänge bis in die Gipfelregion hinauf als Weide genutzt wurden. Unsere Route führt uns hinauf zum Colle delle Vacche, quert auf einem Höhenweg hinüber zur kleinen Kapelle San Pietro – mit großartigem Tiefblick auf das weite, fruchtbare Land rund um Sulmona – und leitet uns dann hinab ins Tal, das wir bei der Fonte d'Amore erreichen, wo sich die Villa des römischen Dichters Ovid befunden haben soll. Eine großartige Runde, die an Abwechslung nichts zu wünschen lässt.

Talort: Pratola Peligna (345 m). Kleinstadt mit 8000 Einwohnern in der Peligna-Ebene. Im Mai findet alljährlich eine berühmte Wallfahrt zur Madonna della Libera (Wallfahrtskirche in der Ortsmitte) statt, die von zahlreichen Festen und Umzügen begleitet wird. Albergo Moretto, B&B »Antico Angolo«, Bars und Restaurants sowie alle Einkaufsmöglichkeiten; am Freitag ist Markttag.

Ausgangspunkt: Bagnaturo; Fraktion von Pratola Peligna. Parkmöglichkeiten am oberen Ortsrand (380 m). Anfahrt: Von der A25, Ausfahrt Pratola Peligna/Sulmona, auf der Schnellstraße SS 17 zwischen Pratola und Sulmona bis zur Ausfahrt Bagnaturo, auf der Hauptstraße durch den Ort bis zur quer führenden Straße; dort links in die Via San Pietro und nach etwa 300 m entlang der Straße parken (neue Orientierungstafel mit kleiner Wegekarte).

Markierung: Rot-weiß sowie Mark.-Nr. R1, R4 und R6.

Höhenunterschied: 1100 Hm im Aufstieg wie im Abstieg.

Anforderungen: Steile Bergwege und Bergsteige im Aufstieg; auf der Höhe ein

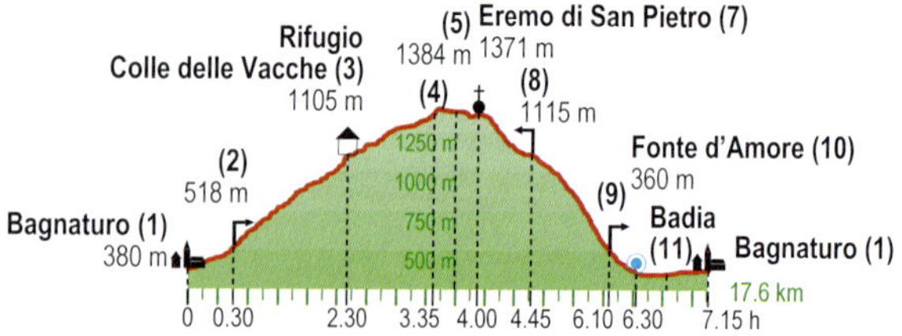

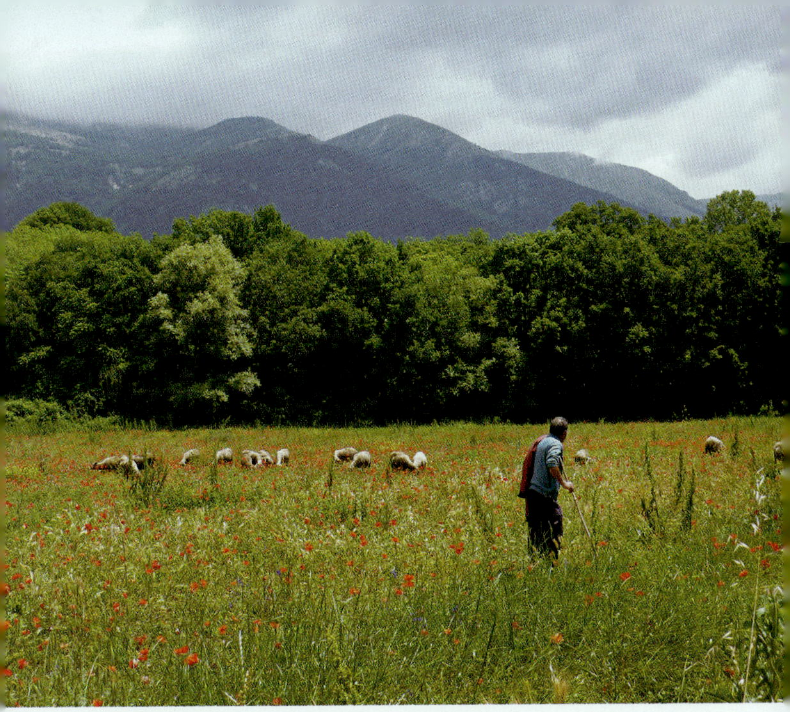

Blick aus dem Valle Peligna auf die Montagne del Morrone, dahinter erhebt sich die Majella.

Abschnitt auf unbefestigtem Wirtschaftsweg; steiler Abstieg auf Bergsteig (Trittsicherheit erforderlich). Im Talbereich Rückkehr zum Ausgangspunkt auf Nebensträßchen.

Einkehr und Unterkunft: Rifugio Colle delle Vacche (1105 m); Selbstversorgerhütte der Comune Pratola Peligna, ein Raum ist immer zugänglich, frisches Wasser ist vorhanden. Bar in Bagnaturo. B&B »Fonte d'Amore« (Via Fonte d'Amore 48/b, Tel. +39 340 697 4100). B&B »Abbazia Celestiniana« (Badia/Via Caprareccia, 19; Tel. +39 338 939 4015).

Variante: Vom Höhenweg können wir einen Abstecher zur kleinen Selbstversorgerhütte Casetta (1441 m) machen; die Hütte ist immer offen und verfügt über eine Küche mit Kamin, Tisch und Stühlen sowie zehn Bettgestelle (Matte und Schlafsack muss man selbst mitbringen).

Hinweis: In Badia Morronese, in der großartigen, ehemaligen Abtei Santo Spirito al Morrone (Baubeginn 1293) befindet sich die Verwaltung des Nationalparks Majella. Die Kirche kann besichtigt werden.

Tipp: An der Straße zwischen den Ortsteilen Marane und Fonte d'Amore befindet sich der gleichnamige Brunnen; er wird mit dem römischen Dichter Ovid in Verbindung gebracht, der hier seine Villa gehabt haben soll (es gibt jedoch keine identifizierbaren Überreste mehr). Der Brunnen soll Treffpunkt mit seinen Geliebten gewesen sein (siehe S. 106).

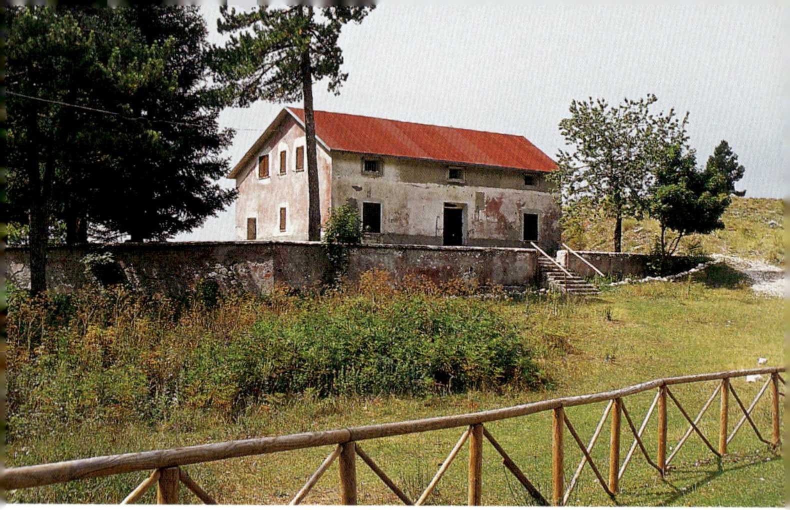

Das Rifugio Colle delle Vacche ist leider nicht mehr bewirtschaftet.

Vom oberen Ortsrand »Le Casette« in **Bagnaturo (1)** folgen wir bei einem Brunnen rechts einer Piste (Mark.-Nr. R1, rot-weiß) mit dem Wegweiser »Rifugio Colle delle Vacche«, die direkt auf den Berg zusteuert. Ein paar Weinstöcke und ein paar Laubbäume begleiten unseren Weg; vorbei an einer Sandgrube wandern wir durch freies, steiniges Gelände – die Ravara Bianca – und erreichen allmählich die Waldzone. Unser Weg macht einige Kehren bergwärts; die erste große Rechtskehre kürzen wir ab. Wenn wir wieder auf die Piste treffen, kreuzen wir diese **(2)** (P. 518; Aufschrift auf Stein, 30 Min. Gehzeit ab Ausgangspunkt). Nun geht es über zahlreiche, kurze Serpentinen zunächst durch lichten Wald mit Eschen, Kiefern und Pinien, dann am Waldrand entlang durch Ginster und Wacholdersträucher weiter bergan. Auf der linken Seite sehen wir die verbliebenen Ruinen des Castello di Orsa. Auf der rechten Seite begleitet uns ein trockenes Bachtal. Nach knapp eineinhalb Stunden tauchen wir wieder in dichten Wald ein, der nun weitgehend aus Kiefern und Lärchen besteht. Zunächst weiter über Serpentinen hinauf, dann folgt eine längere Querung nach rechts, anschließend weitere, nun kurze Serpentinen. Allmählich wird der Wald wieder lichter, und bald treten wir hinaus auf einen großen Geländeabsatz, wo sich das **Rifugio Colle delle Vacche (3)** befindet. Buchen spenden hier angenehmen Schatten, Bänke und Tische laden zu einer Rast. Hier mündet auch der Wirtschaftsweg ein, den wir weit unten verlassen hatten. Wir folgen nach einer verdienten Rast der rechts weiterführenden, rauen Piste (Mark.-Nr. »R4«; links geht es mit »R4« nach Popoli) zunächst bergwärts, dann leitet sie über mehrere Bachtäler und Schuttreisen hinweg nahezu eben durch den Berghang. Zahlreiche Brombeeren im Herbst! Nach 35 Minuten kürzen wir den Fahrweg auf einem Steig ab. Der Fahrweg führt links weiter, wir halten uns aber rechts und folgen dem Wegweiser »Vicenne« und der Markierung »R4«. Unser Weg steigt nun durch den schattigen Wald an, dann queren wir ein riesiges Schuttfeld, das uns einen freien Blick hinab ins Pelignatal bietet. Anschließend geht es angenehm schattig und eben durch Wald – wobei sich Laub- und Nadelwald abwechseln. Wir queren den oberen Teil einer felsigen Schlucht – das Valle dell'Inferno – und erreichen leicht ansteigend eine gemauerte **Viehtränke (4)** (1373 m). Etwas unterhalb führt ein steiniger Weg durch schönen Baumbestand weiter. Nach einiger Zeit erreichen wir einen weiteren Geländeabsatz (1.15 Std. ab Wegverzweigung) mit zahllosen Disteln vor einem Kiefernwald

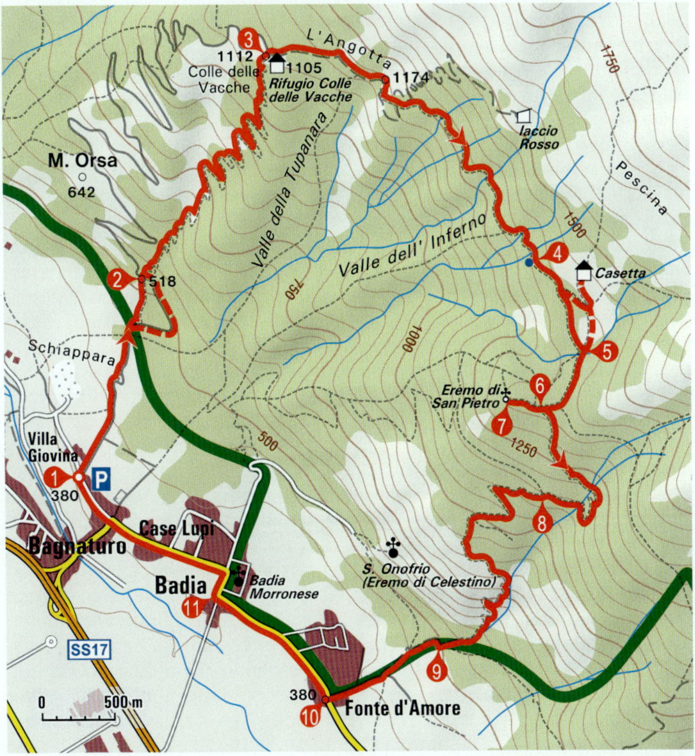

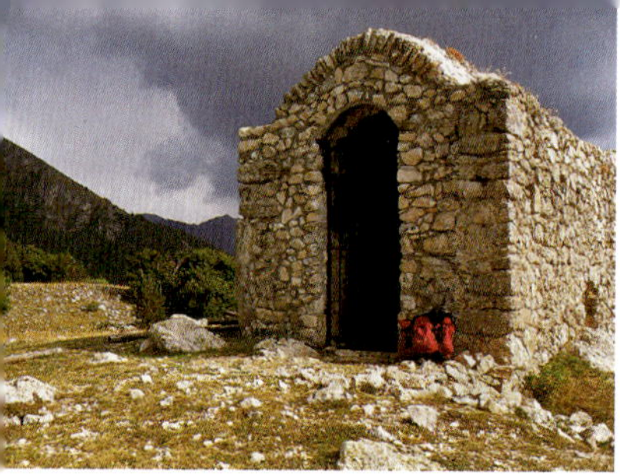

Die kleine Kapelle San Pietro.

mit massigen Stämmen. Rechts haltend folgen wir nun wieder einem rauen Fahrweg zu einer **Wegkreuzung (5)**. (Rechts führt ein Weg hinab nach Marane; links führt der »Sentiero Spirito« mit der Markierung »S« zum Rifugio Casetta und weiter zur Vetta Morrone, dem Hauptgipfel der Montagne del Morrone.) Wir folgen jedoch dem Wegweiser zur »Eremo San Pietro« geradeaus weiter durch lichten Baumbestand und wandern dann in einem Rechtsbogen über karges Gelände – bei der **Weggabelung (6)** rechts haltend – hinauf zur kleinen Kapelle **San Pietro (7)**. Das steinerne Gebäude ist nicht verschlossen und enthält einen kleinen Altar. Bei Wind und Regen bietet sie uns auch Schutz. Der Blick auf die Kette der Montagne del Morrone auf der einen und der Tiefblick auf das weite Valle Peligna auf der anderen Seite sind fantastisch.

Der Abstieg: Von der Eremo di San Pietro zehn Minuten auf dem Anstiegsweg zurück, bis wir auf der rechten Seite eine Markierung (Stange und beschrifteter Stein) entdecken **(6)**. Wir folgen nun rechts den Wegweisern »Marane« und »Fonte d'Amore« und steigen über steile Serpentinen hinab durch Wald, bis wir nach einer halben Stunde auf einen quer verlaufenden **Forstweg** stoßen, der linker Hand hinab nach Marane führt. Wir halten uns auf diesem Forstweg jedoch zehn Minuten nach rechts (bald Wegweiser »Fonte d'Amore« und R6), bis links **(8)** ein rauer Ziehweg abzweigt. Diesem folgen wir nun talwärts durch Niederwald aus kleinen Eichen. Nach 20 Minuten geht dieser Ziehweg in einen stellenweise überwachsenen, jedoch gut markierten Wanderweg über. Weiter durch Wald hinab. Wir verlassen diesen und steigen über einen verkarsteten, mit Felsen und Schutt durchsetzten Berghang über kurze Serpentinen hinab (700 m rechts vom Weg liegt die Grotta Asinelli, eine muschelförmige Felsformation). Etwa eine Stunde nachdem wir den Wald verlassen haben, sehen wir rechts oben im steilen Felsgelände die »Eremo di Sant'Onofrio«, den Rückzugsort des späteren Papstes Celestino (dt. Coelestin V.). Bald erreichen wir einen quer führenden **Forstweg (9)**, folgen diesem talwärts zur Fahrstraße, die uns in gleicher Richtung ins Dorf **Fonte d'Amore (10)** leitet. Wir treffen auf die Talstraße und wenden uns auf dieser nach rechts. Wir passieren den Brunnen des Ovid und wandern nun auf der Straße weiter nach **Badia (11)**, gehen rechts um die riesige, ehemalige Abtei »Badia Morronese« herum und folgen in Höhe des großen Eingangsportals der Fahrstraße nach links. Über die Case Lupi erreichen wir schließlich nach einer knappen halben Stunde ab dem Kloster wieder unseren Ausgangspunkt in **Bagnaturo (1)**.

9.15 Std.

Von Roccacasale zum Monte Rotondo, 1731 m

20

Auf den nordwestlichen Ausläufer der Montagne del Morrone

Ausgangspunkt dieser langen Runde über die nordwestlichen Ausläufer der Montagne del Morrone ist das reizvolle Bergdorf Roccacasale, das sich unübersehbar an den Westhang des Gebirgskammes schmiegt. Einen besonderen Akzent erhält dieses Dorf zusätzlich durch die noch deutlich sichtbaren Reste der alten Befestigungsmauern. Die Roccolani – zumindest die alten Bewohner des Ortes – sprechen einen starken Dialekt, der selbst von Menschen der näheren Umgebung nicht mehr verstanden wird. Falls wir also über Italienischkenntnisse verfügen, lassen wir es doch auf einen Versuch ankommen! Ziel des langen und besonders im oberen Teil steilen Anstieges ist der Monte Rotondo, dessen langer Gipfelgrat anders als die südlich davon gelegenen Gipfel des Gebirgskammes auch zerklüftetes Felsgelände aufweist. Wir müssen also nicht nur Kondition, sondern auch Trittsicherheit und etwas Orientierungssinn mitbringen, wenn wir dort oben bestehen wollen. Doch der Lohn sind eine fantastische Panoramasicht auf die Pelignaebene auf der einen und der Fernblick bis zur Adria auf der anderen Seite. Und im Aufstieg durchwandern wir den jahrhundertealten Buchenbestand »La Fossa« – wohl einer der schönsten in den gesamten Abruzzen.

Roccacasale liegt malerisch am Bergfuß der Montagne del Morrone. Die Burgruine kann besucht werden und bietet einen herrlichen Blick auf das gesamte Valle Peligna.

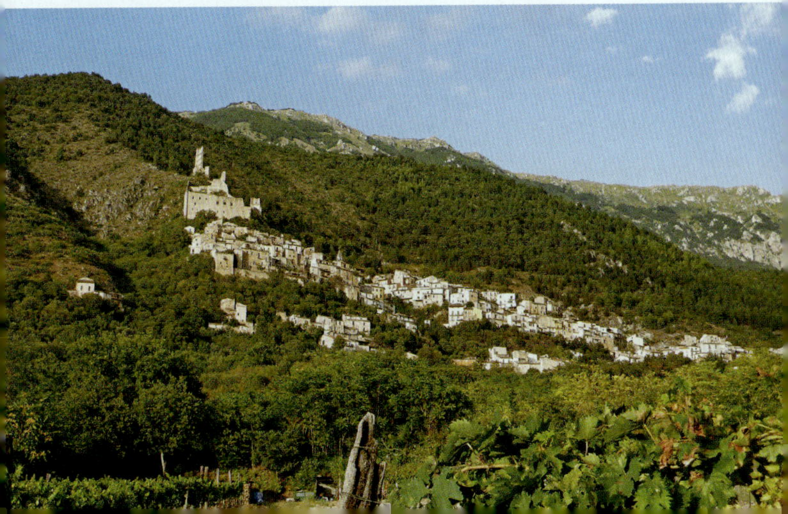

Talort: Pratola Peligna (345 m); siehe Tour 19.

Ausgangspunkt: Roccacasale (390 m), Bergdorf am Westhang des Morronegebirges mit typischer Silhouette. Den Ort dominieren die Ruinen des mittelalterlichen Castello. Parkmöglichkeiten am unteren Ortsrand entlang der Straße, gleich nach der zweiten großen Kehre. Anfahrt: Von der A 25, Ausfahrt Pratola Peligna/Sulmona, auf der SS 17 zwischen Popoli und Pratola Peligna der Ausschilderung folgen (4 km).

Markierungen: Meist rot-weiß markiert (auf dem Gipfelgrat ziemlich verblichen), aber auch einige Wegweiser sowie Mark.-Nr. R2. Im Abstieg folgen wir der Markierung »P« (= Sentiero del Parco) sowie S3.

Höhenunterschied: 1540 Hm im Aufstieg wie im Abstieg.

Anforderungen: Zu Beginn Wirtschaftsweg, dann Bergpfad; bis zum Gipfelgrat leicht, der Übergang zum Monte Rotondo setzt jedoch Trittsicherheit und Schwindelfreiheit sowie etwas Orientierungssinn voraus. Der Abstieg ab dem Rifugio di Monte Corvo erfolgt dann wieder überwiegend auf einem rauen Wirtschaftsweg. Aufgrund des zu bewältigenden Höhenunterschieds anstrengende Wanderung. Unbedingt ausreichend Getränke mitnehmen!

Einkehr und Unterkunft: Unterwegs keine; Wasserstelle an der Wegkreuzung oberhalb des Laghetto della Rocca. Das Rifugio di Monte Corvo (1095 m) dient vorwiegend den Forstbehörden, es gibt aber einen immer offenen Raum für den Aufenthalt (Feuer- und Wasserstelle).
In Roccacasale: Bar Iride und Bar Montagna, B&B »Il Vicoletto« (Tel. +39 338 944 0377); B&B »Casa Vacanza del Borgo«; Restaurant »Taverna Vecchia« an der SS 17.

Variante: Von der Schiena d'Asino leitet ein Pfad rechts steil hinunter zum Wirtschaftsweg (einige Markierungen), der bis zum Rifugio di Monte Corvo führt (45 Min.).

Hinweis: Aufgrund der immer wieder vorkommenden Waldbrände kann es durchaus passieren, dass wir von der Forstpolizei kontrolliert werden.

Vom **Parkplatz (1)** am Ortseingang von **Roccacasale** gehen wir kurz zurück zur Kurve, halten uns dort rechts und folgen einem schmalen Teersträßchen (Mark.-Nr. R2; Wegweiser »Fonte della Rocca«), das beim letzten Haus endet. Nun auf unbefestigtem Wirtschaftsweg leicht ansteigend durch die südwestseitige Bergflanke der Monti della Rocca mit schönen Ausblicken auf das Pelignatal. Nach 15 Minuten zweigt rechts ein rot-weiß markierter Weg ab, der die Serpentinen des Fahrwegs abkürzt. Weiter auf dem Fahrweg und nach drei Kehren, die wir ebenfalls abkürzen, etwas flacher durch niederen Eichenwald. Bei einer **Kreuzwegstation** zweigen wir erneut auf einen Bergwanderweg links ab und erreichen nach weiteren Abkürzern den **Sattel (2)** (720 m) zwischen Monte Capo d'Acero und Colle della Paglia. Nun leicht abwärts dem rauen Fahrweg folgend in ein Hochtal, das im Frühjahr, nach der Schneeschmelze, den kleinen **Laghetto della Rocca (3)** bildet. Hier finden wir auch einen schattigen Picknickplatz mit Tischen und Bänken sowie eine Wasserstelle vor. Links führt ein Wirtschaftsweg nach Popoli hinab. Wir jedoch folgen dem breiten Weg bergwärts (Wegweiser »FISE« und R2) durch Mischwald, aber schon nach wenigen Metern geht es geradeaus (rechts; Wegweiser »FISE« leitet nach links) und wir wandern nun steil und anstrengend durch Mischwald aufwärts. Vereinzelt zeigen sich hohe Kiefern. Der Weg wird kurz leichter, bis uns steile Serpentinen fordern. Dort, wo die

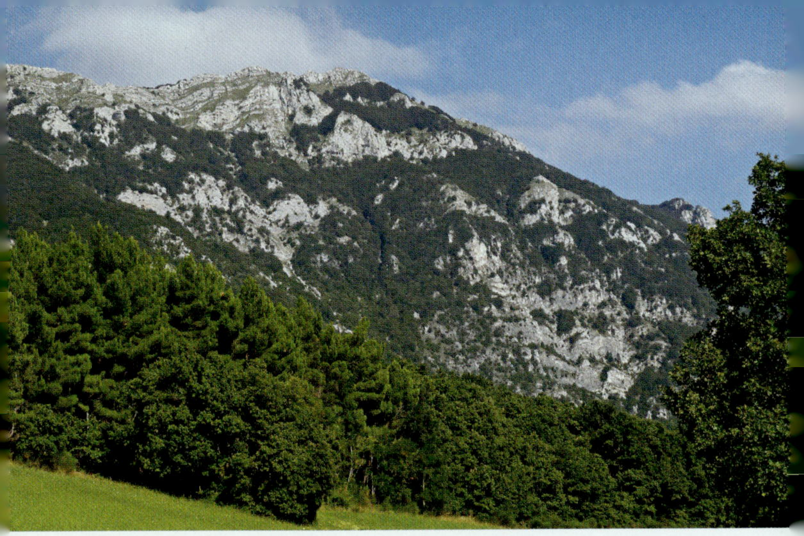

Der Monte Rotondo von den Case dei Lupi, einer Tierbeobachtungsstation, aus gesehen.

ersten Felsen auftauchen, quert der Weg nach links. Er wird etwas steinig, bleibt aber angenehm schattig. Nachdem wir eine felsige Passage überwunden haben, erreichen wir die **Fonte della Rocca (4)**, einen Wassertrog aus dem Jahre 1949, der aber im Sommer kein Wasser enthält.
Unser Weg führt nun links haltend weiter (Mark.-Nr. R2) über zum Teil freies Gelände. Wir queren einen überwachsenen Schutthang, der etwas Trittsicherheit erfordert. Direkt vor uns sehen wir unser Ziel, den Monte Rotondo, links das Rifugio di Monte Corvo. Wir biegen um ein Eck und erreichen den schönen Buchenwald »La Fossa« mit teilweise jahrhundertealten Stämmen. Achtung, hier verzweigt sich der Weg **(5)** (30 Min. ab Fonte della Rocca): Wir müssen nach rechts (rot-weiß markiert), dem aufsteigenden Weg folgend. Der »Weg« ist kaum sichtbar, führt uns aber gut markiert durch den Buchenwald zu einem großen Findling. Der überhängende Fels könnte uns bei Regen Schutz bieten. Rechts an diesem vorbei und leicht ansteigend weiter. Wir stoßen auf ein großes Farnfeld; dort führt uns die Markierung rechts aus dem Wald hinaus auf eine Lichtung. Weiter dann durch Buchenwald aufwärts zu einem kleinen **Sattel auf der Kammhöhe (6)**. Rechts davon befindet sich eine Felsnase, die uns einen herrlichen Blick bis hinaus zur Adria gewährt. Wir halten uns links und wandern auf dem zunächst fast freien Kamm (einige Bäume) aufwärts, dann biegt unser Weg in den Wald ein und leitet uns schräg durch den bewaldeten Hang weiter. Nach einer Viertelstunde verlassen wir diesen wieder und steigen steil in direkter Linie hinauf zum

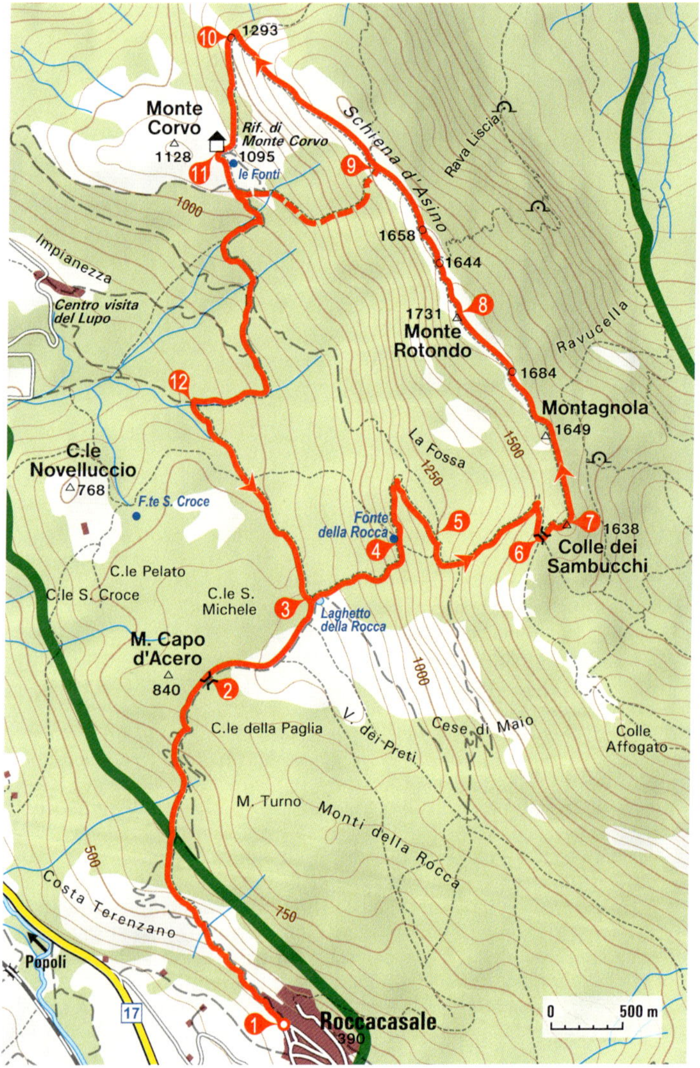
1293
Monte Corvo
1128
Rif. di Monte Corvo
1095
le Fonti
Schiena d'Asino
Rava Liscia
1000
1658
1644
Impianezza
Centro visita del Lupo
1731
Monte Rotondo
Ravucella
1684
Montagnola
1649
La Fossa
1500
1250
C.le Novelluccio
768
F.te S. Croce
Fonte della Rocca
1638
Colle dei Sambucchi
C.le Pelato
C.le S. Croce
C.le S. Michele
Laghetto della Rocca
M. Capo d'Acero
840
C.le della Paglia
V. dei Preti
Cese di Maio
Colle Affogato
M. Turno
Monti della Rocca
500
Costa Terenzano
750
Popoli
17
Roccacasale
390
0
500 m

Colle dei Sambucchi (7), einem freien Gipfel im Kammverlauf. Wir gehen nun links weiter und folgen dem Pfad knapp unterhalb des felsigen Kammes im Auf und Ab teils auf der linken Seite, dann auf der rechten Seite. Der Kamm bricht nach Westen (links) teilweise steil ab, sodass wir im Folgenden überwiegend auf der Ostseite mit schönem Blick aufs Meer weiterwandern. Wir überschreiten dabei die »Montagnola« und eine weitere, unbenannte Erhebung im Kammverlauf und erreichen zuletzt über steiles, freies Gelände bzw. auf dem Kamm selbst den Gipfel des **Monte Rotondo (8)**, den ein eisernes Gipfelkreuz (mit Gipfelbuch) schmückt.

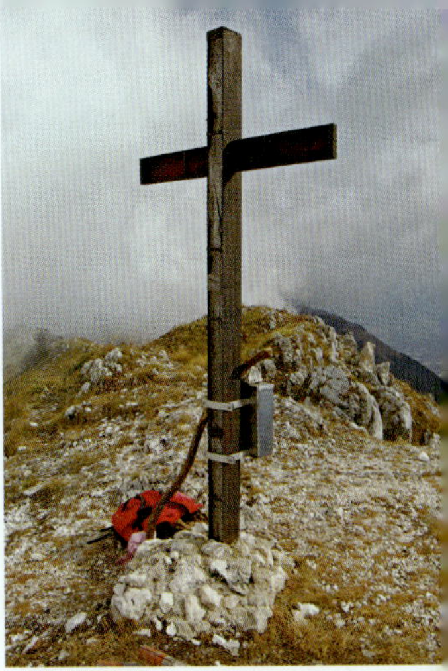

Das schlichte Gipfelkreuz auf dem Monte Rotondo.

Wir steigen auf der anderen Gipfelseite über steile Schrofenhänge hinab (Markierung »P«), halten uns zunächst links von der Grathöhe, dann rechts. Wir wandern seitlich an den Felsen der Schiena d'Asino entlang, durchwandern anschließend eine bewaldete Einsenkung im Kammverlauf und erreichen eine **Wegverzweigung (9)**. (Links geht es direkt hinab zum Rifugio di Monte Corvo; siehe Variante.) Wir folgen dem nun leichter werdenden Kammverlauf bis **P. 1293 (10)** und steigen im spitzen Winkel links hinunter zum **Rifugio di Monte Corvo (11)**. Von dort leitet uns ein Wirtschaftsweg (Mark.-Nr. S3) durch Wald hinab ins Valle Grande, wo wir auf den von Popoli heraufführenden **Wirtschaftsweg (12)** stoßen. Im spitzen Winkel auf diesem links – bergwärts – weiter und leicht ansteigend zur Wegverzweigung am **Laghetto della Rocca (3)**, wo wir wieder auf unseren Anstiegsweg treffen. Diesem folgen wir nun rechts zum **Sattel (2)** und hinab nach **Roccacasale (1)**, unserem Ausgangspunkt.

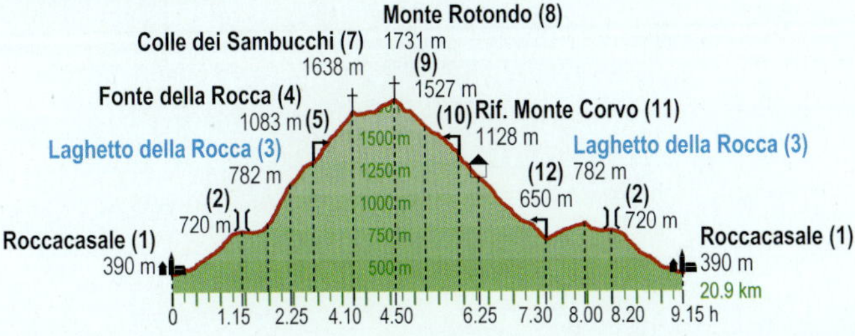

21 Monte Mileto, 1920 m

5.00 Std.

Großartige Panoramatour vom Passo San Leonardo

Die Montagne del Morrone sind ein Gebirgszug, der das Pelignabecken nach Osten hin abschließt. Direkt der Majella gegenüber liegt der südlichste Gipfel dieses Massivs, der Monte Mileto. Von seinem höchsten Punkt haben wir einen großartigen Panoramablick auf den höchsten Gipfel der Majella, auf die Berge des Nationalparks der Abruzzen sowie auf das tief unter uns liegende Valle Peligna. Auf dem freien Gipfel tummeln sich im Sommer oft zahlreiche Schafe. Da unser Ausgangspunkt bereits sehr hoch liegt, stellen sich auch nicht so große Anforderungen an die Kondition. Auf unserer Abstiegsrunde passieren wir die verschlossene Capanna sociale Diana e Tamara – deren Namensgebung an einen Mord in eben diesen Bergen erinnert – und die offene Casa Capoposto inmitten eines alten Weidegebiets. Der Abstieg erfolgt auf dem »Sentiero delle Signore«, der uns durch einen der schönsten Buchenwälder der Montagne del Morrone führt.

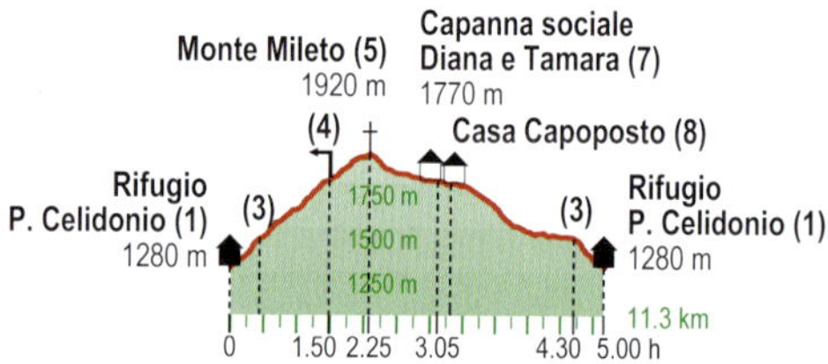

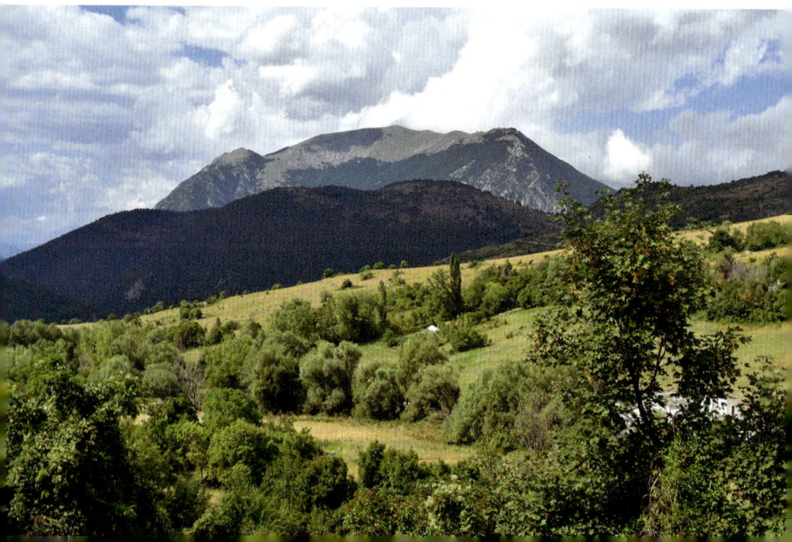

Talort: Pacentro (685 m). Schönes Dorf am Südwesthang der Montagne del Morrone mit etwa 1200 Einwohnern. Markantes Wahrzeichen ist die Ruine des Kastells aus dem 14. Jahrhundert. Sehenswert sind die Kirche Santa Maria della Misericordia aus dem 16. Jahrhundert sowie das Centro storico. Bars, Restaurants und kleine Läden (auch Kunsthandwerk).

Ausgangspunkt: Passo San Leonardo (1280 m). Parken entlang der Straße sowie in kleinen Buchten. Auf dem Parkplatz des Rifugio ist zwar Platz, besser aber vorher fragen, denn er ist ausschließlich für Gäste reserviert. Anfahrt: Von Pacentro auf kurvenreicher Straße in Richtung Passo San Leonardo, bei der Wegverzweigung auf den Prati della Macchia links weiter zum Ausgangspunkt beim tibetisch anmutenden Rifugio direkt auf dem Pass (14 km). Oder: A 25 bis Ausfahrt Scafa, dann über San Valentino in Abbruzzo Citeriore, Caramánico Terme und Sant'Eufemia a Maiella zum Passo San Leonardo (14 km ab Caramánico Terme).

Markierungen: Rot-weiß, Mark.-Nr. Q3, Q4 und Q6.

Höhenunterschied: 640 Hm im Aufstieg wie im Abstieg.

Anforderungen: Wirtschaftswege und Bergwanderpfade. Trittsicherheit empfehlenswert, insgesamt aber eine leichte Wanderung. Etwas Orientierungssinn ist hilfreich.

Einkehr und Unterkunft: Unterwegs keine. Am Ausgangspunkt befindet sich das Rifugio/Ristorante Pietro Celidonio (1280 m; privat, ganzjährig geöffnet, 22 Betten, Übernachtung nur von Anfang Juni bis Ende September; Tel. +39 0864 41138). Capanna sociale Diana e Tamara (1770 m; geschlossen, 8 Lager; Schlüssel beim CAI Sulmona). Am Wendepunkt der Tour treffen wir auf eine offene, vernachlässigte Unterstandshütte (Rifugio Casa Capoposto; 1755 m), zur Not kann man dort aber auch übernachten. In Pacentro: u. a. B&B »Pacentro«, B&B »San Marco«, B&B »Sonia«, etwas außerhalb B&B »Sogno D'Amore«.

Variante: Falls wir nach der Gipfelbesteigung nicht bis zum Rifugio Capoposto weiterwandern wollen, können wir auf der Nordseite, rechts haltend, auf einem Wirtschaftsweg (Mark.-Nr. Q10) direkt zum Ausgangspunkt absteigen. Gehzeit für den direkten Abstieg 1.30 Std.

Hinweis: In Pacentro befindet sich eine Nationalpark-Infostelle (siehe S. 22).

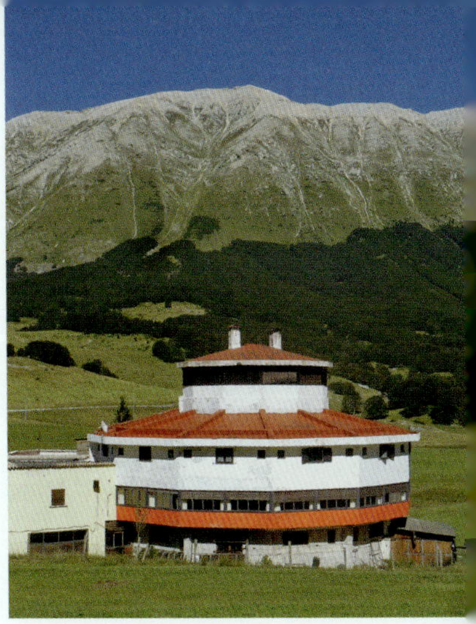

Das Rifugio Pietro Celidonio.

Am Parkplatz am **Passo San Leonardo (1)**, der den ungewöhnlichen Rundbau des Rifugio Celidonio aus dem Jahre 1936 als Landmarke hat, leitet uns auf seiner rechten Seite ein neu errichteter Wegweiser links haltend auf einen Pfad, der schräg über die Bergwiesen der Iazzo Cappuccio zum Wald-

Links: Die südlichen Ausläufer der Montagne del Morrone mit dem Monte Mileto.

rand führt. Dort nur wenige Minuten links weiter zu einem **Forstweg (2)**; auf diesem rechts (Wegweiser »Vetta di Morrone«, rot-weiß, Mark.-Nr. Q3) eine Viertelstunde durch Buchenwald bergauf zu einer **Lichtung mit Wegverzweigung (3)** (P. 1438; geradeaus führt der »Sentiero delle Signore« direkt zur Casa Capoposto). Wir folgen dem Forstweg (Wegweiser »Capoposto«, »Mileto«; Mark.-Nr. Q4) leicht ansteigend über drei Kehren bergwärts weiter durch Buchenwald. Hundert Meter nach der letzten Kehre, dort, wo wir den Laubwald verlassen, zweigt rechts ein Bergsteig ab (Steinmännchen, roter Pfeil). Auf diesem kürzen wir nun den Forstweg ab, den wir nach einer Viertelstunde wieder erreichen. Wir folgen ihm nach rechts und wandern hinauf zu einem Geländevorsprung mit **Wegverzweigung (4)** (Wegweiser). Geradeaus geht es weiter nach »Capoposto«, wir folgen jedoch links dem Wirtschaftsweg in knapp zehn Minuten hinauf über die »Costa Campanaro« zu einer Kammhöhe mit großartigen Blicken auf die Majella und hinab ins Valle Peligna. Hier zweigt rechts der Pfad zum Monte Mileto ab (rot-weiß). Pfadlos, aber gut markiert geht es über schrofiges Gelände zunächst zu einem Vorgipfel mit Steinmann, dann links haltend kurz hinab und hinauf zum höchsten Punkt des **Monte Mileto (5)**, der sich durch einen Steinhaufen, aber vor allem durch eine großartige Aussicht auszeichnet.

Wir bleiben nun auf der Höhe, wandern über ein paar Gipfelchen in nördlicher Richtung hinweg und halten uns dann beim letzten links. Nach wenigen Minuten zeigen jedoch die Markierungen nach rechts hinab in eine Einsenkung. Dort leitet uns ein roter Pfeil (Wegweiser »S. Leonardo« auf Stein)

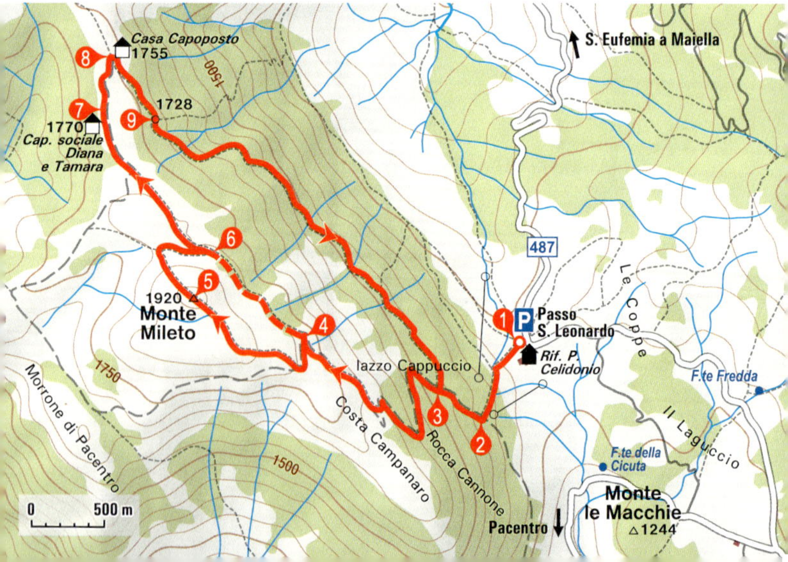

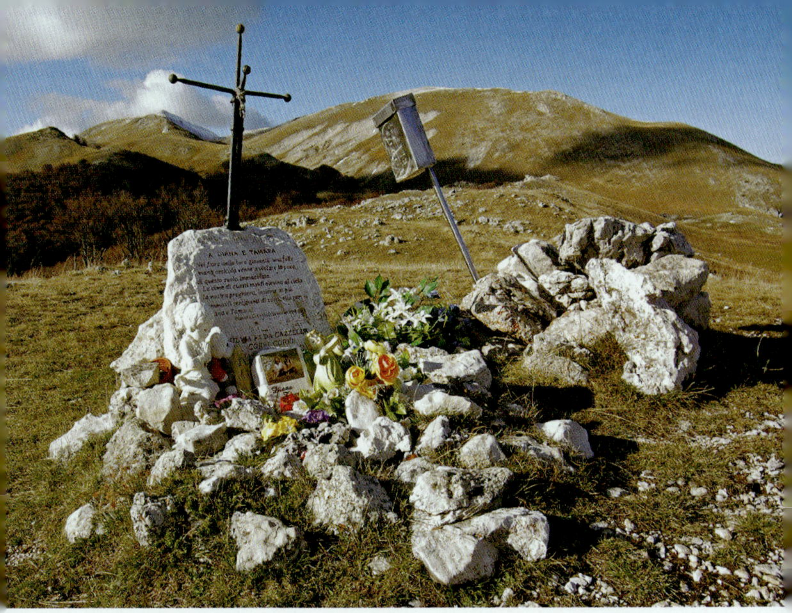

Die Gedenkstätte für die beiden von einem Schäfer ermordeten Wanderinnen.

geradeaus durch einen Hang vor uns. Wir passieren einige Schrofen und stoßen dann auf den vom Passo San Leonardo rechts heraufführenden Weg **(6)**. Diesem folgen wir nun links haltend (Mark.-Nr. Q6) zur **Capanna sociale Diana e Tamara (7)**. In der Nähe befindet sich der Gedenkstein für die beiden hier oben ermordeten Frauen. Auf Fahrspuren wandern wir weiter zur nahe gelegenen **Casa Capoposto (8)**, die im Hochtal »La Piscina« liegt. Vom Rifugio gehen wir 60 Meter zurück zu einem Steinmann und folgen dort links dem Weg (Mark.-Nr. Q3, rot-weiß). Bald treten wir in einen Buchenwald ein und wandern leicht bergab durch die Ostseite des Berges. Nach zehn Minuten treffen wir auf eine Wegverzweigung **(9)**, an der wir geradeaus weitergehen (links geht es hinab nach Roccacaramánico). Immer leicht abwärts wandern wir auf gutem Bergsteig weiter, nach ein paar steileren Serpentinen machen wir eine lange Hangquerung durch Wald, wobei wir einige Bachtälchen ausgehen müssen. Nach einer Lichtung wird der Weg breiter. Wir folgen diesem Ziehweg, der in die vom Hinweg bekannte **Lichtung (3)** mündet. Dort halten wir uns links und wandern (rot-weiß markiert) hinab, bis wir wieder auf die **Abzweigung (2)** zum Passo San Leonardo treffen. Hier links haltend weiter und schließlich rechts hinab zum **Passo San Leonardo (1)**, unserem Ausgangspunkt.

22 Monte le Mucchia, 1986 m

6.00 Std.

Durch die Ostseite des Morronegebirges auf einen Aussichtsgipfel

Die Ostseite der Montagne del Morrone ist für starke Regenfälle, aber auch für starke Schneefälle im Winter bekannt. Ausgangspunkt unserer Wanderung ist ein kleines mittelalterliches Dorf, dem mittlerweile wieder etwas Leben eingehaucht wird. Ziel ist einer der zahlreichen Erhebungen auf der Kammhöhe des Morronegebirges. Der Monte le Mucchia – sein Name besagt mehr oder weniger »Steinhaufen«, aber das trifft es nicht ganz – ist ein mit Gras bewachsener und mit Schrofen durchsetzter Buckel, der uns eine großartige Aussicht auf die Ausläufer der Morronekette mit ihrer intensiv genutzten Kulturlandschaft, auf den Monte Amaro sowie bis hinaus zur blauen Adria ermöglicht. Der Aufstieg ist zwar etwas steil, aber technisch ohne Probleme zu bewältigen. Unterwegs wird es einsam, nur gelegentlich trifft man auf Hirten mit ihren Schafen. Es gibt unterwegs keinerlei Einkehrmöglichkeiten, aber zumindest eine Unterstandshütte; die Casa Capoposto wird im Sommer gelegentlich von Hirten benutzt, ist aber immer offen.

Blick von Roccacaramanico in Richtung Süden zum Passo San Leonardo.

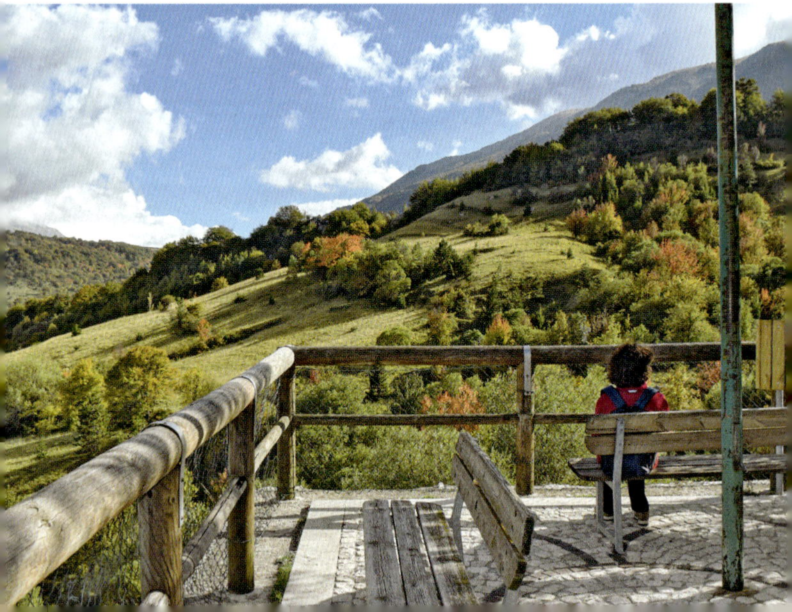

Talort: Roccacaramánico (1050 m); Fraktion der Gemeinde Sant'Eufemia a Maiella. Das mittelalterliche Dorf beherbergt nur wenige Einwohner (Zweitwohnungsbesitzer). Im 20. Jahrhundert sind die meisten Bewohner nach Australien und in die Vereinigten Staaten ausgewandert. Am Ende der 1980er-Jahre war nur mehr ein Originalbewohner übrig. Sehenswert ist die Kirche Santa Maria delle Grazie. Roccacaramánico ist bekannt für seinen Schneereichtum im Winter, bedingt durch die Staulage auf der Ostseite des Morronegebirges. Brunnen für Frischwasser im Dorf.
Ausgangspunkt: Parkplatz am Ortseingang (1022 m) von Roccacaramánico. Anfahrt von der Autobahnausfahrt (A 25) Scafa über San Valentino in Abruzzo Citeriore, Caramánico Terme und Sant' Eufemia a Maiella; knapp 4 km dahinter, in Richtung Passo San Leonardo, zweigt rechts ein schmales Sträßchen ab, das uns zum unterhalb gelegenen Dorf Roccacaramánico führt (2 km).
Markierungen: Rot-weiß markiert, Mark.-Nr. Q4, Q6 und Q3.
Höhenunterschied: 990 Hm im Aufstieg wie im Abstieg.
Anforderungen: Steile, aber leichte Bergwanderwege und Pfade (zahlreiche Serpentinen). Auf der Hochfläche streckenweise Karrenspuren. Etwas Orientierungssinn hilfreich.
Einkehr und Unterkunft: Unterwegs keine. An der Route, kurz vor dem Monte le Mucchia, liegt das Rifugio Casa Capoposto (1755 m; diese gemauerte, mittlerweile renovierte Hütte ist immer offen und bietet zumindest Unterschlupf bei Regen). In Roccacaramánico: B&B »Lu Cantono« (9 Betten, Selbstversorgerküche, Tel. +39 340 281 5914 oder +39 0864 31080). B&B »Fonte di Marco«, Tel. +39 3292363228, Ristorante »Maiella in tavola«.

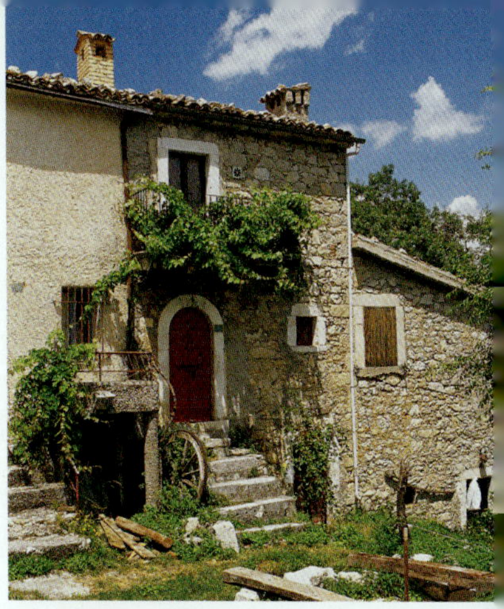

Neues Leben in Roccacaramánico.

Varianten: 1. Nicht weit vom Rifugio Casa Capoposto befindet sich die Capanna sociale Diana e Tamara, in der wir auch übernachten könnten (1780 m; Herd zum Kochen und acht Schlafplätze; Schlüssel beim CAI Sulmona). Von unserer Route führt ein Wanderweg (Mark.-Nr. Q 6) in 20 Minuten hinüber.
2. Vom Wegpunkt 5 könnten wir zum höchsten Gipfel des gesamten Gebirgszugs, dem Monte Morrone (2061 m) weiterwandern; Hin- und Rückweg 1.5 Std.
Hinweis: Im Umkreis der Casa Capoposto und der Capanna sociale Diana e Tamara gibt es kein Wasser (Brennholz kann gesammelt werden).
Tipps: 1. Falls wir diese Wanderung mit Tour 21 kombinieren wollen, können wir auf einem Verbindungsweg nach Roccacaramánico zurückwandern.
2. In Roccacaramánico gibt es ein kleines Museo Etnografico.

Vom **Parkplatz (1)** am Ortseingang von **Roccacaramánico** gehen wir zunächst links am Ethnografischen Museum vorbei und biegen dahinter sogleich rechts ab (Mark.-Nr. 4, rot-weiß). Dort folgen wir einem unbefestigten Sträßchen rechts um das Dorf herum zu einer Wegverzweigung oberhalb.

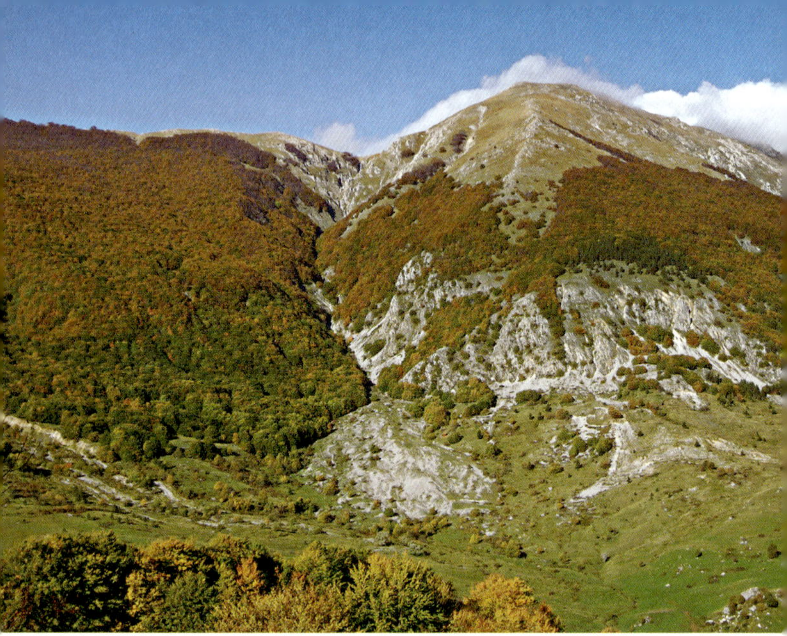

Unsere Wanderung führt links durch den dichten Wald hinauf zur Hochfläche.

Rechts haltend weiter, am Friedhof (Cimitero vecchio) vorbei und durch freie Buckelwiesen und Sträucher auf einem rauen Wirtschaftsweg (Mark.-Nr. Q6) bergwärts. Bei der Wegverzweigung kurz hinter dem Friedhof verlassen wir den breiteren Weg und halten uns links, bei der folgenden Abzweigung dann rechts (Wegweiser). Da wir nun etwas oberhalb des Dorfes sind, haben wir einen schönen Blick darauf sowie auf das Majellagebirge. Wir wandern seitlich an der steil abfallenden Bergflanke entlang durch aufgeforstetes Gebiet und über freies Gelände zum Ausgang des tiefen Grabens »Il Vallone«, queren dort den allfälligen Schotter und wandern in einen kleinen **Buchenwald** hinein auf eine weitere **Wegverzweigung (2)** (1220 m; Wegweiser) zu. Hier biegt unser Weg rechts ab und führt auf einem Bergweg durch Buchenwald in Kehren zu-

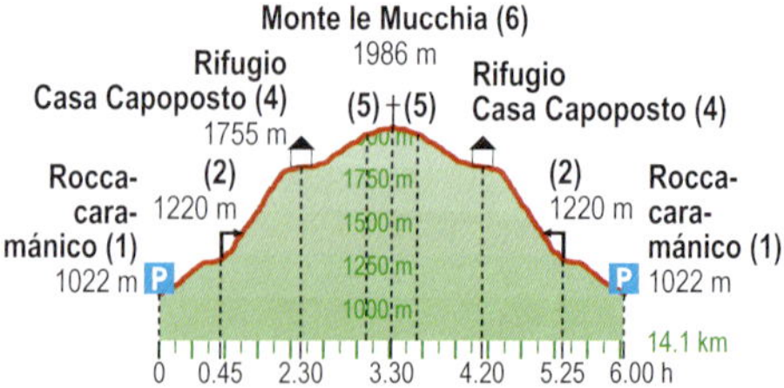

nächst steil hinauf, dann über eine Rampe hinaus auf eine Lichtung. Nun ist es weniger steil und links haltend treten wir wieder in den Buchenwald ein. Nach einer längeren Querung geht es erneut in Serpentinen aufwärts, teilweise über steiles und felsiges Gelände. Links vom Aufstiegsweg sehen wir die tief eingeschnittene Rinne »Rava dell'Inferno«. Nach einem anstrengenden Aufstieg mündet unser Anstieg bei **P. 1728 (3)** in den quer verlaufenden »Sentiero Italia«. Wir folgen diesem nach rechts und erreichen so das freie, grasbewachsene Hochplateau von »La Piscina« beim **Rifugio Casa Capoposto (4)**. Dort sehen wir unser Ziel, den Monte le Mucchia, direkt vor uns. Vom Rifugio folgen wir einer Fahrspur (Wegweiser »M. Mucchia) durch die Bergwiesen und halten auf den Einschnitt zwischen den beiden Gipfeln zu. Wir gehen seitlich am Monte le Mucchia vorbei (rechts zieht der Graben »Il Vallone« talwärts). Bei **P. 1943 (5)** zweigt rechts ein Pfad ab, der uns im spitzen Winkel weglos über die freien Hänge hinauf zum Gipfel des **Monte le Mucchia (6)** leitet. Der **Abstieg** erfolgt auf dem Anstiegsweg.

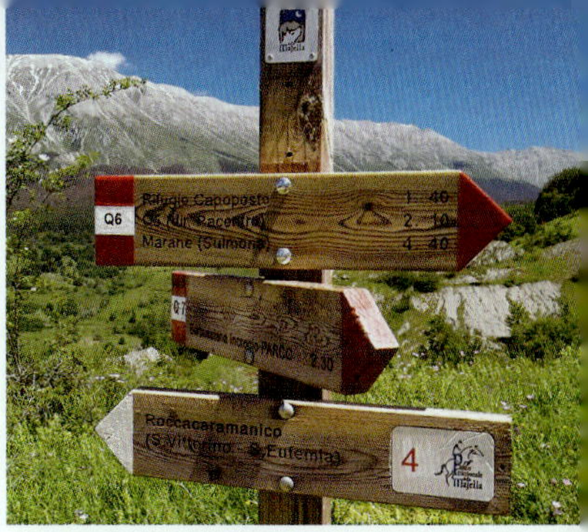

Die Route wurde mit neuen Wegnummern versehen; das letzte Stück zum Gipfel ist jedoch weglos.

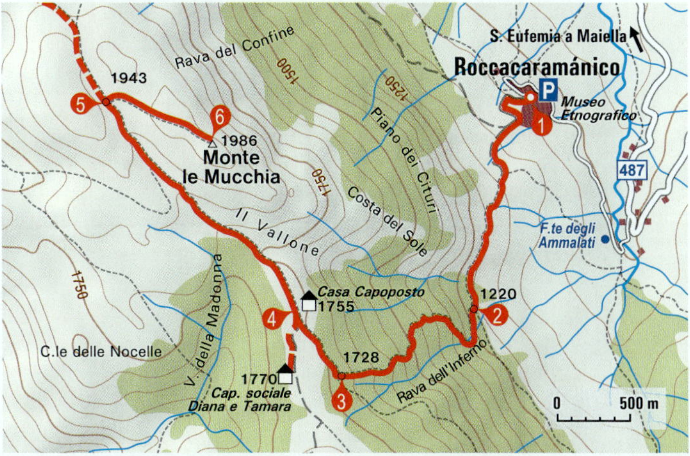

TOP 23

In die Orfentoschlucht

3.00 Std.

Durch die wildeste Schlucht der Abruzzen

Im stillen Winkel zwischen dem Morronegebirge im Westen und dem Majellagebirge im Süden befindet sich die wohl wildeste Schlucht der Abruzzen: die »Gole di Orfento«. Sie erstreckt sich von den Hängen der Majella bis hinaus nach Caramánico Terme und setzt sich von dort in den Schluchten des Fiume Orta fort, der sich wiederum in den Fiume Pescara ergießt. Den beeindruckendsten, den am besten geschützten und den am besten erschlossenen Teil weist diese Schlucht jedoch im oberen Bereich auf. Die Wanderung dorthin ist nicht sehr lang und auch gut mit Kindern zu machen. Außerdem bietet sie, selbst im Hochsommer, kühlende Momente in den grünen Bachauen.
Durch das Valle del Orfento führt auch der »Sentiero dello Spirito«, der in Badia im Valle Peligna beginnt und in San Liberatore a Maiella oberhalb von Serramonacesca endet. Im Bereich der Schlucht befinden sich mehrere ehemalige Einsiedlerklausen und Kapellen, wie z. B. Sant'Onofrio und San Giovanni. Wir können unseren Weg also entsprechend fortsetzen, müssen jedoch auf dem Hinweg wieder zurückkehren.

Abstieg von Caramánico Terme in die Orfentoschlucht – dafür ist eine Genehmigung nötig.

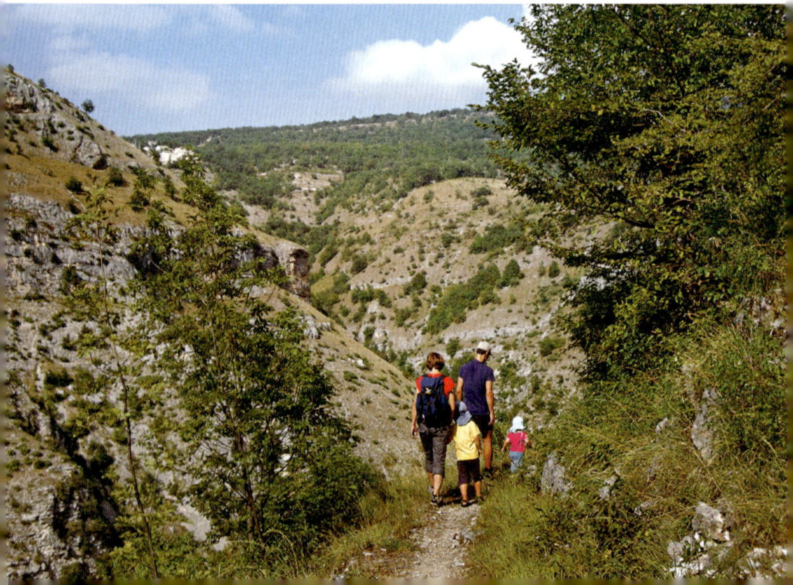

Talort: Caramánico Terme (556 m). Bekanntestes Thermalbad (etwa 2000 Einwohner) in den Abruzzen, in schöner Lage auf der Westflanke der Majella. Ruhiger Ort mit schönen Häusern im autofreien Centro storico. Sehenswert ist die Kirche Santa Maria Maggiore aus dem 15. Jahrhundert.

Ausgangspunkt: Besucherzentrum in Caramánico Terme, am östlichen Ortsrand. Kleiner Wanderparkplatz etwas oberhalb (619 m), nach etwa 200 m, am Ende der Fahrstraße, bei der kleinen Kirche Santa Croce. Im Besucherzentrum kann man kurzzeitig parken, um die Genehmigung zu holen (siehe Hinweis) bzw. das Museum zu besichtigen. Großer Parkplatz auch in der Ortsmitte. Anfahrt: A 25 bis Ausfahrt Casauria, dann auf der SS 5 über Tocco da Casauria und weiter über Salle nach Caramánico Terme (22 km). Oder über Ausfahrt Scafa und San Valentino in Abruzzo Citeriore dorthin (19 km). Im Ort Richtung Zentrum, dann vor der Fußgängerzone in die Viale Roma und der Ausschilderung zum Besucherzentrum (»Info Parco«) folgen. Busverbindung mit Pescara.

Markierungen: Rot-weiß markiert; Wegweiser der Nationalparkverwaltung »B2«. Weiterweg zur Eremo Sant'Onofrio »S« (= Sentiero dello Spirito).

Höhenunterschied: 320 Hm im Ab- wie im Aufstieg (falls wir das Orfentotal weiter hinaufwandern, entsprechend mehr).

Anforderungen: Trittsicherheit und Schwindelfreiheit erforderlich, obwohl die Wanderung keine technischen Schwierigkeiten aufweist. Die Rückkehr erfolgt über eine sehr steile Wegpassage. (Falls wir den Weg bergwärts fortsetzen wollen, erwarten uns ein paar seilgesicherte Passagen.)

Einkehr und Unterkunft: Unterwegs keine. Pizzerien und Bars in Caramánico Terme. Kuranlage sowie zahlreiche Hotels aller Kategorien. B&B »Duca degli Abruzzi« (Tel. +39 085 922 385), B&B »Da Rondinella Valle Dell'Orfento« (im Ortsteil San Nicolao (Tel. +39 085 922251). Agriturismo »La Conca« (Tel. +39 085 928462) sowie Agriturismo »Pietrantica« in Decontra (Tel. +39 085 922188).

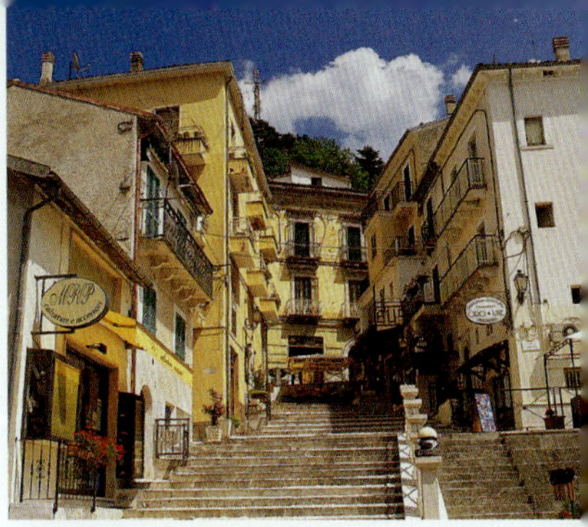

Das Ortszentrum von Caramánico Terme – ein ruhiges, autofreies Kurbad.

Varianten: 1. An der SS 487, von Norden kommend direkt vor der Brücke über die Orfentoschlucht, gibt es einen Parkplatz. Auf der gegenüberliegenden Seite gibt es eine Infotafel mit Wanderkarte; dort beginnt auch ein gut ausgebauter Wanderweg hinab in die Schlucht.
2. Wir können die Wanderung nach Belieben talaufwärts fortsetzen, z. B. zur Eremo di Sant'Onofrio (1.45 Std. mehr für Hin- und Rückweg ab Ponte San Benedetto) oder zum Guado Sant'Antonio und von dort nach Caramánico Terme zurückkehren.

Hinweise: 1. Für die Durchwanderung der Schlucht benötigt man eine kostenlose Genehmigung von der Nationalparkbehörde. Diese erhält man im Besucherzentrum in Caramánico Terme, nur wenige Meter vom Ausgangspunkt entfernt. Ausweis erforderlich.
2. Das ganzjährig geöffnete Besucherzentrum »Paolo Barasso« (Via del Vivaio) in Caramánico Terme hat eine naturkundliche und eine archäologische Abteilung, besonders im Hinblick auf Funde im Gebiet der Majella. Dort können wir auch Info-Material erhalten sowie Wanderkarten und Bücher erwerben (Tel. +39 085 922343).

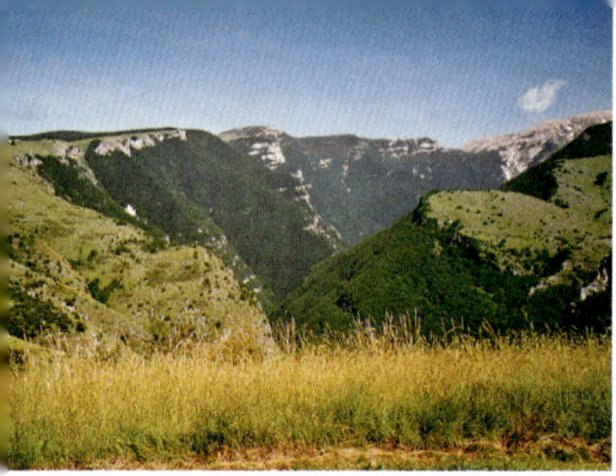

Die tief eingeschnittene Orfentoschlucht.

Vom kleinen **Parkplatz (1)** bei der kleinen Kirche Santa Croce am östlichen Ortsende von **Caramánico Terme** folgen wir geradeaus dem breiten Pfad (Wegweiser »Ponte del Vallone«, Mark.-Nr. B2) nahezu eben entlang von Trockensteinmauern durch den Hang und passieren die Liegewiesen des Hotels »La Réserve«. Jenseits des Hotels auf nun gutem, breitem Wanderweg weiter, zunächst leicht abwärts, dann über einen Bach und kurz ansteigend mit schönen Aussichten in Richtung Schlucht und freiem Blick auf das Dorf Decontra auf der gegenüberliegenden Talseite. Wir wandern weiter leicht ansteigend auf der rechten Talseite, die von Laub- und Niederwald flankiert wird. Nach einer knappen halben Stunde Gehzeit senkt sich unser Weg nun hinab in Richtung Schlucht. In leichtem Auf und Ab wandern wir talwärts, queren eine kleine Steinbrücke, gehen an einer Felsenpassage vorbei und erreichen nach einer Dreiviertelstunde eine **Weggabelung (2)** (Wegweiser). Links haltend weiter, wo uns ein schöner, breiter Weg – eine ehemalige Mulattiera – hinab zur **Ponte del Vallone (3)** leitet, die den Fiume Orfento überbrückt. Hier gibt es einen schönen, auch im Sommer angenehm kühlen Rastplatz mit viel Schatten. Wir queren den Holzsteg und folgen auf der anderen Seite dem schönen, grünen Bachtal nach rechts. Zunächst geht es weiter auf einem schotterigen Weg, immer flankiert von Büschen und vereinzelten Bäumen. Nach einer Viertelstunde ab Brücke zweigt links ein Weg ab, der hinauf nach Decontra führt (Wegweiser). Wir bleiben auf dem schönen Wanderweg, wandern weiter am Bach entlang und stoßen dann auf den Holzsteg **Ponte S. Benedetto (4)** (Wegweiser). Hier ist unser Wendepunkt. Wer weitergehen will, hat

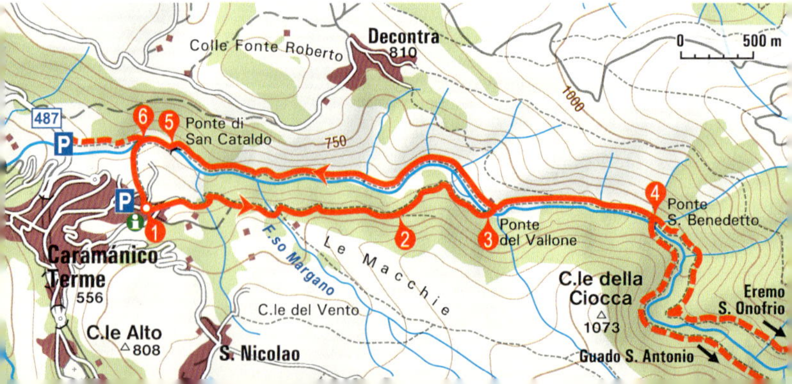

zwei Möglichkeiten: links hinauf zur Eremo di Sant'Onofrio, rechts geht es zum Guado S. Antonio. Es gibt allerdings auch die Möglichkeit, auf einem der beiden Wege bis zur Ponte della Pietra weiterzuwandern und auf der jeweils anderen Bachseite zurückzuwandern.

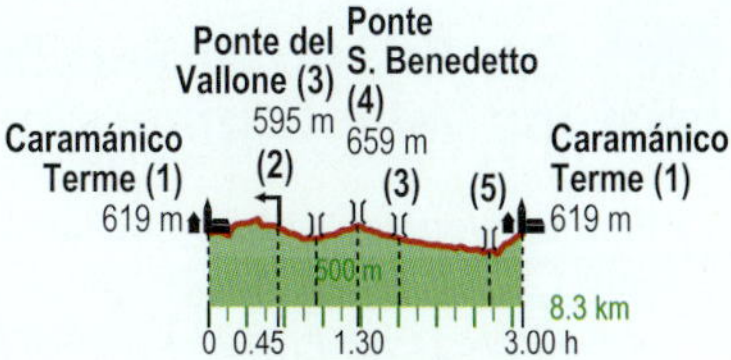

Wir folgen dem Bachtal wieder abwärts bis zur **Ponte del Vallone (3)**, bleiben nun jedoch auf der rechten Seite. Ein schöner Pfad leitet uns immer am schattigen Bach entlang talwärts. Der Weg wird aber bald wieder breiter und führt uns durch eine schöne Auenlandschaft mit Weiden, Eschen und zahllosen Büschen. Vereinzelte Trockensteinmauern lassen darauf schließen, dass das Tal früher von Menschen genutzt wurde, wo wir heute »Natur pur« vorfinden. Wir erreichen einen schönen Rastplatz mit Steintisch (30 Min. ab Ponte del Vallone) direkt am Bach. Dann steigen wir über einige Felstreppen an, um eine **Engstelle** des Baches zu überwinden, anschließend geht es eben weiter (mit 20 Meter langer, seilgesicherter Passage). Nach weiteren zehn Minuten erreichen wir eine Steinbrücke, die **Ponte di San Cataldo (5)**. Wir queren hier den Fiume Orfento nach links und gehen rechts weiter am Bach entlang. Nach fünf Minuten stoßen wir auf eine **Weggabelung (6)** (rechts geht es weiter zur Straßenbrücke; siehe Variante 1), an der wir uns links halten. Wir steigen nun über Steintreppen und Serpentinen (»Sentiero delle Scalelle«) durch einen Steilhang und treffen auf eine Steilwand mit riesigem Efeubewuchs (links davon könnten wir uns bei Regen unter einem Überhang unterstellen). Über Serpentinen und zahlreiche Felsstufen geht es weiter empor, bis wir die Geländekante erreichen. Nun auf bequemem Wanderweg leicht ansteigend weiter, vorbei an einer Biberzucht, und immer am Zaun entlang hinauf zum **Besucherzentrum** von **Caramánico Terme**. Links an diesem vorbei zum **Parkplatz (1)** bei der kleinen Kirche Santa Croce.

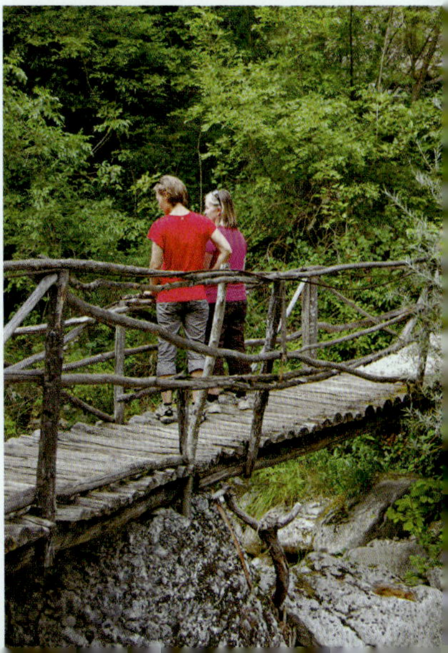

Die Ponte del Vallone, die uns auf die andere Talseite bringt.

24 Zur Eremo di San Bartolomeo und ins Valle Giumentina

2.45 Std.

Eine Einsiedelei und die höchsten Trockensteinhäuser der Abruzzen

Das zerklüftete Berggebiet der Abruzzen mit seinen zahlreichen Schluchten und abgelegenen Plätzen war ideal für die Anlage von Einsiedeleien, von denen zahlreiche gut erhalten sind. Die Eremo di San Bartolomeo (alljährlich im August Prozession mit zahlreichen Pilgern) zählt neben der Eremo di Sant' Onofrio (siehe S. 35 und Variante Tour 23) und der Eremo di Santo Spirito (siehe Tipp S. 125) zu den bedeutendsten Einsiedeleien im Majellagebirge. Die Einsiedelei wurde spektakulär in einen überhängenden Fels gebaut und ist komplett erhalten. Wir verlängern die ansonsten kurze Wanderung ins Valle Giumentina, um einen Blick auf die höchsten Trockensteinhäuser (sogenannte Tholos) der Abruzzen zu werfen, die eine Höhe von bis zu acht Metern erreichen. Sie gelten inzwischen als nationale Monumente. In dieser Gegend wurden auch die ersten Spuren menschlicher Besiedlung in den Abruzzen gefunden. Später nutzten die Römer das Majellagebirge als Fundstätte wichtiger Erze, bis dann Schaf- und Ziegenhirten im hügeligen Vorgebirge der Majella ihrem harten Beruf nachgingen. Im letzten Jahrhundert sind jedoch viele Bewohner emigriert – teilweise bis nach Amerika.

Talort: Roccamorice (520 m). Gemeinde mit ca. 1000 Einwohnern, die innerhalb der Grenzen des Nationalparks Majella liegt. Die kleine mittelalterliche Stadt wurde auf einem Felsplateau errichtet, das von zwei Schluchten – Lavino und Lavello – eingefasst wird. Neben einigen hübschen alten Häusern ist der alte Turm zu erwähnen, der Teil einer größeren Anlage war, um sich gegen Piraten zur Wehr zu setzen, die vor Jahrhunderten über die Adria kamen.

Ausgangspunkt: Parkplatz beim Ristorante di Coco (838 m), am oberen Ende der Macchie di Coco. Anfahrt: A 25, Ausfahrt Scafa/Alanno, dann über San Valentino in Abruzzo Citeriore nach Roccamorice. Durch den Ort hindurch und weiter in Richtung Maielletta, bis nach 4 km rechts die Zufahrt zum Ristorante di Coco abzweigt.

Markierungen: Durchgehend markiert; ein paar Wegtafeln; Mark. S und CP sowie rot-weiß.

Höhenunterschied: 235 Hm im Abstieg wie im Aufstieg.

Anforderungen: Leichte Wanderung auf Wirtschaftswegen und Bergsteigen, Trittsicherheit an einigen Stellen im Schluchtbereich jedoch erforderlich. Kinder beim Zugang zur Eremo an die Hand nehmen.

Einkehr und Unterkunft: Zu Beginn der Wanderung im Ristorante di Coco (auch B&B »Santo Spirito«, ganzjährig bewirtschaftet, 20 Betten; Tel. +39 340 665 0939, santospiritobb@yahoo.it).
In Roccamorice: Bars und Pizzeria; B&B »La Portella« (Tel. +39 347 048 3882). In Abbateggio: B&B »Giumentina« (Tel. +39 085 857 4045); Agriturismo »Il Portone« (Tel. +39 085 8543512); Agriturismo »Colle della Selva« (Tel. +39 085 41755 28); Hotel Modus Vivendi (Tel. +39 085 8572136).

Hinweis: Die Steinhäuser im Valle Giumentina können auch mit dem Pkw angefahren werden, zuerst auf schmaler Teer-

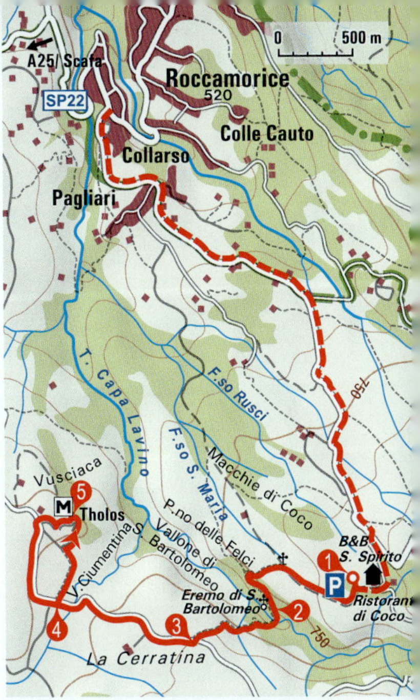

straße (Wegweiser »Ecomuseum«), zuletzt auf Sandstraße (kleiner Parkplatz); das »Villagio Tholos« befindet sich auf der linken Seite; die letzten Meter müssen wir jedoch zu Fuß gehen (die Zufahrtsstraße zweigt ca. 3,5 km vor Roccamorice ab).

Tipps: 1. Im Valle Giumentina wurde ein »Ecomuseo del Paleolitico« eingerichtet. Das Tholos-Dorf besteht aus sechs neu errichteten Trockensteinhäusern (in der Umgebung gibt es weitere, jedoch originale Steinhäuser), die uns einen Einblick in die Lebensweise prähistorischer Hirten und Bauern gibt. Der Rundgang ist ausgestattet mit informativen und didaktisch gestalteten Tafeln. Es gibt zudem ein Picknickareal sowie ein WC. Am Wochenende geöffnet; Eintrittsgebühr.
2. Etwa 4,5 km vom Ausgangspunkt entfernt (dem Sträßchen bergwärts folgen) befindet sich die Eremo di Santo Spirito a Maiella. Sie gilt als die bedeutendste Einsiedelei im gesamten Majellagebiet und wurde im Jahre 1246 vom Benediktinerpater Pietro Angelari und seinen Helfern erbaut. Dieser lebte anschließend über 40 Jahre in der Einsiedelei, bis er zum Papst Coelestin V. gewählt wurde. Bereits nach fünf Monaten dankte er ab. Nachdem das Kloster dann jahrhundertelang vernachlässigt wurde, wurde es im 18. und 20. Jahrhundert erweitert bzw. wiederhergestellt. Heute umfasst es neben der Kirche die Mönchszellen, die Bibliothek, den Kapitelsaal, das Gästehaus und das Refektorium.

Vom **Wanderparkplatz (1)** vor dem **Ristorante di Coco** gehen wir ein kurzes Stück zurück und folgen der neu ausgeschilderten Route nach rechts in Richtung »S. Bartolomeo«. Ein Feldweg führt leicht abwärts durch Wiesen und Eichenbestände (rechts breiten sich die Macchie di Coco aus). Bei einer Wegekreuzung halten wir uns links und erreichen so ein **Eisenkreuz** und einen Wegweiser. Von dort folgen wir einem

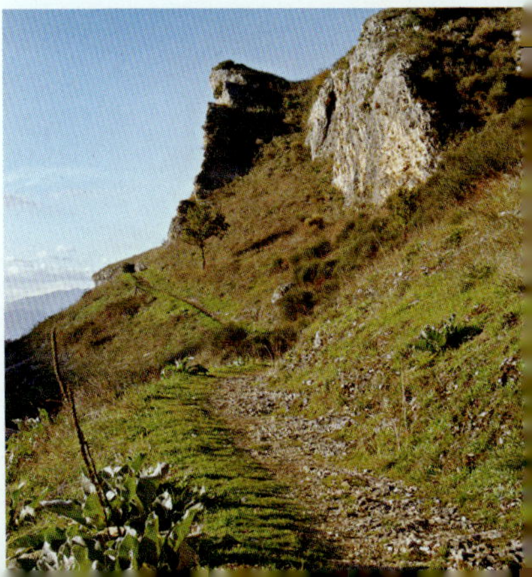

Abstiegsweg in die Schlucht.

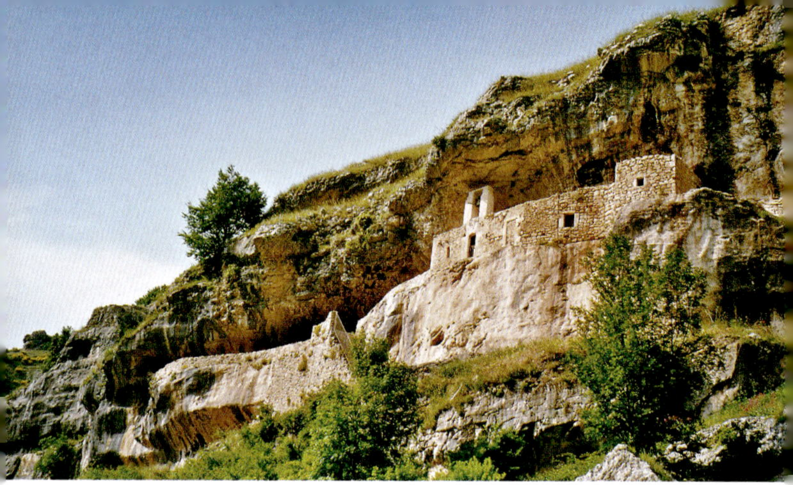

Oben: Die Eremo di San Bartolomeo in den Felsen der Giumentina-Schlucht.
Unten: Der Zugang zur Klause ist tief in den Felsen geschlagen.

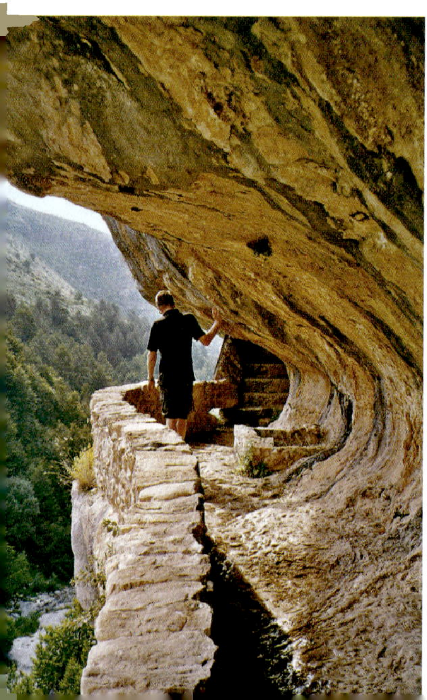

Wanderpfad durch Ginstersträucher (schön im Frühjahr, wenn dieser intensiv gelb blüht!) leicht abwärts. Vor uns erhebt sich der lange Bergkamm der Montage del Morrone, links der deutlich höhere des Majellagebirges. Über Bergwiesen weiter zum Rand der Giumentina-Schlucht mit einem schönen Felsabbruch auf der rechten Seite. Ab hier leitet uns ein gut gestufter Bergweg, der mit einem Holzgeländer gesichert ist, durch felsiges Gelände hinab. (Rechts unten befindet sich die tiefe Schlucht des Torrente Capa Lavino, die selbst im Hochsommer noch etwas Wasser führt.) An einem weiteren Kreuz vorbei und durch einen grasigen Steilhang hinab zum Eingang der Einsiedelei. Felsstufen und ein Felstunnel führen uns dann in den inneren Bereich der **Eremo di San Bartolomeo (2)**. Auf der klei-

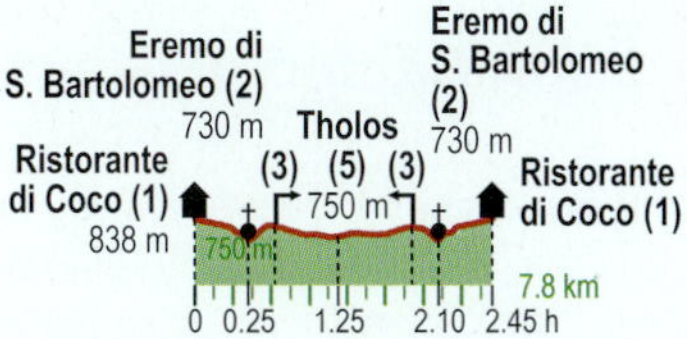

nen Terrasse vor der Kapelle gibt es einen Tisch, Bänke und Stühle für die Rast. Das Innere der Kapelle – mit Altar und kleinem offenen Kamin – ist nur durch einen Riegel versperrt.
Von der Terrasse führt ein steiler Treppenweg hinab in den **Grund der Schlucht**. Den Bach überspannt ein riesiger Felsquader. Dort finden wir auch eine Info-Tafel zur »Rana appenninica«, einer speziellen Krötenart. Dann über Felsstufen auf die andere Seite und durch Gebüsch und über einige Serpentinen rechts haltend steil hinauf zur gegenüberliegenden Talkante des Vallone di S. Bartolomeo. Im Rückblick bietet sich eine schöne Ansicht der Einsiedelei. Vorbei an ein paar Steinhütten wandern wir auf einer Piste zu einem größeren, quer verlaufenden **Fahrweg (3)**, dem wir nun nach rechts über die Hochebene »La Cerratina« folgen. Nach einem Kilometer verlassen wir diesen nach rechts **(4)** und folgen einem Pfad, der uns direkt zu den drei noch erhaltenen **Tholos (5)** führt. Das höchste dieser alten Hirtenhäuser ganz aus Stein hat eine Höhe von acht Metern und einen Durchmesser von fünf Metern.
Die **Rückkehr** zum Wanderparkplatz erfolgt auf dem Hinweg, wobei wir zunächst hinauf zum Fahrweg wandern (um den Blick von etwas oberhalb zu genießen) und links haltend unsere Route fortsetzen.

Die Trockensteinhäuser dienten den Hirten als Lager und als Rückzugsort; heute ist dort ein Eco-Museum.

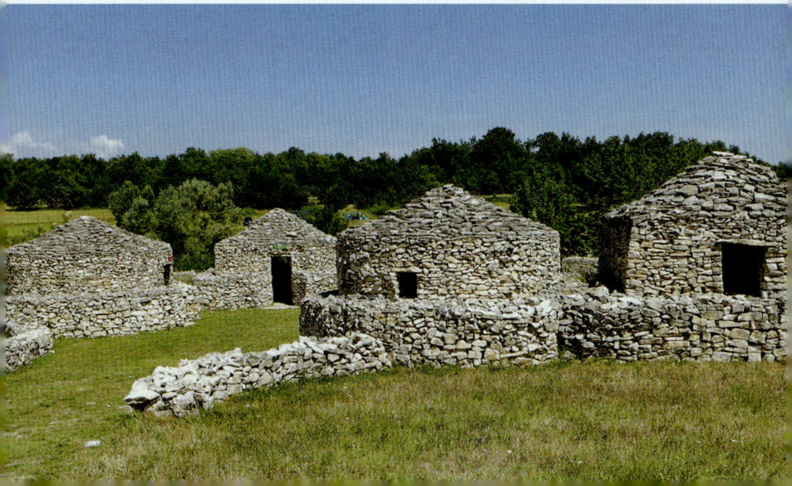

25 Von Campo di Giove nach Pacentro

2.30 Std.

Auf einem alten Verbindungsweg durch eine alte Kulturlandschaft

Der kleine Ort Campo di Giove führt im Sommer eher ein Dornröschendasein, dafür herrscht im Winter umso mehr Betrieb. Denn dort oben ist es relativ schneesicher, und so treffen sich hier Langläufer und Alpinbegeisterte. Es gibt auch nur wenige Sehenswürdigkeiten, obwohl der Ort ganz reizvoll ist (z. B. die »Casa Nanni« aus dem 17. Jahrhundert). Unser Wanderziel Pacentro ist ein klassisches Gebirgsdorf mit schönem Blick auf das Pelignatal und ein paar netten Cafés und Restaurants. Das Ortszentrum ist unbeschädigt, die Häuser renoviert. Und alles ist sehr beschaulich. Charakteristisch sind die drei Türme der alten Festung, die das Ortsbild bestimmen. In ein paar kleinen Läden könnten wir sogar typische Figuren mit regionaler Tracht kaufen. Auch wenn ihr Ruhm schon etwas verblasst ist, die Großeltern von Popstar Madonna kommen aus Pacentro; in den 1980er-Jahren des letzten Jahrhunderts kam sie dort sogar für einen Besuch vorbei.

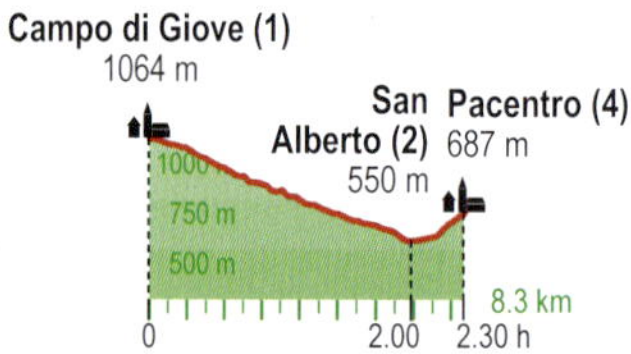

Blick von Pacentro zu den hohen Gipfeln der Majella.

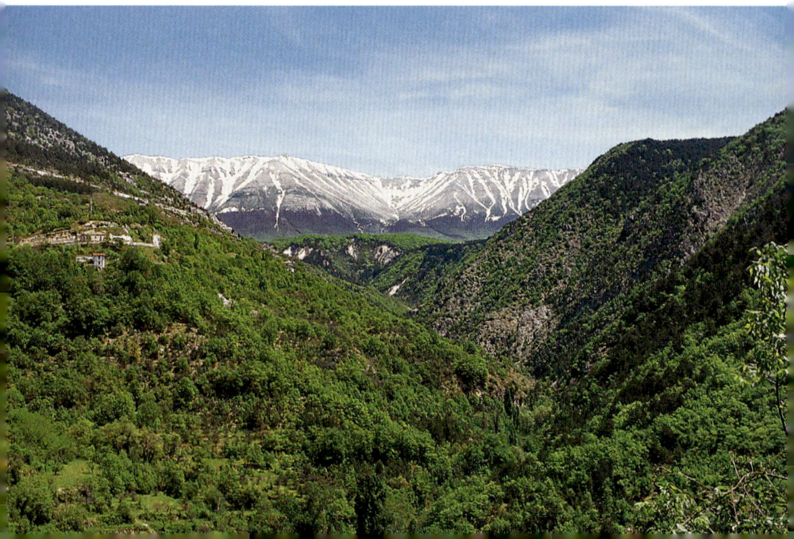

Talort: Sulmona (413 m). Reizvolle Provinzstadt mit sehenswerter Altstadt und ca. 25.000 Einwohnern. Geburtsort des römischen Dichters Ovid. Mehrere Hotels, zahlreiche B&Bs sowie alle Einkaufsmöglichkeiten.

Ausgangspunkt: Campo di Giove (1064 m). Anfahrt von Sulmona mit dem Bus. Mit dem Auto von Sulmona über Cansano auf kurvenreicher Strecke. In der Ortsmitte von Campo di Giove mehrere Parkmöglichkeiten.

Endpunkt: Pacentro (687 m). Rückfahrt mit dem Bus nach Sulmona (Tabaccheria für Bustickets am Hauptplatz).

Markierungen: Rot-weiß markiert; Wegweiser »S. Alberto« sowie »P3«.

Höhenunterschied: 520 Hm im Abstieg, 140 Hm im Aufstieg.

Anforderungen: Überwiegend leichte Wanderung auf Wirtschaftswegen und Wanderpfaden. Allerdings müssen wir eine heikle Stelle (mit Drahtseil gesichert) passieren, die Trittsicherheit und Schwindelfreiheit erfordert.

Einkehr und Unterkunft: Zahlreiche Hotels, aber auch mehrere B&Bs in Sulmona. Am Anfahrtsweg, in Cansano, gibt es das Hotel »Il Nido d'Aquila«, Alimentari, die Bar K 2 sowie eine Tabaccheria. In Campo di Giove gibt es einen Alimentari, eine Bäckerei und Bars (z. B. Bar Centrale), die Pizzeria »Il Caminetto« und das Ristorante »La Vecchia Fonte« sowie einige Alberghi und das Hotel Zeus. Außerdem das B&B »La Pretèra« (Tel. +39 338 6625253) und das B&B »Il Vecchio Lupo« (Tel. +39 345 3901915). In Pacentro finden wir mehrere Möglichkeiten zum Einkehren, z. B. die »Taverna dei Caldora« (Piazza Umberto I) mit typisch abruzzischer Küche. Übernachtung: B&B »In Centro a Pacentro« (Via San Marco, 5, Tel. +39 349 784 1697); B&B »Il Pesco Rosso« (Via della Semeta, Tel. +39 333 276 2351) und B&B »Sonia« (Vico II Santa Maria Maggiore 18, Tel. +39 0864 41563).

Hinweise: 1. Da der Ausgangs- und der Endpunkt verkehrstechnisch ungünstig liegen, ist die Anreise mit öffentlichen Verkehrsmitteln empfehlenswert. Es sei denn, wir wandern auf derselben Strecke wieder zurück.
2. In Campo di Giove wie auch in Pacentro gibt es Info-Zentren zum Nationalpark Majella sowie einen Abenteuerpark (»Maja-Park«).

Tipps: 1. Pacentro gilt als besonders schönes Dorf der Abruzzen und lohnt auf alle Fälle einen Rundgang (ca. 1250 Einwohner). Die alten, verwinkelten Gassen, Torgänge und kleinen Läden laden geradezu dafür ein. In der teilweise restaurierten Burgruine, deren Ursprung ins 14. Jahrhundert zurückreicht und die ganzjährig besichtigt werden kann, finden im August Ritterspiele statt.
2. In Pacentro wurde im Sommer 2019 die erste Zipline-Installation Mittelitaliens eröffnet. Von der Bergstation (778 m) oberhalb geht es auf einer Länge von knapp 1000 Metern hinab zum Ortsrand von Pacentro (665 m). Auf dieser Strecke gibt es nicht nur einen gewaltigen Adrenalinausstoß, sondern auch einen herrlichen Panoramablick über das Pelignatal bei einer maximalen Geschwindigkeit von 80 km/h. ziplinemajella.com.

Wir starten am Hauptplatz von **Campo di Giove (1)**, der Piazza A. Duval. Wir queren diese hinüber zum Kriegerdenkmal, halten uns dort links und erreichen durch eine kleine Gasse den kleinen Platz mit dem Palazzo Ricciarali. Dort gehen wir rechts zu einer Telefonzelle und zu einem Mini-Parkplatz. Linker Hand leitet uns von dort ein Treppenweg (Wegweiser »S. Alberto« und »P3«, Infotafel) hinab zu einem geteerten Wirtschaftssträßchen. Diesem folgen wir nun links leicht bergab. Nach 50 Metern gabelt sich das Sträßchen und wir folgen nun rechts einem unbefestigten Wirtschaftsweg, der sich nach 100 Metern erneut gabelt. Dort nun links weiter (immer gut markiert), rechts um einen Bauernhof herum und nahezu eben durch einen Hang an einem schönen Buchenwald entlang. Vor uns erheben sich die Morrone di Pacentro, rechts sehen wir den langen Kamm der Majella. Unser breiter Weg senkt sich allmählich und endet nach etwa einer halben Stunde Gehzeit. Dort folgen wir rechts haltend einem Pfad. Nach zehn Minuten folgt **eine unangenehme Passage** von 40 Metern Länge (Trittsicherheit und Schwindelfreiheit erforderlich) durch einen Steilabbruch. Anschließend geht es im Auf und Ab durch Ginstersträucher und Eichenbestände. Rechts unter uns plätschert der Bach »Il Rio«. Es geht über einen Schotterhang abwärts, dann durch einen Niederwald. Allmählich wird der Weg wieder besser. Wir wandern um einen Geländevorsprung herum, unter uns windet sich der Bach durch das tief eingeschnittene Tal. Wir halten nun wieder Höhe, dann geht es leicht bergab. Wir bewegen uns in einer schönen Naturlandschaft mit Eichen, Ahornen, Buchen und Kiefern. Im Frühjahr dürfen wir hier den goldgelben Ginster bewundern. Wir wandern weiter den langen Berghang entlang, bis wir endlich Pacentro vor uns sehen, das prominent auf einem langen Bergausläufer liegt. Wir steigen nun hinab in Richtung Bach, den wir allerdings erst kurz vor San Alberto erreichen. Dort gehen wir rechts über die kleine Steinbrücke, dann sofort links

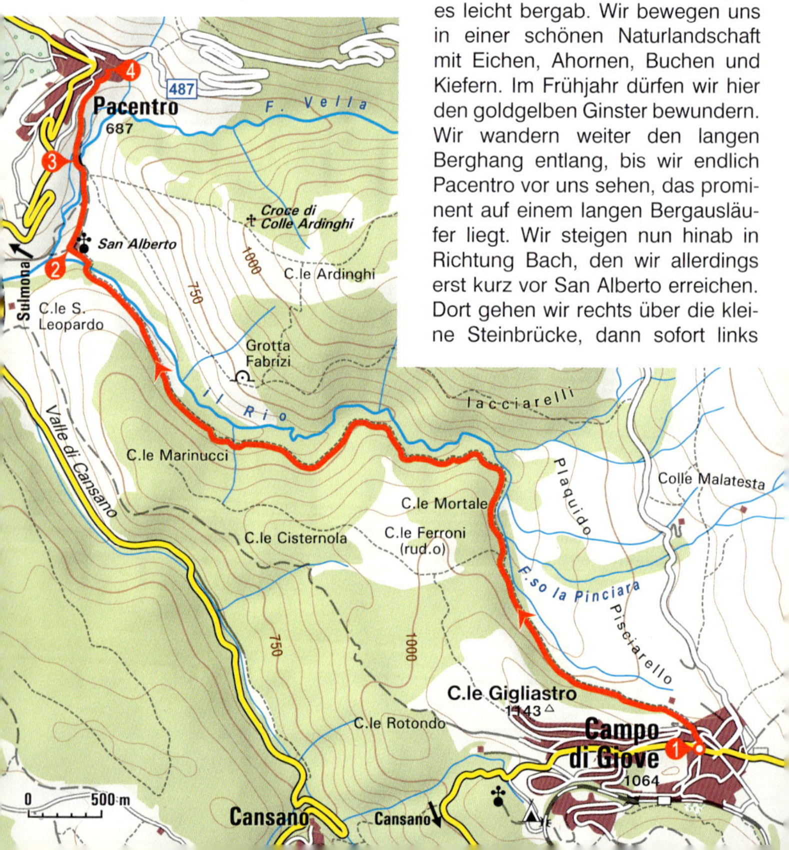

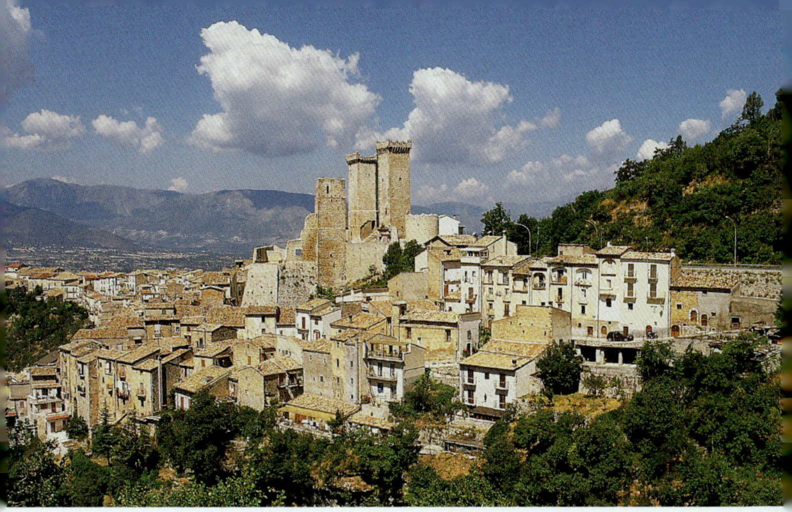

Pacentro mit seinen charakteristischen Türmen. Im Sommer finden hier Ritterspiele statt.

und vor zum kleinen Weiler **San Alberto (2)** mit ein paar Häusern und einer verfallenen Kirche. Nach den Häusern rechts weiter (weiterhin weiß-rot markiert). Wir wandern auf einem unbefestigten Wirtschaftsweg an einer Trockensteinmauer entlang (schöner Kastanienhain mit Picknickplatz) und gehen links über eine **Brücke (3)**, die den kleinen Bach »Fiume Vella« quert, dann rechts auf den Hauptweg durch den steilen Osthang, der zum Fluss hin abfällt. Bald zweigt links von diesem ein schmälerer Weg ab, dem wir steil nach oben folgen. Wir erreichen die Teerstraße, die seitlich an Pacentro entlangführt, gehen kurz nach rechts und folgen dann links diversen Treppenwegen, die uns ins Zentrum von **Pacentro (4)** führen.

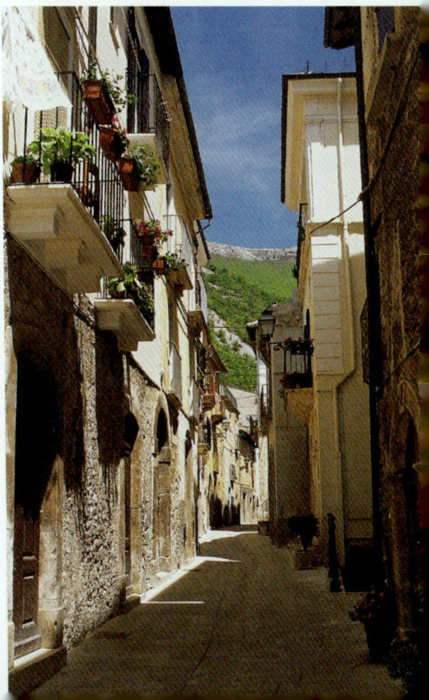

In den engen Gassen von Pacentro.

TOP **26**

Monte Porrara, 2137 m

5.20 Std.

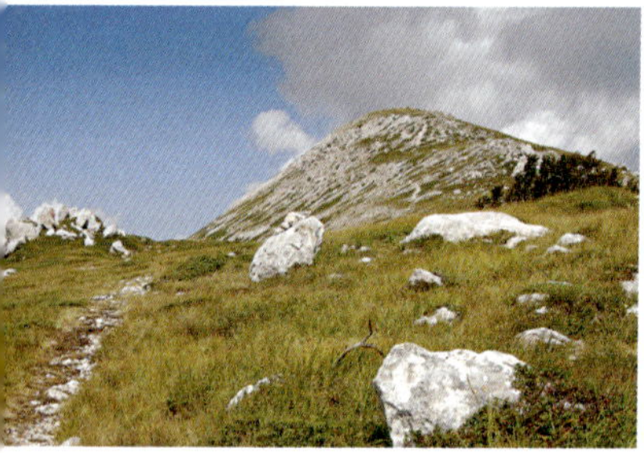

Auf der Serra Malvoni.

Auf einen leichten Aussichtsberg der Extraklasse

In diesem Teil der Abruzzen gibt es zahlreiche, leicht ersteigbare Gipfel, die teilweise auch für den alpinen Skilauf genutzt werden. Der Monte Porrara jedoch, der den südlichsten Gipfel der Montagna della Maiella darstellt, bietet aufgrund seiner Lage eine besonders großartige Aussicht: nahezu umfassende Rundsicht auf die Montagne del Morrone, die Berge des Abruzzen-Nationalparks und Teile der Majella, bei klarer Sicht Blick sogar bis hinaus zur Adria. Lediglich nach Norden verstellen die Gipfel der Majellagruppe, die eine Höhe bis über 2700 Meter erreichen, einen weitergehenden Blick. Zudem ist der Monte Porrara auf einem leichten Bergpfad zu erreichen, der keinerlei Bergerfahrung voraussetzt. Am Gipfel erwartet uns dann ein schlichtes eisernes Kreuz.

Blick über die Randberge der Abruzzen hinweg nach Molise.

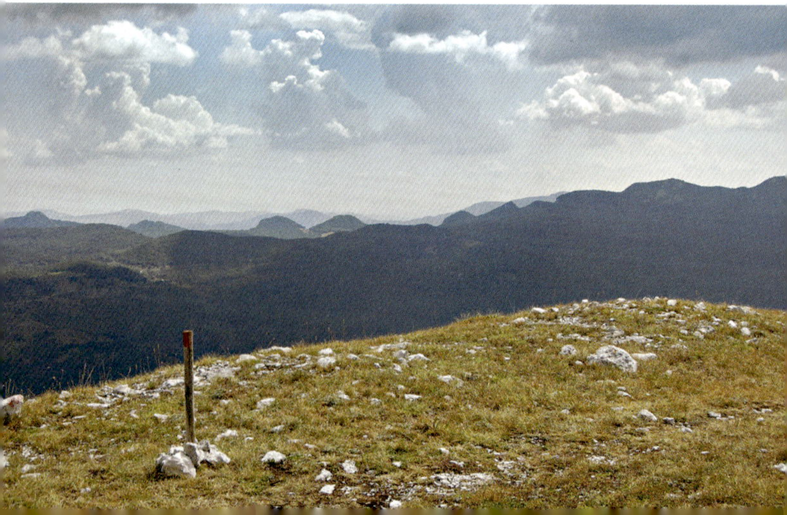

Talorte: Campo di Giove (1064 m; Gemeinde mit ca. 850 Einwohnern), Sommer- und Winterferienort mit reizvollem altem Ortskern, bzw. Roccaraso (1282 m; siehe Tour 34). Busverbindungen mit Sulmona und Castel di Sangro.
Ausgangspunkt: Stazione di Palena (1257 m), Haltepunkt an der Bahnverbindung Sulmona – Roccaraso (bzw. Neapel) in freier Landschaft (derzeit, 2014, nicht in Betrieb). Anfahrt auf der SS 17 von Sulmona in Richtung Roccaraso, kurz davor weiter in Richtung Palena bis zur Bahnstation (10 km ab Roccaraso), die bei der Abzweigung in Richtung Campo di Giove liegt. Kostenfreier Parkplatz an der Stazione di Palena; direkt am Beginn des Bergpfades zum Gipfel ein paar Stellplätze links und rechts der Straße. Alternative Anfahrt über Cansano und Campo di Giove Richtung Palena (12 km). Anfahrt mit dem Bus: Da die Busse selten fahren, vorher die Fahrzeiten abfragen. Der Bus ist hier ein ideales Verkehrsmittel, wenn man die gesamte Strecke bis Campo di Giove wandern will.
Markierungen: Rot-weiß.
Höhenunterschied: 890 Hm im Aufstieg wie im Abstieg.
Anforderungen: Der Anstieg zum Gipfel erfolgt auf leichtem Bergpfad und ist auch für Nicht-Schwindelfreie gut machbar.
Einkehr und Unterkunft: Unterwegs keine. Bar/Ristorante (Mittwoch Ruhetag) an der Stazione di Palena. Wer die zusätzliche Variante begeht, findet in Campo di Giove mehrere Möglichkeiten (z. B. Pizzeria »Il Caminetto«, Bars, Alimentari, Ferienwohnungen, B&B »Al Colle«, Pensione Belvedere, Albergo Abruzzo und Albergo Fonte Romana).
Variante: Der Weiterweg über den Guado di Coccia (1676 m) stellt eine ideale Verlängerung unserer Route nach Campo di Giove dar, verlangt dann aber bei einigen Passagen Trittsicherheit und Schwindelfreiheit. Gehzeit: 3.30 Std. Evtl. ist der Sessellift vom Guado di Coccia hinab nach Le Piane (1160 m) in Betrieb (Tel. +39 0864 408164).

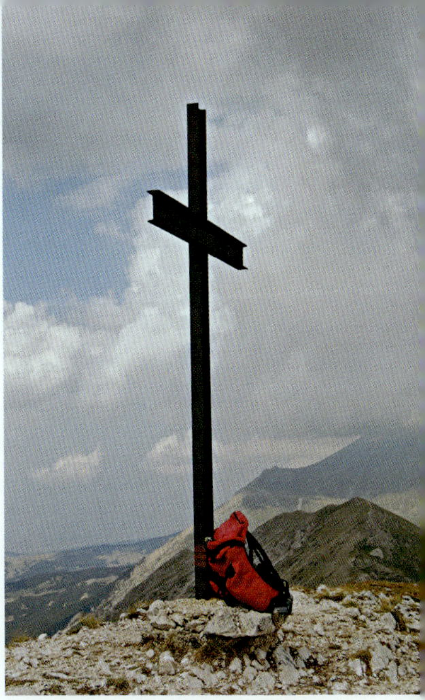

Das Gipfelkreuz am Monte Porrara mit Blick in Richtung Montagne del Morrone.

Hinweis: Der in der Karte des Nationalparks Majella verlockend eingezeichnete Rückweg über Lucine und Madonna dell'Altare sollte in keinem Fall begangen werden. Die Markierungen sind nahezu verschwunden und der Weg kaum noch auffindbar.

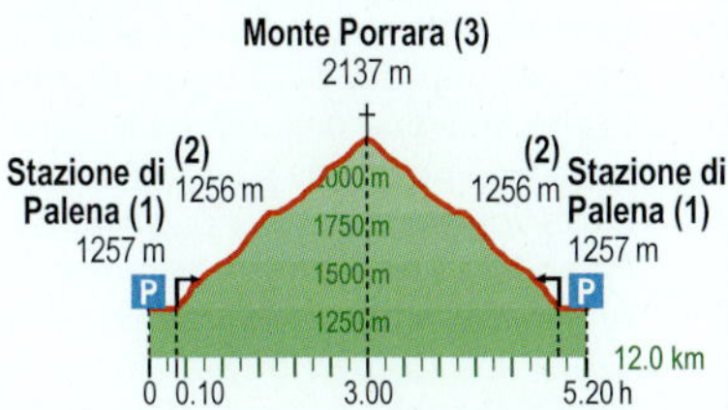

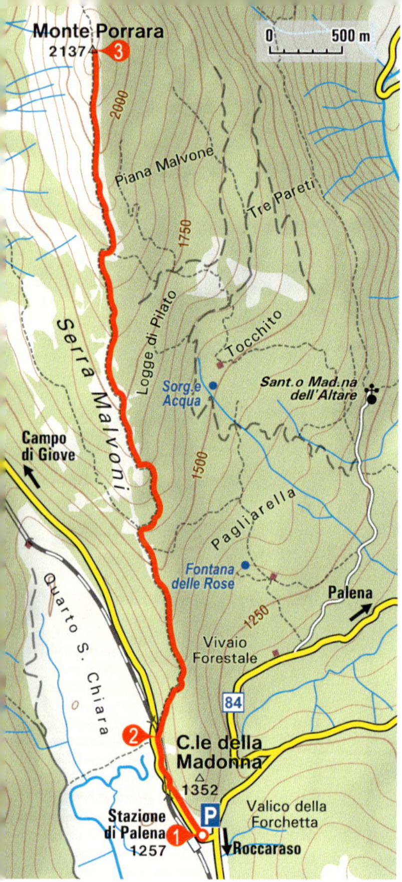

Von der **Stazione di Palena (1)** folgen wir zunächst 700 Meter der Fahrstraße in Richtung Campo di Giove (wenig befahren, aber kurvig und daher unübersichtlich), bis auf der rechten Seite ein markierter Pfad (rot-weiß; auf Stein gemalt: »M. Porara«) abzweigt **(2)**. Diesem folgen wir in den angenehm schattigen Wald hinein (zuerst einige Kiefern, dann Buchenwald). Wir steigen immer in leicht nordöstlicher Richtung an, bis wir die Kammhöhe erreichen (15 Min. von der Straße). Dort verzweigt sich der Weg, wir halten uns links, bleiben auf der Kammhöhe. Wir durchstreifen hier Niederwald, der mit Wacholder und Ginster durchsetzt ist. Wir passieren einige freie Flecken, dann geht es – immer langsam ansteigend – durch Wald stetig bergan. Gelegentlich schöne Ausblicke. Nach einer knappen Stunde Gehzeit verläuft unser Weg rechts haltend durch Buchenwald, verlässt diesen dann nach rechts und führt links haltend in Serpentinen über eine freie Fläche höher. Bald wieder links in den Wald hinein und erneut hinauf zur Kammhöhe. Wir steigen nun mit freiem Blick weiter hinauf, durchqueren zwei weitere Buchenwäldchen (Markierungsstangen erleichtern die Wegsuche, falls Schnee liegt). Nach etwa zwei Stunden verlassen wir endgültig die Waldzone und erreichen ein bizarres Felsgebilde, die **Logge di Pilato**. Wir wandern am oberen Rand der **Piana Malvone** entlang, halten uns rechts, dann wieder links – und steigen anschließend etwas steiler in einer halben Stunde hinauf zu einem Vorgipfel. Links vor uns sehen wir das Hochtal von Peligna, rechts streift der Blick über Palena und Lettopalena hinaus bis zum Meer. Nun haben wir den weiteren Anstieg gut im Visier; der Pfad verläuft rechts der Kammhöhe direkt auf den Gipfel des **Monte Porrara (3)** zu, den ein eisernes Kreuz schmückt.
Die **Rückkehr** erfolgt auf dem Anstiegsweg.

3.00 Std.

Grotta del Cavallone

27

Ein großartiges Höhlenerlebnis mit zwei Abstiegsvarianten

Die »Grotta del Cavallone« auf der Südostseite des Majellagebirges gehört zu den bedeutendsten Tropfsteinhöhlen ganz Italiens, zugleich ist sie auch eine der höchstgelegenen in ganz Europa. Diese großartige, erst zum Teil erschlossene Karsthöhle befindet sich im oberen Teil des Vallone di Taranta zwischen Lama dei Peligni und Fara San Martino. Ihren Namen hat sie aufgrund der besonderen Form des Höhleneingangs, der einem Pferdekopf ähnelt. Vermutlich waren es Hirten, die als Erste von der Existenz dieser Höhle erfahren haben. Erste nachweisliche Spuren einer Erkundung lassen sich bereits für das Jahr 1666 feststellen. Die wissenschaftliche Erkundung begann im Jahre 1912. Die im Jahre 1894 gegründete Gesellschaft zur Erkundung der Höhle (Società delle Grotte e del Bue) förderte schon bald touristische Interessen und baute einen Zugang zur Höhle, der sich mitten in einem Felsabbruch befindet (zuvor behalf man sich mit Hanfseilen). Dann wurden im Inneren Pfade und Holztreppen angelegt (die an einigen Stellen noch heute zu sehen sind). Auch ein Führer-Service wurde angeboten.

Der italienische Schriftsteller Gabriele D'Annunzio hat dort die Geschichte von »La figlia di Jorio« angesiedelt, was zeitweise das Interesse an der Höhle verstärkte. Zwischen den beiden Weltkriegen erlahmte jedoch der Zustrom. Erst als im Jahre 1978 eine Seilbahn gebaut wurde, kam neues Interesse auf. Die Stehgondeln sind jeweils nur für zwei Personen konzipiert – damit ist schon bei der Auffahrt ein umfassender Rundblick garantiert. Von der Bergstation, an der es einen kleinen Bar- und Restaurantbetrieb gibt, steigt man in 20 Minuten zum Höhleneingang auf. Die Höhle kann nur im Rahmen einer Führung besichtigt werden. Wer des Italienischen nicht mächtig ist, bekommt ein Blatt mit englischem Text in die Hand gedrückt.

In der näheren Umgebung der Höhle gab es die erste Ansiedlung der Abruzzengämse im Gebiet der Majella. Mittlerweile ist eine stattliche Schar zusammengekommen. Wir können dieser Tiere immer wieder bei unseren Erkundungen in der dortigen Bergwelt ansichtig werden, falls wir für den Abstieg eine der beiden vorgeschlagenen Varianten wählen.

Der große Eingang zur Grotte.

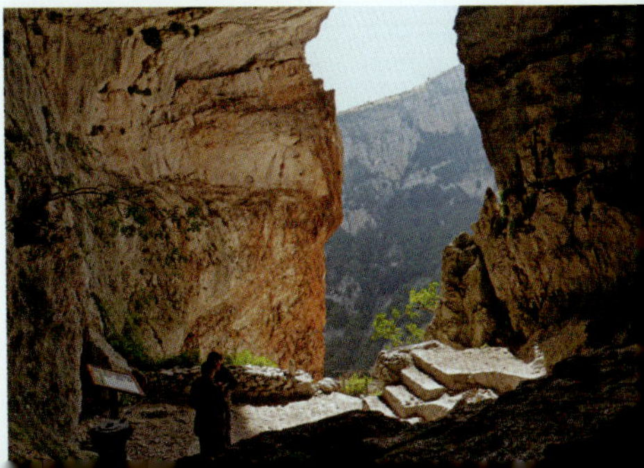

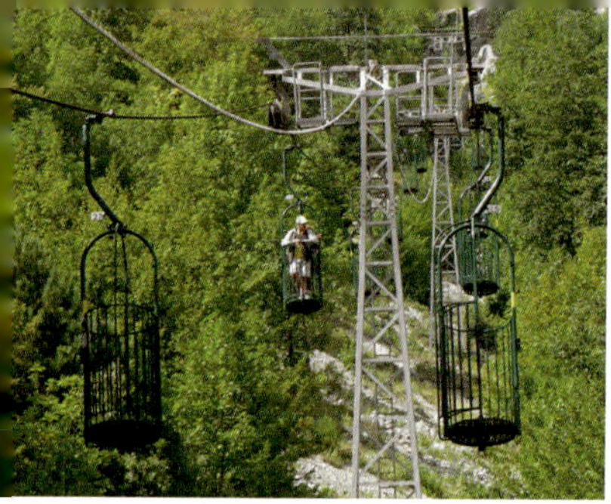

Der »Aufstieg« ist auch mit diesem Standlift möglich.

Talort: Lama dei Peligni (669 m). Kleiner reizvoller Ort mit etwa 1400 Einwohnern an der Straße von Chieti nach Palena. Sehenswert sind die Kirchen Chiesa parrocchiale di San Nicola e San Clemente und Chiesa Santa Maria della Misericordia e Convento di Sant'Antonio da Padova sowie mehrere hübsche Palazzi.
Ausgangspunkt: Talstation der Funivia (759 m), oberhalb der SS 84 Frentana, die wir von dieser auf einem kleinen Sträßchen nach 600 m erreichen. Dort Parkplatz. Anfahrt von Chieti (33 km) oder über die A 14 bis Ausfahrt Val di Sangro, dann auf der SS 652 weiter und über Casoli nach Lama dei Peligni. Von dort sind es noch 3 km in Richtung Palena bis zum Ausgangspunkt.
Markierungen: Rot-weiß; Mark.-Nr. H4 und H6.
Höhenunterschied: 700 Hm im Aufstieg wie im Abstieg; bei Benutzung der Seilbahn nur 80 Hm.
Anforderungen: Der Zugang wird im Sommer (von Juli bis September) durch eine Seilbahn erleichtert. Von dort sind es noch 20 Minuten zu Fuß auf einer Steiganlage. Der Anstieg kann aber auch zu Fuß unternommen werden (schmaler Schotterweg). Die »Himmelsleiter« ist sehr gut gesichert, sodass auch Nicht-Schwindelfreie den Anstieg wagen können. In der Höhle – trotz des gut angelegten Steiges aus Betonstufen und Eisengeländern – ist Trittsicherheit erforderlich (die Stufen und Wege sind meist feucht). Gutes Schuhwerk und warme Kleidung (Anorak) unbedingt nötig. Die Temperatur liegt das ganze Jahr gleichbleibend bei etwa 10 °C.
Seilbahn (Funivia): Betriebszeiten von Mai bis Ende September 8.30–15.30 Uhr, in der Hauptsaison bis 17.15 Uhr; sie korrespondieren mit den Öffnungszeiten der Höhle. Die Führungszeiten variieren (in der Hochsaison letzte Tour um 16 Uhr).
Einkehr und Unterkunft: Bar/Ristorante an der Talstation. Restaurant und Bar »La Locanda di D'Annunzio« (1388 m) an der Bergstation der Seilbahn.
An den Varianten: Rifugio Macchia di Taranta (1703 m; wurde im Jahr 2002 restauriert; besteht aus drei Zimmern, von denen eines immer zugänglich ist, die beiden anderen nur mit Schlüssel vom CAI Lanciano, 10 Lager; im Juli und August an den Wochenenden bewartet; E-Mail: comuneditarantapeligna@tin.it oder Tel. +39 0872 910118). Rifugio Fonte Tarì (1540 m; ein Raum ist immer zugänglich; ansonsten Schlüssel über CAI Guardiagrele, 12 Lager, Brunnen direkt neben der Hütte; Tel. +39 0871 84624 oder E-Mail: comlama@tin.it).
In Lama dei Peligni: Albergo Tiroasegno und Casa Vacanze »Il Camoscio«. Ristorante-Pizzeria »NewMoon« sowie einige Bars.
Varianten: 1. Wer vom Auto unabhängig ist, kann von der Bergstation auch über das Rifugio Fonte Tarì hinab nach Lama dei Peligni wandern (Mark.-Nr. H4). Wie bei Variante 2 zur ersten Wegverzweigung links von der Bergstation, dort rechts (Mark.-Nr. H4). Gehzeit 2.30 Std.
2. Als Rundtour eignet sich die Wanderung von der Bergstation über das Rifugio Macchia di Taranta: Direkt hinter der Bergstation folgen wir dem Zufahrtsweg nach links, wo dann nach wenigen Metern der Wanderweg nach rechts (Wegweiser Rifugio Macchia di Taranta) abzweigt. Der Weg führt über Schotter und durch Buschgelände zur tiefsten Linie

des Hochtals, dann weiter aufwärts bis zu einer Wegkreuzung. Geradeaus weiter (Mark.-Nr. H4) und dann steil hinauf bis zu einer Weggabelung oberhalb; dort nehmen wir den links abzweigenden Steig (Mark.-Nr. H6), der uns zunächst unter Felsen entlang, dann eben durch einen Schutthang zur Abbruchkante (1864 m) des Vallone di Taranta führt. Dort hinauf und jenseits davon, bei einer Wegkreuzung, links weiter und über freies Gelände hinab zum Rifugio Macchia di Taranta. Der Abstieg zur Staatsstraße erfolgt weiterhin auf Bergsteig, wobei wir aber die weiten Serpentinen des alten Wegs meist abkürzen; die Route führt dann überwiegend durch Wald. An der Staatsstraße links noch 600 m weiter bis zum Abzweig der Zufahrtsstraße zur Talstation der Funivia und auf dieser zurück zum Parkplatz. Anforderungen: Bis zur Bergstation Schotterweg, dann Bergsteig; Trittsicherheit erforderlich. Gehzeiten: Bergstation – Rifugio Macchia di Taranta 1.30 Std.; Abstieg und Rückkehr zur Talstation der Funivia 2 Std.; insgesamt:

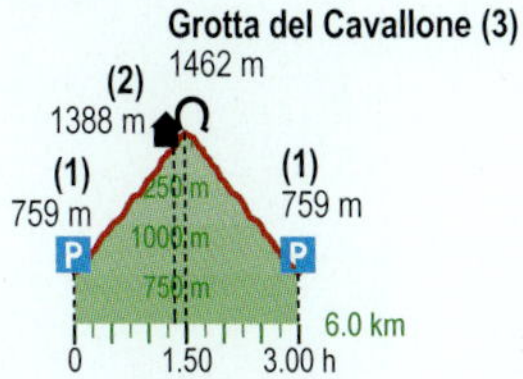

3.30 Std. Höhenunterschied: 1170 Hm im Aufstieg wie im Abstieg (ohne Benutzung der Seilbahn).

Hinweis: Die Höhle ist nach Seilbahnrevision wieder zugänglich. Öffnungszeiten, Eintrittsgebühren und Details für einen Besuch der Höhlen unter: grottedelcavallone.it, Tel. +39 0872 910203.

Tipp: In Lama dei Peligni gibt es das »Museo Naturalistico Archeologico M. Locati«, in dem wir mittels Dioramen und didaktischen Tafeln sowie mit multimedialer Unterstützung die Fauna der Gegend sowie archäologische Fundstücke, die bis in prähistorische Zeiten zurückreichen, betrachten können.

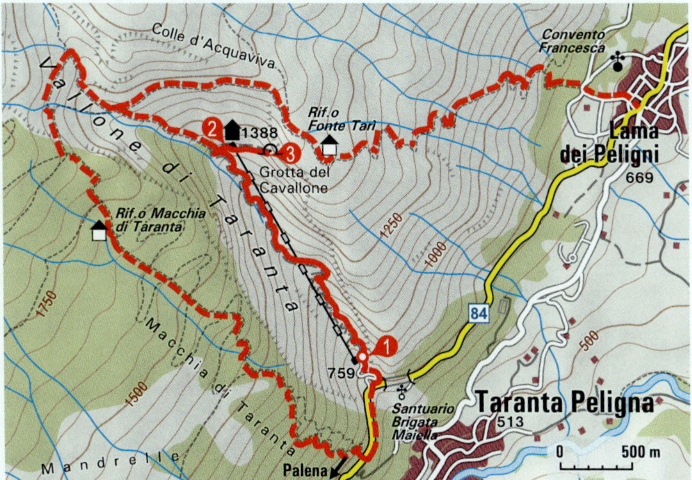

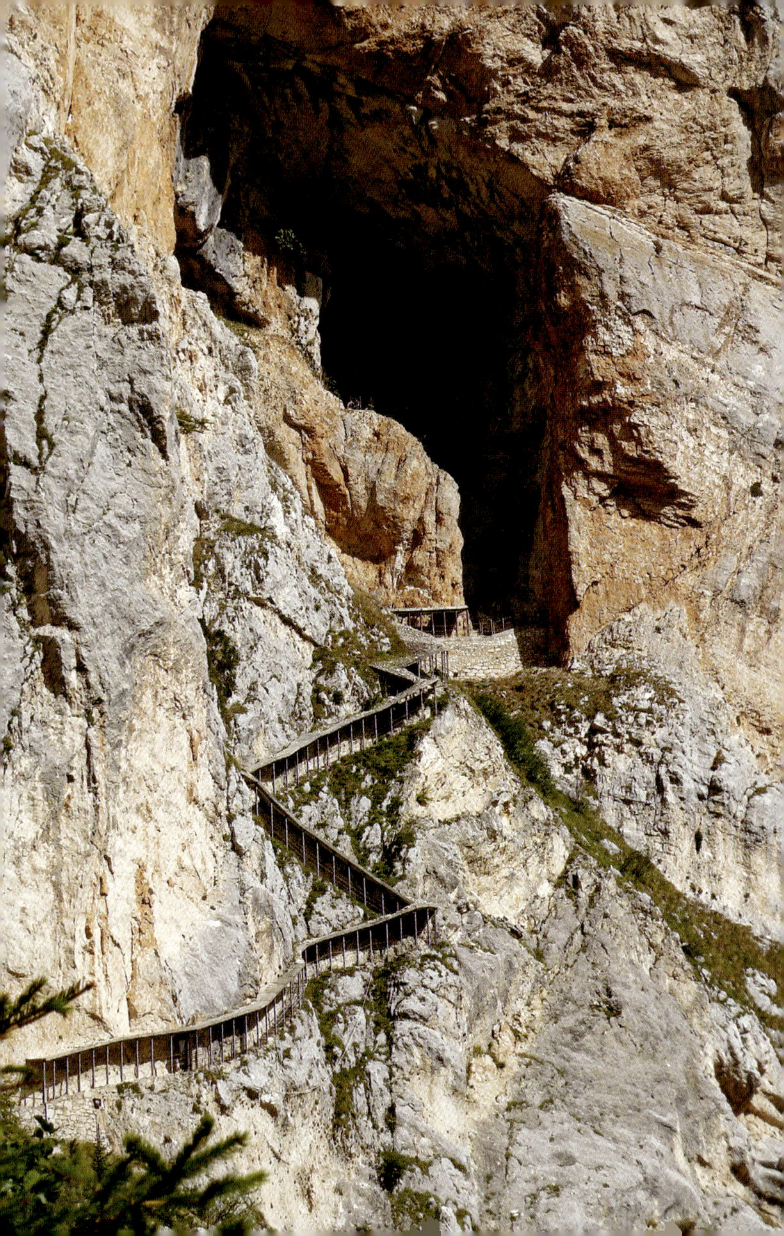

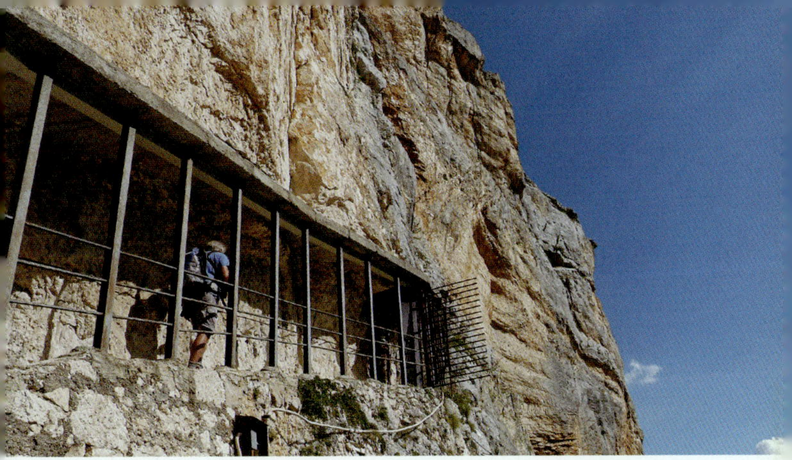

Der in die Felsen geschlagene, überdachte Steig (links u. oben) zum Eingang der Grotte.

Vom **Parkplatz (1)** an der Talstation folgen wir dem schmalen Schotterweg rechts von der Bahntrasse bergwärts durch lichten Wald, unterqueren die Bergbahn nach etwa der Hälfte der Strecke und wandern dann über einige Serpentinen durch kleine Waldstücke und über offenes Gelände im Talboden des Vallone di Taranta hinauf zur **Bergstation (2)**, die wir zuletzt in einem Rechtsbogen erreichen. Wir passieren diese auf deren Rückseite und folgen dem schön angelegten Bergwanderweg, der uns direkt auf die Felsen zuleitet, in der sich die Höhlen – bereits weithin sichtbar – befinden. Das letzte Stück stellt eine faszinierende Wanderung dar. In die fast senkrecht abstürzenden Felsen wurde eine massive, überdachte Steiganlage gebaut, die wie eine Himmelsleiter zum Eingang der **Grotta del Cavallone (3)** führt, dabei sind etwa 300 Stufen zu bewältigen – der Aufstieg kann also in die Knie gehen. Am Eingang erwartet uns der oder die Führer/in. Heute ist die Höhle gut ausgeleuchtet, sodass keine Orientierungsprobleme bestehen. Zu Beginn der touristischen und wissenschaftlichen Erkundungen wurden Öl- oder Pechfackeln benutzt, deren Spuren leider noch heute zu sehen sind. Wir durchwandern mehrere beeindruckende Höhlen im leichten Auf und Ab. Das weit verzweigte Höhlensystem hat auch einen Ausgang auf der anderen Seite des Bergrückens, der aber nicht benutzt werden darf. Wir können jedoch den Luftzug spüren, auf den uns die Führerin hinweist. Der gesamte Weg beträgt einen Kilometer, auf dem wir unter anderem faszinierende Stalaktiten und Stalagmiten, die teilweise zu märchenhaften Figuren geformt sind, betrachten können. Die Breite der Höhle erreicht bis zu 20 Meter und die Höhe 10 bis 15 Meter.
Die **Rückkehr** erfolgt auf dem Anstiegsweg.

28 Gole di Santo Spirito und Grotta dei Callarelli

8.30 Std.

Durch eine großartige Schlucht hinauf zu alten Weideplätzen

Fara San Martino ist kein spektakulärer Ort, aber seine Lage direkt am Eingang der Gole di Santo Spirito und am Fuß gewaltig aufstrebender Bergflanken macht ihn doch zu etwas Besonderem. Bekannt ist der Ort vor allem für seine Pastaproduktion (»De Cecco«, »Del Verde«). Diese Wanderung führt uns in einen der wildesten Teile der Majella. Nach der Durchwanderung der gewaltigen Schlucht steigen wir hinauf ins Valle Serviera, wo wir auf zahlreiche verlassene Höhlen der früheren Schafhirten treffen, darunter die größte unter ihnen, die Grotta dei Callarelli. Dort oben bietet sich uns auch ein großartiges Panorama der südöstlichen Randgipfel der Majella, aber auch weit hinaus in die Region Molise. Da wir uns in ein ehemaliges, grünes Weidegebiet begeben, treffen wir immer wieder auf Wasserstellen, die wir zum Auffüllen unserer Wasserflaschen nutzen können. Auch haben wir gute Chancen, Gämsen und Adler zu sehen. Einziges Manko auf dieser Tour ist der zu bewältigende Höhenunterschied: Er beträgt immerhin über 1200 Meter.

Die Grotta dei Callarelli hoch über dem Valle Serviera.

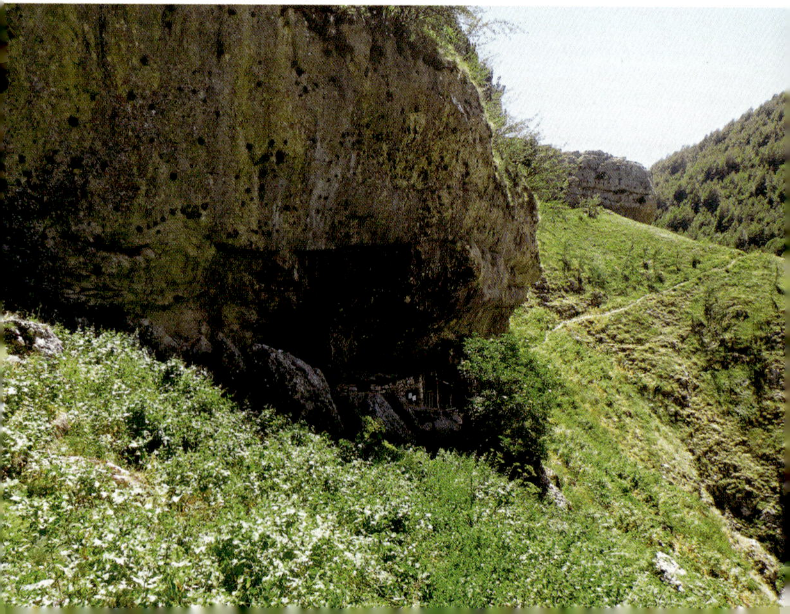

Talort: Fara San Martino (440 m). Gemeinde mit über 1500 Einwohnern auf der Ostseite der Majella, sie befindet sich am Ausgang der Gole di Santo Spirito. Der Ort geht auf eine mittelalterliche Klostergründung zurück, von der jedoch keine Spuren mehr vorhanden sind. Heute ist der Ort eher gesichtslos bzw. wird von den großen Gebäuden der Nudelfabrik dominiert. Daher wird sie als »Città dell Acqua e della Pasta« beworben.

Ausgangspunkt: Wanderparkplatz (480 m) etwas oberhalb des Ortes, 300 Meter vor dem Eingang in die Schlucht. Anfahrt: Von der Küste auf der A 14, Ausfahrt Val di Sangro, dann weiter auf der SS 652 in Richtung Castel di Sangro, dann Abfahrt nach Casoli und weiter nach Fara San Martino. Oder von Chieti über die SS 81 nach Guardiagrele und weiter auf der SS 263 nach Fara San Martino. Oder von Roccaraso (41 km) auf der SS 84 über den Valico della Forchetta, Palena und Lama dei Peligni nach Corpi Santi und links ab nach Fara San Martino. Am westlichen Ortsausgang (Richtung Roccaraso) führt ein Teersträßchen rechts hinab und setzt sich auf einem Sandsträßchen in Richtung Schluchteingang fort (Wegweiser »Monte Amaro«, »Gole e Monastero di San Martino«).

Markierung: Rot-weiße Farbmarkierungen, Mark.-Nr. H1, G6 und G3.

Höhenunterschied: 1415 Hm im Aufstieg wie im Abstieg.

Anforderungen: Zu Beginn breite Schotterwege in die Schlucht, bis sich diese verengt, dann steinige Bergwanderwege. Im weiteren Verlauf hinauf ins Valle Serviera schmale Bergwege, die Trittsicherheit und Schwindelfreiheit erfordern.

Einkehr und Unterkunft: Unterwegs keine. Bivacco Grotta dei Callarelli (1560 m), teilweise mit Trockenmauern abgeschlossene Höhle, die zu einer Selbstversorgerunterkunft umfunktioniert wurde, 5 Schlafplätze, immer offen. In Fara San Martino das Hotel Camerlengo mit Restaurant, Bars und Läden zum Einkaufen. In der Umgebung: B&B »L'Arcobaleno« in Palombaro sowie »Casa Albergo Tiroa Segno« in Lama dei Peligni.

Hinweis: In Fara San Martino gibt es ein Besucherzentrum (Piazza Municipio, Tel. +39 0872 980970) mit einer naturkundlichen Sammlung, Nachbildungen von Hirtengrotten sowie audiovisuellen Einrichtungen. Gute Vorbereitung für den Besuch des Valle di Santo Spirito.

Tipp: Am Ausgangspunkt (Hinweistafeln) befindet sich die archäologische Ausgrabungsstätte »Monastero Sepolto«.

Vom **Wanderparkplatz (1)** bei **Fara San Martino** wandern wir auf breitem Schotterweg auf den Schluchteingang zu und betreten das **Valle di Santo Spirito**. Schon nach wenigen Minuten erreichen wir den spektakulären Einlass, einen nur eineinhalb bis drei Meter breiten Felsspalt, der von steil aufragenden, über 100 Meter hohen Felswänden gebildet wird. Nach 60 Metern weitet sich das Schluchttal zu einem Kessel (rechts Überreste einer Klosterkirche). Etwas oberhalb treffen wir auf einen **Picknickplatz** unter einem überhängenden Felsen (Tisch, Bänke, eingefasste Quelle). Nach dem nahezu ebenen Eintritt in die Schlucht steigt unser Weg nun an und verengt sich zu einem Pfad (Mark.-Nr. H1). Unsere Route hält sich vorwiegend auf der rechten Seite. Einen riesigen Schuttkegel umgehen wir rechts (auch die linke Spur führt nach oben) und folgen der Markierung »F1« (gelb auf grünem Grund). Die Schlucht verengt sich nun wieder, dann wechselt unser Weg auf die linke Seite des Talkessels. Wir steigen weiter an und erreichen eine nahezu ebene Geländestufe, die links von Trockensteinmauern begrenzt wird. Nun folgt eine aufregende Felspassage, die von 200 Meter hohen, senkrech-

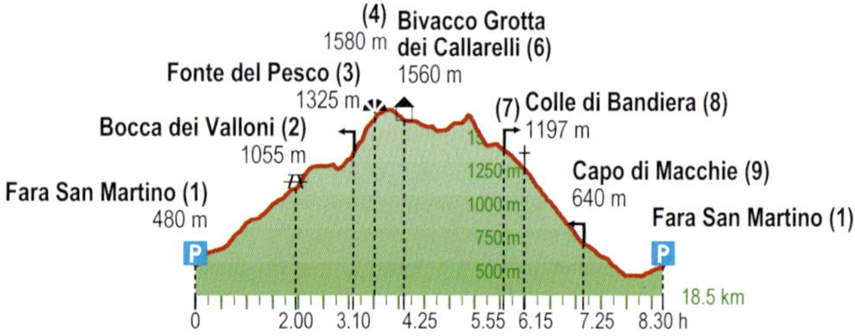

ten Felsen gebildet wird und in Form einer Schleife weiterführt. Jenseits davon erreichen wir einen schönen **Rastplatz** unter Rotbuchen (Tisch, Bänke, eingefasste Quelle). Zunächst geht es ansteigend weiter durch einen grasigen Talgrund mit einigen Buchen, dann folgt ein ebener Wegabschnitt. Bald ist ein großes, steil ansteigendes **Blockfeld** erreicht. Die Markierung auf einem großen Felsblock weist uns nach rechts, über zahlreiche Serpentinen steigen wir an, passieren eine Felspassage und erreichen so eine weitere, grasige Geländestufe mit vereinzelten Felsblöcken und lichtem Laubwald. Vor uns sehen wir die ersten steilen Gipfelhöhen. Wir steigen durch den Wald an und nach einer guten Viertelstunde erreichen wir die Weggabelung bei der **Bocca dei Valloni (2)** (1055 m; Picknickplatz mit Tisch und Brunnen). Dort halten wir uns rechts, queren einen Bachgrund und wandern über steile Serpentinen (Mark.-Nr. G6) durch Wald hinauf. Nach etwa 150 Höhenmetern biegt der Weg nach rechts und führt nahezu eben durch den bewaldeten Berghang, der uns bei einigen Lichtungen schöne Tiefblicke in die Gole di Santo Spirito ermöglicht. Nach einem erneuten, kurzen Anstieg treffen wir auf eine **Wegverzweigung (3)** (rechts ca. 25 Meter zur **Fonte del Pesco**); wir halten uns links und steigen über kurze und steile Serpentinen weiter aufwärts, biegen dann nach rechts und erreichen so die **Kammhöhe (4).** Rechts bietet sich mit der Erkletterung eines Felsvorsprungs ein herrlicher **Aussichtspunkt** (1580 m) ins Valle Serviera.

Anschließend steigen wir links haltend weiter an, queren hoch über dem Talgrund das **Valle Serviera** und steigen durch einen Buchenwald hinab zum freien Talgrund, wo uns eine **Wegverzweigung (5)** und einige Höhlen erwarten. Wir queren auf schmalem Pfad hinab zum steinigen Bett des Acquaviva und erreichen nach einem kurzen Gegenanstieg durch freies Gelände das **Bivacco Grotta dei Callarelli (6)**. Dort, wo früher Hirten Zuflucht fanden, können auch wir Unterschlupf finden, wobei eine Übernachtung wohl den Hartgesottenen unter uns vorbehalten sein wird. Wir queren in leichtem Auf und Ab den Hang und kommen mehr als 400 Meter hoch über dem Valle Serviera an weiteren Hirtenunterständen vorbei. Wir steigen wieder leicht an und treten erneut in den Wald ein. Nun steiler bergan, über einen Graben und in kurzen Serpentinen hinauf zum Grat (mit herrlicher Aussicht). Unser Weg führt in weiteren steilen Kehren bergan, bevor er uns steil über Serpentinen hinableitet in den Grund (1510 m) des felsigen Amphitheaters der Cima Macirenelle. Rechts geht es im Auf und Ab über die Kammhöhe zur Linken – vorbei an einem weiteren Unterstand – zu einer **Weggabelung (7)** (links führt ein Steig auf die Cima Macirenelle). Wir halten uns halb rechts, steigen hinab in ein Tälchen und auf der Gegenseite an zum **Colle di Bandiera (8)**, wo ein kleines Kreuz den höchsten Punkt markiert und wo wir ein herrliches Panorama genießen. Bei der folgenden Wegverzweigung (1190 m) links und in langer Querung – immer abwärts – zu einem Brunnen mit kleinem Steinbecken. Kurz dahinter erwartet uns eine weitere Wegverzweigung, an der wir aufpassen müssen. Hier rechts und über einen steilen Kamm hinab zum **Capo di Macchie (9)**, wo wir auf einen Fahrweg stoßen. Rechts auf diesem durch Wald hinunter (Mark.-Nr. G3), am Bergfuß entlang zu einem Sträßchen in Nähe der Pastafabrik und rechts am oberen Rand von **Fara San Martino** weiter. Bald zweigt unser Weg rechts ab, führt durch einen kleinen Park, wo sich auch die Quelle des Rio Verde (Namensgeber für eine Pastamarke) befindet, und auf einer Piste zurück zum **Wanderparkplatz (1)**.

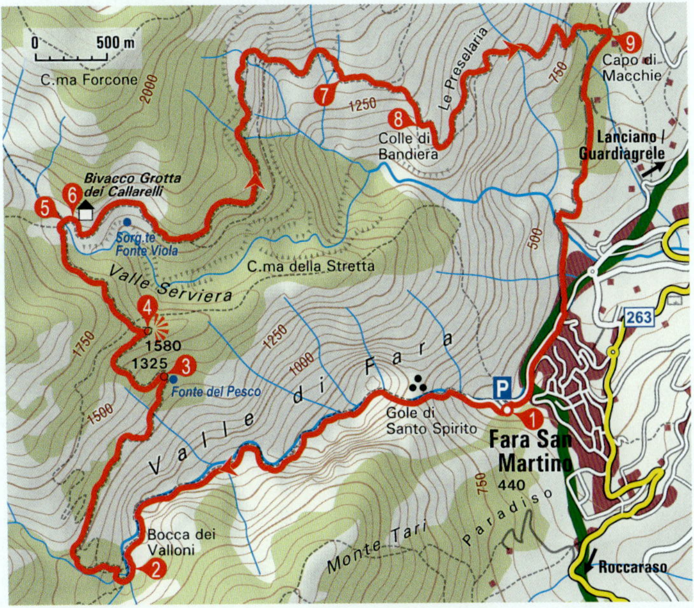

29 Valle dell'Avello – Gobbe di Selvaromana – Maielletta

2 Tage

Durch ein tief eingeschnittenes Tal hinauf zu einer Aussichtswarte

In der östlichen Majella finden wir tief eingeschnittene, waldreiche und wilde Gebirgstäler vor. Eine beliebte Tour ist z. B. der Anstieg von Bocca di Valle zum Wasserfall Cascata di San Giovanni. Wir jedoch wollen Pennapiedimonte aufsuchen, das spektakulär auf einem Felsvorsprung erbaut wurde und sozusagen den Eingang der Avello-Schlucht bewacht, die der Fiume Avello in das Gestein geschliffen hat. Ziel der ersten Etappe unserer Wanderung ist das Vallone delle Tre Grotte, das wir bequem auf einem breiten Weg erreichen, der hoch über dem canyonartigen Bachtal angelegt wurde. Am Ende der gemütlichen Wanderung finden wir einen Picknickplatz vor. Hier können wir umkehren. Um die gewaltige, beeindruckende Schlucht zu erleben, reicht dieser Ausflug. Falls wir jedoch die zweite, längere Etappe dranhängen wollen, wird diese Bergwanderung ein voller Tagesausflug. Er führt uns hinauf auf die Gobbe di Selvaromana und weiter zur Maielletta, wo wir ein großartiges Panorama mit Blick auf den Gran Sasso, die Montagne del Morrone und bis zur Adria genießen können. Es ist eine lange und anstrengende Wanderung, jedoch mit zahlreichen landschaftlichen Höhepunkten.

Talort: Pennapiedimonte (669 m). An einen steilen Abhang erbautes reizvolles, mittelalterliches Dorf am Eingang ins Avellotal mit etwa 500 Einwohnern, dessen Ursprünge aber viel weiter zurückreichen. Reizvolle Gassen und alte Häuser – leider teilweise verlassen. Sehenswert ist die Chiesa San Silvestro e San Rocco.
Ausgangspunkt: Ortsmitte bzw. Parkplatz am obersten Dorfende (700 m, Belvedere Balzolo) von Pennapiedimonte. Anfahrt von Chieti auf der gut ausgebauten SS 81 bis Guardiagrele (oder von der A 25, Ausfahrt Scafa/Alanno, über Manopello dorthin), dann weiter auf der SP 263 nach Pennapiedimonte (9 km von Guardiagrele). Von der Piazza Umberto I. rechts die steile Gasse hoch, dann links in die Via Balzolo, nach der Rechtskurve geradeaus weiter und steil hinauf zum Parkplatz am Ende der Straße.
Markierung: Rot-gelb und rot-weiß so-

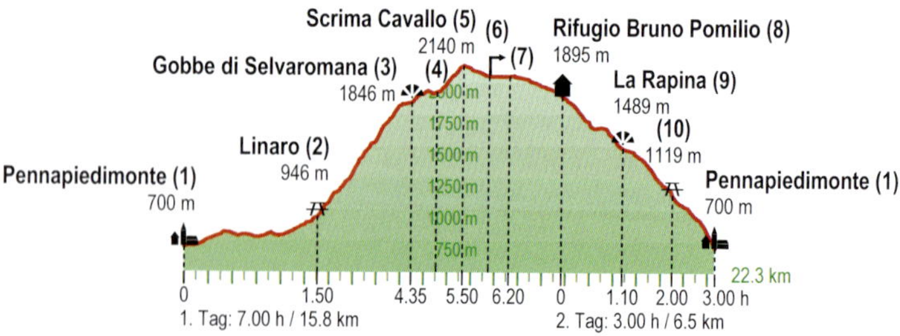

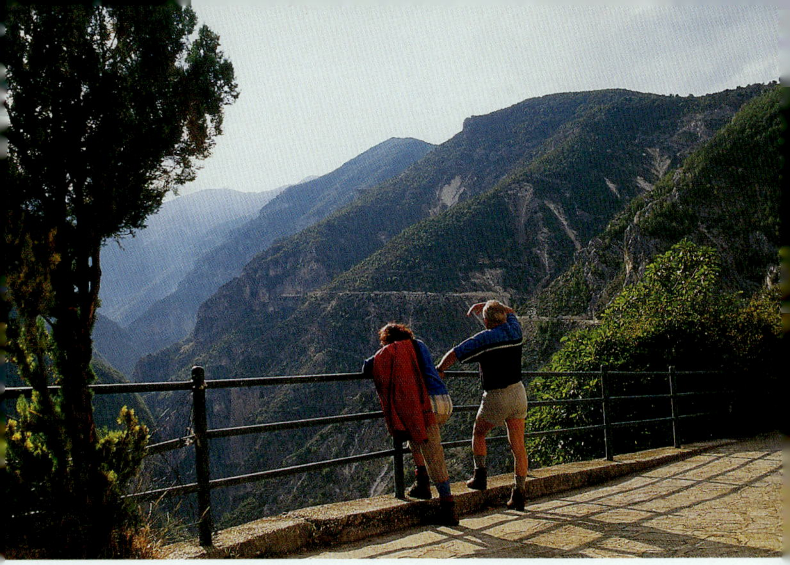

Ausblick vom obersten Punkt in Pennapiedimonte in das Valle dell'Avello.

wie Markierungstafeln »G2« und »G1«.
Höhenunterschied: 1570 Hm im Aufstieg wie im Abstieg.
Anforderungen: Von Pennapiedimonte bis zum Eingang ins Vallone delle Tre Grotte unbefestigter Wirtschaftsweg (am Beginn kurzer Tunnel), dann Bergwanderwege und Bergsteige. Auf der Maielletta 2,5 km Teerweg. Aufgrund der Länge und des großen Höhenunterschieds sowie der Sonnenexposition vor allem in der heißen Jahreszeit konditionell fordernde Wanderung.
Einkehr und Unterkunft: Rifugio Bruno Pomilio auf der Maielletta (1992 m; CAI, 20 Betten, ganzjährig bewirtschaftet, Tel. +39 0871 447830). Es gibt mehrere Wasserstellen entlang der Route. In Pennapiedimonte: Bar »Balzolo« am Ausgangspunkt Belvedere sowie Bar »Di Giorgio«; B&B »Lo Gnomo«, B&B »Casa della Nonna«, B&B »del Castello«; etwas außerhalb Agriturismo/Ristorante »Il Feudo«.
Variante: Falls wir nicht die gesamte Route ausgehen wollen, können wir von P. 1846 auf den Gobbe di Selvaromana rechts auf gutem Bergsteig hinabwandern ins Vallone delle Tre Grotte und so zum Picknickplatz Linaro zurückkehren (2 Std. Gehzeit). Oder, falls wir nur einen kürzeren Ausflug geplant haben, von Linaro ins Tal der »drei Grotten« hineinschnuppern und je nach Laune wieder umkehren und nach Pennapiedimonte hinauswandern.
Hinweis: In Pennapiedimonte gibt es ein Centro Informazioni Parco Nazionale della Majella (Via Calvario, am Ortseingang).

1. Tag: Vom **Parkplatz (1)** am oberen Ortsende von **Pennapiedimonte** – wo wir bereits einen eindrucksvollen Blick in die Schlucht werfen können – folgen wir dem breiten Wirtschaftsweg (Wegweiser am Beginn), der sich auf der Sonnenseite des Tales entlangzieht. Das Sträßchen führt zunächst durch

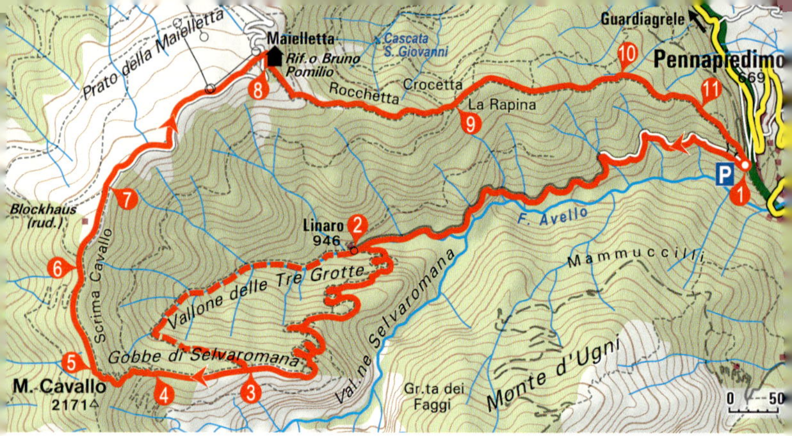

einen **Felstunnel** und schlängelt sich mit einigen Kurven – um die tiefen Gräben auszugehen – langsam höher. Wir passieren einen Picknickplatz, dann geht es weiter, mit spektakulären Tiefblicken in den Canyon. Ein weiterer **Tunnel** wird durchschritten. Rechter Hand passieren wir einige Felswände, die zuweilen von Kletterern besucht werden, auf der gegenüberliegenden Talseite erheben sich die Gipfel der Monte d'Ugni und rechts daneben sehen wir die tiefen Gräben, die sich von der Cima delle Murelle herabziehen. Eine wilde, wahrlich einsame Landschaft. Wir gehen das dritte große Seitentälchen aus, und nach Überschreiten eines Scheitelpunkts (850 m) senkt sich unser Weg etwas ab und erreicht einen Aussichtspunkt (800 m). Wir befinden uns direkt über dem Zusammenfluss der beiden Bachtäler Vallone delle Tre Grotte und Vallone Selvaromana, wo die Natur den Beginn eines großartigen Canyons geschaffen hat. Allmählich nähert sich das Sträßchen dem Bachgrund immer mehr an. Das letzte Stück steigt nun wieder bergan und endet bei einer Wassereinfassung in **Linaro (2)** (946 m). Kurz davor gibt es einen schattigen Picknickplatz mit einem Brunnen, der von einem weißen Kreuz bewacht wird.

Die Fortsetzung der Wanderung beginnt kurz hinter dem Picknickplatz bei einem Felsblock (rot-gelbe Markierung). Wir verlassen den Fahrweg, durchwandern den Talgrund und folgen auf der anderen Seite nun einem Bergweg (Mark.-Nr. G2), der sich den steilen Hang durch Buchenwald hinaufzieht. Bei einer Wegverzweigung halten wir uns rechts und folgen den steilen Serpentinen durch Wald hinauf zur freien Kammhöhe der **Gobbe di Selvaromana (3)**. Dort bieten sich uns ein direkter Blick auf die gewaltige Nordwand der Cima delle Murelle sowie Tiefblicke in die gewaltige Schlucht dazwischen. Wir steigen nun auf dem grasigen Kamm leicht an, überschreiten dessen höchsten Punkt (1931 m) und erreichen leicht abwärts eine **Weggabelung (4)**. (Hier führt rechts ein Pfad, der allerdings nur erfahrenen Bergwanderern vorbehalten ist, hinüber zum Punkt »La Rapina« auf der anderen Talseite.) Wir gehen geradeaus weiter und steigen nun in Serpentinen hinauf zur **Scrima Cavallo (5)**, die wir rechts des Monte Cavallo erreichen. Dort folgen wir rechts haltend dem Kammverlauf auf schönem Wanderweg (Markierung »P«), durchschreiten einen kleinen Sattel und wählen bei der nächsten **Wegverzweigung (6)** den rechten Ast. Leicht ansteigend auf Bergsteig – rechts vorbei am unbenannten kleinen Gipfel, auf dem sich früher das Blockhaus befand –, dann bergab, bis zum Beginn einer **Fahrstraße (7)**. (Links oberhalb befindet sich eine kleine Kapelle.) Wir folgen diesem Sträßchen zunächst eben mit großartiger Aussicht nach allen Seiten, dann abwärts zur großen Antennenanlage und den Parabolspiegeln auf der Maielletta. Dort befindet sich auch das **Rifugio Bruno Pomilio (8)**.

2. Tag: Beim Parkplatz kurz vor dem Refugio zweigt rechts im spitzen Winkel ein Wanderweg (Mark.-Nr. G1) ab. Auf diesem geht es zunächst über einen grasigen Berghang hinab, der Pfad schwenkt dann leicht nach links und folgt dem Kamm in östlicher Richtung. Wir befinden uns nun wieder hoch über der Schlucht des Fiume Avello. Wir halten auf den kleinen Gipfel der Rocchetta zu; bald nimmt uns auch wieder ein Wald auf. Rechts seitlich an der Rocchetta vorbei und in einem leichten Linksbogen hinab zu den buckligen Bergwiesen von **»La Rapina« (9)**, von wo wir herrliche Aussichten genießen können. Leicht ansteigend weiter, bis sich der Weg verzweigt (links geht es weiter nach Bocca di Valle). Wir gehen halb rechts, werden wieder von einem Wald aufgenommen, erreichen jedoch bald eine Lichtung mit Brunnen. Im Folgenden weiter auf einem rauen Wirtschaftsweg in Kehren durch Buchenwald hinab zu einem **Picknickplatz (10)** mit Brunnen. Dann immer geradeaus weiter, bei der Weggabelung auf einer breiten Kammhöhe halten wir uns rechts und wandern auf einem Wirtschaftsweg talwärts. Nach etwa 20 Minuten zweigt rechts ein Bergweg ab **(11)**, dem wir – zuletzt vorbei am großen Wassertank und dem charakteristischen Felsenbogen »Balzolo« – hinab nach **Pennapiedimonte (1)** folgen, das wir direkt an unserem Ausgangspunkt wieder erreichen.

Blick über die Kammhöhe Gobbe di Selvaromana zum Monte d'Ugni.

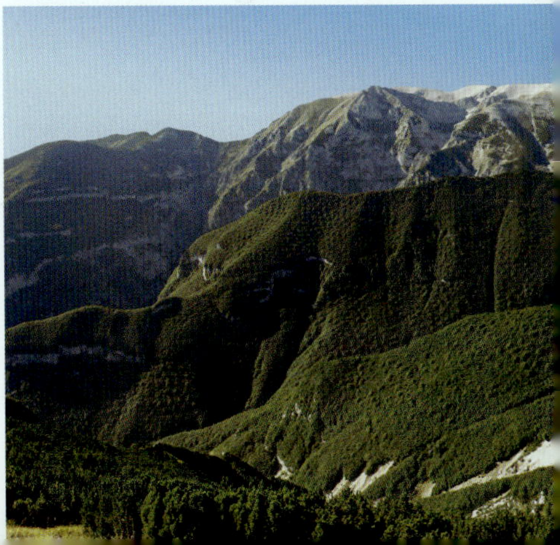

TOP **30**

Von der Maielletta auf den Monte Amaro, 2793 m

11.00 Std.

Großartige Höhenwanderung durch ein Mondgebirge

Der Monte Amaro ist die höchste Erhebung des gesamten Majellagebirges und der zweithöchste Gipfel der gesamten Abruzzen. Seine Besteigung setzt von allen Seiten ein gutes Maß an Kondition und gute Wetterverhältnisse voraus. Der Anstieg von der Maielletta kann wohl als der klassische Anstiegsweg bezeichnet werden; der Anstieg ist zwar lang, spart uns aber beträchtliche Höhenmeter, da der Startpunkt schon nahe an der 2000-Meter-Grenze liegt. Wandern wir in den ersten zwei Stunden noch durch freies Grasgelände und durch Latschengebüsch, bewegen wir uns auf den restlichen zwei Dritteln der Route in einem ariden, wüstenartigen Gelände, das keinerlei Schatten bietet und uns den Eindruck vermittelt, in einer Mondlandschaft unterwegs zu sein. Zahlreiche Besucher des Gipfels verbinden diese Tour mit einer Übernachtung in einer der beiden Biwakschachteln, bevorzugt natürlich dem Bivacco Mario Pelino, das sich nur wenige Meter unterhalb des Monte Amaro befindet. Wer unabhängig vom Pkw ist, kann z. B. diese Route mit dem langen Abstieg nach Fara San Martino (siehe Tour 32) oder hinab zur Lama Bianca (siehe Tour 31) kombinieren.

In zahlreichen Karten taucht der Begriff »Blockhaus« auf, der uns an heimatliche Gefilde erinnert. Die Reste dieser ehemaligen Hütte liegen nicht direkt an unserer Route, sondern auf der unbenannten Kuppe am Ende der Teerstraße. Sie soll in früherer Zeit als Stützpunkt für die Bekämpfung der Briganten gedient haben, die sich in den Schluchten der Majella versteckten.

Das Bivacco Carlo Fusco ist ein guter Stützpunkt, um Wild zu beobachten.

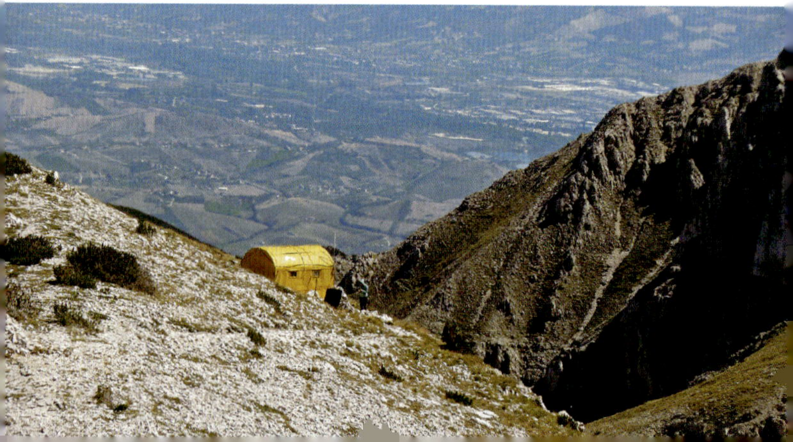

Talort: Lettomanoppello (370 m). Mittelalterliches Dorf mit 3000 Einwohnern am Rand des Nationalparks Majella.
Ausgangspunkt: Wanderparkplatz auf der Maielletta (1892 m). Anfahrt von der A 25, Autobahnausfahrt Scafa/Alanno, dort rechts der Ausschilderung Passo Lanciano (kurz auch dem Wegweiser Popoli) folgen, dann links über Lettomanoppello zum Passo Lanciano (1310 m; 18 km). Dort rechts weiter durch Wald, dann über die Prato della Maielletta in Kehren hinauf zu den unübersehbaren Masten, Antennen und Parabolspiegeln, wo die öffentlich befahrbare Straße endet (ca. 28 km ab Autobahnausfahrt). Keine öffentliche Busverbindung.
Markierung: Rot-weiß sowie die Markierung der Nationalparkverwaltung »P«. Auch wenn die Markierung eher spärlich ist, so ist sie doch immer eindeutig.
Höhenunterschied: 1465 Hm im Aufstieg wie im Abstieg.
Anforderungen: Konditionell anspruchsvolle Wanderung; zu Beginn auf Teerweg, dann auf Bergwanderwegen und Bergpfaden, zuletzt nur noch Pfadspuren. Nach den Tre Portoni beginnt eine längere Passage, die Trittsicherheit und Schwindelfreiheit voraussetzt. Wenige rot-weiße Markierungen, überwiegend dienen Steinmänner zur Orientierung. Die Route ist jedoch nicht schwierig zu finden. Erhebliche Probleme können jedoch bei Nebelbildung auftreten. Nahezu kein Schatten, daher unbedingt Kopfbedeckung mitnehmen.
Einkehr und Unterkunft: Am Anfahrtsweg Bar und Tavola calda am Passo Lanciano (1310 m); Hotel Panorama und Hotel Mamma Rosa mit Lo Chalet an der Maielletta (alle drei ganzjährig bewirtschaftet). Rifugio Bruno Pomilio (1992 m; CAI, 20 Betten, ganzjährig bewirtschaftet, im Sommer/Herbst mit Auto erreichbar, im Winter nur zu Fuß oder mit Ski; Tel. +39 0871 447830) auf der Maielletta. Bivacco Carlo Fusco (2450 m; CAI Chieti, 8 Lager, immer offen, Wasserstelle 1 Std. unterhalb, an der Sella Acquaviva, 2097 m); Bivacco Mario Pelino (2790 m; CAI Sulmona, immer offen, 10 Lager, nur Matratzengestelle, Schlafsack und Matte mitbringen, kein Wasser).

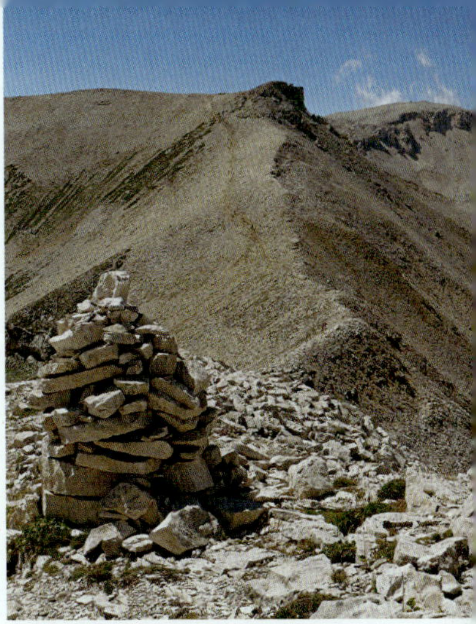

Aufstiegsroute zum Monte Focalone.

Varianten: 1. Am Ende der Fahrstraße (gesperrt) befindet sich eine kleine Kapelle; dort können wir auf einem steinigen Steig die Route um ca. 15 Min. verkürzen. An der Kapelle links vorbei und leicht ansteigend durch Latschen durch die Ostflanke eines unbenannten kleinen Kammgipfels, dann wieder absteigend, bis rechts der Normalweg (Mark. »P«) einmündet.
2. Am dritten Sattel bei den »Tre Portoni« folgen wir nach zehn Minuten nicht dem nach links führenden, ausgesetzten Steig, sondern schlängeln uns durch Gesteinsblöcke in direkter Linie hinauf zu einem kleinen Felsentor und folgen dann jenseits, immer links haltend, den Pfadspuren hinab zur Pozzo di Monte Amaro.
Hinweis: Auf der gesamten Strecke herrscht Wassermangel, daher genügend Flüssigkeit mitnehmen; lediglich an der Sella Acquaviva (2097 m) gibt es einen Brunnen.

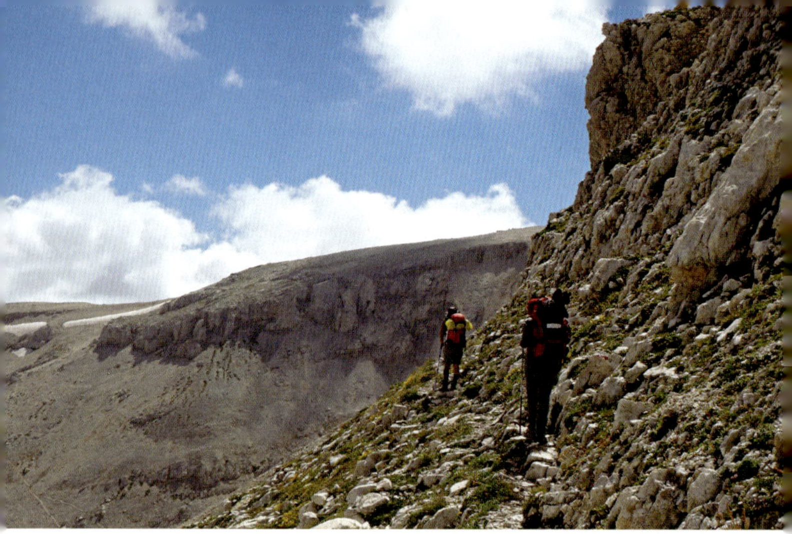

Teils ausgesetzte Querung vom dritten Portone zur Hochfläche Pozzo di Monte Amaro.

Vom kleinen **Wanderparkplatz (1)** auf der Maielletta folgen wir zunächst der schmalen Teerstraße (gesperrt für private Pkw) auf den eigentlichen Kammrücken der Maielletta, mit herrlichen Ausblicken bis zum Gran Sasso. Am Ende der Fahrstraße verzweigt sich der Weg (Infotafel). Wir halten uns rechts **(2)** und schlendern auf einem Wanderweg (Mark.-Nr. »P«) zunächst leicht abwärts durch einen grasigen Hang, dann leicht ansteigend durch Gebüsch um den unbenannten, bewaldeten Buckel herum, auf dem sich die Reste des Blockhauses befinden. Ein großer Blockhaufen wird gequert, dann geht es in einem Halbbogen zu einer **Einsattelung (3)** jenseits des bewaldeten Buckels (von links kommt die Variante heran). Wir halten uns nun rechts und wandern auf schmalem Pfad zunächst auf dem Kamm, dann links durch Latschen durch die Ostflanke einer unbenannten Erhebung.

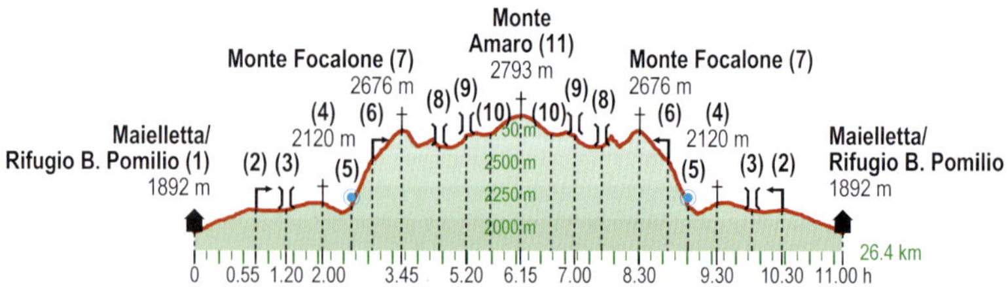

Nach einer leichten Steigung geht es wieder hinab bis zu einer Wegverzweigung (links Steig nach Pennapiedimonte; Wegweiser »G2«) **(4)**. Wir gehen seitlich am Monte Cavallo vorbei, bleiben auf der Kammhöhe und erreichen die **Sella Acquaviva** am Bergfuß des Monte Focalone, wo sich eine **Wasserstelle (5)** (2097 m; die einzige am Weg) mit gutem Wasser befindet. (Zwischen Monte Cavallo und der Sella befindet sich rechts vom Weg – kleiner Umweg – der »Tavola dei Briganti«, eine Ansammlung von Felsblöcken mit alten Inschriften der Hirten und Briganten.)

Von der Wasserstelle folgen wir einem steinigen Bergsteig durch Latschen, der sich linker Hand durch die Nordostflanke zieht und zuletzt über freies Gelände – und ein paar überhängende Felsen, die bei Regen Schutz gewähren – einen breiten Kammrücken erreicht. Dort **Wegverzweigung (6)** mit Steinmännern. Links davon, von einem Geländevorsprung verdeckt und nur wenige Minuten entfernt, befindet sich das **Bivacco Carlo Fusco**. Wir halten uns rechts und wandern über den breiten, teilweise grasigen Rücken hinauf auf einen Vorgipfel, dann links weiter auf steinigem Weg hinauf zum wenig ausgeprägten Gipfel des **Monte Focalone (7)**. Am Gipfel rechts haltend weiter (links

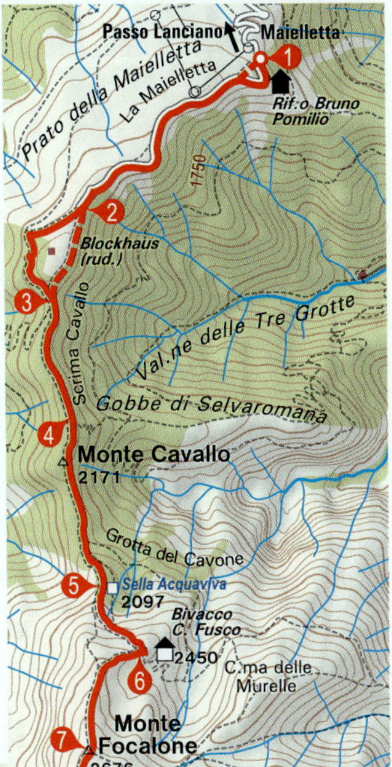

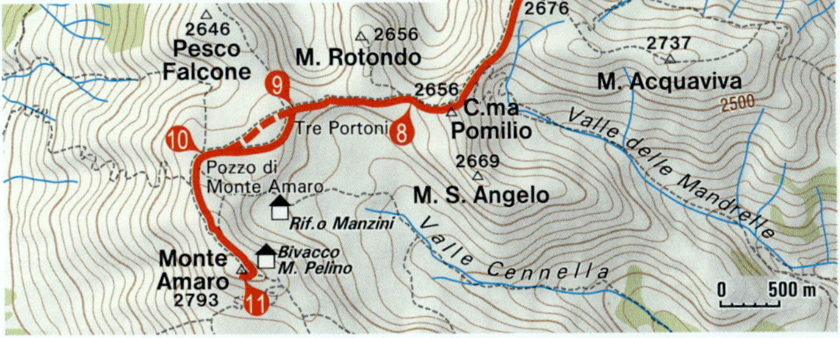

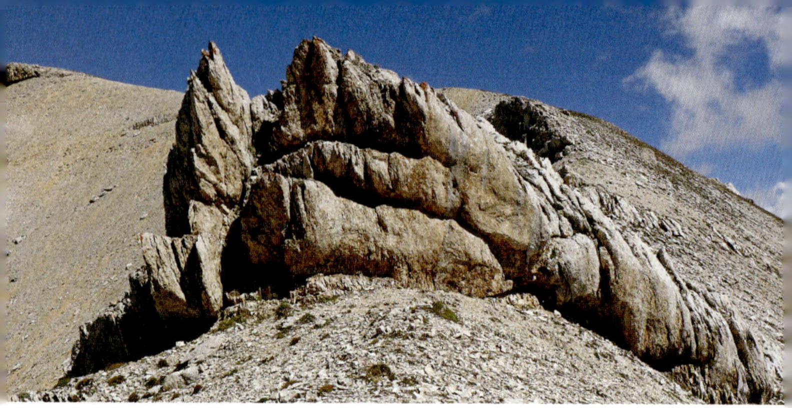

Oben: Beim dritten Portone treffen wir auf diese ungewöhnliche Felsformation.
Rechts: Das große Gipfelkreuz auf dem Monte Amaro.

führt ein Pfad zum Monte Acquaviva) über weiterhin steiniges Gelände (eine Steinmauer würde hier Schutz bieten), wobei Steinmänner und Stangen die Route vorgeben. Dann steil hinab in den Sattel (der erste der drei Portoni; »Tre Portoni« = drei Portale zum Monte Amaro) zwischen Monte Focalone und Cima Pomilio, wo sich gerne mal Gämsen aufhalten. Auf der Gegenseite, links von der Kammhöhe, steil hinauf, links um den Gipfel herum (den man nicht direkt berührt) zur Kammhöhe mit freiem Blick über das Valle Cannella hinweg auf den Monte Amaro. Jenseits auf deutlichem Steig hinab in den nächsten **Sattel (8)** (zweiter Portone) mit herrlichem Tiefblick in das oberste Orfentotal. Nun links haltend seitlich am Monte Rotondo vorbei und nahezu eben weiter, dann leicht abwärts durch einen steilen Hang zum nächsten **Sattel (9)** (dritter Portone). Vom tiefsten Punkt durch Felsblöcke und Schutt über kurze Serpentinen aufwärts, bis nach zehn Minuten links ein ungesicherter Steig durch steiles Felsgelände führt. Im Auf und Ab hangparallel am Fuß eines Felsgrates entlang weiter, dann an dessen Ende rechts hinauf zur Hochfläche **Pozzo di Monte Amaro (10)** (2650 m). Rechts haltend nahezu weglos (einige Steinmänner) über das grasige Gelände (von rechts mündet der Aufstieg von Lama Bianca ein) leicht bergab, dann auf eine Felsrippe zu. Dort links haltend weiter (Wegweiser) und über den schwach ansteigenden, von Gesteinstrümmern übersäten Gipfelhang des **Monte Amaro (11)**. Pfadspuren und Steinmännchen leiten uns in nahezu direkter Linie hinauf zum Gipfelkreuz. Das Bivacco Mario Pelino befindet sich nur ein paar Meter unterhalb.
Die **Rückkehr** erfolgt auf dem Anstiegsweg. Da wir vermutlich spät ankommen werden, bietet sich unter uns und bis hinaus nach Pescara ein nächtliches Lichtermeer.

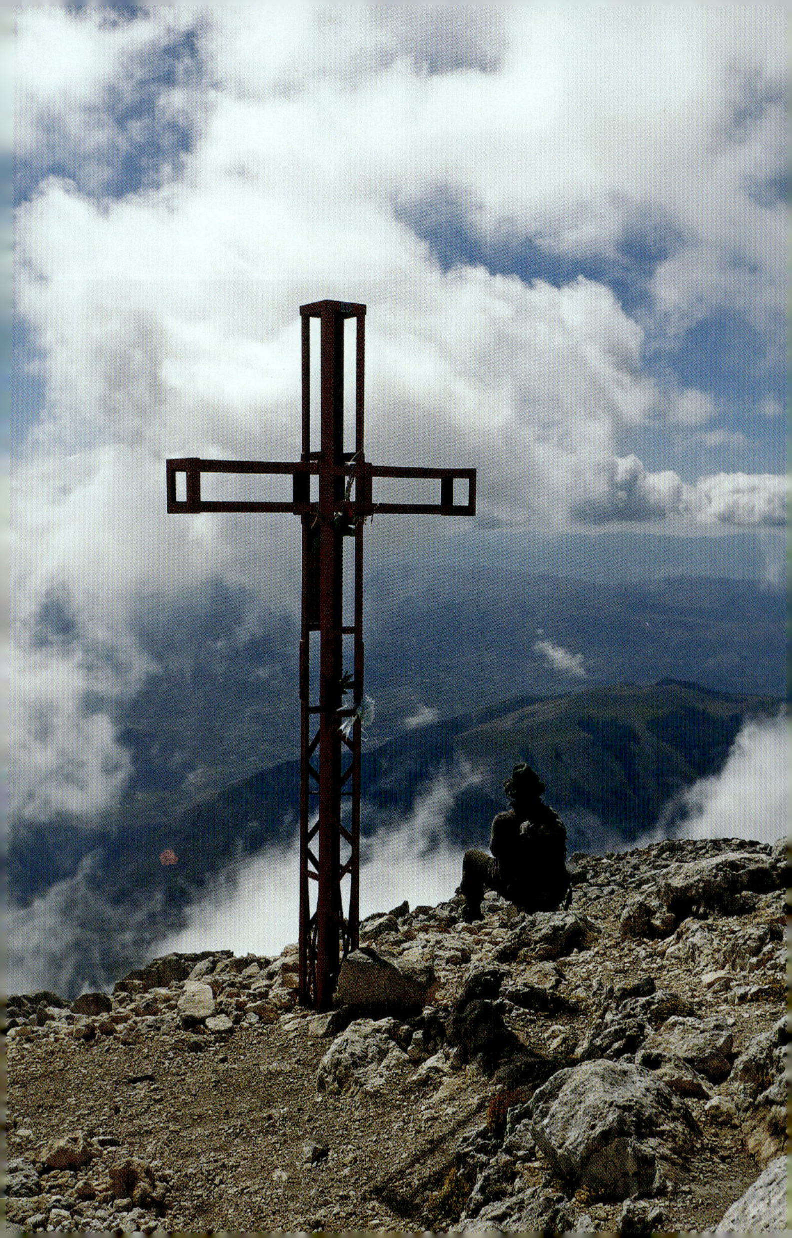

31 Monte Amaro, 2793 m, von Lama Bianca

6.30 Std.

Aufstieg zum höchsten Gipfel der Majella durch die Rava del Ferro

Der Monte Amaro wird üblicherweise von zwei Ausgangspunkten angesteuert: von der Maielletta bzw. dem Blockhaus (siehe Tour 30) und von Lama Bianca. Der Anstieg von Lama Bianca ist sicherlich der kürzeste Anstieg, aber auch der steilste und direkteste. Doch er erfordert neben Trittsicherheit und Schwindelfreiheit auch eine Portion guter Kondition. Diese Route empfiehlt sich nicht im Spätherbst oder im frühen Frühjahr, wenn der Steig bereits oder noch in Teilen vereist ist. Im frühen Herbst jedoch, wenn der riesige Buchenwald der Lama Bianca in grellem Rot leuchtet, bietet sich die Tour schon wegen dieses beeindruckenden Erlebnisses an. Doch auch im Sommer hat diese Route ihren Vorteil, vorausgesetzt, wir starten früh am Morgen, denn dann können wir einen Großteil der Strecke noch im Schatten wandern, während die klassische Route von der Maielletta bereits sehr früh am Tag der vollen Sonne ausgesetzt ist. Da die nächste Siedlung relativ weit entfernt ist und eine landwirtschaftliche Nutzung in der näheren und weiteren Umgebung kaum noch stattfindet, sind hier in letzter Zeit auch wieder der Braunbär, der Wolf und die Wildkatze heimisch geworden.

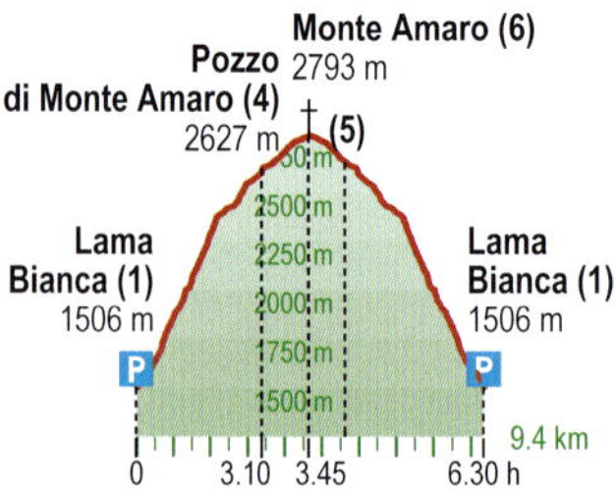

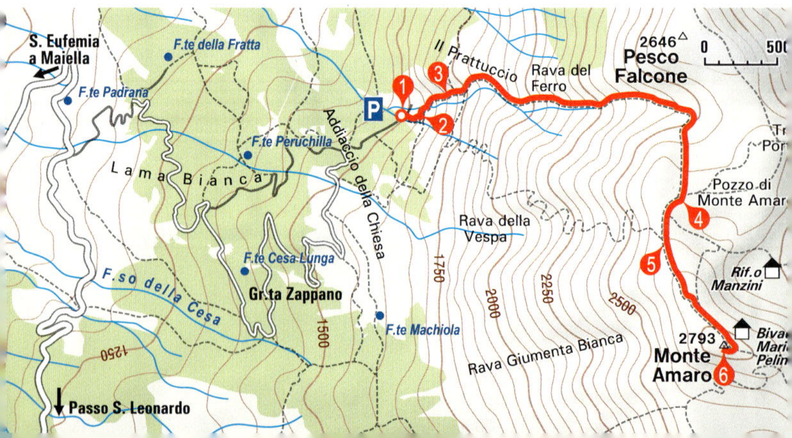

Talort: Sant'Eufemia a Maiella (878 m). Mittelalterliche Gemeinde und Dorf innerhalb des Nationalparks mit etwa 300 Einwohnern. Sehenswert ist die Pfarrkirche S. Bartolomeo aus dem 16. Jahrhundert, die mit den sie umgebenden Häusern den ältesten Teil des Ortes darstellt. Anfahrt von der A 25, Ausfahrt Scafa/Alanno, über die SP 487 nach Caramánico Terme und Sant'Eufemia a Maiella.

Ausgangspunkt: Am Ende des rauen, teilweise geteerten Forstweges, der von der Verbindungsstraße Caramánico Terme – Passo San Leonardo (4 km vor dem Passo) durch Bergwald am Fuß des Monte Amaro kurvenreich zur »Lama Bianca« hinaufführt; sie endet nach 5 km schließlich vor einer Felswand, wo es ausreichend Platz zum Parken (1506 m) gibt. Die andere Möglichkeit ist eine Anfahrt von Sulmona über Pacentro. Hinweis: Über den Passo San Leonardo gibt es keine öffentliche Busverbindung!

Markierungen: Mark.-Nr. B5 für den Aufstieg bis zur Hochfläche, dann Markierung »P« bis zum Gipfel; selten rot-weiße Markierungen, einige Steinmänner. Auf der Gipfeletappe ein paar Wegtafeln.

Höhenunterschied: 1300 Hm im Aufstieg wie im Abstieg.

Anforderungen: Bergsteige und Bergpfade, steil und etwas ermüdend. Auf der Gipfelfläche leicht. Trittsicherheit und Schwindelfreiheit erforderlich. Häufig auftretender Nebel, daher Orientierungssinn nötig.

Einkehr und Unterkunft: Unterwegs keine. Am Passo San Leonardo das Rifugio/Ristorante Celidonio (1282 m; Bar und Restaurant, nahezu ganzjährig geöffnet, 30 Betten; Tel. +39 0864 41138). Am Gipfel des Monte Amaro befindet sich das Bivacco Mario Pelino (2790 m; CAI Chieti, immer offen, 12 Lager, Matratzengestelle, Schlafsack und Matte mitbringen, kein Wasser). In Sant'Eufemia a Maiella und Umgebung: Agriturismo »Colle dei Lupi«, Casa Vacanza »Crivelli Mario«, Albergo »Di Nardo e Vitali«, B&B »Fonte di Marco«, Albergo »Miramonti«, Casa Vacanza »Vitale Serenella« sowie ein Campingplatz in S. Giacomo. Ristorante L'Astoria und Ristorante Hotel di Nardo.

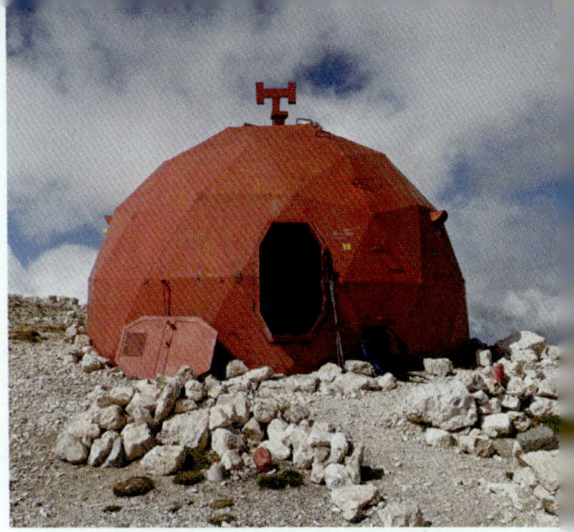

Das Bivacco Mario Pelino bietet in dieser unwirtlichen Berglandschaft Unterschlupf.

Varianten: Wer von einem Fahrzeug unabhängig ist, kann diese Tour mit der Route 30 (dort gibt es allerdings keine öffentliche Anbindung, man muss also abgeholt werden) oder 32 (Endpunkt Fara San Martino) verbinden.

Hinweis: In Sant'Eufemia (am oberen Ortsrand, direkt an der Straße in Richtung Passo San Leonardo) gibt es ein Besucherzentrum (Centro Informazioni Parco Nazionale della Majella) sowie ein Museum (Buch- und Kartenverkauf). Außerdem den »Giardino botanico Daniela Brescia« mit einem Herbarium, das über 1000 Arten aus dem Bereich des Schutzgebiets des Nationalparks sowie der näheren Region verfügt. Öffnungszeiten: Mitte April bis Ende September. Tel. +39 085 920013.

Tipp: Im Ort gibt es das Ethnographische Museum Diana e Tamara (Piazza Garbaldi), das die historischen Besonderheiten der Majella sowie der Abruzzen (Trachten, historische Arbeitsgeräte und Lebensweisen der Bauern und der Hirten, Traditionen etc.) lebendig erhält. Öffnungszeiten: Juli und August täglich 9.30–12.30 Uhr und 16–19 Uhr. Tel. +39 0854 213386.

Wir starten unsere Tour am Nordwestfuß des Monte Amaro, und zwar im Bereich »**Lama Bianca**« **(1)**, etwa 200 Meter vor dem Straßenende, wo wir geparkt haben. Nachdem wir den Ausblick über die herrliche Landschaft bis zum fernen Gran Sasso genossen haben, beginnen wir mit dem Aufstieg bei einem Wegweiser (»Fonte de la Chiesa«). Es geht anfangs auf einem Pfad in engen Serpentinen durch Matten, Gebüsch und Wald aufwärts, bis wir nach ca. 100 Höhenmetern eine Weggabel erreichen. Hier biegen wir links auf den Pfad zur Rava del Ferro ab. Wir steigen zuerst noch an und laufen dann höhenparallel, bis wir den Trittspuren rechts **(2)** in eine ausgeprägte Schuttrinne (»**Rava del Ferro**«) folgen. Kurz davor genießen wir aber noch den Blick zurück und hinab in das Hochtal, das die Montagne del Morrone von der Majella trennt. Auf der gegenüberliegenden Seite erkennen wir das Dorf Roccacaramánico, dessen Bewohner vor Jahrzehnten alle abgewandert sind. Mittlerweile wurden wieder einige Häuser renoviert und allmählich kehrt ein bisschen Leben ein.
Dann geht es bergwärts weiter. In der »Rava del Ferro« **(3)** steigen wir nun steil über lockeren Schutt und Fels bergan. Die Schlucht wird auf beiden Sei-

Die Wanderer befinden sich auf dem Abstiegsweg durch die »Rava del Ferro«.

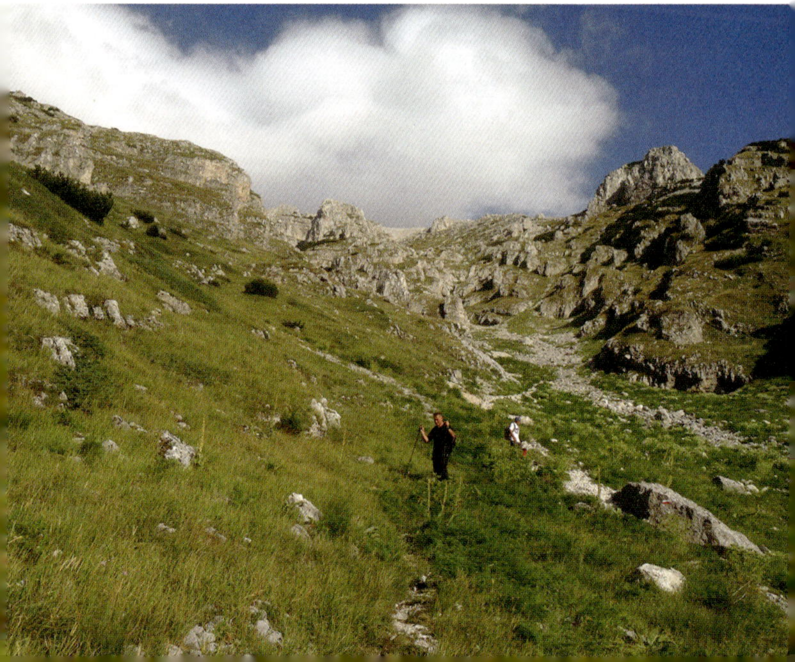

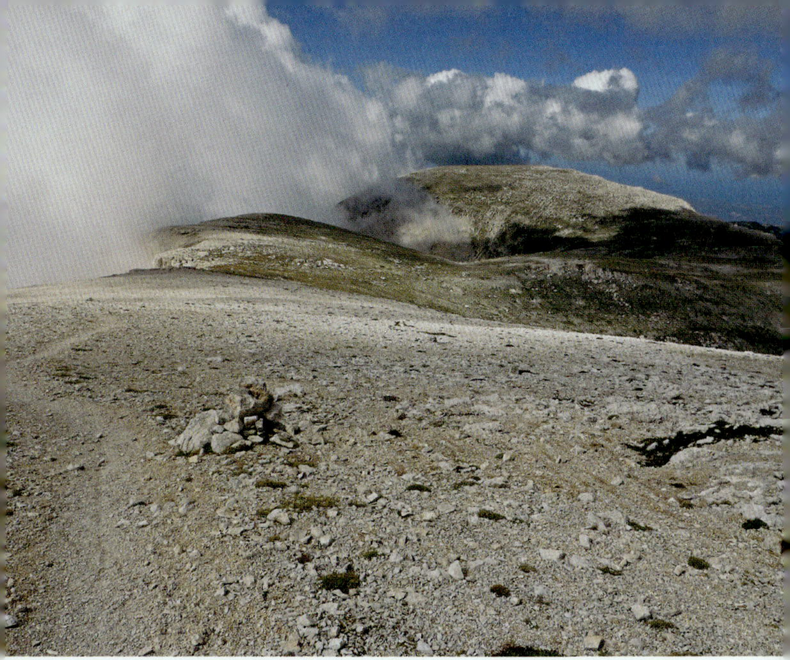

Auf der Hochfläche Pozzo di Monte Amaro ist die Orientierung bei Nebel problematisch.

ten von hohen Hängen und Wänden eingefasst. Weiter oben passieren wir einen Engpass aus Felsen und drehen im Aufstieg nach links in die nächst höhere Stufe der Schlucht, die von hohen Felstürmen überragt wird. Nur vereinzelt sind rote Markierungen oder Steinmännchen zu sehen. Mit etwas Glück entdecken wir die ein oder andere Gämse, die uns aufmerksam beobachtet. Nach längerem Aufstieg erreichen wir die oberste Stufe der Rava, die lang gezogen und weniger steil ist und sich muschelförmig weitet. Dann klettern wir nach rechts auf einem gut erkennbaren Pfad, oben in Serpentinen, aus der Rinne hinaus auf die **Hochfläche** (2650 m) zwischen Pesco Falcone und Monte Amaro. Etwa in der Mitte derselben treffen wir auf den von der Maielletta herüberführenden Weg **(4)**. Dort rechts haltend weiter (Wegweiser) zum felsigen **Kammabbruch (5)**, dann in einem Linksbogen über den schwach ansteigenden, von Gesteinstrümmern übersäten Gipfelhang des **Monte Amaro (6)**. Pfadspuren und Steinmännchen leiten uns in nahezu direkter Linie hinauf zum Gipfelkreuz. Das Bivacco Mario Pelino befindet sich nur ein paar Meter unterhalb.

Der **Abstieg** erfolgt auf dem Anstiegsweg.

32 Monte Amaro, 2793 m, von Fara San Martino

13.30 Std.

Durch eine großartige Schlucht zum zweithöchsten Gipfel der Abruzzen

Der Ausgangspunkt dieser großartigen Bergtour gehört zu den niedrigsten im gesamten Führer und das Ziel ist der zweithöchste Gipfel der Abruzzen. Der Monte Amaro in der Majella ist mit seinen 2793 Metern Höhe von keiner Seite aus schnell und leicht zu erreichen. Doch knapp 2350 Meter Höhenunterschied sind gewaltig. Es ist überdies der längste Aufstieg im gesamten Apennin. Und am Ziel erwartet uns zwar ein aussichtsreicher Gipfel, doch keine gemütliche Hütte mit Essen und Trinken. Alles müssen wir selbst hinaufschleppen, selbst kochen und dann noch auf harten Eisengestellen schlafen. Schlafsack und Matte nicht vergessen, es gibt keine Decken! Doch für manche ist gerade das eine Herausforderung, der sie sich stellen wollen.

Die landschaftlichen Erlebnisse sind ebenfalls in Superlativen zu beschreiben: Zum Auftakt durchwandern wir mit der Gole di Santo Spirito eine großartige Schlucht, die an ihrer schmalsten Stelle nicht mal zwei Meter breit ist, im mittleren Teil der Wanderung durchstreifen wir dichte Buchenwälder, dann wandern wir hinein in das weite Amphitheater des Valle Cannella, das von einem Gipfelkranz umsäumt wird, bis wir den Gipfel des Monte Amaro erreichen, dessen Umgebung uns an eine Mondlandschaft denken lässt. Entlang des Weges werden wir zahlreiche Spuren von Hirten und auch von Mönchen und Eremiten entdecken – und sei es nur in den topografischen Namen.

Wir empfehlen, diese Wanderung in zwei Tagen zu machen und in der Grotta dei Porci – die sich auf halbem Weg befindet – zu übernachten. In der Umgebung finden wir auch noch genügend Wasser zum Kochen.

Talort: Fara San Martino (440 m); siehe Tour 28.

Ausgangspunkt: Wanderparkplatz etwas oberhalb des Ortes (480 m), 300 Meter vor dem Eingang in die Schlucht. Anfahrt: Von der Küste auf der A 14, Abfahrt Val di Sangro, dann weiter auf der SS 652 in Richtung Castel di Sangro, dann Abfahrt nach Casoli und weiter nach Fara San Martino. Oder von Chieti über die SS 81 nach Guardiagrele und weiter nach Fara San Martino. Oder von Roccaraso auf der SS 84 über Palena und Lama dei Peligni nach Corpi Santi und links ab nach Fara San Martino. Am westlichen Ortsausgang (Richtung Roccaraso) führt ein Teersträßchen rechts hinab, das sich dann in einer Sandstraße in Richtung Schlucht fortsetzt (Wegweiser »Gole e Monastero di San Martino«).

Markierung: Rot-weiße und gelbe Farbmarkierungen sowie die Mark.-Nr. H1 und H2.

Höhenunterschied: 2325 Hm im Aufstieg wie im Abstieg.

Anforderungen: Zu Beginn breite Schotterwege in die Schlucht, bis sich diese verengt, dann steinige Bergwanderwege. Im weiteren Verlauf schmale Bergwege und Bergpfade. Trittsicherheit erforderlich. Konditionell sehr fordernd, da es sich hier um den mit Abstand längsten Anstieg in den gesamten Abruzzen handelt. Technisch jedoch ohne Probleme, keine ausgesetzten Stellen, keine Drahtseilsicherungen.

Einkehr und Unterkunft: Unterwegs keine. Bivacco Grotta dei Porci (1730 m; ca. zehn Minuten abseits vom Weg unter einem Felsüberhang im Wald; mit einigen Bettgestellen, Schlafsack und Matte mitbringen). Rifugio Ciro Manzini (2523 m; Hütte mit zwei Möglichkeiten: eine ist eine Notunterkunft, die andere ist nur mit Schlüssel zugänglich – bei Capo Forestale in Fara San Martino erhältlich. Schlafplatz für ca. 20 Personen sowie Gasofen, Tisch und Bänke). Am Gipfel das Bivacco Mario Pelino (2790 m; CAI Chieti, immer offen, 12 Lager, Matratzengestelle, Schlafsack und Matte mitbringen, kein Wasser). In Fara San Martino: »Hotel del Camerlengo« mit Restaurant; Bars und Läden zum Einkaufen. »Bar del Parco« am Abzweig zur Schlucht. In der Umgebung: B&B »L'Arcobaleno« in Palombaro sowie »Casa Albergo Tiroa Segno« in Lama dei Peligni.

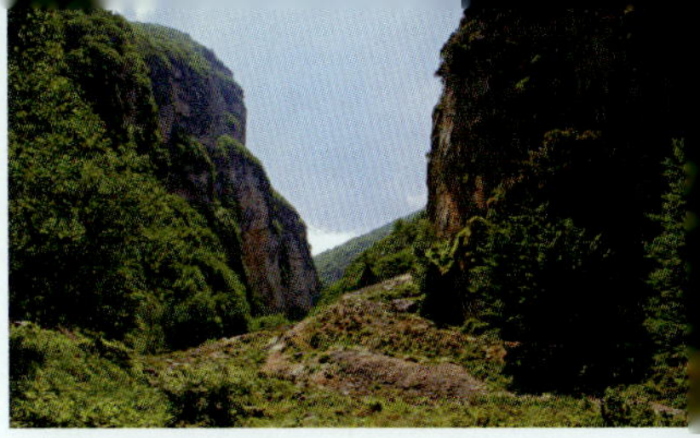

Oberhalb der Gole di Santo Spirito.

Hinweis: Diese Tour kann mit Tour 30 oder 31 kombiniert werden. Voraussetzung ist allerdings, dass wir am Endpunkt der Tour abgeholt werden, denn weder zur Maielletta noch über den Passo San Leonardo bestehen irgendwelche Busverbindungen.

Vom **Wanderparkplatz (1)** bei **Fara San Martino** gehen wir rechts an der archäologischen Ausgrabungsstätte »Monastero Sepolto« vorbei und wandern auf breitem Schotterweg leicht ansteigend auf den Schluchteingang zu (rechts davon befindet sich eine Hinweistafel zur »Eremo e Abbazia di San Martino in Valle) und hinein in das **Vallone di Santo Spirito**. Schon nach wenigen Minuten erreichen wir den spektakulären Einlass, einen nur eineinhalb bis drei Meter breiten Felsspalt, der von steil aufragenden, über 100 Meter hohen Felswänden gebildet wird. Diese Passage ist aber nur etwa 60 Meter lang, dann weitet sich das Schluchttal zu einem Kessel. Dort finden wir die

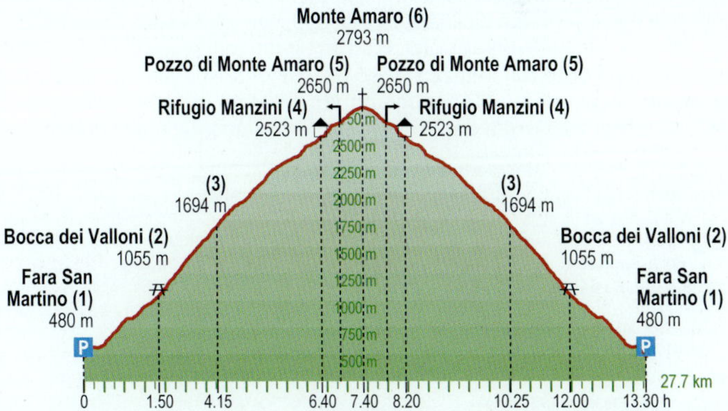

Überreste der vorhin erwähnten Klosterkirche. Etwas oberhalb liegt ein reizvoller **Picknickplatz** unter einem überhängenden Felsen (Tisch, Bänke, eingefasste Quelle). Verlief der erste Wegabschnitt noch nahezu eben, so steigt unser Weg, der sich nach den Ruinen zu einem Pfad (Mark.-Nr. H1) verengt, allmählich steiler an und hält sich vorwiegend auf der rechten Seite der Schlucht. Einen riesigen Schuttkegel umgehen wir rechts (auch die linke Spur führt nach oben) und folgen der Markierung »H2« (gelb auf grünem Grund). Die Schlucht verengt sich nun wieder für eine kurze Passage, dann wechselt unser Weg auf die linke Seite des Talkessels. Wir steigen weiter an und erreichen eine nahezu ebene, grasige Geländestufe, die links von Trockensteinmauern begrenzt wird. Nun folgt eine aufregende Felspassage, die von 200 Meter hohen, senkrechten Felsen gebildet wird und in Form einer Schleife weiterführt. Jenseits davon erreichen wir einen schönen **Rastplatz** unter Rotbuchen (Tisch, Bänke, eingefasste Quelle). Die Höhle daneben bietet sich als Unterstand an. Alsdann geht es ansteigend durch einen grasigen Talgrund mit einigen Buchen, dann folgt ein ebener Wegabschnitt. Bald ist ein großes, steil ansteigendes **Blockfeld** erreicht. Die Markierung auf einem großen Felsblock weist uns nach rechts, über zahlreiche Serpentinen steigen wir an, passieren eine Felspassage und erreichen so eine weitere, grasige Geländestufe mit vereinzelten Felsblöcken und lichtem Laubwald – ebenfalls ein schöner Platz zum Rasten. Vor uns sehen wir die ersten steilen Gipfelhöhen. Wir steigen weiter an durch den Wald und nach einer guten Viertelstunde erreichen wir eine Weggabelung bei der **Bocca dei Valloni (2)** (1055 m; Picknickplatz mit Tisch und Brunnen) am oberen Ende der Schlucht. Wir halten uns links und wandern durch schönen Buchenwald bergan in das **Valle di Macchia Lunga**. Das Gehölz wird lichter, wir passieren einige Lichtungen und verlassen auf einer Höhe von 1450 Metern den Wald. Der Blick weitet sich, und vor uns sehen wir nun das wilde Tal oberhalb. Rechts erhebt sich ein kleiner Felsriegel, von dem in der wasserreicheren Zeit eine Kaskade herabstürzt. Bald erreichen wir die letzte sichere Wasserstelle, die **Fonte del Milazzo** (1585 m). Hundert Höhenmeter weiter treffen wir auf eine weitere **Weggabelung (3)** (1694 m) mit einem Wegweiser, der uns rechts zur **Grotta dei Porci** weist, wo wir übernachten können.

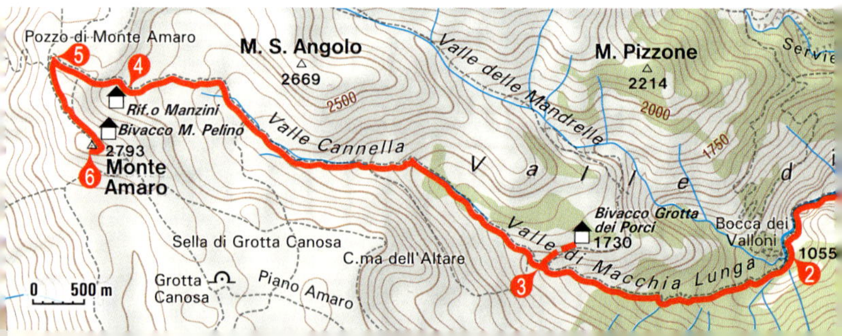

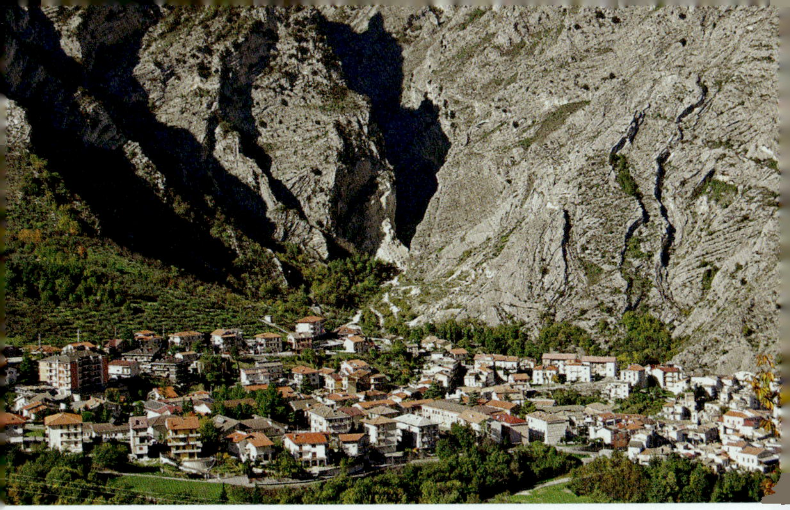

Fara San Martino am Eingang (Bildmitte) in die Gole di Santo Spirito.

Zurück zur Hauptroute, dann wandern wir rechts weiter im Talgrund bergan und erreichen eine grasige Ebene auf einer Höhe von 1800 Metern mit zahlreichen Felsblöcken (»Sala del Monaco«). Links erhebt sich die Cima dell'Altare. Etwas oberhalb biegt unser Weg nach links und über zwei Geländestufen gelangen wir in das wilde **Valle Cannella**. Pfadspuren führen uns durch buckliges und von Felsblöcken durchsetztes Gelände, Dolinen und verkarstete Rinnen, was die Orientierung etwas schwer macht (Vorsicht bei Nebel!). Links vor uns erhebt sich bereits das Ziel unserer Wanderung, der Monte Amaro. Unsere Route steuert direkt auf das **Rifugio Manzini (4)** zu, das auf einer Geländeerhöhung halb links der Mitte des großen Kessels liegt, der das Valle Cannella einem Amphitheater gleich nach oben abschließt. Von dort steuern wir auf den Kammrücken zu, der das Tal nach Westen begrenzt, und steigen über Pfadspuren hinauf zur Hochfläche (2650 m) zwischen Pesco Falcone und Monte Amaro. Etwa in der Mitte derselben treffen wir auf den von der Maielletta herüberführenden Weg **(5)**. Dort halten wir uns links (Wegweiser) und wandern in einem Linksbogen über den schwach ansteigenden, von Gesteinstrümmern übersäten Gipfelhang entlang von Pfadspuren und Steinmännchen zum höchsten Punkt des **Monte Amaro (6)** mit Gipfelkreuz und schützender Biwakschachtel.

Die **Rückkehr** erfolgt auf dem Anstiegsweg.

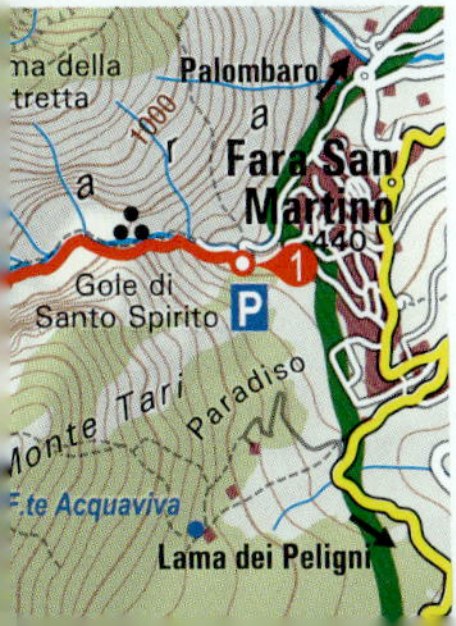

33 Monte Rotella, 2129 m

5.30 Std.

Kammüberschreitung von Pescocostanzo nach Rocca Pia

Der Monte Rotella ist ein nahezu unbewaldeter Höhenzug im äußersten Westen des Nationalparks Majella. Im Winter wird dort Pistenski gefahren. Doch auch Wanderer kommen auf ihre Kosten; so bietet sich die Überschreitung des langen Kammes Cima della Fossa an, dessen höchster Punkt im Monte Rotella mündet. Ein großartiges Panorama des Majellagebirges sowie weite Blicke nach Westen zu den Gipfeln des Nationalparks Abruzzen sind die Belohnung für den Aufstieg. Im Norden liegt das weite Pelignatal mit dem Hauptort Sulmona vor unseren Füßen, und dahinter können wir das Gebirgsmassiv des Gran Sasso erkennen. Vom Monte Rotella steigen wir schließlich zum Dorf Rocca Pia ab. Vor dem Aufbruch zu dieser Wanderung sollten wir dem reizvollen Ort Pescocostanzo an seinem Bergfuß einen Besuch abstatten. Er ist ohne Wenn und Aber einer der schönsten im »Club« der »I borghi più belli d'Italia«. Und so verwundert es nicht, dass er einen beliebten Treffpunkt für das etwas »gehobene« Publikum darstellt. Schöne alte Kirchen und Palazzi zeugen von früherem Reichtum, als die Bewohner stark in der Schafzucht engagiert waren. Aber nicht nur das, seine Bewohner waren auch gefragte Baumeister und Maurer. Die zahlreichen Läden mit den »Prodotti tipici« lassen wir links liegen, denn zusätzliches Gepäck können wir für unsere Wanderung nicht gebrauchen. Aber wir kommen ja ganz bestimmt wieder.

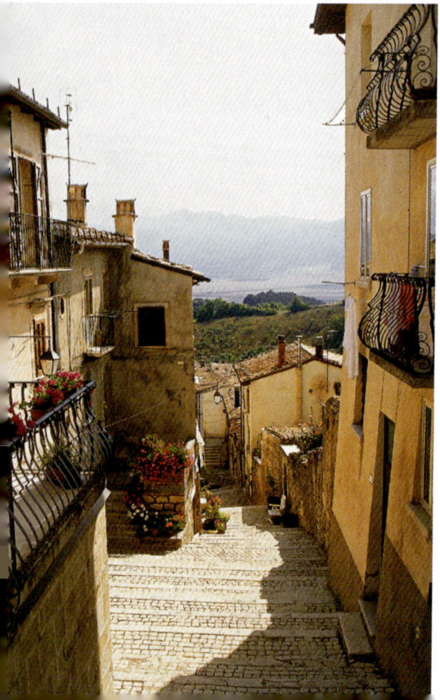

Talort: Pescocostanzo (1395 m). Malerisches Dorf mit teilweise barockem Charakter und ca. 1100 Einwohnern auf der Hochebene Cinquemiglia. Sehenswert sind u. a. die Kirche Santa Maria del Colle und diverse Palazzi im Centro storico. Der Ort ist Anlaufstelle für Touristen im Sommer wie im Winter.

Ausgangspunkt: Großer, kostenloser Parkplatz am Ortsrand von Pescocostanzo (das Zentrum ist autofrei) . Anfahrt von Sulmona auf der SS 17 bis kurz vor Roccaraso, dann links auf der SS 84 weiter zum Ausgangspunkt. Mehrmals täglich Busverbindungen von Sulmona über

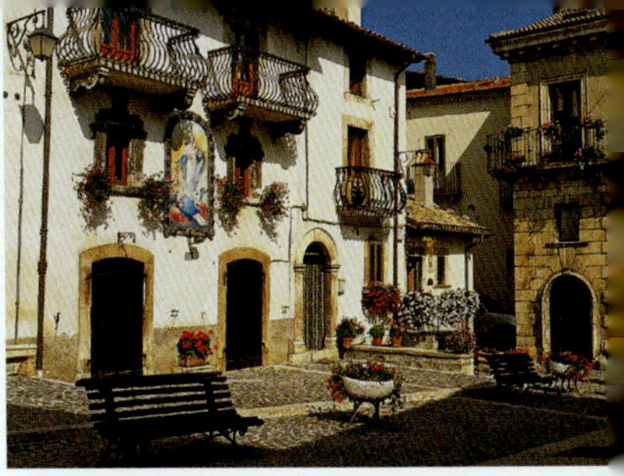

Der Ort Pescocostanzo (Bild oben und links) ist ein kleines barockes Juwel.

Roccaraso. Der Bahnhof Sulmona ist zwar (neben dem Brenner) der höchste ganz Italiens, wird aber leider seit ein paar Jahren nicht mehr angefahren.
Endpunkt: Rocca Pia (1081 m). Von dort Busverbindung nach Sulmona.
Markierungen: Rot-weiß, einige Steinmännchen sowie Mark.-Nr. T3 und T1.
Höhenunterschied: 750 Hm im Aufstieg, 1060 Hm im Abstieg.
Anforderungen: Zu Beginn Ortssträßchen und Wirtschaftswege, dann Pfadspuren auf der langen Kammhöhe. Im Abstieg neu ausgeschilderter Pfad nach Rocca Pia. Die Tour erfordert Ausdauer, jedoch keine Schwindelfreiheit; sie ist sehr der Sonne ausgesetzt.
Einkehr und Unterkunft: Unterwegs keine. In Pescocostanzo: Mehrere Hotels und Alberghi, Restaurants und reizvolle Bars und Cafés sowie B&B »Piccolo Albergo La Rua« (Tel. +39 0864 640083), B&B »Il Pino« (Tel. +39 0864 641204), Masseria Cerasella, neben der SS 84 (ganzjährig bewirtschaftet, 12 Betten; Tel. +39 347 628 7760), Agriturismo »Azienda Giuliana« (ganzjährig bewirtschaftet, 12 Betten; Tel. +39 0864 641127). In Rocca Pia: Hotel »Il Maniero«, B&B »Villa Celeste« (Tel. +39 069 517 09505) und B&B »Al Vecchio Asilo« (Tel. +39 0864 48565) sowie das Ristorante »Villa Oscura«, die Trattoria »Il Vecchio Ristoro« und eine Bar.
Variante: Wer vom Monte Rotella immer der Kammlinie folgt (bis Il Terminone, 1564 m), dann vorwiegend rechts der Kammhöhe weiterwandert, kann diese Wanderung bis Sulmona fortsetzen (erfordert aber etwas Orientierungssinn; 4 Std.).
Tipp: Im Palazzo Fanzango in Pescocostanzo gibt es ein Klöppelmuseum.

Die Wanderung beginnt im malerischen Zentrum von **Pescocostanzo (1)**, und zwar beim kleinen Dorfplatz, der nahe bei der Basilika Santa Maria del Colle liegt. Von dort gehen wir die Via della Fontana aufwärts und schwenken beim großen Brunnen links und bald danach rechts in die Via Colle Laduni, die steil ansteigt. Oben biegen wir nicht in die Straßen rechts oder links, sondern steigen auf einer breiten Fahrstraße weiter an. Achtung: Nach einigen Serpentinen zweigen wir gegenüber einem rot gestrichenen Haus links auf eine schmale Straße ab **(2)** und erreichen bei einem kleinen Steinbruch den Versorgungsweg für die Gipfelstation des Skilifts. Auf diesem nun ohne Markierungen steil bergan. Bei einer Weggabel halten wir uns geradeaus und steigen etwa 45 Minuten durch den Berghang aufwärts.

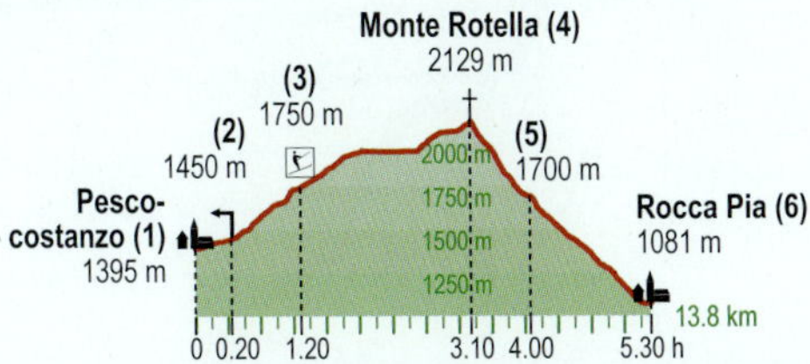

Oben beschreibt der Weg eine Kehre und erreicht schließlich die **Bergstation des Skilifts (3)**. Nun wandern wir noch ein paar Meter höher, um auf den Kamm der **Cima della Fossa** zu kommen. Auf diesem Höhenzug wenden wir uns nach rechts, d. h. nach Nordwesten, und folgen jetzt einem undeutlichen Pfad, der aber später besser sichtbar ist. In großen Abständen zeigen uns rot-weiße Markierungen und einzelne Steinmännchen die Richtung an. Auf der Höhe haben wir eine großartige Sicht auf die uns umgebende Landschaft mit den breiten, wannenartigen Tälern und auf die nahen und fernen Berge der Abruzzen. Der Kamm ist grasbedeckt, und nur ab und zu passieren wir Teppiche aus Latschenkiefern. Später steigt unser Pfad etwas deutlicher an, und nach gut zwei Stunden Gehzeit erreichen wir den **Monte Rotella (4)**, der den Hauptkamm mit nur etwa 50 Metern überragt.
Auf dem flachen Gipfel befinden sich ein niedriges Denkmal für die Alpini, eine Fahnenstange und etwas entfernt davon ein Gipfelkreuz. Nachdem wir die großartige Aussicht genossen haben, beginnen wir beim Denkmal den Abstieg, und zwar auf der linken Seite des Höhenzugs, auf der tief unten das Dorf Rocca Pia, unser Ziel, liegt. Wir steigen ohne Wegweiser schräg den weiten steinigen Hang hinunter und halten zunächst auf ein Muldentälchen

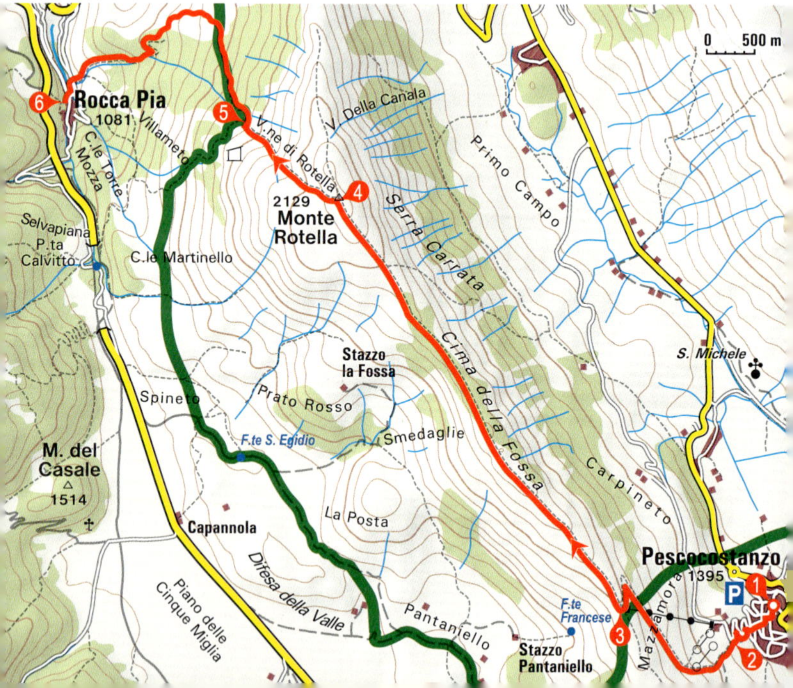

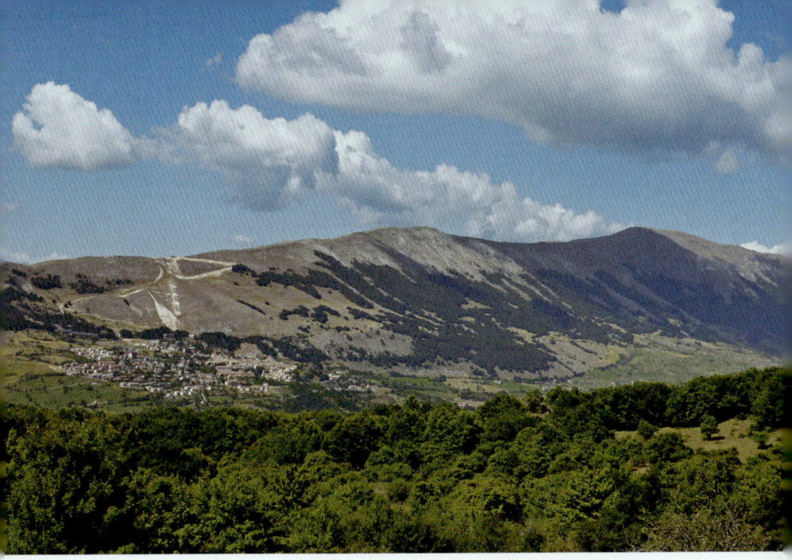

Der lang gezogene Kamm der Cima della Fossa mündet im Monte Rotella (rechts).

– das **Vallone di Rotella** – zu. Unten bestätigen Steinmännchen und verwaschene rot-weiße Zeichen unseren Kurs. Im Tälchen selbst geht es auf der linken Seite weiter abwärts, bis wir auf einen quer laufenden Trampelpfad treffen. Nun auf diesem links hinaus und durch den Grashang, bis wir linker Hand auf eine Almhütte (Rifugio, 1688 m) treffen. Hier verzweigt sich der Weg **(5)**. Der linke Pfad führt in Kehren hinab und würde uns zur SS 17 Roccaraso – Sulmona bringen. Wir halten uns jedoch rechts in nördlicher Richtung und folgen einem neu markierten Pfad, der uns zunächst eben durch die Bergwiesen leitet, wobei wir das Vallone di Rotella queren. Jenseits mündet unser Weg in einen Wald, wo wir die Grenzpfosten des Nationalparks passieren. Im Verlauf des Weges stoßen wir auf einen rauen Wirtschaftsweg (sterrata), dem wir eine Weile folgen. Dann verlassen wir diesen und wandern schließlich auf dem markierten Wanderweg hinab nach **Rocca Pia (6)**.

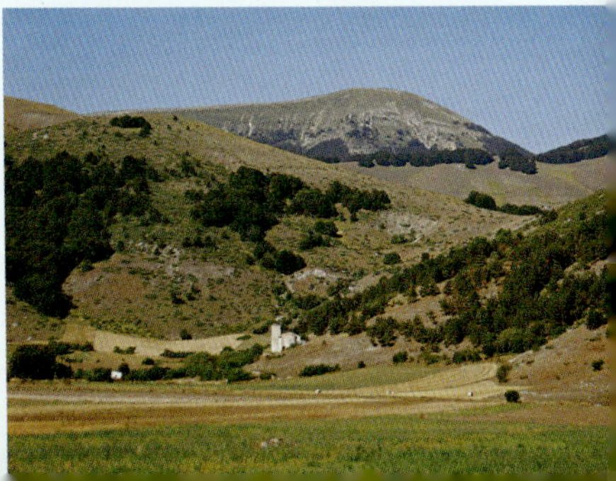

Blick auf den Kamm von der Piano delle Cinque Miglia.

34 Monte Secine, 1883 m

5.15 Std.

Abwechslungsreiche Runde im südlichsten Teil der Abruzzen

Der Ort Pietransieri, Ausgangsort unserer Wanderung mit etwa 500 Einwohnern, wurde durch eine Tragödie im Zweiten Weltkrieg landesweit bekannt. Am 21. November 1943 ermordete die deutsche Wehrmacht 128 Einheimische, darunter viele alte Menschen, Frauen und Kinder, weil sie sich dem Befehl verweigert hatten, die Kampfregion zu verlassen und nach Sulmona zu gehen. Ein Monument, der Sacrario dei Limmari, am oberen Ortsrand an der Piazza Martiri dei Limmari erinnert heute an diese Katastrophe (»L'eccidio di Limmari«). Eine schöne Rundwanderung führt uns weg von diesen schrecklichen Erinnerungen durch Weidelandschaft und Buchenwälder, vorbei an Brunnen und einfachen Hütten zu einem aussichtsreichen Gipfel, der Fernblicke bis in die Täler und Höhen der Nachbarregion Molise gewährt. Doch auch auf dem Rückweg berührt uns der kalte Hauch der Geschichte. Bei den Colle delle Vacche gibt es noch Spuren einer alten Burg, die im Jahre 1456 mitsamt dem dazugehörigen Dorf durch ein Erdbeben zerstört wurde, bei dem die meisten Einwohner umkamen.

Pietransieri am südlichen Rand der Abruzzen ist unser Ausgangsort.

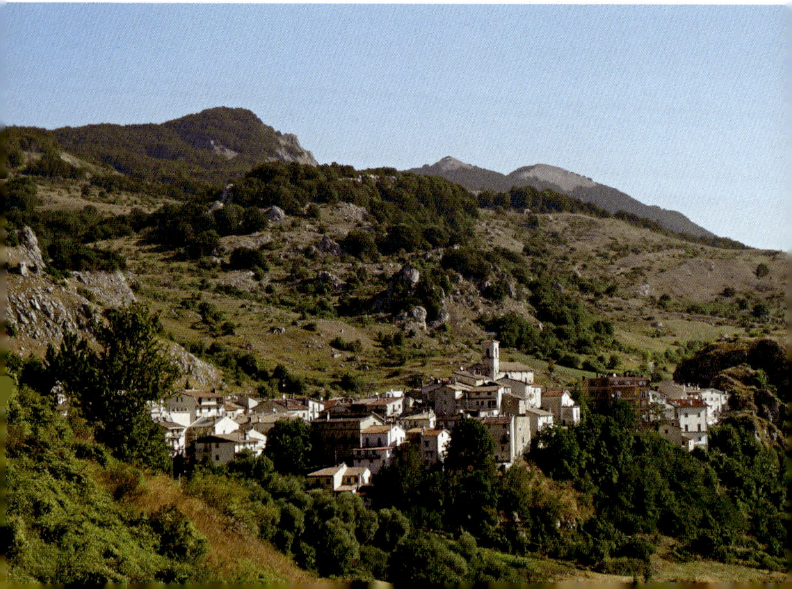

Talort: Roccaraso (1282 m). Ort in der Comunità Montana Alto Sangro e Altopiano delle Cinque Miglia mit gut 1600 Einwohnern. Roccaraso wurde im Zweiten Weltkrieg stark in Mitleidenschaft gezogen, sodass nur wenig alte Bausubstanz vorhanden ist. Das Bild wird dominiert von modernen Gebäuden und Hotels. In früherer Zeit war Roccaraso wichtige Station der Transumanza. Zahlreiche B&Bs, Privatzimmervermietung, Rifugi, Baite und Bars sowie Restaurants. Roccaraso ist vor allem für den Wintersport von Bedeutung, und das schon seit über 100 Jahren, vor allem, nachdem der Ort im Jahre 1897 an das italienische Eisenbahnnetz angebunden wurde.
Ausgangspunkt: Parkplatz in der Ortsmitte von Pietransieri (1359 m). Anfahrt: Auf der SS 17 von Sulmona in Richtung Castel di Sangro bis zum Ortsanfang von Roccaraso, dort links auf der Umgehungsstraße weiter, bis – in Höhe der Ortsmitte – links die Straße nach Pietransieri abzweigt, das wir nach weiteren 4,5 km erreichen.
Markierung: Rot-weiß und rot-gelb sowie Wegtafeln mit den Mark.-Nr. N1, N3, N4 und N2 und »Sentiero del Sole«.
Höhenunterschied: 590 Hm im Aufstieg wie im Abstieg.
Anforderungen: Wirtschaftswege und Bergwanderwege, zum Teil auch nur Pfadspuren. Trittsicherheit aber erforderlich.
Einkehr und Unterkunft: Unterwegs keine. Offene Selbstversorgerhütten: Rifugio Posta Grossa auf der Piazza del Re (1541 m; offene Selbstversorgerhütte in schlechtem Zustand mit Kamin, Tisch und Bänken; Wasserstelle Fonte Santamico, 1521 m, 200 Meter entfernt, in nördlicher Richtung). Rifugio del Riposo (1700 m; offene Selbstversorgerhütte mit Kamin; Wasserstelle Fonte Cernaia, 200 Meter entfernt am Fuß des gleichnamigen Grates, Pietra Cernaia).
In Pietransieri: Agriturismo »Le Due Mura« (etwas außerhalb), Hotel Cristal, Hotel Ansharius, B&B »Villagio del Sole« sowie die Bar Macaranà, die Bar »L'Antica Petra« und die beiden Restaurants »La Trappola« und »La Preta«.
Variante: Auch ohne Gipfelbesteigung ergibt diese Runde eine vollständige Wanderung.
Hinweis: Achtung auf Schlangen entlang dieser Route!

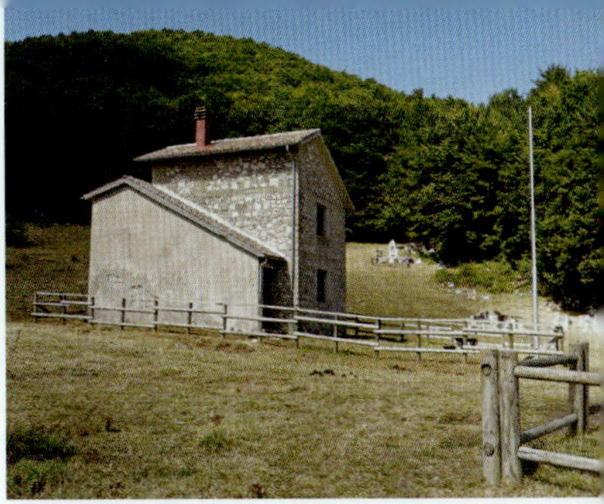

Das Rifugio Posta Grossa ist immer offen.

Am Hauptplatz von **Pietransieri (1)** finden wir zur Orientierung eine kleine Übersichtskarte, dann folgen wir der Via XXI Novembre hinauf zur Hauptstraße, queren diese bergwärts und folgen einem Teerweg (Wegweiser »Madonna della Neve«, »La Piana del Re« (1547 m). Vorbei an der Grotta di Matteo erreichen wir eine Wegverzweigung. Wir verlassen den Teerweg nach rechts **(2)** und folgen einem unbefestigten Wirtschaftsweg. Er führt uns hinauf auf die Piana Serrareccia mit Ginster, Wacholder und Gebüsch. Nach einer knappen halben Stunde gelangen wir an eine **Weggabelung (3)**, halten uns dort links und wandern durch Buchenwald (Mark.-Nr. N1) zur Piazza del Re, einer großen Lichtung im Wald, auf der sich das **Rifugio Posta Grossa (4)** befindet. Wenige Minuten dahinter stoßen wir auf die **Fonte Santami-**

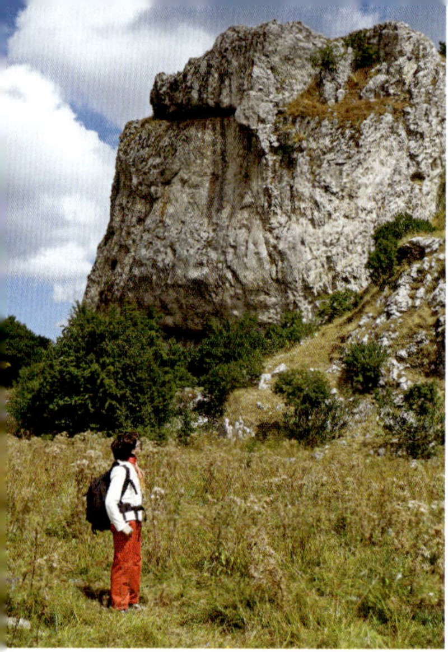

Beim Übergang Colle delle Vacche.

co (5), wo sich der Weg verzweigt. Wir halten uns rechts (Mark.-Nr. N3), wandern kurz durch Wald und queren anschließend leicht ansteigend die weiten Bergwiesen von L'Annunziata. An deren Ende geht es kurz durch den Wald, dann biegt der Weg nach rechts **(6)** und erreicht eine große Lichtung, wo wir auf eine **Wegverzweigung (7)** mit Tafel (1625 m; »Fonte Cernaia«) treffen. Dort halten wir uns links und wandern auf einem Pfad (Mark.-Nr. N2) über die Wiese. Links erheben sich einige markante Felsen. Wir passieren ein Holzgatter, folgen kurz dahinter einem Wanderweg, der uns links haltend an der Hirtenhütte **Rifugio del Riposo (8)** und einem Schafpferch vorbeiführt, die etwa 100 Meter entfernt links oberhalb des Weges liegen; Wegkreuzung mit Routen in alle vier Himmelsrichtungen. Hier nehmen wir die Piste nach rechts und gehen hinab in eine Senke direkt vor der Felskante der Pietra Cernaia, die sich 80 Meter über dem Boden erhebt, wo sich ein Mini-See und die durch einen Zaun eingefasste **Fonte Cernaia (9)** befinden. Wir passieren die Felsen und wandern hinein in das von Felsen eingerahmte Hochtal. Nach 200 Metern verlassen wir den Weg nach rechts und steigen hinauf zu einem Grassattel (1705 m) zwischen Felsen. Dort links über eine Lichtung, dann rechts haltend weiter durch Buchenwald aufwärts zu einem Sattel und links über einen steilen Hang hinauf zum Gipfel des **Monte Secine (10)**.

Abstieg: Vom Gipfel wandern wir auf dem Anstiegsweg vorbei am **Rifugio del Riposo (8)** zurück bis zur Wegverzweigung bei **P. 1625 (7)**. Dort halten wir uns links und wandern auf dem »Sentiero del Sole« (Mark.-Nr. N2) leicht abwärts durch lichten Wald auf einige auffallende Felsen zu. Bald biegt der Weg nach rechts und führt zwischen aufstrebenden Felsen zu den **Colle**

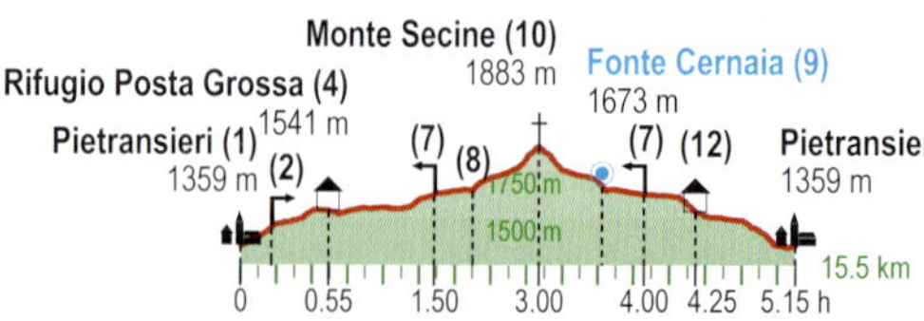

delle Vacche (11). Links oben sind noch die Reste des Castello di Carceri zu erkennen. Wir queren diese felsige Zone und erreichen dann eine größere Viehweide mit der **Casa della Madonna (12)**, einer kleinen Hirtenhütte. Wir wandern geradeaus weiter, kurz leicht ansteigend, und erreichen die **Fonte i Crestazzi (13)**, wo unser Pfad auf einen breiteren Weg einmündet. Wir passieren ein Gatter und folgen dann dem breiten Weg durch einen karstigen Hang talwärts mit großartigen Panoramablicken in Richtung Molise. Bei einer Weggabelung halten wir uns links und stoßen bald auf einen Fahrweg, dem wir rechts haltend hinab nach **Pietransieri (1)** folgen.

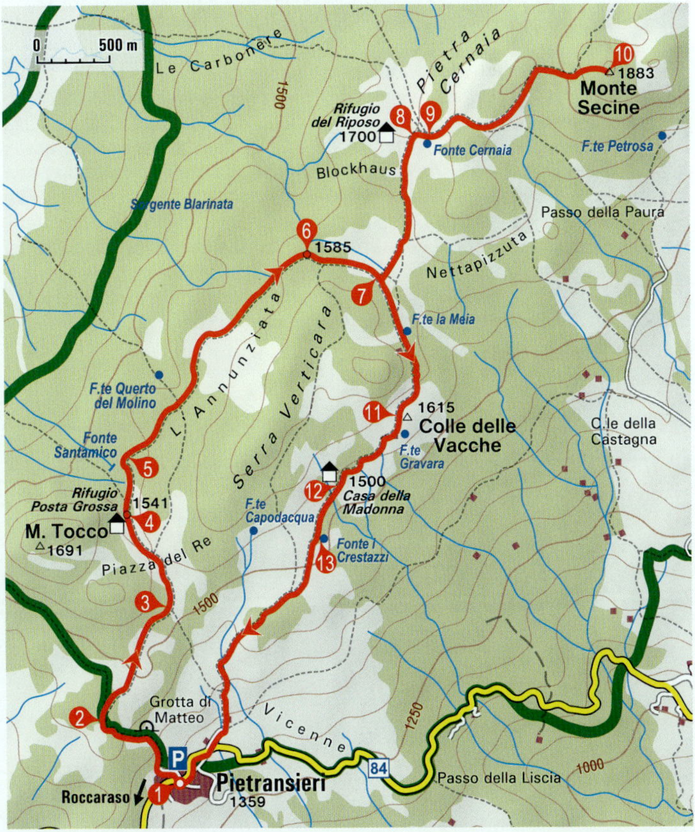

35 Über die Bärenpassage zur Forca Resuni, 1952 m

7.30 Std.

Durch das Valle Fondillo zum Rifugio Forca Resuni

Herrliche Landschaft im Nationalpark Abruzzen. Unser Ausgangspunkt an der Straße zwischen Villetta Barrèa und Opi ist ein wichtiger Startplatz für einige der schönsten Wanderungen im Nationalpark Abruzzen. Auf unserem Weg zur Forca Resuni passieren wir auch die sogenannte Bärenpassage (Valico Passaggio dell'Orso). Dieser Beiname kommt nicht von ungefähr. Wir befinden uns hier in einem Gebiet, in dem sich tatsächlich Bären aufhalten. Doch auch Gämsen, Wölfe, Luchse und Füchse gehören zu den ständigen Bewohnern. Wir werden ihrer wohl kaum ansichtig werden, mit etwas Kenntnis können wir jedoch ihre Fährten erkennen. Im Herbst können wir dort dem Röhren der Hirsche während der Brunft lauschen. Doch der Anstieg durch das Valle Fondillo, einem Seitental des Sangrotals, ist lang, sodass man schon etwas Kondition braucht. Ziel unserer Wanderung ist der Einschnitt zwischen den beiden Gipfeln Monte Petroso und Monte Capraro. Wenngleich uns diese Gipfel verwehrt sind, von der Forca Resuni genießen wir eine großartige Aussicht in Richtung Lago di Barrèa im Osten und die Serra delle Gravare im Westen. Die gemauerte Hütte dort oben bietet uns leider keinen Unterschlupf, doch als Windfang tut sie ihre Wirkung. Denn manchmal – vor allem im Spätherbst – pfeift hier der Wind recht ausgiebig über den Sattel.

Am Eingang ins Valle Fondillo. Im Hintergrund erkennen wir die Serra delle Gravare.

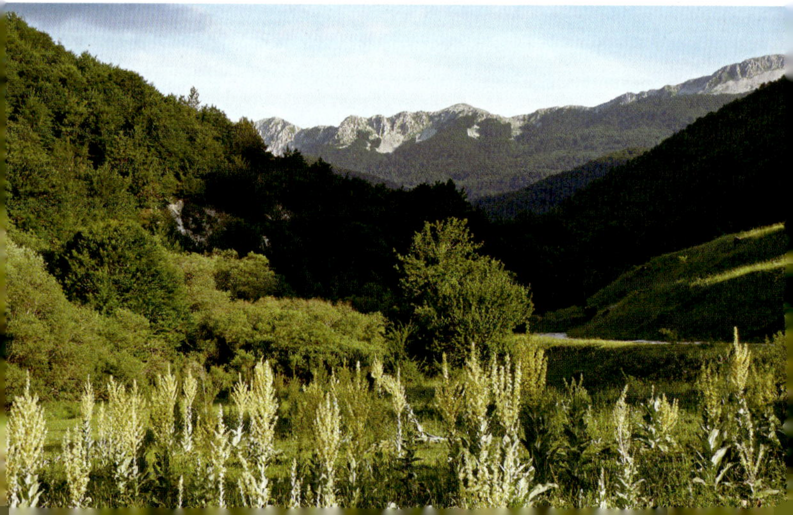

Talort: Opi (1253 m). Auf einem Felsriegel über dem Sangrotal erbautes, mittelalterliches Dorf mit knapp 500 Einwohnern. Der Name leitet sich vermutlich vom lateinischen Wort »oppidum« (= Festung) ab; diesen Charakter strahlt Opi auch heute noch aus. In einem ehemaligen Palazzo ist das Rathaus untergebracht. Die Hauptkirche – Santa Maria Assunta – stammt aus dem 12. Jahrhundert. »Belvedere« am oberen Ortsrand. Im Ort gibt es alle wichtigen kleinen Läden (Apotheke, Lebensmittel, Tabaccheria).
Ausgangspunkt: Nationalpark-Informationscenter am Eingang ins Valle Fondillo (1084 m). Dort befindet sich auch ein kostenpflichtiger Wanderparkplatz. Anfahrt von Pescassèroli über Opi bzw. von Villetta Barrèa auf der SR 83 (Wegweiser ins Valle Fondillo); bei km 51,3 biegen wir ab, fahren hinab zum Fluss Sangro, den wir über eine Brücke queren. Nach 150 m stellen wir das Auto ab.
Markierungen: Rot-weiß und Mark.-Nr. F2 bis hinauf zum Passo dell'Orso, dann Mark.-Nr. 05 bis zur Forca Resuni.
Höhenunterschied: 1240 Hm im Aufstieg wie im Abstieg.
Anforderungen: Der erste Teil der Wanderung verläuft auf unbefestigten Wirtschaftswegen bis ins hintere Valle Fondillo, auf Bergwanderwegen zum Passo dell'Orso und hinab zur Wegverzweigung im Valle Tre Confini (zum Teil sehr ausgewaschen), dann auf Bergwanderwegen und -steigen hinauf zur Forca Resuni.
Einkehr und Unterkunft: Bar im Nationalpark-Infocenter. Bei Voranmeldung kann man als Selbstversorger im Ostello Valle Fondillo nebenan übernachten (Info bzw. Schlüssel in Villetta Barrèa, Tel. +39 0864 89102; E-Mail: centroservizi.villetta@parcoabruzzo.it). Das Rifugio Forca Resuni ist geschlossen; bei Schlechtwetter keine Unterstandsmöglichkeit.
In Opi: Albergo Fresilia, Hotel La Pieja, Hotel du Park (2 km außerhalb) sowie mehrere B&Bs, z. B. »Antica Rua«, »Il Giglio«, »La Sosta» und »La Pratella«, zudem zwei Campingplätze, »Il Vecchio Mulino« sowie »Le Foce«.
Variante: Kombination mit Tour 42 möglich.
Tipps: 1. Am Eingang ins Valle Fondillo gibt es ein Holzmuseum (»Museo della Foresta e dell'Uomo«), das auf die Bedeutung der Holzindustrie für das gesamte Hochtal hinweist. Öffnungszeiten: Im Juli und im August täglich sowie an Sonntagen und Feiertagen davor und danach 9–18 Uhr. Auf Anfrage auch in der übrigen Zeit: valfondillo.it; Tel. +39 331 9727262.
2. In Opi gibt es ein »Museo del Camoscio« (Gämsenmuseum). Öffnungszeiten von Mitte Juni bis Mitte September täglich 9–13 Uhr und 15.30–19.30 Uhr, sonst nur am Wochenende bzw. an Feiertagen.

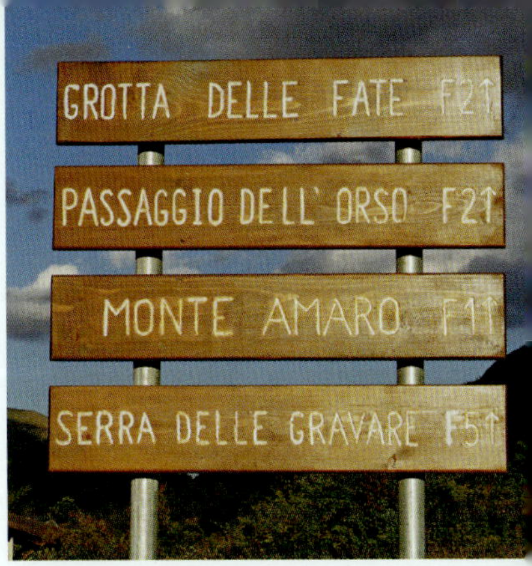

Die Wege im Nationalpark sind gut ausgeschildert.

Wir starten vom **Wanderparkplatz (1)** am Eingang ins wunderschöne **Fondillotal**, gehen rechts an der Bar und dem kleinen Museum vorbei und passieren zunächst einen Durchlass, der den Eingang zum Nationalpark Abruzzen Zona B markiert. Auf einem Schotterweg geht es leicht aufwärts durch

Bergwiesen und an ein paar niedrigen Gebäuden vorbei (einem ehemaligen Sägewerk, in dem sich jetzt das »Museo della Foresta e dell'Uomo« befindet). An der ersten **Weggabel (2)** halten wir uns halb links und orientieren uns dabei an der Mark.-Nr. F2, die uns bis zum Pass hinauf begleitet. Auf dem ersten Abschnitt unseres Weges wurde ein Naturlehrpfad mit 13 Stationen eingerichtet, der sich jenseits der Bachbrücke talauswärts fortsetzt. Wir marschieren tiefer ins Fondillotälchen hinein, dessen bis zu 200 Meter breite Talsohle von hohen Waldhängen eingerahmt wird. Der gleichnamige Bach hat sich zu unserer Linken eingeschnitten. Romantische, ungestörte Natur umgibt uns. Die extensiven Weiden zur Rechten – auf denen sich häufig Pferde tummeln – sind von vielen Gebüschen durchsetzt. Hier und in der Bachaue wachsen seltene Orchideen wie Spitzorchis und Brand-Knabenkraut, auch die Türkenbund-Lilie kommt vor. In den einsamen Bergwäldern leben noch Wölfe und Bären, die man aber kaum zu sehen bekommt. Nach ca. zwei Kilometern marschieren wir nicht links über den Bachsteg, sondern wandern weiter geradeaus **(3)**. Gleich in der Nähe befindet sich die Grotta Fondillo, wie es überhaupt entlang unserer Strecke ein paar mit Wasser gefüllte Grotten gibt. Wir passieren noch ein paar mächtige Kopfbuchen und steigen dann stärker an. Schließlich biegt unser Weg nach rechts, zieht an einer **einsamen Hütte (4)** vorbei und erreicht einen im Wald gelegenen Brunnen **(Fonte dell'Acqua**

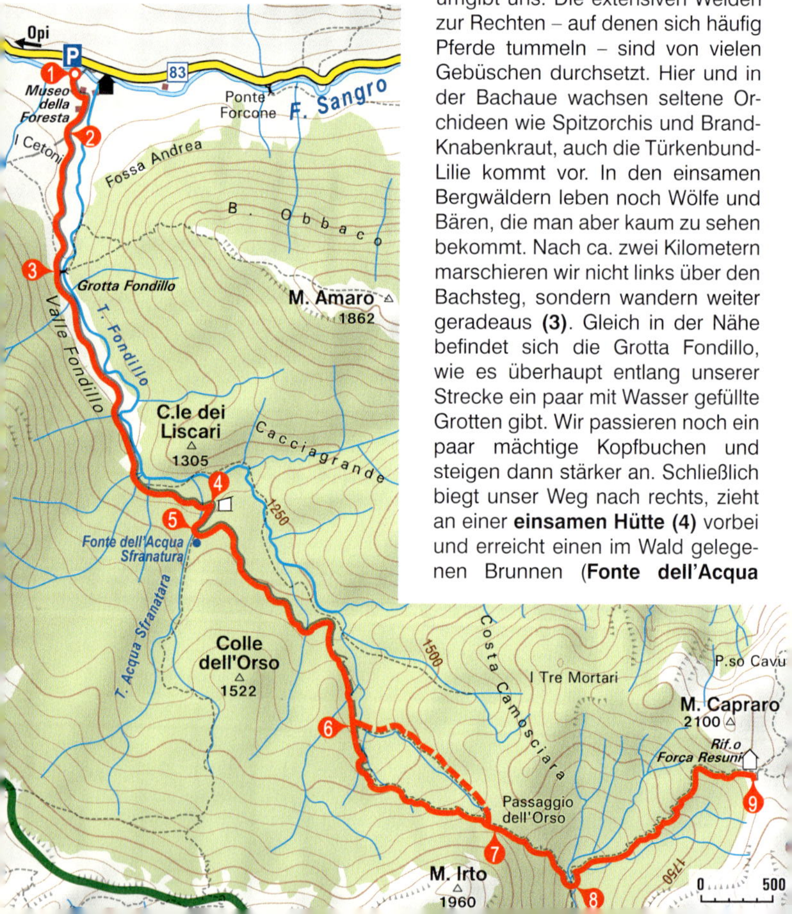

Sfranatura). Hier halten wir uns links **(5)** (Wegweiser »Passo dell'Orso«) und steigen weiter an. Dabei folgen wir immer dem Hauptweg, ignorieren also die Abzweigung beim Fahrverbotsschild und auch den Pfad, der zu einer Grotte hinunterführt. In dichtem Wald geht es in Serpentinen weiter aufwärts, auch an einigen Felsen vorbei. **Achtung**, bei einer **Rechtskurve (6)**, wo wir das Zeichen »F2« entdecken und wo links am Weg ein Kalkblock liegt, **verlassen wir den Hauptweg** und gehen geradeaus in den Wald hinein. Links oberhalb befindet sich die Costa Camosciara, deren Name auf eine reiche Population von Gämsen verweist. Nun führt uns ein kurvenreicher Pfad durch dichten Buchenwald steil bergan. Teilweise ist er unter Blättern verborgen, dafür sind aber die rot-weißen Markierungen gut sichtbar. Nach etwa einer halben Stunde Anstieg erreichen wir den **Passaggio dell' Orso (7)**, der abgelegen und einsam zwischen hohen Waldhängen liegt. Hier ist nach dem steilen Anstieg eine Verschnaufpause angesagt. Eine grüne Lichtung eignet sich gut für eine Pause. Dann wählen wir den rot-weiß markierten Pfad, der jenseits ins **Valle Tre Confini** hinabführt. Er ist etwas mühsam zu gehen und ausgewaschen, verläuft aber weiterhin durch Wald. Nach etwa einer Viertelstunde haben wir den tiefsten Punkt unserer Wanderung an einer **Wegverzweigung (8)** erreicht, an der wir uns links halten müssen. Wir folgen nun der Markierung »05« und wandern bald relativ steil auf den Monte Capraro zu. In direkter Linie geht es durch Laubwald bergauf. Nachdem wir schon fast die Höhe der Forca Resuni erreicht haben, biegt der Weg rechts ab und leitet uns in Kehren – zuletzt durch Latschen – hinauf zur **Forca Resuni (9)**, wo sich die gleichnamige, verschlossene Schutzhütte befindet. Die **Rückkehr** erfolgt auf dem Anstiegsweg.

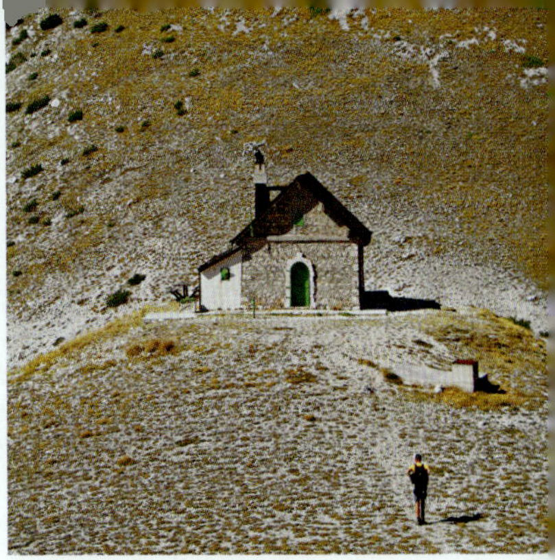

Das geschlossene Rifugio Forca Resuni im gleichnamigen Übergang.

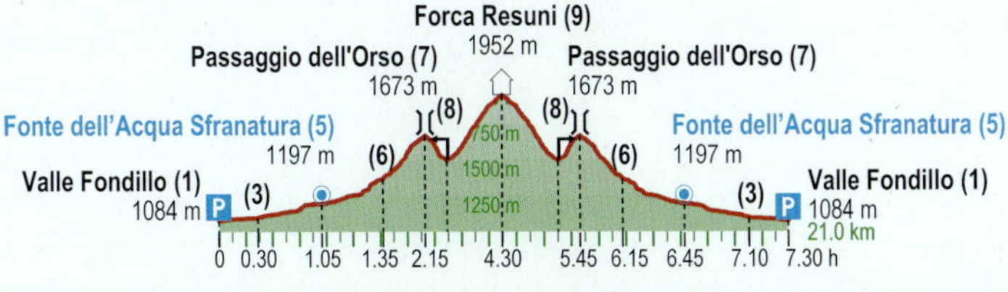

36 Monte Amaro, 1862 m

5.00 Std.

Auf den Antipoden des Monte Marsicano

Dieser vermeintlich unscheinbare, überwiegend dicht bewaldete Gipfel am Eingang ins Valle Fondillo bietet uns die Möglichkeit, ganz schnell dem belebten Treiben rund um die Nationalparkstelle zu entkommen. Dank seiner zentralen Lage genießt man am Gipfel ein großartiges Panorama: im Norden auf den Monte Marsicano, im Osten auf die Camosciara und den Lago di Barrèa und im Westen und Süden über das dicht bewaldete Valle Fondillo auf die Serra delle Gravare. Auch begegnen wir dort oben einer reichen Flora und mit etwas Glück bekommen wir die Fauna zu Gesicht, denn das Gebiet rund um die Camosciara und den Monte Amaro ist Gämsengebiet.

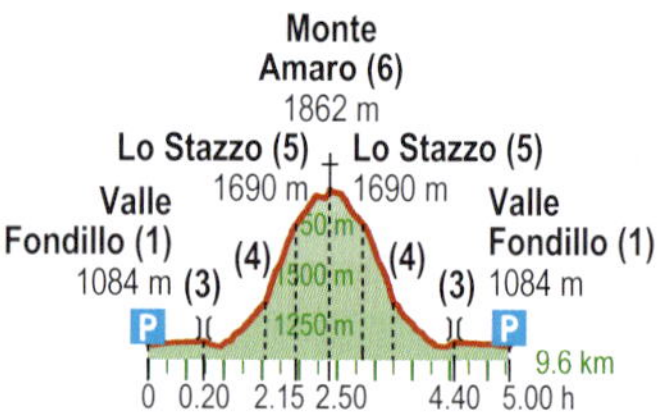

Der Monte Amaro; am Startpunkt gibt es eine Einkehrstelle und ein neues Museum.

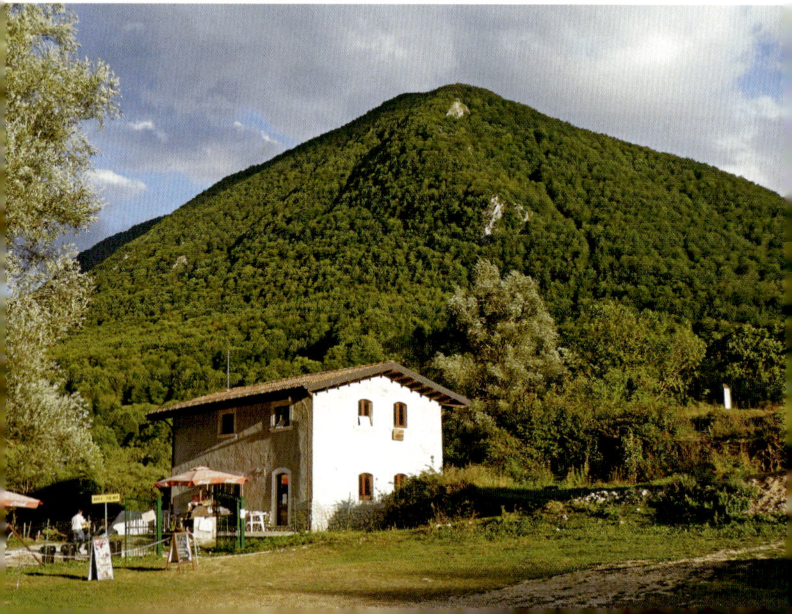

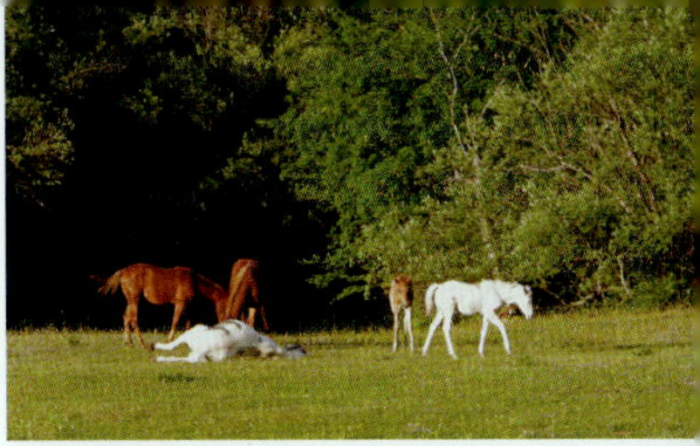

Eine Gruppe Pferde im Valle Fondillo.

Talort: Opi (1253 m); siehe Tour 35.
Ausgangspunkt: Nationalpark-Informationscenter am Eingang ins Valle Fondillo (1084 m); siehe Tour 35.
Markierungen: Rot-weiß und Mark.-Nr. F2 und F1.
Höhenunterschied: 845 Hm im Aufstieg wie im Abstieg.
Anforderungen: Der erste Teil der Wanderung verläuft auf unbefestigten Wirtschaftswegen durch das Valle Fondillo, dann weiter auf Bergwanderweg und schmalem Bergpfad. Der Aufstieg bis Lo Stazzo ist sehr steil. Am Gipfel selbst sind Trittsicherheit und Schwindelfreiheit erforderlich, wenngleich die Route nicht schwierig ist.
Einkehr und Unterkunft: Bar im Nationalpark-Infocenter. Bei Voranmeldung kann man auch im Ostello Valle Fondillo nebenan übernachten (Info bzw. Schlüssel in Villetta Barrèa, Tel. +39 0864 89102; E-Mail: centroservizi.villetta@parcoabruzzo.it). In Opi: zwei Hotels und mehrere B&Bs (»Gli Archetti«, »Il Giglio«, »Genziana« und »Antica Rua«). Zwei Campingplätze in der Umgebung; siehe Tour 35.
Hinweis: Im Hochsommer gibt es eine Zeitspanne, in der aus Naturschutzgründen der Monte Amaro nicht begangen werden kann. Auskunft im Nationalpark-Infocenter.
Tipp: Museo della Foresta am Eingang ins Valle Fondillo (im Info-Center).

Vom **Wanderparkplatz (1)** bei der Nationalpark-Informationsstelle folgen wir zunächst dem breiten, unbefestigten Wirtschaftsweg (Wegweiser »Passo dell' Orso«; »F2«) ins Valle Fondillo hinein. Im Rechtsbogen geht es um ein ehemaliges Sägewerk herum und dann weiter durch ein kleines Weidegebiet. Bei der ersten **Wegverzweigung (2)** halten wir uns links und gelangen bald an den Bach Fondillo. Nach etwa 20 Minuten Gehzeit stoßen wir auf

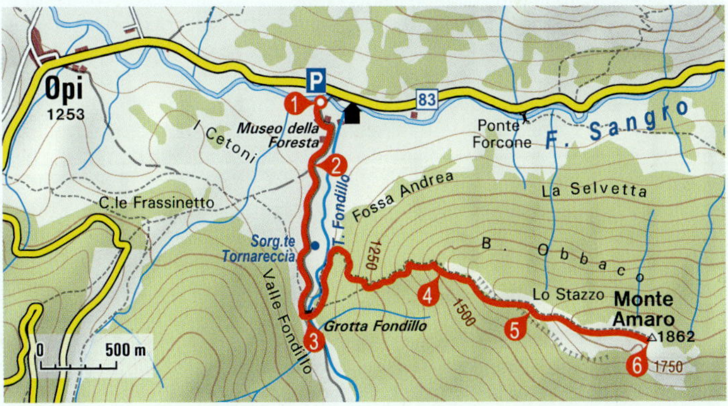

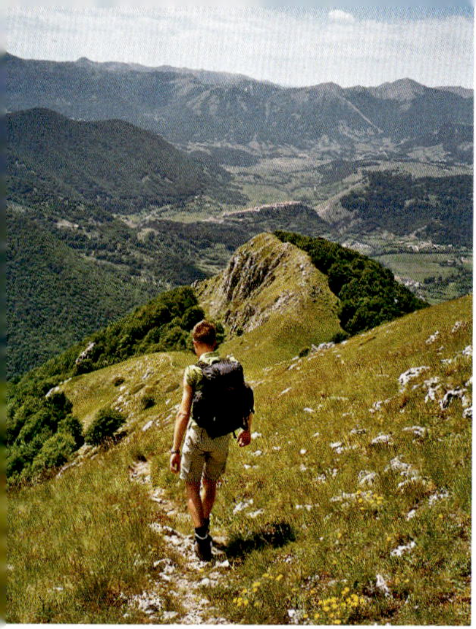

Der Gipfelkamm ist frei und bietet eine herrliche Aussicht.

einen **Holzsteg (3)** (mit zahlreichen Schildern), den wir nach links queren. Auf der anderen Seite halten wir uns ebenfalls links (Mark.-Nr. F1), queren eine Wiese und folgen einem breiten Wanderweg durch einen schönen Buchenwald ein Stück am Bach entlang zurück. Der Wanderweg verengt sich, biegt bald im rechten Winkel ab (Wegweiser »Monte Amaro«, »Lo Stazzo«) und leitet uns dann über einen steilen Steig in Serpentinen bergwärts. Bereits nach fünf Minuten erreichen wir eine Wegverzweigung (Tafel), gehen rechts weiter und hinauf zu einer Geländerippe. Auf dieser links haltend höher, dann Querung nach rechts zu einer Geländekante mit freiem Blick ins Valle Fondillo. Es geht aber weiter steil – nun auf schotterigem Steig – durch lichten Wald mit Buchen, Ahorn und Kiefern und durch freies Gelände über Serpentinen hinauf. Im Westen erkennen wir das Dorf Opi. Bald passieren wir einen charakteristischen **Felsgrat (4)**; anschließend weiter durch freies Gelände, dann wieder durch Buchenwald, bis wir nach eineinhalb Stunden Gehzeit den oberen Rand des Waldes erreichen. Eine Wegspur leitet uns hinab durch einen Schutthang zu einen Sattel (1690 m); hier erkennen wir die Reste eines alten Weidegebiets, den sogenannten **Lo Stazzo (5)**. Unser Weg steigt nun wieder an und führt uns zunächst südlich des Kammes, dann in Kehren steil hinauf zum **Vorgipfel** (1850 m). Hier haben wir die beste Gelegenheit, Gämsen zu beobachten. Wir steigen durch schrofiges Gelände in den Sattel, der beide Gipfel verbindet. Dann folgen wir dem grasbewachsenen, teilweise mit Geröll und Felsblöcken versehenen breiten Kamm, bis dieser sich allmählich verengt. Vor uns sehen wir bereits das grüne Horn des Monte Amaro, das nach allen Seiten relativ steil abfällt. Die Aussicht von hier oben ist gewaltig. Wir gehen nun an den Gipfelfuß heran und folgen dem schmalen Gipfelpfad, der direkt auf der Schneide zum Gipfel führt. Da der schmale, wenngleich grasige Gipfelkamm links und rechts steil abfällt, müssen wir auf den letzten Metern zum **Monte Amaro (6)** gut aufpassen. Am Gipfel erwartet uns zwar kein Kreuz, aber ein gewaltiger Steinhaufen mit Gipfelangabe sowie ein kleines Plateau, wo wir gut rasten und Brotzeit machen können. Die **Rückkehr** erfolgt auf dem Anstiegsweg.

3.45 Std.

Camosciara und Rifugio Belvedere della Liscia

37

Zu den Wasserfällen im »alten« Herz des Nationalparks Abruzzen

Die Monti della Meta bilden die südlichste Berggruppe im Nationalpark Abruzzen und weisen mit dem Monte Petroso (2249 m) auch seinen höchsten Gipfel auf. Die »Camosciara«, deren Name sich von den hier zahlreich vertretenen Gämsen herleitet, liegt auf der Nordseite der Gebirgsgruppe und ist das »alte« Herz des Nationalparks. Bereits in der Anfangszeit des Parks war hier das Zentrum der Gämsen und Bären, die schon zum Ende des 19. Jahrhunderts unter Schutz und Beobachtung standen. Unsere Wanderung führt uns (und viele andere, denn das Gebiet ist Ziel für zahlreiche Tagesausflügler) bis zum Fuß des gleich einem Amphitheater aufgebauten Felsabbruchs mit teilweise bis zu 1000 Meter hohen Fluchten, die eingerahmt von Wald eine besonders reizvolle Kulisse abgeben. Ziel ist das zwar »Schutzhütte« genannte Rifugio Belvedere della Liscia – leider bietet es uns aber keine Einkehr, es ist vielmehr eine Beobachtungsstelle der Nationalparkverwaltung. Aber es ist ein schöner Platz zum Rasten und Brotzeitmachen. Am Weg liegen prachtvolle Wasserfälle, und wir durchwandern eine überwältigende Natur, in der Gämsen, Luchse und Bären beheimatet sind. Tipp: Den besten Blick auf die Wasserfälle haben wir, wenn wir am Ende der Piazzale links über die Brücke gehen und dem kurzen, leichten Steig auf der gegenüberliegenden Seite des Baches folgen.

Talort: Villetta Barrèa (985 m). Gemeinde am westlichen Ufer des Lago di Barrèa mit knapp 700 Einwohnern. Da der Ort im Jahre 1915 durch ein Erdbeben schwer beschädigt wurde, gibt es nicht viele Sehenswürdigkeiten; er ist trotzdem reizvoll. Die Kirche Santa Maria Assunta wurde wieder aufgebaut. Der alte Ortskern liegt etwas oberhalb der Durchgangsstraße (SS 83).

Ausgangspunkt: Eingang zum Nationalpark (1030 m); dort befindet sich auch ein großer, gebührenpflichtiger Wanderparkplatz. Anfahrt: Auf der SS 83 von Villetta Barrèa kommend nach 3 km links ab (Wegweiser »Camosciara«; von Pescassèroli 12 km), dann 150 Meter auf Teerstraße bis zum Ende der öffentlichen Fahrstraße und zum Picknickplatz mit Bänken und Tischen, Kinderspielplatz und Radverleih. Busverbindung zwischen Pescassèroli und Barrèa (bis Castel di Sangro). Dem Fahrer vorher Bescheid geben, wo man aussteigen möchte.

Markierungen: Rot-weiß und Mark.-Nr. G7, G1 und G6.

Höhenunterschied: 550 Hm im Aufstieg wie im Abstieg.

Anforderungen: Der erste Teil der Wan-

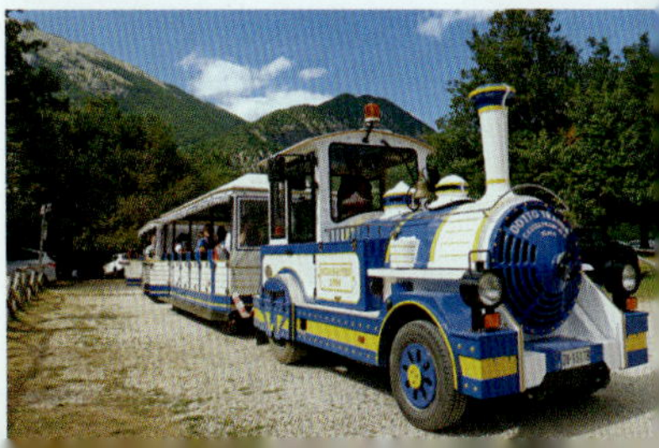

Die Bimmelbahn zur Piazzale della Camosciara.

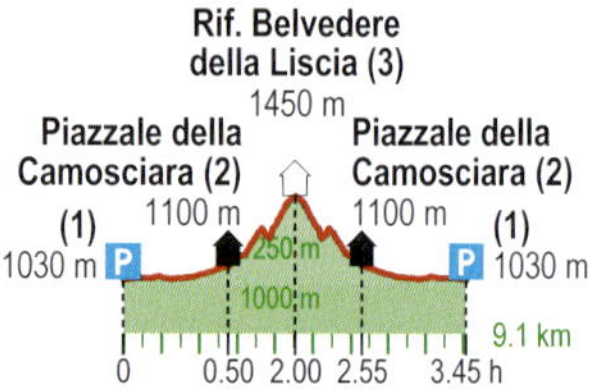

derung verläuft auf einem geteerten Wirtschaftsweg bis zur Piazzale della Camosciara (im Sommer verkehrt hier ein »Trenino«). Anschließend auf einer alten Mulattiera bzw. einem Bergwanderweg zum Rifugio; der Aufstieg ist zuletzt recht steil.
Einkehr und Unterkunft: Bars und Kioske jeweils am Nationalpark-Eingang sowie an der Piazzale della Camosciara. In Villetta Barrèa: Trattoria Pescatore sowie Hotel »Il Vecchio Pescatore«, Hotel del Lago, Hotel degli Olmi, »Art Hotel«. Mehrere B&Bs: »L'Agrifolio« (Tel. +39 331 234 2071), »Les Chalets Piccolo Hotel« (Tel. +39 0864 895029), »Il Rifugio nel Parco« (Tel. +39 0864 89444), »De Contra« (Tel. +39 328 886 4785), »Da Nonna Li« (Tel. +39 335 8228730), »Il Ghiro« (Tel. +39 0864 89493), »Elda Baci «(Tel. +39 0864 89332). Camping »Le Quite«. Mehrere Restaurants und Pizzerien im Ort.
Variante: Der Zugang zur Camosciara kann auch von Civitella Alfedena erfolgen (siehe Tour 42). Vom großen Parkplatz am oberen Ortsende folgen wir zunächst einer steil ansteigenden Teerstraße, die bei einer Schranke endet. Wir wandern weiter in westlicher Richtung (Mark.-Nr. 12, bis wir ein kleines eisernes Kreuz auf einem Felsen und einen Brunnen (1187 m) erreichen. Dort verzweigt sich der Weg. Wir halten uns links (Mark.-Nr. G4) und wandern leicht abwärts durch die Macchia, bis wir – zuletzt über einige Kehren – zum Torrente Scerto gelangen. Eine gemauerte Brücke bringt uns auf die andere Seite zur Teerstraße. Dieser folgen wir links haltend zur Piazzale della Camosciara (1.15 Std. von Civitella Alfedena).
Hinweis: Das Gebiet zwischen dem Rifugio Belvedere della Liscia (1437 m) und dem die ganze Camosciara überragenden Hauptgipfel Monte Capraro (2100 m) ist Schutzgebiet und darf nicht betreten werden.
Tipp: In Villetta Barrèa gibt es ein paar kleine Museen: Museo della Transumanza (über die Wanderbewegung in früherer Zeit zwischen Apulien und den Abruzzen), das Museo dell'Acqua (am Fluss Sangro), das Museo della Torre. Informationen dazu im Pro Loco.

Die Cascata Tre Cannelle.

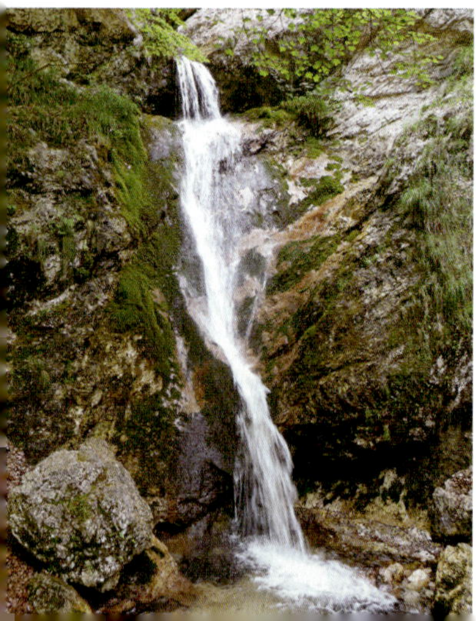

Vom großen **Wanderparkplatz (1)** gleich zu Beginn der Piana della Corte folgen wir dem geteerten Sträßchen taleinwärts (die Zufahrt für Autos zur Piazzale della Camosciara wurde bereits im Jahre 1999 untersagt; Mark.-Nr. G7). Links ragen die Felsspitzen der Rocca Tre Monti auf. Wir passieren einen kleinen Übergang und wandern leicht

abwärts in den großen, bewaldeten Kessel von La Camosciara. Nach 20 Minuten zweigt links ein Wanderweg nach Civitella Alfedena sowie zum Parkplatz bei Villetta Barrèa ab (Mark.-Nr. I2). Ab hier führt unser Sträßchen (nun mit der Mark.-Nr. G1) am Torrente Scerto entlang weiter, der von Weiden und Eschen gesäumt ist.
Leicht ansteigend erreichen wir einen weiteren Wegabzweig (die Hauptroute ist aber immer klar), der nach Civitella Alfedena weist (siehe Variante). Nun ist es nicht mehr weit bis zur **Piazzale della Camosciara (2)**, 1100 m, wo das Sträßchen endet und wir uns an den beiden Kiosken eine kleine Pause gönnen können. Jenseits des Platzes sehen wir auf der rechten Seite einen Wegweiser, der uns den Weiterweg zum Rifugio anzeigt. Wir wandern nun weiter mäßig ansteigend auf einer Mulattiera durch Buchenwald, der zuweilen von einzelnen Schwarzkiefern aufgelockert wird. Bald erreichen wir den ersten Wasserfall, die **Cascata Tre Cannelle**, dann wird es jedoch steil und serpentinenreich, und 15 Minuten oberhalb zweigt links ein Stichweg zu einer kleinen Aussichtsplattform ab, wo wir die **Cascata delle Ninfe** betrachten können. Im Anschluss erwartet uns noch ein kleiner Felsenkessel mit Wasserfall. Das letzte Wegstück führt uns schließlich zum Talschluss und hinauf zum **Rifugio Belvedere della Liscia (3)**, wo wir auf einer kleinen Terrasse Brotzeit machen können. Die **Rückkehr** erfolgt auf dem Anstiegsweg.

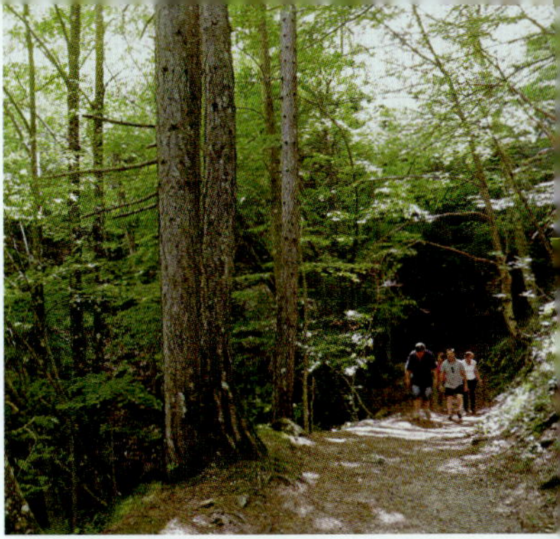

Am Anstiegsweg zum Rifugio Belvedere della Liscia.

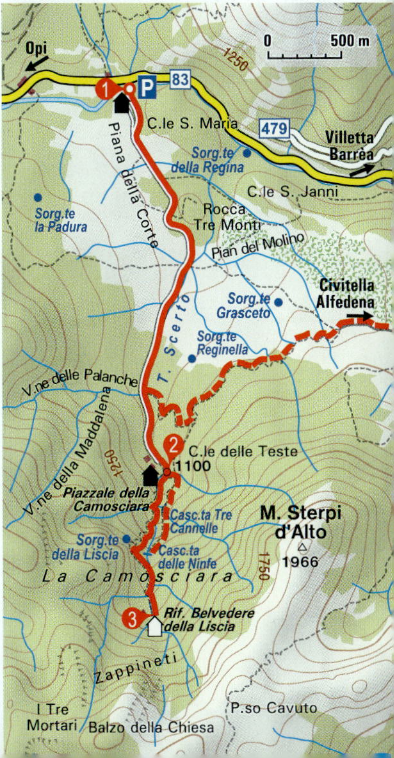

38 Rifugio Pesco di Iorio, 1830 m

4.00 Std.

Durch das Vallone Pesco di Iorio

Rund um die Cresta della Rocca finden wir einige der schönsten Buchenwälder des Nationalparks Abruzzen, in denen der »Orso bruno marsicano« (= abruzzischer Braunbär), Hirsche und Rehe sowie der apenninische Wolf leben. Das Rifugio Pesco di Iorio ist daher für die Tierbeobachtung ein wichtiger Stützpunkt. Leider steht die Hütte Einzelwanderern nicht zur Verfügung. Lediglich angemeldete Gruppen haben Zugang. Das Panorama auf der Kammhöhe ist großartig. Es reicht von der Schiena di Cavallo im Norden rechts in einem Bogen über das gesamte Hochtal hinweg auf Monte Marsicano, die Camosciara, Monte Petroso und die Sella delle Gravare, um die wesentlichen Gipfel des Nationalparks zu nennen, bis hin zum Monte Tranquillo im Süden. Im Westen schauen wir auf die Catena del Monte Serrone, die die Grenze zur Region Latium markiert.

Talort: Pescassèroli (1167 m). Hauptort des Nationalparks Abruzzen mit etwa 2200 Einwohnern; dort befindet sich auch der Sitz der Nationalparkverwaltung. Durch den Ort fließt der Fiume Sangro. Das kleine reizvolle Centro storico weist einige schöne Gassen auf; der Ortsrand ist allerdings weniger ansprechend mit zahlreichen »modernen« Bauten. Am Hauptplatz, der Piazza S. Antonio, gibt es zahlreiche Cafés und Restaurants; und in einer Seitenstraße die Tourist-Info mit angeschlossenem Laden (»La Bottega di Gaia«), wo wir Spezialitäten der Abruzzen kaufen können. Sehenswert ist die Pfarrkirche SS. Pietro e Paolo aus dem 16. Jahrhundert mit einer schwarzen Madonna. Über dem Ort befinden sich die spärlichen Ruinen des Castello Mancino. Pescassèroli ist der Geburtsort des Philosophen und Politikers Benedetto Croce. Zahlreiche Hotels,

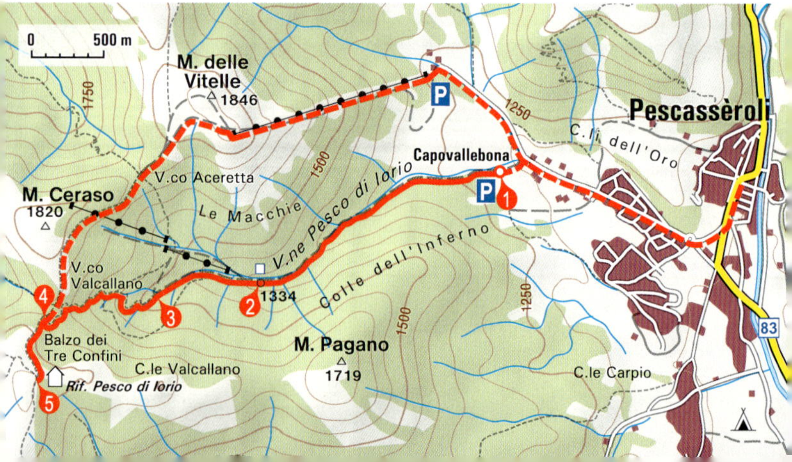

Alberghi und B&Bs mit Sommer- und Winterbetrieb. Außerhalb des Ortes gibt es zwei Campingplätze (einer in Richtung Opi, der andere in Richtung Talstation Kabinenbahn Monte delle Vitelle).

Ausgangspunkte: Wanderparkplatz am Eingang in die Vallone Pesco di Iorio bei Capovallebona (1202 m) bzw. die Ortsmitte von Pescassèroli. Anfahrt: Von Pescassèroli auf der SS 83 bis zur Wegverzweigung am südlichen Ortsende, dann rechts weiter auf der Viale Fausto Grassi in Richtung Talstation der Cabinovia. Ca. 1 km davor zweigt links ein Wirtschaftsweg ab, auf diesem ein paar Hundert Meter zum deutlich sichtbaren Eingang »B« des Nationalparks Abruzzen (einige Info-Tafeln). Direkt davor parken wir.

Markierungen: Rot-weiß bzw. gelb-rot, Wegtafeln und Mark.-Nr. B1, R7, B4 und C5.

Höhenunterschied: 640 Hm im Aufstieg wie im Abstieg.

Anforderungen: Zu Beginn Piste, dann Mulattiera, die Hauptstrecke verläuft jedoch auf einem Bergsteig. Trittsicherheit erforderlich.

Einkehr und Unterkunft: Unterwegs keine. Rifugio Pesco di Iorio, 1830 m (an die Cooperative Ecotur verpachtete Hütte des CAI mit 7 Lagern, einer Küche mit Holz- und Gasofen, jedoch ohne Toilette und Wasser. Außerhalb der Hütte gibt es eine Zisterne). An der Talstation der Bergbahn: Pizzeria/Ristorante »La Baita«.

In Pescassèroli: Hotel garni »Il Duca degli Abruzzi«, Albergo Plistia, Albergo Marsicano, Pension »Al Castello« sowie B&B »Via della Piazza«, B&B »Della Nonna«, B&B »Animali Selvaggi«, B&B »Albergo del Sangro« und »Le Antique Torri«.

Variante: Aufstieg mithilfe der Cabinovia delle Vitelle: Von der Bergstation führt nahezu eben ein Wanderweg (Mark.-Nr. B4) zur Valico Aceretta, von dort ansteigend zum Monte Ceraso, jedoch dann seitlich am Gipfel vorbei und hinab (steile Passage über schrofigen Fels) in den Balzo dei Tre Confine, wo wir auf die Hauptroute treffen. Die Gondelbahn (1250 m – 1900 m) ist im Sommer von Anfang Juli bis Mitte September in Betrieb, jedoch nur im August täglich.

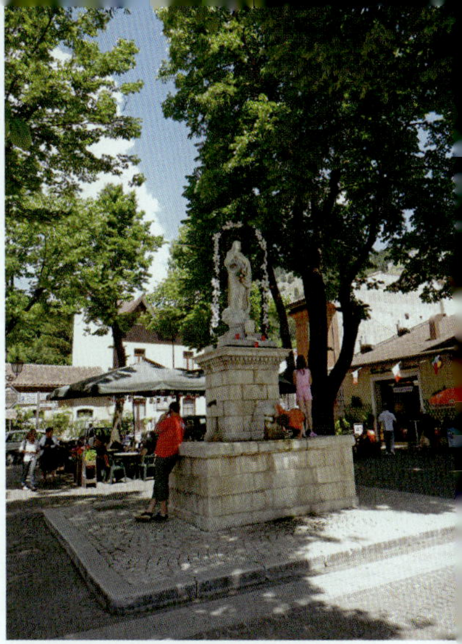

Im Zentrum von Pescassèroli, dem bedeutendsten Ort im Nationalpark Abruzzen.

Hinweis: Am Rifugio Pesco di Iorio wird darauf hingewiesen, dass in der Zeit von Anfang August bis Anfang Oktober in diesem Bereich die Wege nicht verlassen werden dürfen, um die Population der Bären nicht zu stören.

Tipp: Die Tourist-Information von Pescassèroli bietet in Zusammenarbeit mit »Ecotur« Erlebnistouren in das Reich der Bären und Wölfe (»Auf den Spuren der Wölfe«) an. Wir werden diese vielleicht nicht zu Gesicht bekommen, aber das Wolfsgeheul oder das Brummen eines Braunbären hören und die leuchtenden Augen in der Dunkelheit sehen. Stützpunkt für diese Touren ist das Rifugio Pesco di Iorio. Ecotur (im 1. Stock über der »Bottega di Gaia«): Tel. +39 0863 912760. Internet: ecotur.org.

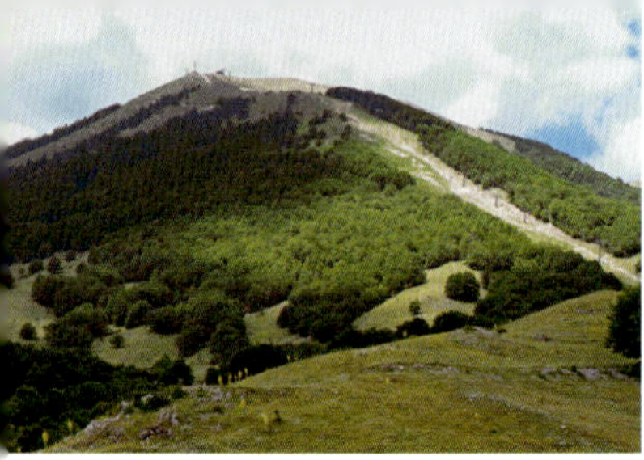

Der Monte delle Vitelle mit Liftanlage.

Vom **Wanderparkplatz (1)** am Nationalpark-Eingang folgen wir zunächst dem rauen Fahrweg (Mark.-Nr. B1, rot-weiß) – vorbei an einigen Pferdekoppeln – nur leicht ansteigend durch zunächst freies Gelände. Wir passieren eine Schranke, dann geht es hinein in das mit Buchen bewaldete Vallone di Pesco di Iorio, das auf der rechten Seite vom Monte delle Vitelle und auf der linken Seite vom Monte Pagano eingefasst wird. Rechter Hand sehen wir nach einigen Minuten die Talstation eines Sessellifts, nach einer halben Stunde – und vorbei an einem **Rückhaltebecken (2)** bei P. 1334 – eine weitere. Wir erreichen dann eine Lichtung, wo der breite Wirtschaftsweg eine scharfe Biegung nach rechts **(3)** macht und steil ansteigt. Hier gehen wir geradeaus weiter (Wegweiser »Rifugio Pesco di Iorio«). Nun geht es auf einer **Mulattiera** (Mark.-Nr. R7) in Serpentinen durch einen schönen Buchenwald hinauf zu einer kleinen Lichtung. Der breite Ziehweg führt nach links, wir jedoch halten uns rechts und wandern auf schönem Bergwanderweg weiter durch Buchenwald – nun deutlich steiler – durch einen mit Schrofen durchsetzten Hang über kurze Serpentinen den Hang hinauf. Eine halbe Stunde nachdem wir die Mulattiera verlassen haben, erreichen wir eine nahezu ebene Geländestufe. Links oberhalb sehen wir bereits unser Ziel, das Rifugio. Die Markierung R7 endet hier. Wir wenden uns nun nach rechts und steigen den grasigen Hang hinauf zu einer Kuppe, dem **Balzo dei Tre Confini (4)**. Dort mündet von rechts die Variante von der Bergstation (Mark.-Nr. B4) ein. Wir halten uns nun links und steigen auf gutem, schmalem Steig (Mark.-Nr. B4) über Serpentinen durch Buchenwald an. Bald verlassen wir den Wald wieder und sehen vor uns einen großen Felszahn. An diesem links vorbei und nun durch freies Gelände auf gutem Bergwanderweg durch eine steile Gras- und Schrofenflanke hinauf. Eine weite Serpentine leitet uns zuletzt hinauf zu einer Einschartung im Kammverlauf. Dort auf der Westseite über Bergmatten weiter zum bereits sichtbaren **Rifugio Pesco di Iorio (5)**, das direkt auf der Kammhöhe der Cresta della Rocca liegt, die sich mit mehreren Erhebungen in Richtung Süden zum Monte Tranquillo zieht. **Rückkehr** auf dem Anstiegsweg.

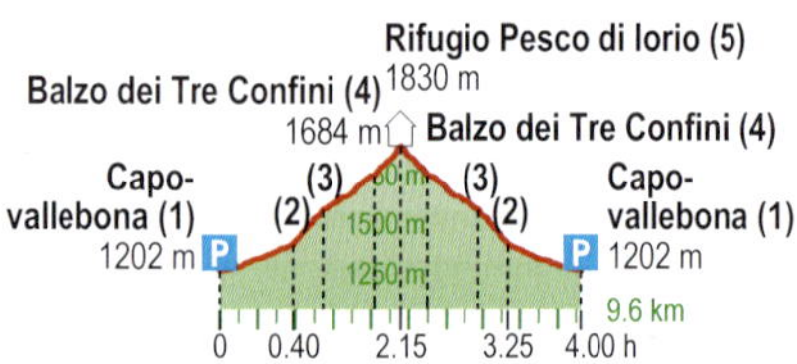

Rechts: Beschauliche Gasse in Pescassèroli, abseits der Durchgangsstraße.

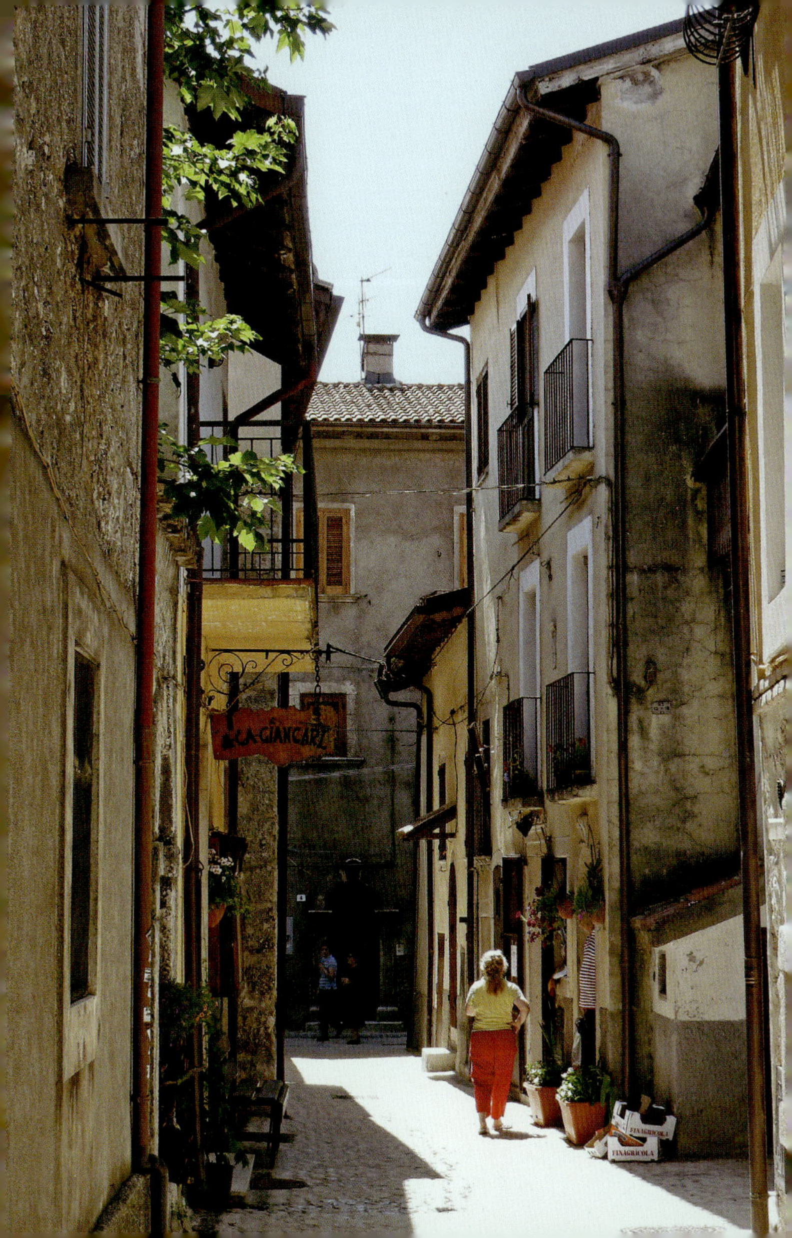
FINAGRICOLA
FINAGRICOLA

TOP **39**

Monte Tranquillo, 1841 m

5.20 Std.

Eine Wallfahrtskirche an der Grenze zu Latium

Eine schöne Wanderung ohne störendes Beiwerk bietet die Route hinauf zum Monte Tranquillo, über den die Grenze zwischen den beiden Regionen Abruzzen und Latium verläuft. Etwas unterhalb des Gipfels – in schöner Aussichtslage – liegt der im Jahre 1956 erbaute Santuario di Monte Tranquillo, der zur Erinnerung an die Beendigung der heftigen Kämpfe im Zweiten Weltkrieg in Italien errichtet wurde. Dort finden wir bei Wind oder Regen Zuflucht, denn der Kirchenvorplatz ist überdacht. Die Anstiegsroute zum Wallfahrtsort verläuft durch einen herrlich verwunschenen Buchenwald (La Foresta della Difesa) mit teils sehr alten Bäumen und bemoosten Felsbrocken – sicherlich einer der schönsten der ganzen Abruzzen. Am Gipfel selbst kann es recht windig werden, denn dieser fällt zu beiden Seiten relativ steil ab. Dafür ist die Aussicht bei gutem Wetter ein Traum, der Blick reicht dann bis nach Rom.

Talort: Pescassèroli (1167 m); siehe Tour 38.

Ausgangspunkt: Eingang in den Nationalpark bei Pescassèroli (1169 m). Anfahrt auf der A 25 bis Ausfahrt Pescina, dann auf der SS 83 über Pescina und Gioia dei Marsi nach Pescassèroli. Durch den Ort bis zur Abzweigung nach rechts in Richtung Opi; hier jedoch geradeaus weiter in das Sträßchen, das zum »Centro Ippico Valle Cupa« führt (Ausschilderung ebenfalls zum »Santuario di Monte Tranquillo«). Wir folgen dem Sträßchen ca. 1,5 km weit bis zum Ende

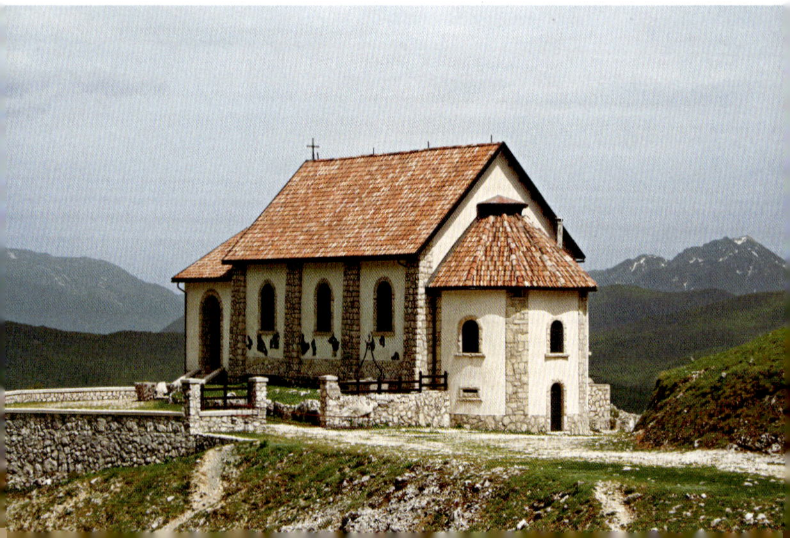

der Teerstraße. Dort empfiehlt es sich, zu parken, da die nun folgende Piste sehr rau ist. Wir können jedoch weiterfahren bis zum Eingang des Nationalparks, der durch eine große Informationstafel gekennzeichnet ist. Parkmöglichkeit entlang der Straße bzw. in den freien Flächen daneben.

Markierungen: Blau-weiß bzw. rot-weiß sowie Mark.-Nr. C1 und C3.

Höhenunterschied: 700 Hm im Aufstieg wie im Abstieg.

Anforderungen: Bis zum Santuario unbefestigter Wirtschaftsweg mit einigen markierten Abkürzungen. Dann rauer Feldweg bis zu einer Almhütte; danach weiter auf Pfad; ab Valico di Monte Tranquillo weglos, aber ohne Schwierigkeiten zum Gipfel.

Einkehr und Unterkunft: Unterwegs keine. Nach einer Viertelstunde Gehzeit liegt etwas versteckt links oben das Rifugio della Difesa (1278 m; in der Regel verschlossen; wird von der Diözese von Avezzano benutzt). In Pescassèroli zahlreiche Hotels und Alberghi sowie Restaurants und Bars (siehe Tour 38).

Variante: Die markierte Wegstrecke verläuft teilweise parallel zum in der Hauptroute beschriebenen Forstweg, der jedoch viel angenehmer zu begehen ist.

Hinweis: Der Zugang kann zeitweilig wegen Wildschutzauflagen beschränkt sein.

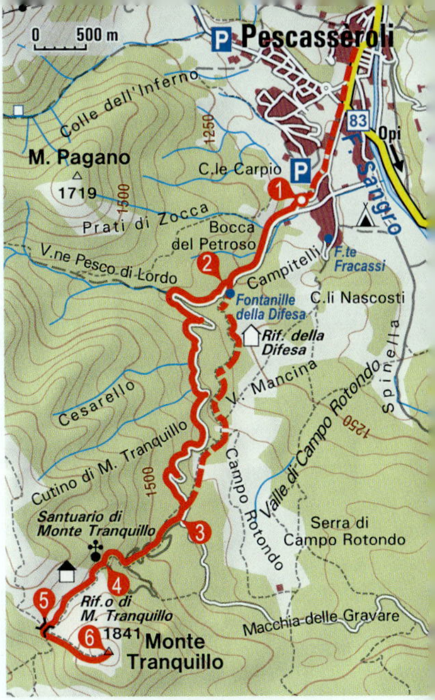

Bitte entsprechende Tafeln beachten!

Tipp: Santuario di Monte Tranquillo, 1956 erbaut zur Erinnerung an die Beendigung der heftigen Kämpfe in Italien während des Zweiten Weltkriegs.

Am Ende der Teerstraße **(1)** bei **Pescassèroli** folgen wir nun dem unbefestigten rauen Fahrweg durch ebenes Gelände zu einem großen Stallgebäude (Achtung, Hunde!). An diesem vorbei zum Eingang des Nationalparks. Hier können wir uns kurz orientieren (Übersichtskarte). Nun weiter über eine kleine Brücke und den nun gesperrten Fahrweg (eine ehemalige Mulattiera, wie man an dem teilweise gepflasterten Weg erkennt). Bald umfängt uns ein zunächst noch lichter Buchenwald. Nach einer Viertelstunde treffen wir auf eine große Viehtränke (mit Unterstandsmöglichkeit), die **Fontanille della Difesa (2)** (1230 m). Hier zweigt links ein rauer Weg ab, der zum versteckt liegenden Rifugio della Difesa führt. Wir gehen jedoch geradeaus weiter und steigen nach der ersten weiten Schleife durch schönen Buchenwald mit jahrhundertealten Bäumen an. Nach einer Viertelstunde passieren wir eine

Links: Die Wallfahrtskirche (Santuario) am Monte Tranquillo wurde erst 1956 erbaut.

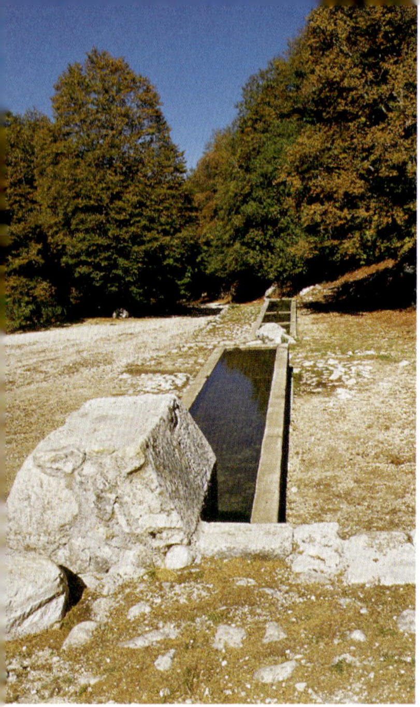

Viehtränke am Anstiegsweg.

Kreuzwegstation mit schönem Ausblick. Unser Weg schlängelt sich gemächlich durch einen Wald und führt dann seitlich einer großen Lichtung, die mit einem großen Kreuz versehen ist, zu einer **Wegkreuzung (3)**. Hier halten wir uns rechts (Wegweiser zum Santuario) und folgen weiterhin einem gut zu begehenden Forstweg. Nach etwa zehn Minuten, bei einer sehr modernen Christusdarstellung, verlassen wir den Fahrweg und folgen dem markierten, aber nicht sehr ausgeprägten Wanderweg, der uns nun hilft, die weiten Kehren abzukürzen. Die letzte Viertelstunde des Anstiegs zur Wallfahrtskirche ist der Bergweg dann sehr schön und führt uns in Serpentinen durch Wald direkt hinauf zum aussichtsreich gelegenen **Santuario di Monte Tranquillo (4)**. Hier betreten wir nun freies Gelände. Um zum Gipfel des Monte Tranquillo zu gelangen, folgen wir von der Kirche dem zunächst breiten Almweg in aufsteigender Richtung (markiert), passieren ein großes Kreuz und steigen dann zu einem Sattel an. Jenseits geht es in einen Almkessel hinein. Rechts oberhalb steht ein steinernes Almgebäude, das uns bei Regen Unterschlupf bietet. Wir gehen links an diesem vorbei und folgen den roten Markierungen, die uns zu einem weiteren **Sattel (5)** bringen. Hier befindet sich die Grenze zur Region Latium. Wir verlassen nun den markierten Weg, folgen kurz dem Kamm nach links und steigen dann pfadlos und ohne Markierung durch leichtes Gelände hinauf zum höchsten Punkt des **Monte Tranquillo (6)**, der durch einen großen Steinhaufen markiert ist. Großartige Sicht nach Pescassèroli bzw. auf die andere Seite in Richtung Rom.

Der **Abstieg** erfolgt auf dem Anstiegsweg.

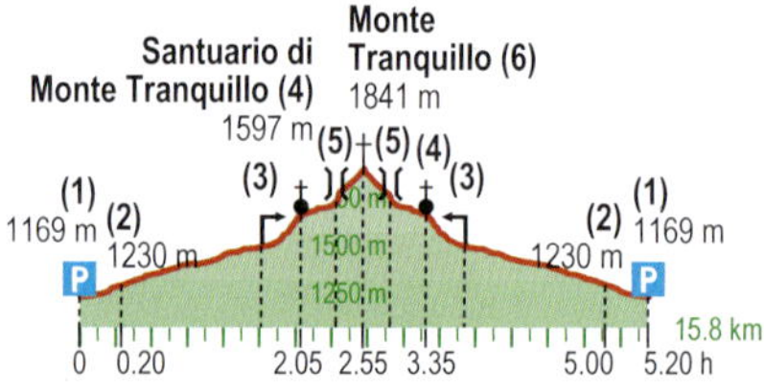

7.15 Std.

Monte Marsicano, 2245 m

40

Überschreitung des zweithöchsten Gipfels im Nationalpark Abruzzen

Der Monte Marsicano ist ein frei stehender Bergkoloss nördlich des Sangrotals und er ist einer von dreizehn Untergruppen der Monti Marsicani, deren höchste Erhebung weiter östlich im Monte Greco kulminiert. Seinen Namen leitet er von der historischen Region Marsica her, nach der auch der abruzzische Braunbär (= Orso bruno marsicano) benannt ist. Im unteren Bereich ist der Gipfel noch bewaldet, doch oberhalb von 1500 Metern bewegen wir uns im freien Gelände. So dominant der Berg ist, so selten wird er bestiegen, obwohl er doch der höchste, frei zu besteigende Gipfel das gesamten Nationalparks Abruzzen ist. Das hat seinen Grund im langen An- und Abstieg, am Wassermangel unterwegs und am Mangel eines passablen Stützpunkts. Die großartige Rundsicht am Gipfel macht das alles aber wieder wett. Damit wir nicht zu viel Wasser mit uns schleppen müssen, empfiehlt sich die Besteigung im Frühjahr und im Herbst. Für Freunde der Flora und Fauna bietet der Monte Marsicano einige Überraschungen. Auf der fast unzugänglichen Ostseite des Massivs, das einige Untergipfel aufweist, haben Bären, Wölfe und sogar Königsadler ihre Refugien. Im Herbst können wir bis in Gipfelnähe die Brunftschreie der Hirsche hören, ja vielleicht sogar ihre Revierkämpfe beobachten. Am Abstiegsweg, beim Stazzo di Monte Forcone, können wir vor allem im Frühjahr besonders schöne Bergwiesen bewundern.

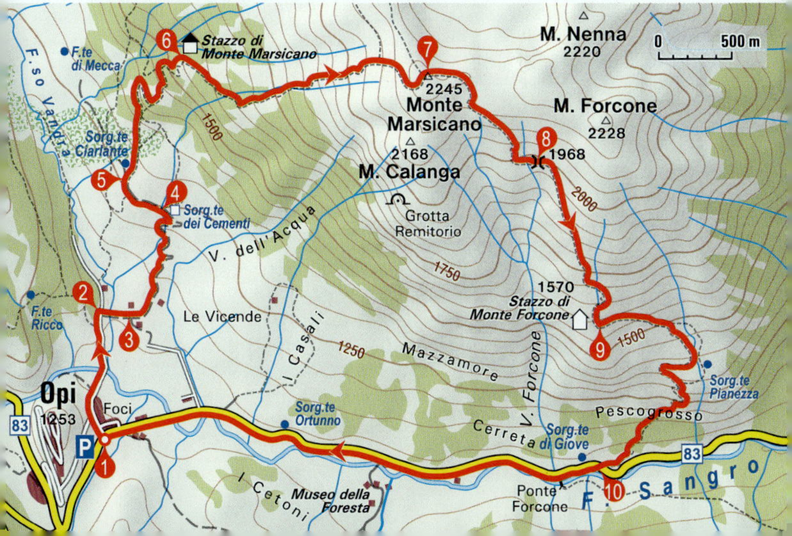

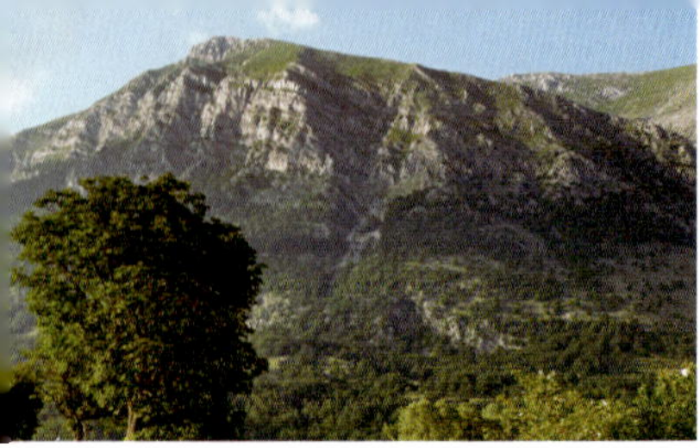

Der Monte Marsicano von Süden gesehen.

Talort: Opi (1253 m). Auf einem Felsriegel über dem Sangrotal erbautes mittelalterliches Dorf mit knapp 500 Einwohnern. In einem ehemaligen Palazzo ist heute das Rathaus untergebracht. Die Hauptkirche – Santa Maria Assunta – stammt aus dem 12. Jahrhundert. Nationalpark-Informationsstelle im oberen Ortsteil.
Ausgangspunkt: Der Startpunkt (1105 m) liegt auf der Ostseite von Opi, und zwar in einem Seitental des Sangrotals, in das wir über ein Teersträßchen (Via Fonte dei Cementi) gelangen, das von der SS 83 abzweigt; kleiner Parkplatz mit Info-Tafel am Anfang. Anfahrt: Von der A 25, Ausfahrt Pescina, auf der SS 83 (die frühere Strada Statale Marsicano) über Gioia dei Marsi und Pescassèroli nach Opi. Oder über Scanno, Passo Godi und Villetta Barrèa dorthin. Busverbindung mit A.R.P.A. von Pescassèroli und Castel di Sangro (bis Bushaltestelle Opi).
Markierungen: Spärlich weiß-rot markiert sowie die Mark.-Nr. E6 und F10.
Höhenunterschied: 1200 Hm im Aufstieg wie im Abstieg.
Anforderungen: Zu Beginn Sträßchen, dann Wirtschaftswege, überwiegend jedoch Bergpfade. Trittsicherheit und etwas Orientierungssinn erforderlich. Konditionell anspruchsvoll.
Einkehr und Unterkunft: Unterwegs keine. In Opi: Hotel Fresilia und Hotel »La Pieja« sowie B&B »La Sosta« (Tel. +39 0863 916057; direkt an der SS 83 in Nähe des Ausgangspunkts), B&B »Antica Rua«, B&B »Genziana«, B&B »Il Giglio«, B&B »Ursitti« und B&B »Gli Archetti«. Ein Campingplatz (»Le Foci«) in Nähe des Ausgangspunkts sowie ein weiterer in Richtung Villetta Barrèa (»Vecchio Mulino«). Restaurant »La Vecchia Locanda« (direkt an der Straßenkreuzung der SS 83).
Hinweis: Der Abstieg vom Gipfel über den Stazzo di Monte Forcone ist zeitweise aus Naturschutzgründen gesperrt. Bitte vorher Erkundung bei der Touristeninformation (prolocopi.it; Tel. +39 0863 910622) einholen.
Tipps: 1. In Opi gibt es ein Gämsenmuseum (»Museo del Camoscio«). Öffnungszeiten von Mitte Juni bis Mitte September täglich 9–13 Uhr und 15.30–19.30 Uhr, sonst nur am Wochenende bzw. an Feiertagen.
2. Wer die Möglichkeit hat, sich an der Ponte Forcone (10) an der SS 83 abholen zu lassen, spart sich knapp 4 km Fußmarsch entlang der Landstraße

Vom kleinen **Parkplatz (1)** auf der Ostseite von **Opi** folgen wir zunächst dem schmalen Sträßchen (Via Fonte dei Cementi) in Richtung Campingplatz »Le Foci«. Bald lassen wir diesen links liegen, bis nach einer Viertelstunde unser Weg nach rechts **(2)** abzweigt (rot-weiß markiert). Wir queren einen Bach und folgen einem unbefestigten Fahrweg, passieren anschließend ein paar Bauernhöfe und steigen dann links **(3)** abbiegend leicht bis mäßig an. Höhengleich wandern wir im Unterhang des Monte Marsicano und erreichen schließlich einen **Wasserbehälter mit Brunnen (4)**. Etwa 500 Meter dahinter, bevor der Weg sich in ein Tälchen senkt, biegen wir rechts **(5)** auf einen rot-weiß markierten Pfad ab und steigen zunächst schräg durch den Hang, dann gerade in Richtung Gipfel. Dabei halten wir uns in dem unübersichtlichen Gelände immer eng an die Farbmarkierungen. Sie leiten uns durch ein

Mosaik aus Matten, Gebüschen und Wäldchen aufwärts. Mal geht es in engen Serpentinen bergan, mal folgen wir einem Blockpfad, mal wandern wir auch über ebene Flächen. Schließlich kommen wir nach ein paar Hundert Höhenmetern zur Schutzhütte **Stazzo di Monte Marsicano (6)**. Von hier geht es halb rechts weiter. Der Anstieg wird steiler. Wir durchwandern Parzellen mit hohem Buchenwald und steigen später an einer Rinne entlang. Achtung, kurz oberhalb der Waldgrenze queren wir diese Rinne nach links und steigen in engen Serpentinen weiter an. Markierungspfähle weisen uns schließlich den Weg zum Gipfel des **Monte Marsicano (7)** (2245 m). Dieser wird recht unspektakulär durch einen flachen Steinkegel markiert (das Gipfelkreuz befindet sich auf einem Vorgipfel). Umso spektakulärer sind jedoch von hier oben die faszinierende Aussicht über die Bergwelt des Abruzzen-Nationalparks, der Blick auf Opi und der ins nahezu 1200 Meter unterhalb gelegene Sangrotal.

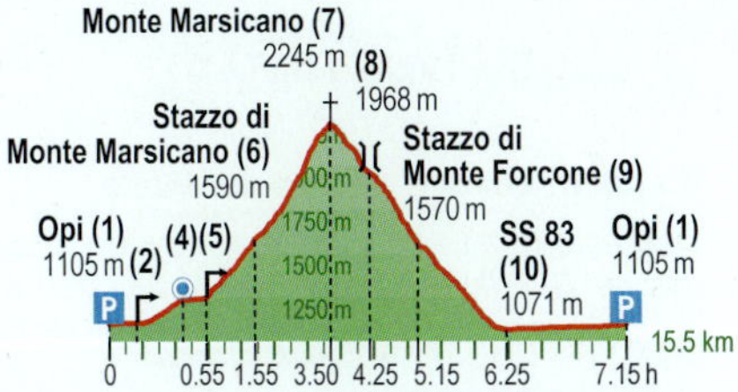

Der **Abstieg** führt südostwärts (also rechts haltend) in einem Bogen in die Gipfelmulde und anschließend wieder in die Bergflanke hinein. Wir orientieren uns an Pfählen und Steinmännchen, queren eine Rinne nach links und halten auf einen doppelten Felshöcker zu. Dort queren wir erneut eine **Rinne (8)** (kleiner Sattel; 1968 m) und bewegen uns länger abwärts. Deutlich tiefer kommen wir zum Viehstall **Stazzo di Monte Forcone (9)**, orientieren uns dann weit nach links, queren die etwas flachere »Pianezza«, um weiter unten wieder nach rechts auf Opi zuzulaufen. Schließlich steigen wir in steilen Serpentinen durch den Bergwald »Pescogrosso« ab und erreichen am Grund des Sangrotals, in Nähe der **Ponte Forcone (10)**, die Landstraße (SS 83). Hier können wir uns abholen lassen oder wir wandern entlang der Straße zurück nach **Opi (1)**.

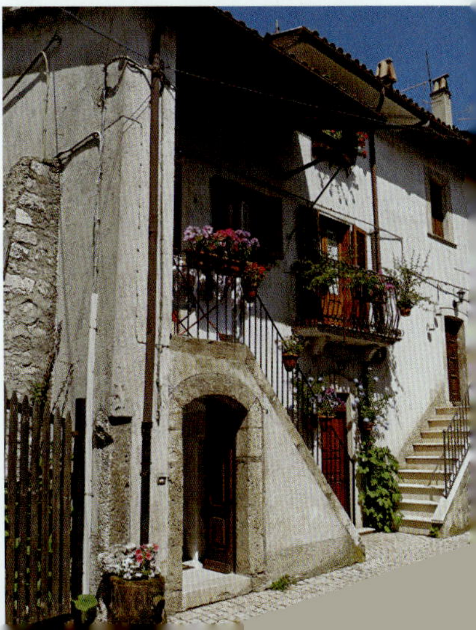

Typisches Haus in Opi, dem wunderbar auf einem Felsriegel gelegenen Ort.

41 Lago Vivo, 1590 m

4.15 Std.

Rundtour auf den Spuren der Wölfe

Oberhalb des Lago di Barrèa – auf der Ostseite der Monti della Meta – lädt uns ein Rundkurs zu einer beschaulichen Wanderung ein. Erstes Ziel ist dabei der Lago Vivo – zwar nur ein kleiner Gebirgssee vor der Kulisse des Monte Petroso, der jedoch besonders im Frühjahr von zahllosen Blumen eingerahmt wird. Aufgrund der etwas einsamen Lage ist dieser Winkel ein Rückzugsgebiet für Hirsch, Wolf und Bär. Doch keine Angst, es besteht keine Gefahr, die Tiere sind sehr scheu.

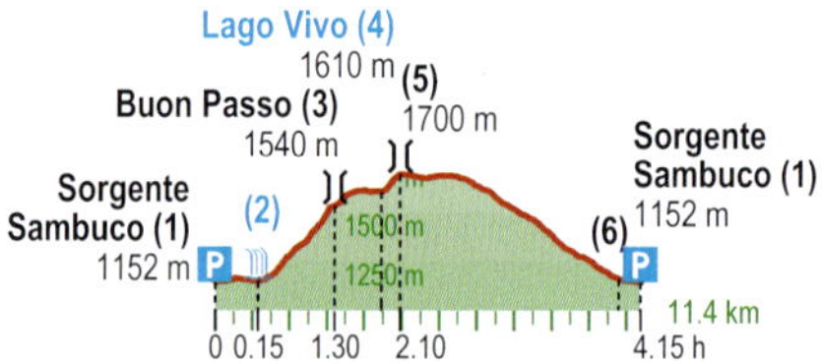

Besonders schön ist diese Wanderung im Herbst, wenn die Blätter sich einfärben, denn wir bewegen uns hier fast ausschließlich in einem Laubwald.

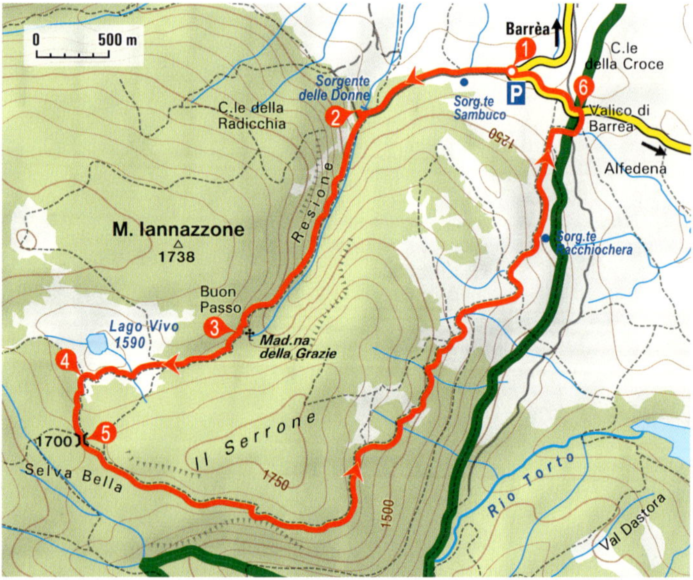

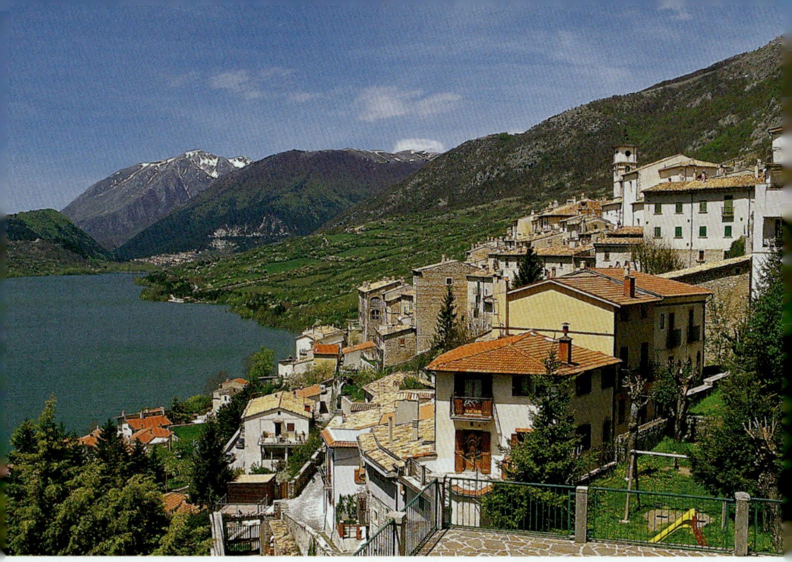

Barrèa mit dem gleichnamigen See; im Hintergrund der Monte Marsicano.

Talort: Barrèa (1067 m). Reizvoller Ort mit 730 Einwohnern über dem Lago di Barrèa (ein im Jahre 1951 geschaffener Stausee mit einer Fläche von 2,25 km^2 und einer Tiefe von 31 m). Centro storico mit alten Stadthäusern und Kirchen. Alle wichtigen Einkaufsmöglichkeiten. Tiefblick in das Vallone della Foce, die kleine Schlucht des Fiume Sangro am Nordostende des Dorfes. Fledermausmuseum und historischer Aussichtsturm. Ausrüstungsladen sowie Ufficio del Parco mit Pro Loco (Tourist-Information).

Ausgangspunkt: Sorgente Sambuco (1152 m), am Beginn eines rauen Wirtschaftsweges. Anfahrt von Barrèa in Richtung Alfedena/Castel di Sangro; 2 km nach dem Ortsrand von Barrèa an einer großen Kurve rechts abbiegen. Einige Abstellmöglichkeiten für Pkws am Beginn des Wirtschaftsweges. Busverbindungen von Castel di Sangro und von Pescassèroli nach Barrèa.

Markierungen: Gut markierte Route (rot-weiß; Mark.-Nr. K6 und K4).

Höhenunterschied: 610 Hm im Aufstieg wie im Abstieg.

Anforderungen: Zu Beginn Wirtschaftsweg, dann Bergsteig und Bergwanderweg. Das letzte Stück am Abstiegsweg rauer Wirtschaftsweg sowie fünf Minuten auf der Marsicana (Landstraße). Trittsicherheit erforderlich.

Einkehr und Unterkunft: Unterwegs keine. Bars, Restaurants (z. B. »Tana del Lupo«) und Alimentari in Barrèa. Übernachten im Hotel »Holidays«, B&B »Il Rifugio«, »Ostello dagli Elfi« (ganzjährig bewirtschaftet, Zimmer mit 2, 4 und 8 Betten; Tel. +39 339 5275982) und »La Scarpetta di Venere« (B&B), alle in Barrèa. Camping »La Genziana« und Hotel »Lago Verde« am Lago di Barrèa. Stellplatz für Camper an der Landstraße.

Tipp: Am Südostufer des Lago di Barrèa gibt es einen Strand sowie an der Strecke nach Viletta Barrèa das Strandbad »La Gravara«.

Vom **Parkplatz (1)** am **Sorgente Sambuco** (gemauerter Wasserspeicher) folgen wir zunächst dem rauen Wirtschaftsweg leicht ansteigend – rechts unten blinkt der Lago di Barrèa herauf, darüber erhebt sich der Zweitausender Monte Greco – 300 Meter weit bis zu einem Wendepunkt. Von da an ist der Weg für Fahrzeuge gesperrt (Wasserspeicher; Informationstafel). Vorbei an einer riesigen Esche folgen wir weiter diesem Weg – bald leicht bergab – zu einem Bachlauf mit **Brücke (2)**, wo sich der **Sorgente delle Donne** – ein Wasserfall – in die Tiefe stürzt. Nach diesem kleinen Schauspiel gehen wir 100 Meter zurück und folgen rechts (noch vor dem Wasserspeicher) dem kleinen Wegweiser (»Lago«, K4) bergan. Unser Weiterweg verläuft nun auf einem Bergsteig, der uns zuerst durch ein bewaldetes Bachtal, das **Val Resione** (im Sommer und Herbst trocken), in angenehmer Steigung höher bringt. Die kurzen Serpentinen führen durch lockeren Buchenwald, der mit zahlreichen schön bemoosten Felsbrocken garniert ist. Der erste Teil des Anstiegs verläuft auf der linken Bachseite, dann wechseln wir hinüber auf die andere Seite. Nach einer Dreiviertelstunde wird der Weg etwas flacher, aber bald wird diese Passage durch einen steileren Anstieg wieder abgelöst. Das bewaldete Tal wird nun etwas weiter (1 Std. ab Parkplatz). Unser Weg zieht nach rechts und führt über einige Serpentinen durch den steilen Abfall des Monte Iannazzone hinauf zum unbenannten **»Buon Passo« (3)** (1540 m; 1.30 Std.). In einer Felsnische entdecken wir die Madonna delle Grazie. Der Weiterweg verläuft nun gemächlich durch lichten Wald, neben einem kleinen Bachlauf, zu einer Lichtung. Einige riesige Steinblöcke säumen unseren Weg, bis wir den Wald endgültig verlassen.

Leicht ansteigend queren wir leicht rechts haltend freies, buckliges Gelände – bald mit Blick auf den Monte Petroso – und erreichen den etwas erhöhten

Anstieg durch das wild-verwunschene Val Resione.

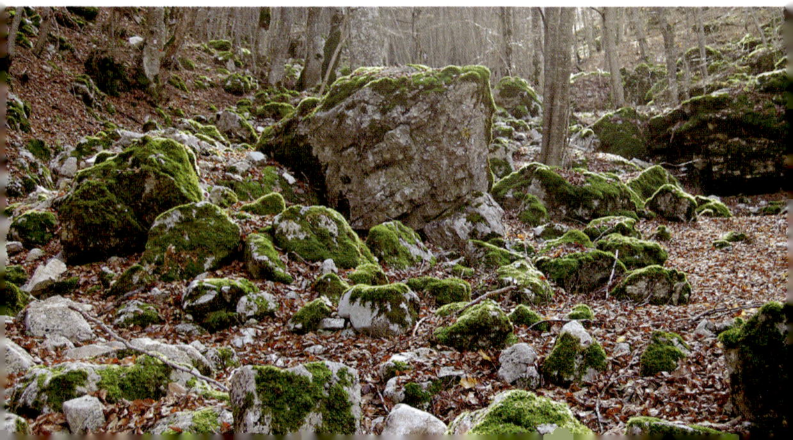

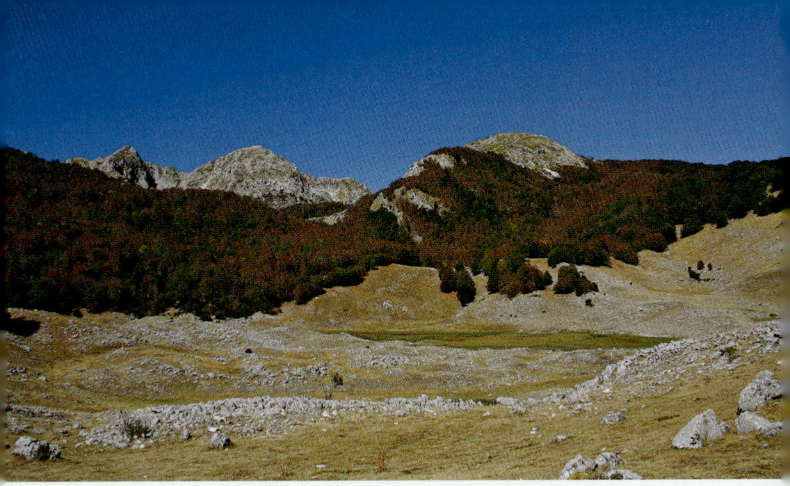

Der Lago Vivo liegt in den Monti della Meta; im Hintergrund der Monte Petroso.

Rand des **Lago Vivo**, der sich 30 Höhenmeter unter uns befindet (2 Std.). Im Sommer tummeln sich hier Kühe und Schafe. Wir wandern seitlich oberhalb am See entlang. Nach knapp der Hälfte des Sees queren wir einen kleinen Bachlauf und folgen dem schmalen Steig links haltend **(4)** hinauf über einen kurzen freien Hang. Wir treten in den Wald ein und steigen in Serpentinen höher. Dort erwarten uns die zahlreichen massigen alten Buchen des **Selva Bella**. Der gut markierte Weg führt uns über einen wenig ausgeprägten **Übergang (5)** (1700 m) rechts um die bewaldete Erhebung »Il Serrone« herum. Auf der anderen Seite folgen wir stets geradeaus und nur leicht bergab unserem Bergsteig. Rechts erkennen wir die Ausläufer des Bergstockes La Meta. Unser Weg zieht sich nun lange in leichtem Auf und Ab durch den bewaldeten Südabfall des Serrone. Nach einer Dreiviertelstunde ab dem See macht unser Weg einen scharfen Schwenk nach links und führt uns durch Laubwald leicht abwärts (rechts unten sehen wir den Lago della Montagna Spaccata heraufblinken). Wir queren zwei Lichtungen hintereinander, wandern weiter durch den Wald und treffen dann auf einen sehr rauen, steil hinabführenden Ziehweg. Wir verlassen den Wald und wandern mit freien Blicken auf den Monte Greco weiter hinab. Der Weg wird nun etwas besser und weniger steil, sodass es sich bequem gehen lässt. Vorwiegend rechts haltend leitet er uns entlang eines ausgewaschenen Wirtschaftsweges hinab zu einer Sandstraße, der wir wenige Minuten nach links folgen und so die Landstraße Marsicana bei der **Valico di Barrèa (6)** erreichen. Auf dieser links haltend weiter und knapp zehn Minuten hinab, bis links der Wirtschaftsweg beginnt, der uns zum **Parkplatz (1)** bringt.

42 Durch das Val di Rose zur Forca Resuni, 1952 m

5.30 Std.

Vom schönsten Dorf des Nationalparks ins Reich der Gämsen, Wölfe und Bären

Die hier beschriebene Bergwanderroute zählt zu den klassischen Unternehmungen im Zentrum des Nationalparks Abruzzen. Ausgangspunkt ist das reizvolle Dorf Civitella Alfedena über dem Lago di Barrèa, am nordöstlichen Fuß der Monti della Meta. Der höchste Gipfel dieser zerklüfteten Berggruppe ist der Monte Petroso, der mit seinen 2249 Metern alle anderen Gipfel im Nationalpark überragt. Auch wenn uns der Aufstieg zu diesem Gipfel normalerweise versagt ist (siehe Hinweis), bietet diese Runde zahlreiche Höhepunkte. Wir wandern durch schöne Buchenwälder, genießen am Wendepunkt der Tour, an der Forca Resuni, ein prächtig zu nennendes Bergpanorama und mit etwas Glück treffen wir auf unserem Aufstieg durch das Val di Rose ganze Rudel der Abruzzengämse. Der Abstieg führt uns dann durch das Valle Iannànghera, das einen ganz eigenen Charakter hat und Rückzugsort des abruzzischen Braunbären (= Orso bruno marsicano) ist. Es wird aber kaum gelingen, dieses scheuen Wesens ansichtig zu werden. Aber vielleicht haben wir ja Glück! Einziger Makel auf der Tour: Das Rifugio Forca Resuni ist verschlossen.

Civitella Alfedena ist ein reizvoller Erholungsort über dem Lago di Barrèa.

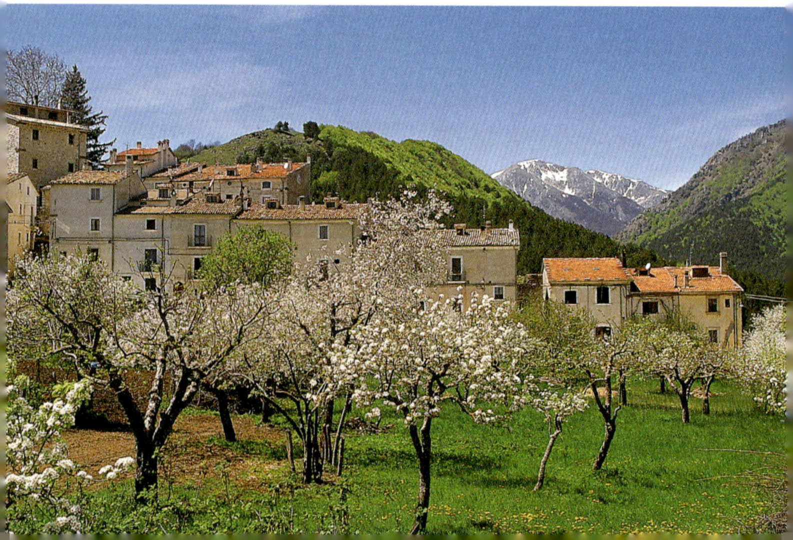

Talort: Civitella Alfedena (1130 m). Reizvoller Ort mit etwa 300 Einwohnern. Hübsche Gassen und Häuser; sehenswert sind der alte Ortskern und die Chiesa San Nicola aus dem 17. Jahrhundert.

Ausgangspunkt: Kleiner Parkplatz am oberen Ortsende von Civitella Alfedena (Infostelle mit kleinem Museum und Kletterwand). Großer Parkplatz auch am Ortsanfang. Anfahrt von Pescassèroli oder Alfedena über die SS 83 oder über Scanno und den Passo Godi nach Villetta Barrèa; von dort 3 km hinauf nach Civitella Alfedena.

Markierungen: Rot-weiß sowie die Mark.-Nr. I1 im Anstieg und K6 und I4 im Abstieg.

Höhenunterschied: 880 Hm im Aufstieg wie im Abstieg.

Anforderungen: Maultierwege, Bergwanderwege und Bergpfade, die Trittsicherheit voraussetzen. Es bestehen jedoch keine objektiven Schwierigkeiten, auch ist die Strecke an keiner Stelle ausgesetzt.

Einkehr und Unterkunft: Unterwegs keine; am Wendepunkt der Tour liegt das unbewirtschaftete Rifugio Forca Resuni (1952 m; verschlossen). In Civitella Alfedena: Bar »La Betulla« (geführte Wanderungen) und Ristorante »Al Luparo«; mehrere Übernachtungsmöglichkeiten, z. B. B&B »A Casa de Lena«, B&B »Marcella«, B&B »Lupus in Fabula« sowie Affitacamere »Le Rondini«, Albergo »Ai 4 Camosci«, Hotel Valdirose, Casa Hotel Civitello sowie zwei Campingplätze außerhalb des Ortes.

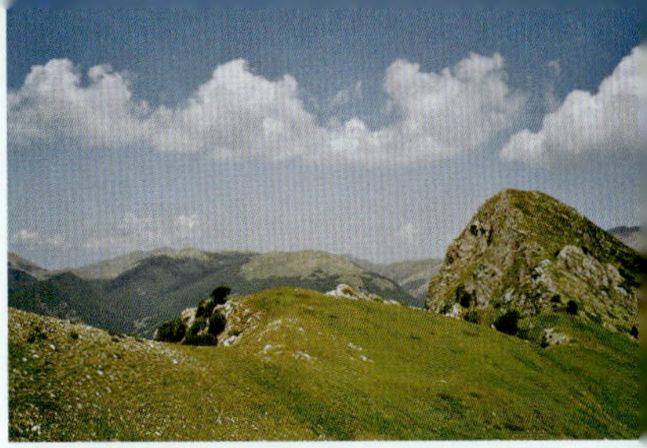

In der Nähe des Passo Cavuto.

Hinweis: Der Aufstieg auf den Monte Petroso ist aus Naturschutzgründen durch die Nationalparkverwaltung normalerweise untersagt (besonders jedoch in den Monaten Juli und August), um die Population der Gämsen zu schützen (am besten in einer der Nationalparkverwaltungen nach dem Stand der Dinge fragen). Im August ist auch diese Rundtour durch das Val di Rose gesperrt.

Tipp: Am unteren Dorfeingang von Civitella Alfedena gibt es ein sehenswertes Wolfsmuseum mit Fotoausstellung und Gegenständen des abruzzischen Alltags. Auch gibt es Bücher und Karten zu kaufen. Öffnungszeiten: Im Sommer täglich 10–13.30 Uhr und 15–18.30 Uhr, im Winter 10–13.30 Uhr und 14–17.30 Uhr, Tel. +39 0864 89 0141. Im Freigehege unterhalb können wir – mit etwas Glück – sogar echte Wölfe oder Luchse in Augenschein nehmen.

Vom **Wanderparkplatz (1)** am oberen Ortsrand von **Civitella Alfedena** folgen wir der Straße bis zum oberen Ortsrand. Hier nehmen wir die alte Mulattiera (Mark.-Nr. I1, rot-weiß; Wegweiser), die direkt am Parkplatz beginnt und zu den früher kultivierten Terrassen oberhalb führte, wo die Bewohner Gemüse und etwas Getreide anbauten und ihre Schafe und Ziegen zu den Weiden trieben. Zunächst geht es über ein paar Steinstufen, dann auf einem steinigen Weg hinauf, doch bald wird unser Weg angenehmer. Einige Trockensteinmauern und Steinhaufen entlang der Route sind noch erhalten. Wir queren nun die teilweise überwachsenen Äcker, gehen vorbei an verwilderten Obstbäumen. Nach einigen Kehren erreichen wir das **Val di Rose**, das rechter Hand von den Felsen des Monte Sterpi d'Alto überragt wird.

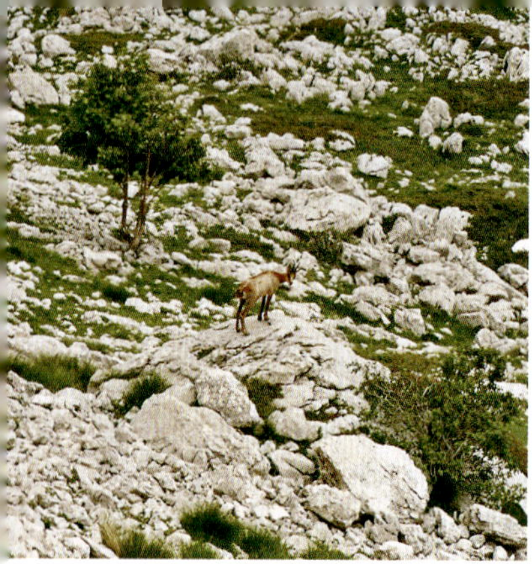

Gämse im Bereich des Valle Risione.

Schauen wir zurück, sehen wir die Häuser von Civitella und dahinter den Lago di Barrèa. Wir steigen nun über freie Berghänge an, die vereinzelt mit Rosensträuchern gesprenkelt sind, die diesem Hochtal ihren Namen gegeben haben und die im Juni und Juli blühen. Anschließend wandern wir eine längere Zeit durch Buchenwald in gerader Linie bergan, queren einige Lichtungen, bleiben dabei aber immer auf der rechten Seite des Hochtals. Auf einer Höhe von gut 1600 Metern berühren wir eine große freie Fläche mit zwei alten, verfallenen Schafpferchen. Auf der linken Seite sehen wir die steilen Hänge und Schutthalden des Monte Boccanera. Bald erreichen wir den oberen Rand des Buchwaldes mit einigen mächtigen Stämmen. Vor uns erstrecken sich nun die teils grasigen, teils schrofigen Hänge, die sich bis zum Passo Cavuto hinaufziehen und nur vereinzelt von Ahornbäumen aufgelockert werden. Mit etwas Glück können wir hier oben kleine Rudel von Gämsen beobachten. Nach einigen Minuten berühren wir den **großen Schutthang**, der sich vom Monte Boccanera bis zur Talmitte herabzieht. Dort sehen wir noch Reste von Trockensteinmauern, die die Hirten aus diesem Material früher angelegt hatten, um ihre Herden zu schützen. Von hier ziehen sich zahlreiche Kehren hinauf zum **Passo Cavuto (2)**, den wir nach einer halben Stunde Gehzeit erreichen. Von den Felsen rechts des Passes haben wir einen großartigen Rundblick auf die meisten Gipfel des Nationalparks, insbesondere aber hinab ins Herz der Camosciara.

Am Pass halten wir uns nun links und folgen dem schmalen Bergwanderweg leicht bergab durch die Osthänge des Monte Capraro. Links unterhalb erstreckt sich eine große Einsenkung in Form eines Amphitheaters. Nach 20 Minuten erreichen wir eine felsige Rippe, die wir umgehen und dann hinaufsteigen zum **Rifugio Forca Resuni (3)**, das im Sattel zwischen Monte Petroso und Monte Capraro in aussichtsreicher Position liegt. Leider ist die Hütte ganzjährig verschlossen, lediglich in den Monaten Juli und August wird sie von Wächtern des Nationalparks genutzt.

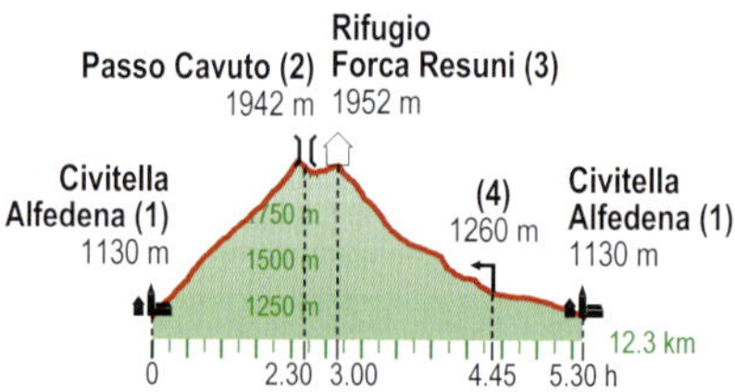

Unser **Abstieg** beginnt direkt bei der Hütte. Wir gehen auf unserem Anstiegsweg ein paar Meter zurück und folgen dann rechts dem Bergweg (Mark.-Nr. K6), der uns zunächst schräg durch einen steilen, steinigen Hang, dann in Kehren über freies Gelände hinab in das Amphitheater unterhalb leitet. Bald ist wieder der Wald erreicht und ein Pfad führt uns durch das steile **Valle Risione**. Unser Pfad schlängelt sich durch das Hochtal hinab, führt über einige größere Lichtungen und setzt sich im **Valle Iannànghera** fort. Wir bleiben dabei immer im tiefsten Teil des Tals (evtl. Abzweiger ignorieren wir) und erreichen bei der Sorgente Valle Iannànghera (Quelle) eine **Wegverzweigung (4)**. Dort halten wir uns links und folgen dem Wanderweg (Mark.-Nr. I4) in einem Linksbogen um den Monte dei Quadri herum. Wir verlassen schließlich den Wald und wandern weit oberhalb des Lago di Barrèa durch die Bergwiesen von »Le Fratte« auf unseren Ausgangsort zu. Das letzte Stück folgen wir dabei einer von Trockensteinmauern gesäumten alten Mulattiera, die uns hineinführt nach **Civitella Alfedena (1)**.

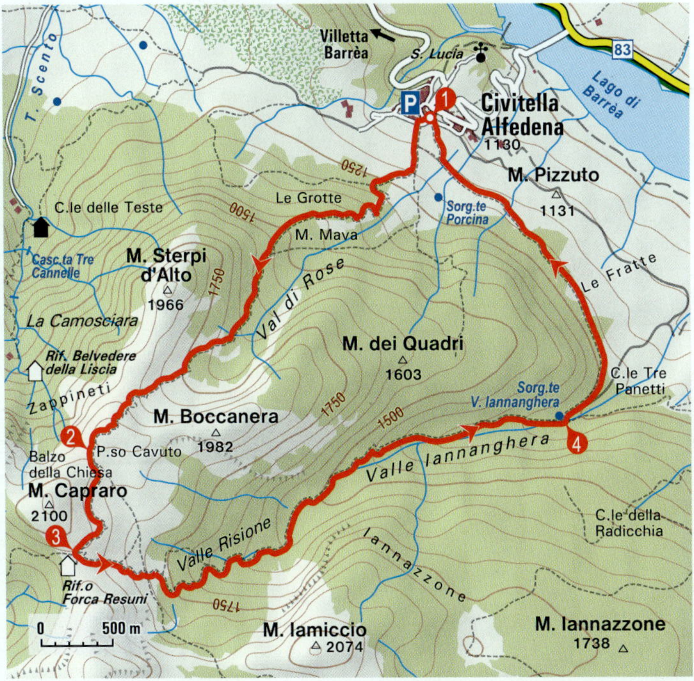

43 Gole del Sagittario

2.45 Std.

Von Anversa degli Abruzzi nach Castrovalva

Das alte Normannendorf Anversa degli Abruzzi bewacht den Eingang zur Gole del Sagittario, durch die heute die spektakuläre Verbindungsstraße nach Scanno führt. Am Ausgang des Gebirgsflusses wurde ein Naturreservat eingerichtet, das Ausgangspunkt ist für eine Wanderung hinauf zum Bergdorf Castrovalva, das in großartiger, geschützter Lage auf einem Felssporn thront. Der Rückweg erfolgt dann durch die Felsenschlucht des Sagittario.

Talort: Anversa degli Abruzzi (560 m). Das knapp 400-Einwohner-Dorf gilt als eines der schönsten Dörfer Italiens. Es liegt am Eingang des Sagittariotals und hat einige Sehenswürdigkeiten aufzuweisen: z. B. die Chiesa Santa Maria delle Grazie und die Chiesa San Marcello sowie die Ruinen eines normannischen Kastells. Im 16./17. Jahrhundert existierte hier die erste literarische Akademie der Abruzzen. Vor ein paar Jahren wurde die enge Ortsdurchfahrt durch einen neuen Tunnel ersetzt.

Ausgangspunkt: Kleiner Parkplatz am Eingang zur Riserva Naturale Regionale Gole del Sagittario (499 m). Anfahrt: Von Sulmona auf der SP 479 Sannite (13 km) oder auf der A 25 bis zur Ausfahrt Cocullo, von dort über Casale nach Anversa; an der Weggabelung kurz vor der Ortsmitte links in Richtung Sulmona, dann nach etwa 1200 m rechts auf schmalem Sträßchen 1,2 km hinab zum Parkplatz im Schluchttal. Anversa degli Abruzzi kann von Sulmona auch mit dem Bus angefahren werden.

Markierungen: Rot-weiß, Mark.-Nr. 19 und 18 sowie einige Wegtafeln.

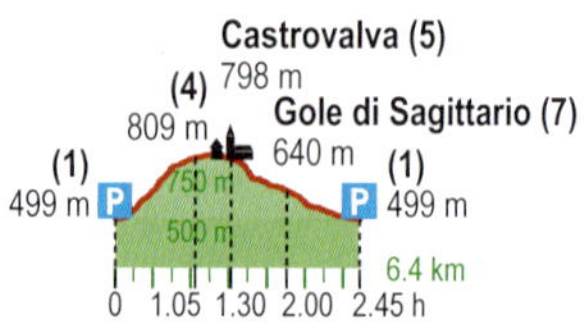

Höhenunterschied: 330 Hm im Aufstieg wie im Abstieg.

Anforderungen: Zu Beginn Mulattiera, dann Bergwanderwege. Im Ortsbereich von Castrovalva auf Sträßchen. Der weitere Abstieg durch die Schlucht erfolgt auf Pfaden, zuletzt wieder auf Wirtschaftsweg. Trittsicherheit und Schwindelfreiheit erforderlich.

Einkehr und Unterkunft: In Anversa degli Abruzzi gibt es ein paar Bars und ein paar Restaurants; in Castrovalva eine Bar (mit kleinem Alimentari), die jedoch nicht immer geöffnet ist, sowie der Agriturismo »Locanda Nido d'Aquila« (Übernachtung/Essen; Tel. +39 340 309 6967). B&B »Efedra« (Tel. +39 320 575 3357) in Anversa. In der Umgebung gibt es den Agriturismo »Le Querce« und den Bioagriturismo »La Porta dei Parchi«.

Variante: Vom Ortszentrum von Anversa führt ein breiter Wirtschaftsweg in Kehren hinab zum Schluchtgrund.

Hinweis: Am Ausfluss des Fiume Sagittario, unterhalb von Anversa, befindet sich die Riserva Naturale Regionale Sagittario mit Infozentrum (Tel. +39 0864 49587, werktags 8–14 Uhr geöffnet). Im Auwald davor wurden auch ein Botanischer Garten sowie ein Picknickplatz eingerichtet. Das Schutzgebiet umfasst 450 Hektar und ist seit 1991 Teil des WWF und seit 1997 Regionales Reservat. Neben der Flora und Fauna sind auch der Wald, die ariden Berghänge und die Kalkformationen geschützt.

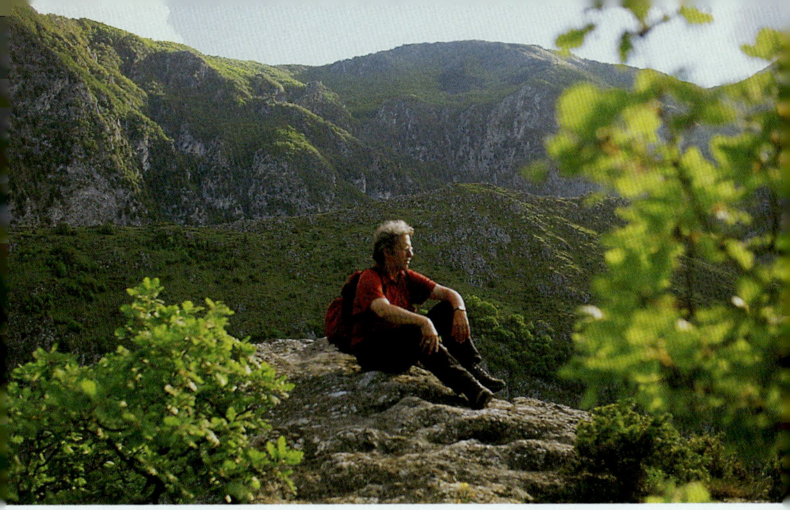

Pause am Aufstiegsweg nach Castrovalva hoch über dem Graben Fossato.

Vom **Wanderparkplatz (1)** am Schluchteingang folgen wir fünf Minuten dem Sträßchen weiter, biegen vor dem Wehr nach links und erreichen so den **Giardino Botanico (2)** mit den Sorgenti di Cavuto und mehreren Infotafeln. Direkt davor schwenken wir nach links und folgen nach 50 Metern einer alten Mulattiera (Wegweiser »Castrovalva«) nach rechts **(3)**. Nun mäßig steil bergan durch einen lichten Oliven- und Feigenhain. Der anfangs breite Weg verengt sich zu einem schmalen Wanderweg und führt bald steiler durch Eichen- und Niederwald. Dann folgt eine Passage mit Stufen und einigen Serpentinen, die uns schnell höher bringen. Der Weg schwenkt nach rechts, und wir wandern über zahlreiche weitere Kehren durch eine Bergflanke, deren dichter Bewuchs durch ein paar Felsen aufgelockert wird. Schließlich erreichen wir einen **Aussichtspunkt**. Eine Felsnase ragt hinaus ins Schluchttal und ermöglicht uns einen freien Blick: links hinauf nach Castrovalva, geradeaus in die Schlucht und nach rechts auf Anversa.

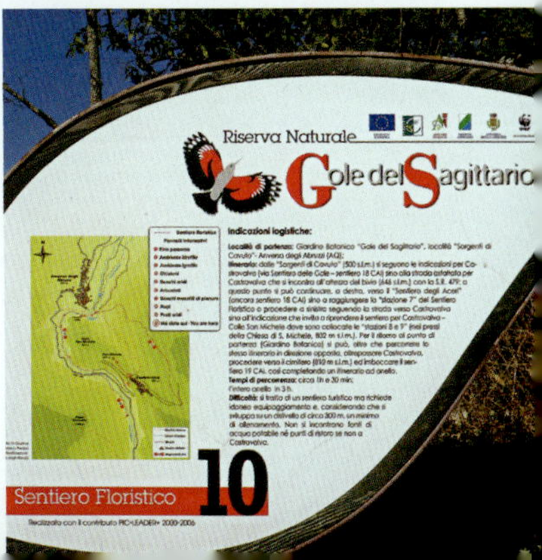

Der Weg ist gut ausgeschildert und mit zahlreichen Infotafeln versehen.

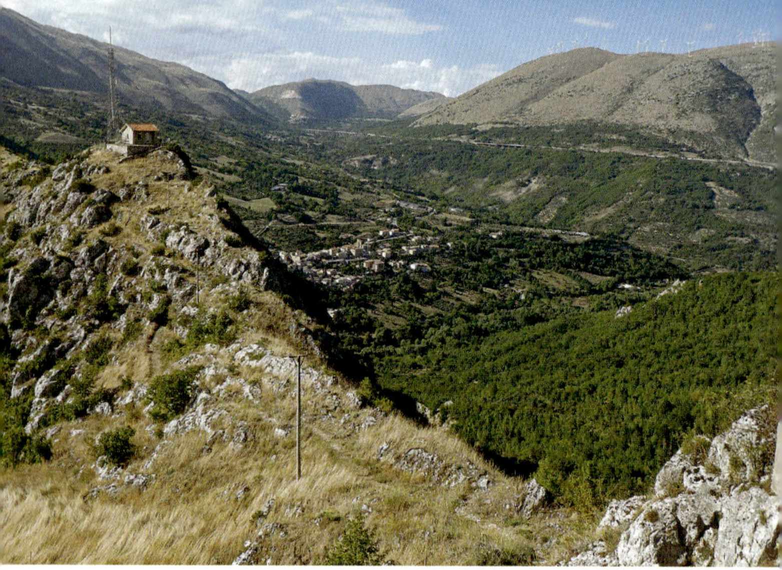

Blick von Castrovalva über Anversa degli Abruzzi hinweg auf die Rotta dei Bovi.

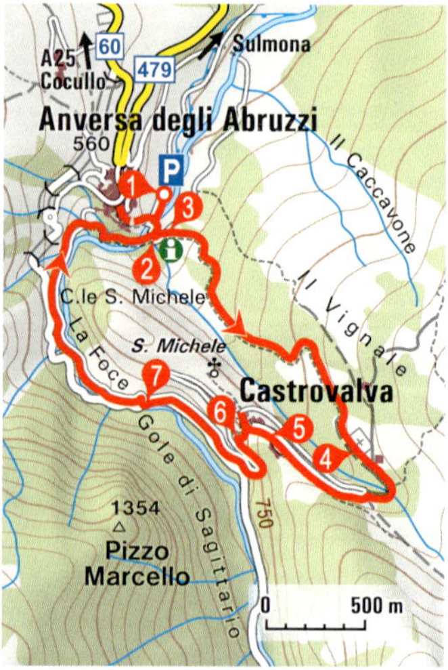

Weiter geht es auf dem bewaldeten, felsigen Kamm, und nach wenigen Minuten erreichen wir die nicht mehr genutzten, teilweise überwachsenen Bergwiesen von Castrovalva. Am Weg wächst viel Ginster. Kurz vor der großen Stromleitung zeigt ein Wegweiser nach Castrovalva, dem wir nun auf ebenem Weg folgen. Ein rauer Feldweg führt uns dann im Auf und Ab durch die bewaldete Flanke hinauf zum **Friedhof (4)** von Castrovalva. Dort auf einem Teerweg geradeaus weiter. Wir gehen ein Bachtal aus, schwenken nach rechts und treffen auf die Zufahrtsstraße nach **Castrovalva**. Am Parkplatz vorbei erreichen wir die Ortsmitte **(5)** mit Bar. Im Ort folgen wir dem »Sentiero geologico«, der

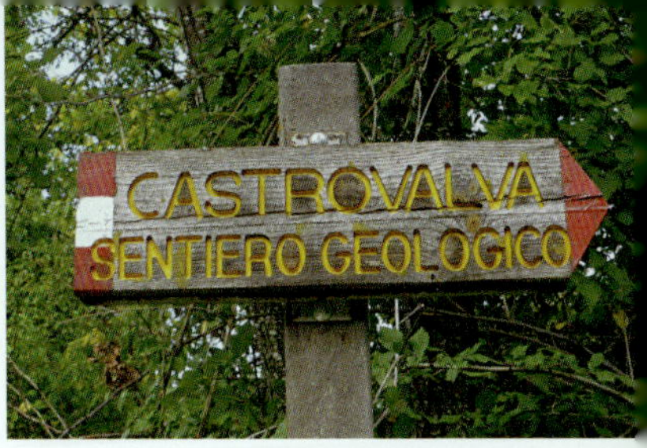

uns von der Kirche San Michele über einen Treppensteig steil hinab zur Fahrstraße leitet; wir kürzen die weite Straßenschleife ab und folgen der Straße dann talwärts nach links **(6)**, bis zur Straßenverzweigung im Talgrund der **Gole di Sagittario (7)**. Dort rechts weiter (rotweiß markiert) und zunächst eben durch lichten Wald, dann über Schotter in das bewaldetete Bachtal. Vorwiegend rechts haltend wandern wir nun talwärts, linker Hand passieren wir einen schönen Wasserfall. Danach queren wir rechts über einen Steg. Die Felswände rücken nun näher und wir gehen durch niederen Laubwald. Kurz auf der rechten Bachseite weiter, dann wieder auf der linken Bachseite hinab Richtung Schluchtausgang. Kurz geht es ansteigend auf einem Wirtschaftsweg weiter. Direkt vor Anversa auf einem Querweg nach rechts zum Bach und einem Linksbogen folgend, bis wir auf den geologischen Rundweg stoßen. Dort rechts über einen Steg und links haltend, vorbei an der **Infostelle des WWF**, zurück zum **Giardino Botanico (2)** und links haltend zum **Wanderparkplatz (1)** am Schluchtausgang.

Das Bergdorf Castrovalva liegt nahezu uneinnehmbar auf einem Felsriegel (unten) und kann auf mehreren Wanderwegen angesteuert werden (oben).

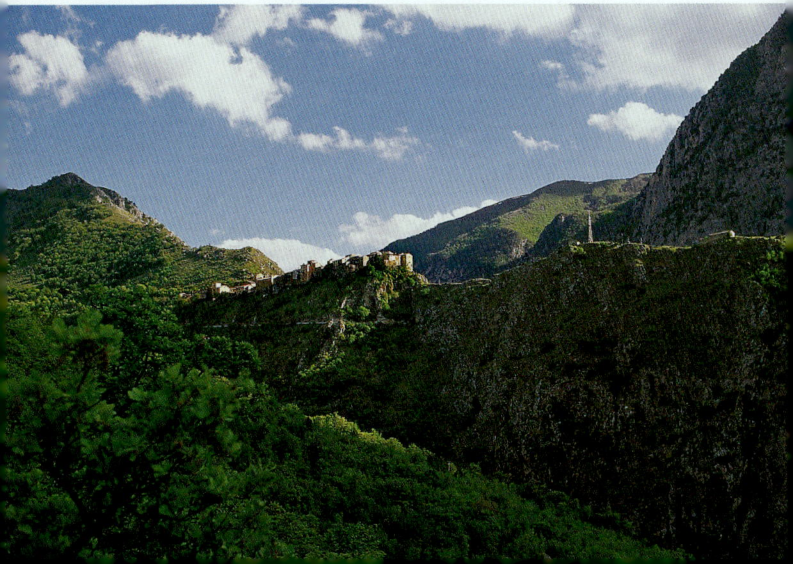

44 Von Castrovalva nach Scanno

6.15 Std.

Einsame Streckenwanderung im Vorgebiet des Abruzzen-Nationalparks

Dieser großartige Höhenweg, der etwas außerhalb des eigentlichen Nationalparks Abruzzen liegt, verbindet zwei eindrucksvolle Dörfer. Start ist das spektakulär gelegene Dorf Castrovalva, das gleich einem Adlernest auf einer Felskante erbaut wurde – sicherlich zum Schutz vor Briganten und herumstreifenden Söldnern. Heute ist der Ort etwas vereinsamt, viele sind weggezogen, um woanders Arbeit zu finden. Ziel dieser Wanderung ist Scanno, das mit seinem mittelalterlichen Ortskern zu den schönsten Orten in den Abruzzen gehört und dessen Bewohner möglicherweise von Siedlern aus dem Orient abstammen. Auf dem Höhenweg können wir gut nachvollziehen, wie die früheren Bewohner um jeden Meter Land kämpfen mussten, um Gemüse oder Getreide anbauen zu können. Eine maschinelle Bewirtschaftung ist an den steilen Hängen kaum möglich. Für die Viehwirtschaft fehlen die Weiden. So nimmt es kein Wunder, dass noch vor etwa 50 Jahren in diesen Regionen nur Schaf- oder Ziegenfleisch verkauft wurde. Was wir heute als ursprüngliche Lebensform genießen, war einst nur Plackerei. Doch konzentrieren wir uns auf das Schöne: die herrliche Landschaft und die fantastischen Fernblicke – direkt gegenüber erhebt sich die Montagna Grande, die östliche Begrenzung des Nationalparks Abruzzen, und tief unter uns blinkt der Lago di Scanno herauf, in dessen kühlen Wassern wir uns am Heimweg erfrischen können.

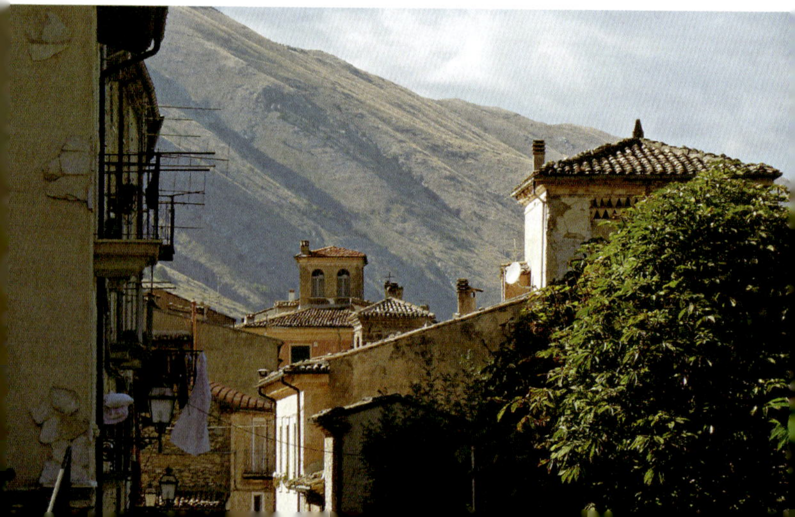

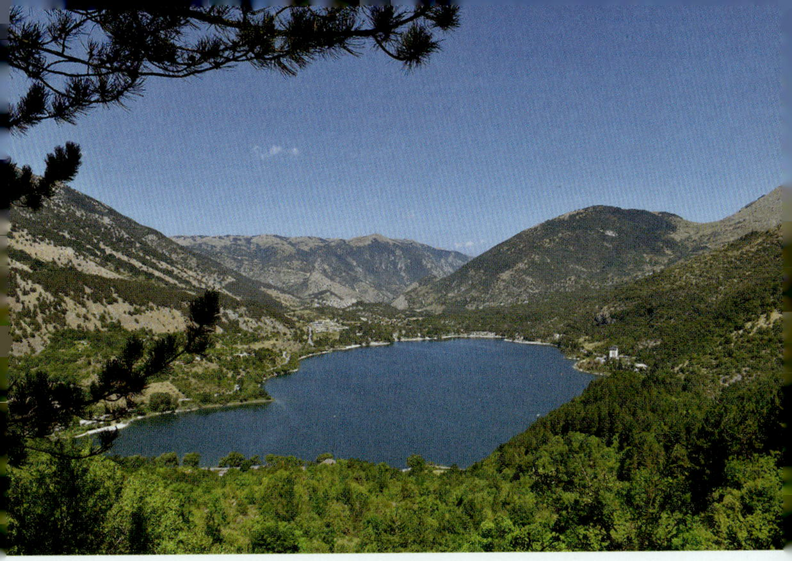

Blick über den Lago di Scanno – unsere Route führt über den Sattel rechts oben.

Talort: Anversa degli Abruzzi (560 m); siehe Tour 43.
Ausgangspunkt: Kleiner Parkplatz am Ortseingang von Castrovalva (850 m). Anfahrt über die A 25, Ausfahrt Cocullo, dann über Anversa weiter in Richtung Scanno, bis nach der langen Schlucht links die Straße nach Castrovalva abzweigt (dann noch 3 km).
Endpunkt: Scanno (1050 m). Rückkehr nach Castrovalva mit dem Bus (Halt an der Straßenabzweigung).
Markierungen: Rot-weiß sowie Mark.-Nr. 16 und 30.
Höhenunterschied: 1000 Hm im Aufstieg, 800 Hm im Abstieg.
Anforderungen: Anspruchsvolle Wanderung über alte Dorfverbindungswege; überwiegend auf Maultierpfaden; einige Passagen auf Wirtschaftswegen und Sträßchen. Trittsicherheit und etwas Orientierungssinn erforderlich.
Einkehr und Unterkunft: Bar (mit kleinem Alimentari), Agriturismo »Locanda Nido d'Aquila« (Übernachtung/Essen; Tel. +39 340 309 6967) sowie B&B »L'Acero Rosso« in Castrovalva. Bar in Frattura (»La Ciminiera«). In Scanno gibt es mehrere B&Bs (z. B. »La Casa dei Nonni«), Hotels (z. B. Hotel »Roma«, »Albergo Centrale«), Restaurants, Bars und alle wichtigen Läden. Ristorante »La Porta« mit typischer abruzzischer Küche. Tourist-Information an der Via Napoli (direkt gegenüber befindet sich ein Kiosk, der auch Karten und Führer verkauft).
Hinweis: Diese Tour kann ideal mit Tour 43 kombiniert werden. Falls wir jedoch von Castrovalva starten wollen, müssen wir bei der Rückkehr dort auch wieder hinauf. Der »Sentiero Geologico« Nr. 19 verkürzt dabei die weiten Serpentinen.
Tipp: Von Frattura gibt es eine Busverbindung ins Tal (Fahrplan an der Bar).

Links: In der ruhigen Ortsmitte von Castrovalva finden wir eine Bar und einen Agriturismo.

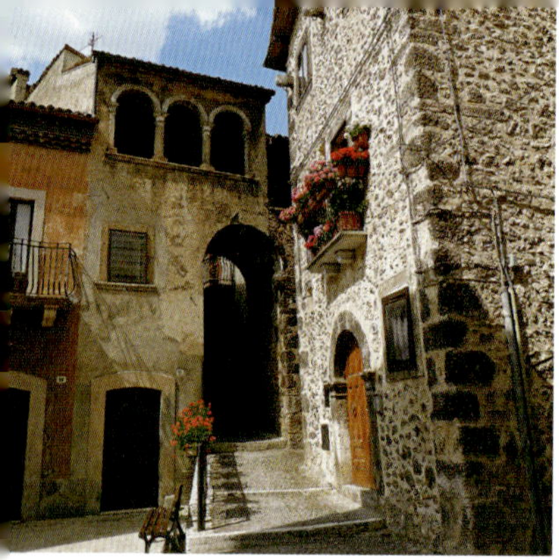

Eine stille Ecke in Scanno.

Kurz bevor die einzige Zufahrtsstraße das Bergdorf **Castrovalva (1)** erreicht (der Parkplatz am Eingang des Dorfes liegt knapp oberhalb), zweigt bei den Verkehrsschildern Weg 16 nach Frattura ab. Dort beginnt die Wanderung. Zuerst passieren wir eine Sperre und steigen dahinter auf breitem Karrenweg deutlich an. Der steil abfallende Talhang ist von Buschwald bedeckt, der mit zunehmender Höhe mehr und mehr von Matten verdrängt wird. Weiter oben kommen wir zu einem Brunnen, unterschreiten eine Hochspannungsleitung und orientieren uns dann bei einem Hohlweg halb links. Schließlich erreichen wir einen **Sattel (2)**, wo sich vor uns eine weite Hochmulde ausbreitet. Jetzt ein paar Schritte abwärts bis zu einer Weggabel und halb links Pfad 16 nehmen. Es folgt eine sehr schöne Strecke durch die im Frühjahr und Sommer blumenreichen Bergmatten der Mulde. Gebüsche und Feldgehölze, Lesesteinhaufen, Terrassen und Trockenmauern malen zu allen Jahreszeiten ein abwechslungsreiches Bild. Der nur schwach markierte Pfad steigt auf der anderen Seite der Mulde wieder an. Bei einer Abzweigung gehen wir geradeaus, dann an einer Bachrinne entlang, queren sie und bewegen uns durch ein Mosaik aus Wald und Matten aufwärts. Es geht an einer Viehtränke (»Sorgente Cona«) vorbei und eine Viertelstunde bergan bis zu einem Sattel mit der kleinen **Kapelle »L'Immacolata« (3)** (1428 m). Von hier oben öffnet sich eine herrliche Sicht bis zum weit entfernten Scanno hinüber. Ein windungsreicher Fahrweg führt uns nach **Frattura Vecchia (4)** hinunter, das 1915 durch ein Erdbeben zerstört und aufgegeben wurde. Der malerische Brunnen auf dem Dorfplatz mit kleiner Kapelle erinnert noch an die alte Zeit (Tisch und Bänke für eine Rast). Wir durchstreifen den Ortskern, entdecken einen zweiten Brunnen und steigen auf einem Grasweg zur Zufahrtsstraße ab. Auf dieser kurz links und aufwärts ins neue **Frattura (5)**, das erst seit den 1950er-Jahren existiert. Hier gibt es für durstige Wanderer eine Bar zur Erfrischung. Erholt steigen wir 150 Meter von der Bar eine Treppe hinauf, halten uns dann 50 Meter rechts und

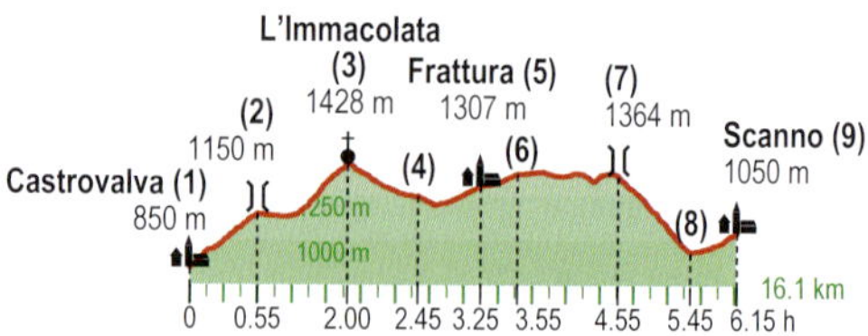

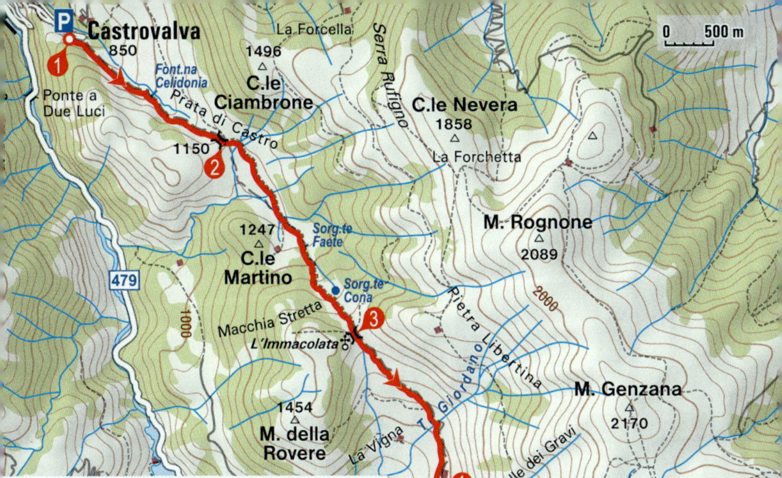

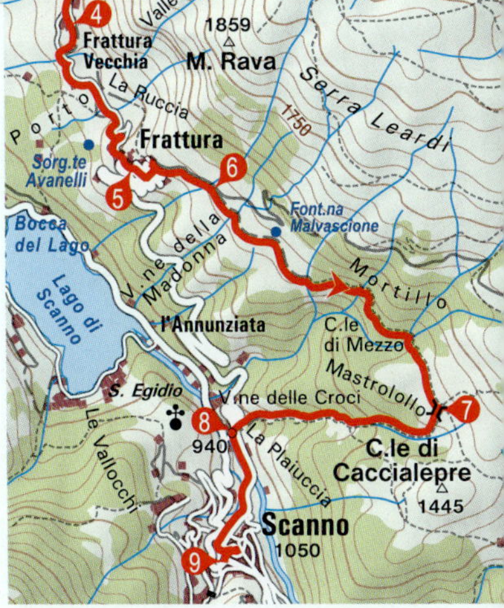

steigen an der Kirche vorbei weiter bis zur obersten Dorfstraße an. Nun links und nach 100 Meter mit einer scharfen Kehre rechts auf den rot-weiß-rot markierten Wanderweg nach Scanno. Jetzt genießen wir wieder die schöne Aussicht auf das Valle del Sagittario, auf Scanno und den Lago di Scanno. An der nächsten Abzweigung geht man geradeaus **(6)**, an einem Brunnen vorbei und später in den Bergwald hinein. Ein Pfad führt uns durch einen schroffen Waldhang, der mit Felsen durchsetzt ist. Wir wandern dann abwärts, überqueren zwei Rinnen und steigen später mit der Markierung wieder an, bis wir nochmals einen **Sattel (7)** (1364 m) erreichen. In der Talmulde dahinter kreuzen sich die Wege 30 und 31. Wir wählen Weg 30, der uns rechts durch das **Vallone delle Croci** hinunter nach Scanno bringt. Es geht recht steil bergab, mal links, mal rechts vom Bach, bevor wir bei einem Holzlagerplatz die **Straße (8)** erreichen. Nun auf dieser Straße (Via degli Alpini) links nach Scanno hinein. Auf der Höhe des »Palazzetto dello Sport« biegen wir erneut links ab und steigen auf einem Treppenweg (Wegweiser »Centro storico«) zum Zentrum von **Scanno (9)** hinauf.

Rund um den Monte Godi

In die einsame Welt der Hirten beim Stazzo Ferroio di Scanno

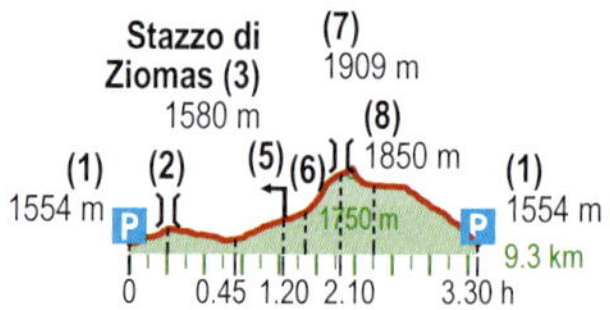

Auf dieser Wanderung umrunden wir den Monte Godi und passieren dabei einige »Stazzi«, traditionelle Schafpferche, in denen die Tiere zeitweise zur Sicherheit, aber auch zum Scheren gehalten werden. Naheliegend also, dass hier auch der Orso bruno marsicano (Braunbär) sein Revier hat. Doch auch Rotwild – Hirsch und Reh – sowie das Wildschwein sind gut vertreten. Ausgangspunkt ist der Passo Godi, der das reizvolle Scanno mit dem Ort Villetta Barrèa verbindet. Die steile und kurvenreiche Straße über diesen bereits in historischen Zeiten benutzten Pass lässt einen regulären Busbetrieb nicht zu. Er ist auch der mit 1630 Meter höchstgelegene Zugang zum Nationalpark der Abruzzen. Die Hügel und Bergwiesen rund um den Monte Godi, der den Passo Godi um 400 Meter überragt, ist Weideland. Dort treffen wir auch heute noch auf zahlreiche Schafherden, begleitet von ihren Hirten und bewacht von den abruzzischen Hirtenhunden. Also Achtung!

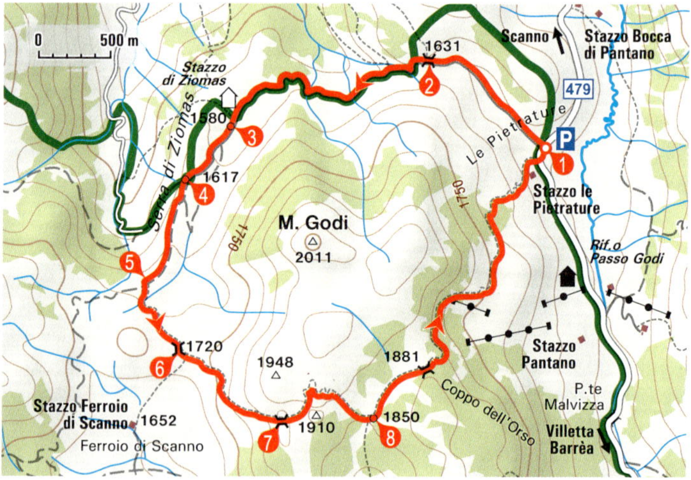

Talort: Scanno (1050 m); siehe Tour 46. **Ausgangspunkt:** Wanderparkplatz (1554 m) vor dem Passo di Godi (von Scanno kommend). Anfahrt: Auf der A 25 bis Ausfahrt Cocullo, dann über Anversa degli Abruzzi und Scanno bis kurz vor dem Passo Godi (13,0 km). Etwa 600 m davor befindet sich ein Wanderparkplatz auf der rechten Seite (Parkeingang mit Infotafeln und einer Wanderkarte mit eingezeichneten Wegen). Picknickplatz mit Tischen und Bänken. Zwischen Scanno und Villetta Barrèa gibt es keine öffentliche Busverbindung.
Markierungen: Rot-gelb sowie Mark.-Nr. Y1 bis zum Wendepunkt der Tour; der Rückweg ist nur spärlich rot-weiß markiert.
Höhenunterschied: 430 Hm im Aufstieg wie im Abstieg.
Anforderungen: Auf dem ersten Wegabschnitt bis zum Ferroio di Scanno unbefestigter Wirtschaftsweg, auf dem Rückweg dann Bergsteig. Trittsicherheit und etwas Orientierungssinn für den zweiten Wegabschnitt von Vorteil. Achtung, Hirtenhunde! Unbedingt einen Wanderstock mitnehmen!
Einkehr und Unterkunft: Unterwegs keine. Am Passo Godi: Rifugio Passo Godi (1542 m; Restaurant, Bar, B&B, ganzjährig bewirtschaftet, da im Winter Skibetrieb, Zimmer und Appartments; Tel. +39 0864 74480). An der Straße nach Villetta Barrèa: Rifugio Selva Bella (bei km 47,800; Tel. +39 338 396 2952). In Scanno: Zahlreiche Bars, Hotels, mehrere Restaurants sowie Lebensmittelgeschäfte; B&B »Le Rocce di Scanno« (Nähe Sessellift-Talstation, Tel. +39 345 371 5659); B&B »La Casa dei Nonni« (Centro storico, Tel. +39 0864 740170); B&B »La Casa di Costanza« (an der Hauptstraße, Tel. +39 0864 747821). Bioagriturismo »Valle Scannese« (im Ortsteil »Le Prata«, 16 Zimmer, Tel. +39 0864 576043). Camping am Lago di Scanno.
Tipps: 1. Falls wir nach der Wanderung noch Zeit haben, können wir uns den größten Baum im Nationalpark anschauen; es handelt sich um eine Buche mit einem Stammumfang von 8,1 Metern und einer Höhe von 25 Metern. Der Baum befindet sich 1 km vom Pass (in Richtung Villetta Barrèa) entfernt in einem Buchenwald, etwa 100 Meter links von der Straße. Es führt ein Wanderweg dorthin.
2. An der Regionalstraße, die Scanno mit Villetta Barrèa verbindet, liegt ein kleines Freigehege, das Centro Visita Daini. Dort können wir Rotwild, Ponys oder abruzzische Hirtenhunde betrachten. Mit Picknick-Areal. Gut für Kinder, da auch mit Spielplatz. Von Frühjahr bis Herbst geöffnet; Tel. +39 360 731 947.

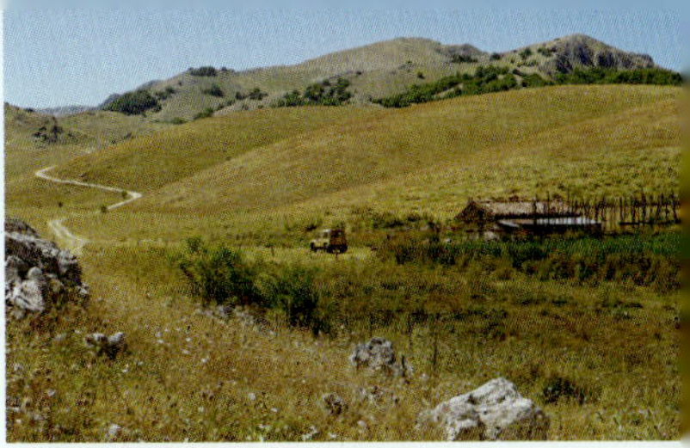

Der Stazzo di Ziomas am Monte Godi.

Vom **Wanderparkplatz (1)** am Parkeingang beim Passo Godi folgen wir rechts haltend dem unbefestigten Wirtschaftsweg (Mark.-Nr. Y1), passieren ein Gatter und wandern leicht ansteigend in ein karges Tälchen hinauf. An den seitlichen Hängen gibt es spärlichen Laubwald. Bereits nach 200 Metern stoßen wir auf eine Weggabelung (paralleler Weg bis zum Sattel). Wir halten uns links und steigen hinauf zu einem kleinen **Sattel (2)**, den wir nach 20 Minuten erreichen. Links haltend geht es nun auf der linken Seite eines Taleinschnitts leicht abwärts. Vor uns ragen die kleinen Gipfel der Serra di Ziomas auf. Wir durchwandern dann ein kleines Buchenwäldchen. Jenseits davon

durchschreiten wir eine verkarstete, hügelige Berglandschaft, in der meist Schafe weiden, und wandern hinab zu einer Hirtenhütte auf dem **Stazzo di Ziomas (3)**. Besonders hier müssen wir mit mehreren Hirtenhunden rechnen. Links erhebt sich der Monte Godi, der von einem Band aus jungem Laubwald umgürtet ist. Dann geradeaus weiter und leicht ansteigend zu einer **Wegverzweigung (4)** (1617 m; Wegweiser »Circuito dei Monti della Corte«; rechts geht es hinab in Richtung Scanno). Wir gehen links haltend auf einen grasigen Rücken zu. Nach einer Viertelstunde treffen wir erneut auf eine Weggabelung; hier ebenfalls links haltend weiter bergan. Nach weiteren zehn Minuten treffen wir auf die nächste **Wegverzweigung (5)** (1680 m). Hier verlassen wir die Mulattiera nach links (Mark.-Nr. 23) und folgen einem leicht fallenden Wanderweg hinab, durchschreiten ein kleines Tälchen und steigen dann wieder an zu einem **Sattel (6)** (1720 m) an. Direkt unter uns sehen wir die weite Weidefläche der **Ferroio di Scanno** mit dem Hirtenhüttchen und dem Stazzo. Darüber baut sich das gewaltige Massiv des Monte Marsicano auf. Am Sattel entdecken wir auch ein kleines Denkmal zu Ehren eines Besuchs von Papst Johannes Paul II. an diesem Ort.
Wir folgen nun den spärlichen Markierungen links haltend in einem Rechtsbogen durch den schrofigen Hang, wandern durch ein Buchenwäldchen mit sehr alten, massiven Bäumen. Aus diesem wieder zu einer Einsenkung im Kammverlauf. Nun links haltend auf einem Pfad über freies Gelände weiter hinauf, bis wir auf eine kleine Hochfläche mit einem steinernen, offenen **Hirtenhüttchen** stoßen. Dort scharf rechts und einen Hang hinauf (auf ein Steinmännchen zu). Jenseits erblicken wir verfallene Schafpferche. Nun links auf der Kammhöhe bleibend weiter, immer den Steinmännchen folgend in Richtung Monte Godi. Nach zehn Minuten rechts in eine Senke hinab. Dort folgen wir den gut markierten Steinen (von hier könnten wir pfadlos auf den Gipfel des Monte Godi steigen; Trittsicherheit und Schwindelfreiheit aber erforderlich; 30 Min. für den Anstieg) in den **Sattel (7)** (1909 m), der den Übergang auf die andere Seite markiert. Von hier führt uns die Markierung nahezu eben durch einen Hang, dann einige Minuten hinab. Auf halber Strecke zu einem unterhalb liegenden Buchenwald rechts ab und in ein Hochtal mit einzelnen Baumgruppen. Unsere Markierung leitet uns bei **P. 1850 (8)** nach links und bringt uns zu einer Hangkante. Zunächst ein paar Minuten an dieser entlang, bis kurz vor ein dichtes Waldstück. Dann zweigt unvermittelt der Weg links ab. Zahlreiche Serpentinen leiten uns nun steil durch den Buchenwald hinab, darauf folgt eine längere Querung nach links; der Weg weist uns wieder hinab und trifft auf den obersten Pfeiler eines Skilifts. Oberhalb an diesem vorbei, dann weiter durch den Wald. Im Folgenden über steinige, freie Hänge hinab zu einer Senke. Diese umgehen wir nach links und steigen schließlich weglos über den Hang hinunter zur **Passstraße**. Auf dieser links haltend in fünf Minuten zurück zum **Wanderparkplatz (1)** am Parkeingang.

1.50 Std.

Zum Rifugio di Colle Rotondo

46

Mit der Seggiovia bergauf, dann leichte Wanderung bergab

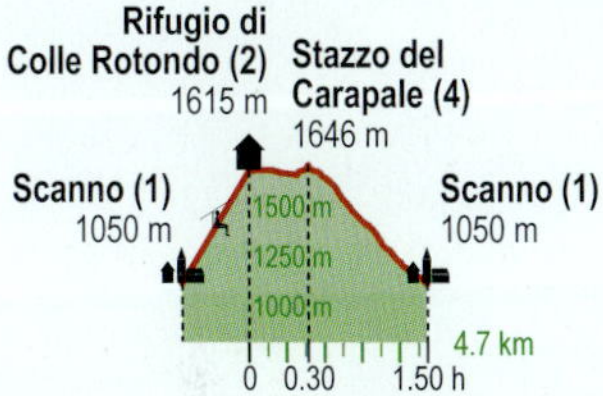

Scanno ist der wohl bekannteste Ort am Rand des Nationalparks Abruzzen mit einer reichen Geschichte und einem reizvollen Ortsbild. Dank des Sessellifts zum Monte Rotondo und der Liftanlagen rund um den Passo Godi ist hier auch im Winter etwas los. Dieser Ausflug führt uns zunächst bequem mit dem Lift hinauf zum Colle Rotondo, von dem aus wir einen herrlichen Ausblick auf die umliegenden Berge sowie den Tiefblick auf Scanno genießen. Dann geht es auf einer leichten Wanderung durch ein schattiges Bachtal wieder hinab nach Scanno. Eine kurze, aber abwechslungsreiche Wanderung am Rand des Nationalparks Abruzzen.

Das kleine Kircherl auf dem Colle Rotondo, hoch über Scanno. Im Hintergrund erkennen wir den Monte Greco.

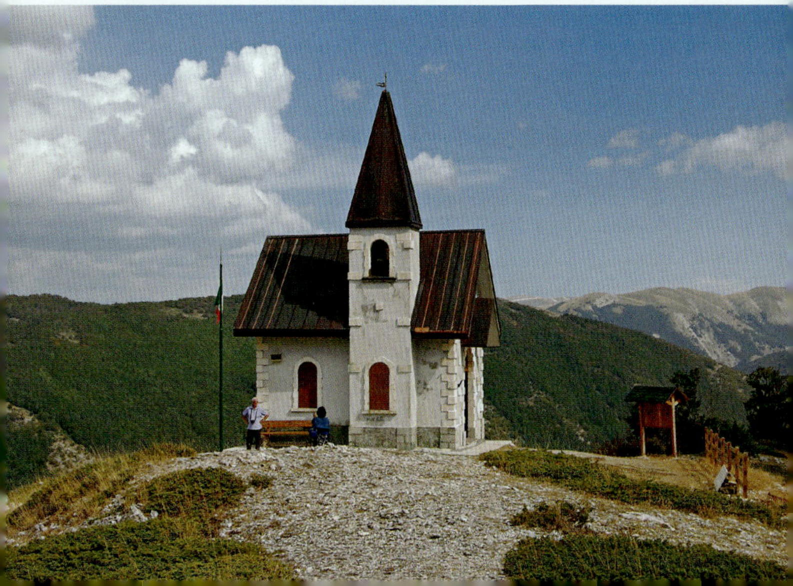

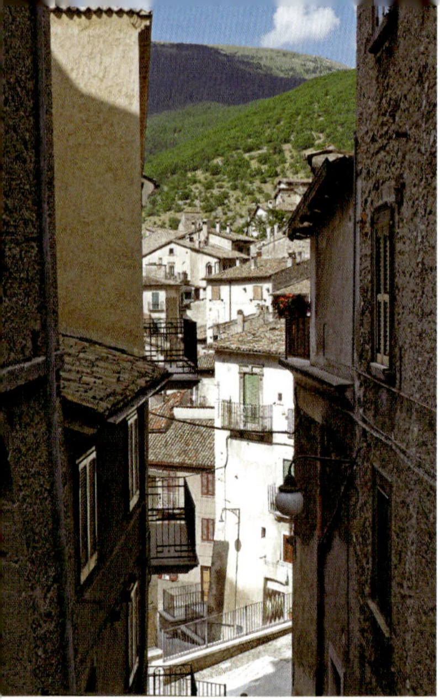

In den engen Gassen von Scanno.

Talort: Scanno (1050 m). Gebirgsdorf auf der Ostseite des Nationalparks Abruzzen, das jedoch nicht in die Parkzone integriert ist. Das von knapp 2000 Einwohnern bevölkerte Dorf gilt als eines der schönsten ganz Italiens. Der Ort lebt überwiegend vom Tourismus; Handwerk und Brauchtum sind bei den Scannesi noch sehr rege. Einige alte Frauen tragen sogar an normalen Werktagen noch ihre traditionelle Tracht. Hauptkirche ist die Chiesa Santa Maria della Valle aus dem 13. Jahrhundert.

Ausgangspunkt: Talstation (1050 m) des Sessellifts zum Colle Rotondo (1600 m). Anfahrt: Auf der A 25 bis Ausfahrt Cocullo, dann auf der SP 60 und SP 82 über Casale, Anversa degli Abruzzi und auf der SP 479 am Lago di Scanno vorbei nach Scanno (24 km). Oder über Sulmona auf der SP479 nach Anversa degli Abruzzi und von dort weiter (von Sulmona sind es 31 km bis nach Scanno). Am Ortsbeginn bei der Weggabelung rechts ab und über eine große Kehre hinauf zur Talstation des Sessellifts (Seggiovia); dort auch WC und Brunnen. Scanno hat eine gute Busverbindung mit Sulmona.

Bergbahn: Der Sessellift von Scanno hinauf zum Colle Rotondo (1060 m – 1600 m) ist auch in den Sommermonaten in Betrieb (im Winter Skilauf); vor und nach der Hauptsaison jedoch nur an den Wochenenden. Fahrzeiten: täglich 9–17 Uhr. Tel. +39 0864 74609; sciareascanno.it.

Markierungen: Rot-weiß markiert, einige Wegweiser sowie Mark.-Nr. A3.

Höhenunterschied: 50 Hm im Aufstieg, 615 Hm im Abstieg.

Anforderungen: Vom Rifugio di Colle Rotondo führt ein unbefestigter Wirtschaftsweg leicht fallend zum Stazzo del Carapale; von dort auf schönem Wanderweg durch ein schattiges Bachtal hinab zur Talstation. Auch für Kinder gut machbar, keine ausgesetzten Stellen.

Einkehr und Unterkunft: Rifugio di Colle Rotondo (1615 m; nur Einkehr). Zahlreiche Hotels, Alberghi und B&B in Scanno (z. B. »La Casa dei Nonni« im Centro storico; siehe auch Tour 45), mehrere Agriturismi in der näheren Umgebung. Restaurants mit typischer abruzzischer Küche (z. B. »La Porta Vecchia«, »Il Vecchio Mulino«), Bars und Lebensmittelläden. Am Wendepunkt der Wanderung befindet sich der Stazzo del Carapale (1646 m; offene Steinhütte mit drei Eisengestellen und Herd).

Hinweis: Auf der Ostseite des Monte Rotondo wurde ein Tiergehege (»L'Oasi Faunistica del Cervo«) für Rotwild eingerichtet. Es ist immer zugänglich. Zugang über einen breiten Wanderweg von der Bergstation (15 Min.). Von dort führt auch ein Wanderweg hinab nach Scanno.

Tipp: In Scanno gibt es ein kleines Woll-Museum (»Museo della Lana«), nicht weit von der Tourist-Info.

Von der **Talstation des Sessellifts (1)** oberhalb von **Scanno** lassen wir uns hinauftragen auf den **Colle Rotondo (2)** (der Lift zum Monte Rotondo ist nur im Winter in Betrieb), dort machen wir zunächst erst einmal einen Rundgang, besuchen die kleine Kapelle daneben aus dem Jahre 1963, wandern vielleicht sogar hinab zum Wildgehege oder genießen die einfachen italienischen Gerichte auf der Terrasse des **Rifugio di Colle Rotondo**.

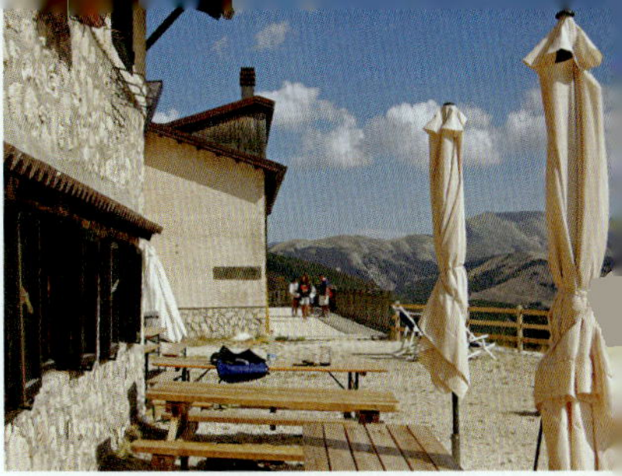

Auf der aussichtsreichen Terrasse des Rifugio Colle Rotondo.

Dann beginnen wir die Wanderung bergab: Wenige Meter von der Bergstation folgen wir dem Weg hinab in den Sattel zwischen dem Colle und dem Monte Rotondo. Wir gehen rechts und wandern auf einem unbefestigten Wirtschaftsweg (rot-weiß markiert) nahezu eben durch Buchenwald, dann leicht abwärts in ein breites **Bachtal (3)**. Links sehen wir die alte Talstation eines Sessellifts. Dort halten wir uns rechts und steigen auf markiertem Bergweg (Mark.-Nr. A3) am Waldrand entlang hinauf zum **Stazzo del Carapale (4)**, wo wir ungestört Rast einlegen können. Der Weiterweg führt von dort hinauf zum »Valico del Carapale« (Wegweiser) und hinüber nach Bisegna oder Pescassèroli. Wir jedoch kehren um und wandern talwärts zur **Wegverzweigung (3)**, halten uns dort links und folgen dem Wegweiser in Richtung Scanno. Ein Bergwanderweg führt uns nun durch schönen Buchenwald am Bach entlang talwärts. Nach 20 Minuten queren wir diesen nach rechts und kehren nach zehn Minuten wieder zurück auf die linke Bachseite. Der folgende Wegabschnitt, vorbei an Felsblöcken und Moosen, ist besonders schön und romantisch. Wir queren nochmals den Bach und erreichen eine Skipiste. Ein rauer Fahrweg leitet uns weiter talwärts und mündet dann in einen Teerweg. Auf diesem rechts in wenigen Minuten hinab zur **Talstation des Sessellifts (1)** oberhalb von **Scanno**.

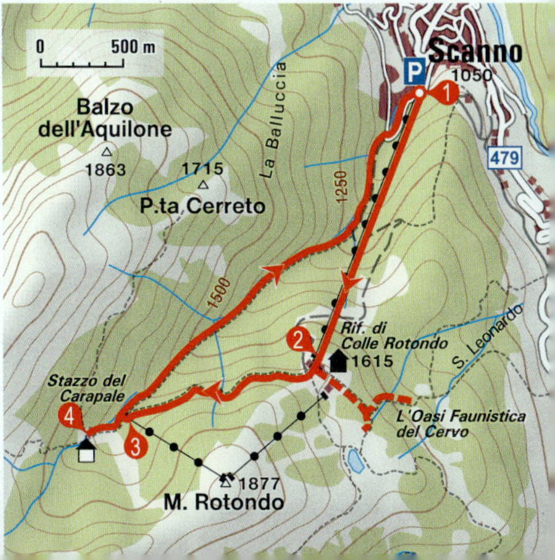

47 Von Scanno zur Fattoria Jovana

4.15 Std.

Einsam gelegener Bauernhof am Fuß der Serra Sparvera

Diese Wanderung bringt uns vom durchaus lebhaften Scanno – heute können wir uns kaum mehr vorstellen, wie abgelegen dieser Ort vor dem Bau der Zufahrtsstraße zu Beginn des 20. Jahrhunderts war – in eine andere Welt, die Welt der Hirten und einsamen Bauern, die scheinbar noch immer ihrem alten Rhythmus folgen. Natürlich führt mittlerweile ein unbefestigter Wirtschaftsweg (für die Öffentlichkeit gesperrt; Zufahrt nur für Anlieger) zur Fattoria Jovana, unserem heutigen Ziel, denn der Bauernhof muss versorgt und seine Produkte müssen unter die Leute gebracht werden. Leider ist der alte Pfad durch das Vallone delle Masserie verwachsen und nicht mehr begehbar, sodass wir den neuen Weg benutzen; doch keine Sorge, wir werden wohl kaum von einem Fahrzeug gestört werden. Die Fattoria (Bauernhof) Jovana stellt die meisten Produkte selbst her, die natürlich alle biologisch »sauber« sind und den Wanderern in schmackhaft gekochter Weise angeboten werden. Im kleinen Gasthof fühlt man sich sofort wie zu Hause. Heute liegt dieser Bauernhof einsam in einem Hochtal zwischen der Montagna di Preccia und der Serra Sparvera. Als die Autostraße über den Passo Godi noch nicht existierte, verlief der beschwerliche Weg nach Scanno direkt am Bauernhof vorbei.

Im Hochtal Vallone delle Masserie – mittlerweile überwachsene und ungenutzte Weideflächen mit Buschwerk.

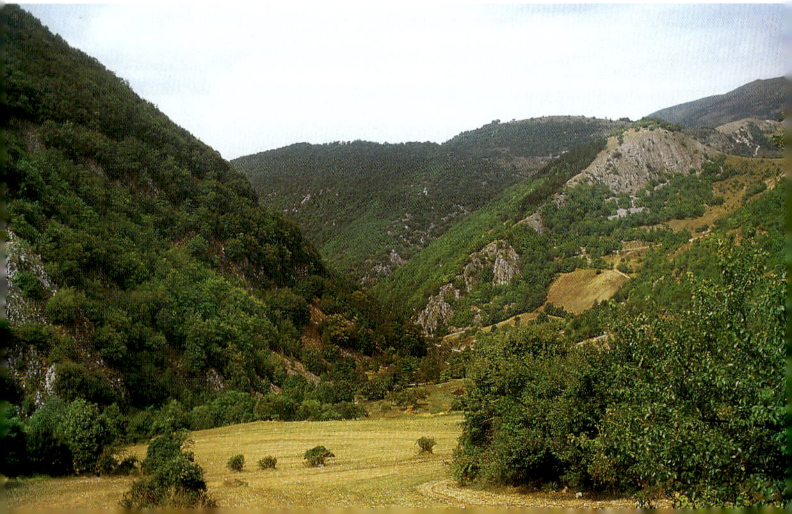

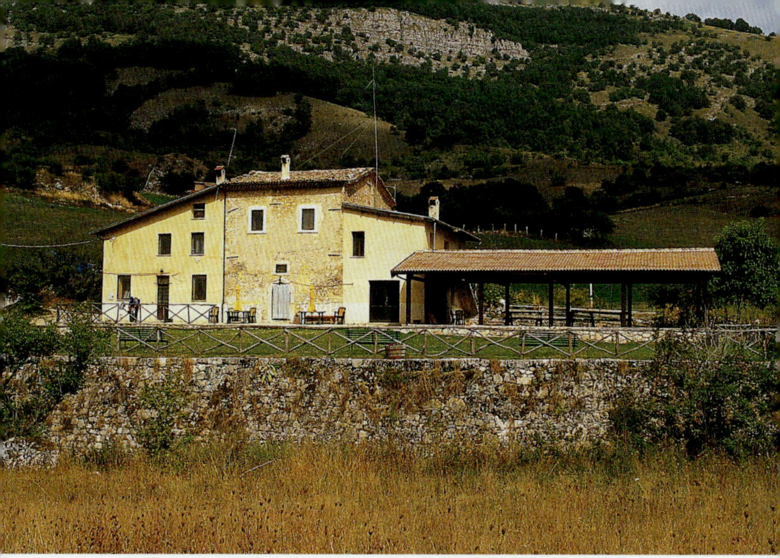

Die Fattoria Jovana ist eine kleine Institution – mit Unterkunft und abruzzischem Essen.

Talort: Scanno (1050 m); siehe Tour 46.
Ausgangspunkt: Ortsmitte von Scanno (gegenüber dem Ufficio turistico). Zustieg vom Parkplatz am unteren Ortsrand von Scanno, wo wir dem kleinen Schild »Centro storico« folgen oder von der Talstation (1060 m) des Sessellifts zum Monte Rotondo. Anfahrt siehe Tour 46. Gute Busverbindung mit Sulmona.
Markierungen: Rot-gelb, Mark.-Nr. 29.
Höhenunterschied: 490 Hm im Aufstieg wie im Abstieg.
Anforderungen: Hin- und Rückweg verlaufen auf einem unbefestigten Wirtschaftsweg. Gutes Schuhwerk trotzdem erforderlich.
Einkehr und Unterkunft: Fattoria Jovana (1246 m; Zimmervermietung (con alloggio), 25 Betten, ganzjährig bewirtschaftet mit gutem, typischem Essen; Tel. +39 0864 74657 oder +39 329 2177122). In Scanno: Zahlreiche Hotels und mehrere Restaurants. B&B »Le Rocce di Scanno« (Nähe Sessellift-Talstation, Tel. +39 345 371 5659); B&B »La Casa dei Nonni« (Centro storico, Tel. +39 0864 740170). B&B »La Casa di Costanza« (an der Hauptstraße, Tel. +39 0864 747821). Bioagriturismo »Valle Scannese« (im Ortsteil »Le Prata«, 16 Zimmer, Tel. +39 0864 576043). Typisches abruzzisches Essen gibt es in der »Azienda Agricola Rotolo Gregorio« sowie im Ristorante »La Porta«. Camping am Lago di Scanna.
Hinweis: Signor Lorenzo von der Fattoria Jovana führt Gäste gerne zu stillen Plätzen mit Wildbeobachtung in der Umgebung. Auch bietet er geführte Wanderungen an; Italienischkenntnisse sind natürlich erforderlich.

Bei der Kirche (Parrocchia Santa Maria della Valle) gegenüber dem **»Ufficio turistico« (1)** nehmen wir die rechts abzweigende Gasse, die uns durch den reizvollsten Teil des alten Gebirgsortes führt. Alte Palazzi und viele kleine Negozi mit typischen Produkten, ja, auch mit Souvenirs, säumen die Gassen. Wir treffen dann auf die Strada Ciorla und die Strada Silla, wandern vorbei am Ristorante »La Porta« (bekannt für seine abruzzischen Gerichte) und folgen gleich bei der nächsten Wegverzweigung dem linken Ast, bis wir auf die Strada Statale 479 stoßen. Dort halten wir uns kurz links und folgen sogleich rechts **(2)** dem steilen Fahrweg – Strada della Centrale Elettrica – (Wegweiser »Jovane«, der uns hinab zum Talgrund des Torrente Tasso bringt. Wir queren die **Ponte delle Scalelle (3)**, wenden uns zunächst rechts und wandern dann links an einem kleinen Kraftwerk vorbei zu einer Steinbrücke von 1872. Über diese und rechts ansteigend auf einem unbefestigten Wirtschaftsweg in ein Seitental hinein. Bald eben weiter auf einem links und rechts von Laubwald eingefassten Weg, der auf seiner linken Seite von einer Steinmauer gesäumt ist. Links bauen sich Felsen auf, rechts unterhalb fließt das karge Wasser des Torrente Jovana. Bald passieren wir ein Marterl zu Ehren der Madonna delle Valle. Unser Weg macht bei einer **Wegverzweigung (4)** eine leichte Biegung nach rechts und steigt zur **Masseria Collafrino (5)** an. Der alte Weg, der hier rechts abzweigt und entlang des Baches verläuft, ist vor allem auf der ersten Hälfte leider verwachsen und kaum begehbar! Wir gehen daher geradeaus (links haltend) weiter (Achtung, Hunde!) ins Tal hin-

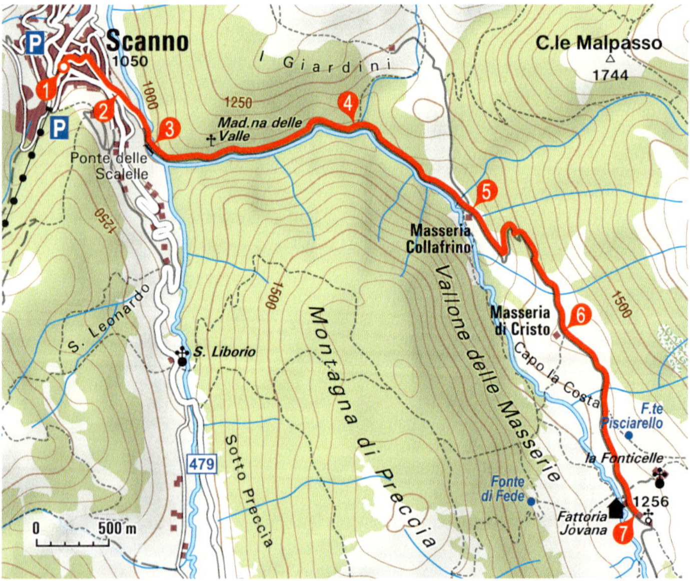

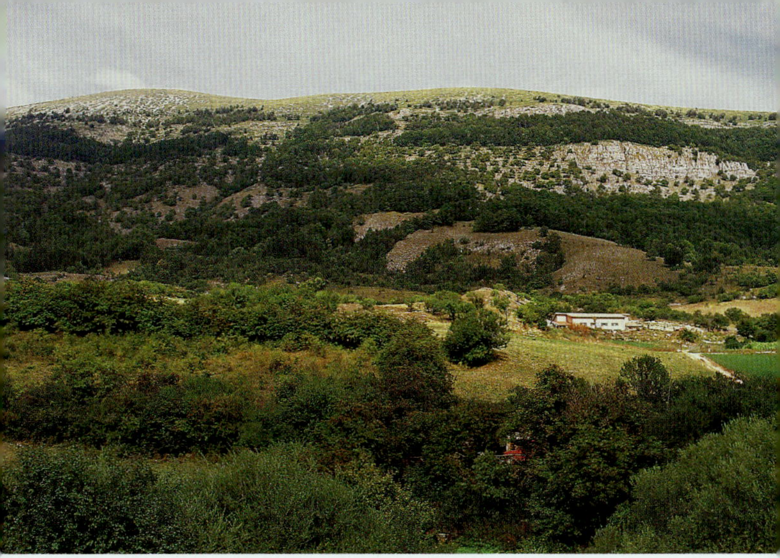

Blick über das einsame Hochtal bei Scanno – früher verlief hier der Hauptweg zum Passo Godi.

ein, wandern nach ein paar Hundert Metern auf der linken Talseite in einer Linkskehre hinauf zum Wald und gewinnen über ein paar weitere Kehren deutlich an Höhe. Anschließend geht es durch Wiesen und einzelne Äcker ins Hochtal Vallone delle Masserie (das Tal der Bauernhöfe, von denen allerdings einige bereits verschwunden sind). Rechts erheben sich die Montagna di Preccia, links die Gipfel der Serra Sparvera. Bei einem Brunnentrog gegenüber der **Masseria di Cristo (6)** erreichen wir den höchsten Punkt unserer Wanderung. Nun geht es leicht abwärts. Vor uns breitet sich ein schönes Hochtal aus. In 20 Minuten ist dann auch das Gehöft der **Fattoria Jovana (7)** erreicht, einem kleinen Weiler mit ein paar Gebäuden und der kleinen Kapelle San Lorenzo aus dem 16. Jahrhundert. In dem Agriturismo, der seit den 80er-Jahren des letzten Jahrhunderts betrieben wird, lässt es sich gut einkehren, bei Gnocchi alle Verdure, Pasta, Agnello alla brace, Wein und Brot. Draußen gibt es eine überdachte Terrasse. Die **Rückkehr** erfolgt auf dem Herweg.

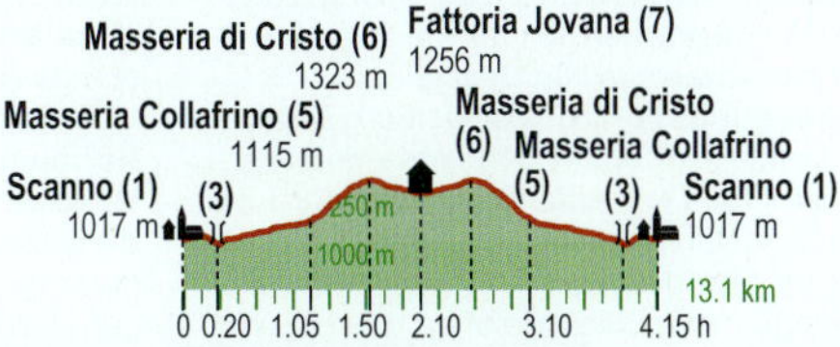

48 Rifugio Coppo dell'Orso und Monte Cornacchia, 2003 m

6.45 Std.

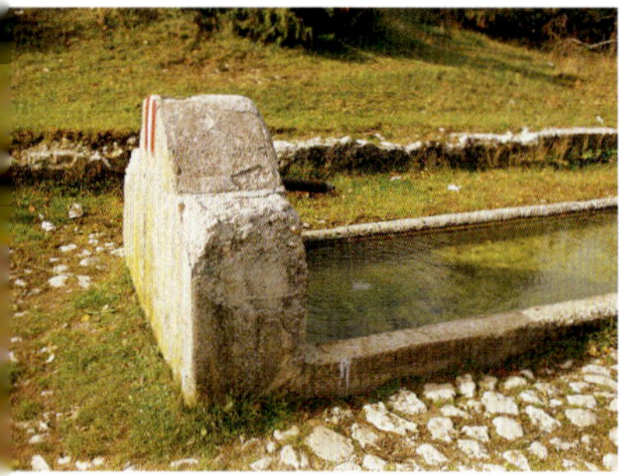

Bei der Fonte Astuni.

Entlegene Pfade an der Grenze zu Latium

In den steilen und dicht bewaldeten Bergen oberhalb des Vallelonga herrscht meist Einsamkeit. Ein ideales Revier also für Wild. Und so sind dort unter anderem auch der Abruzzenbär, der Orso bruno marsicano, und der Rothirsch zu Hause. Die umliegenden Erhebungen waren bereits ab dem Jahre 1873 Teil der Riserva reale dell'Alta Val di Sangro und somit Vorläufer des späteren Nationalparks Abruzzen. Genau gesprochen war es also zuerst königliches Jagdgebiet. In Nähe unseres Ausgangspunktes, an der Kapelle Madonna della Lanna, finden wir heute eine Erinnerungstafel an die Jagdausflüge des italienischen Königs Viktor Emanuel II. Sollten wir nur eine einfache Wanderung im Sinne haben, könnten wir von der Kapelle geradeaus weiter auf einfachem Weg zu den Prati d'Angro wandern, die früher intensiv als Weidegebiet genutzt wurden und heute von Botanikern wegen des Vorkommens von wilden Orchideen, Narzissen und Lilien geschätzt werden.

Ziel unserer großen Wanderung ist jedoch der Monte Cornacchia, dessen Gipfel sich bereits in Latium befindet, die Route führt jedoch an der Grenze des Nationalparks entlang. Dabei passieren wir auch die Kammerhebung »Tre Confini«, die anzeigt, dass sich hier drei Regionen berühren: Abruzzen, Latium und Molise. Vom Gipfel haben wir eine großartige Sicht weit nach Latium hinein.

Talort: Villavallelonga (1005 m). Gemeinde mit etwa 950 Einwohnern; sie gehört zur Comunità montana Marsica und war bereits vor unserer Zeitrechnung besiedelt. Sehenswert sind einige reizvolle Kirchen sowie das alte Ortszentrum.

Ausgangspunkt: Kleiner Parkplatz bei der kleinen Kirche »Madonna della Lanna« (1086 m). Anfahrt: Auf der A 25 bis zur Ausfahrt Avezzano, Celano oder Pescina, von dort über Trasacco und Collelongo nach Villavallelonga (29 km von der Ausfahrt Avezzano) und 6,5 km weiter das Tal bergan bis zum Parkplatz an der Kapelle Madonna della Lanna. Infotafeln.

Markierung: Rot-weiß im unteren und orange im oberen Teil der Route sowie einige Wegtafeln (Mark.-Nr. R2 und Q9).

Höhenunterschied: 990 Hm im Aufstieg wie im Abstieg.

Anforderungen: Zu Beginn Bergwanderwege und Bergsteige durch schattigen Wald; im Gipfelbereich teilweise nur

Pfadspuren durch steinige, aride Bergflanken. Trittsicherheit und etwas Orientierungssinn erforderlich.

Einkehr und Unterkunft: Rifugio Coppo dell'Orso (1860 m; 15 Lager, Schlafsack erforderlich; CAI Trasacco, Selbstversorgerhütte der Nationalparkverwaltung; den Schlüssel zur verschlossenen Hütte kann man bei der Sektion Collelongo des CAI erhalten). Rifugio Fonte Astuni (1190 m; Selbstversorgerhütte, 24 Plätze, Info über Tel. +39 0863 949303). Hotels und Restaurants in Villavallelonga (z. B. Al Torrente Rosa, La Gardenia, Ostello Tre Confini).

Tipp: In Villavallelonga gibt es ein Museum mit Hirschpark sowie das Centro Visite dell'Orso di Villavallelonga zu besichtigen. In diesem Museum mit Freigelände können wir die natürliche Umwelt, die Lebensweise und die Geschichte des Orso bruno marsicano erkunden. Ein Naturwanderweg verbindet die beiden Bereiche. Öffnungszeiten: von April bis Oktober von Dienstag bis Sonntag 9–13 Uhr; Tel. +39 0863 949261; z. Z. geschlossen (Stand 2023). Im historischen Zentrum (ausgehend von der Piazza Olmi) finden wir überdies einen interessanten thematischen Rundweg (eine Art Freilichtmuseum) mit zahlreichen Bildern und Erläuterungen zur örtlichen Geschichte, zu Pflanzen, Hirten, Hexen und Briganten.

Vom **Wanderparkplatz (1)** bei der kleinen Kirche »Madonna della Lanna« folgen wir zunächst eben weiter den ab hier gesperrten Wirtschaftsweg in Richtung Prati d'Angro. Rechts oberhalb wurde vor einigen Jahren das ständige Pfadfinderlager »Brownsea Park« eingerichtet (deshalb wurde der Startpunkt des klassischen Anstiegswegs, der bei der Fontana di Tricaglio begann, verlegt). Bei der Wegverzweigung halten wir uns rechts und erreichen bald einen Picknickplatz. Bei diesem führt rechts ein Wirtschaftsweg (Mark.-Nr. R1) ab, der uns in leichter Steigung durch Wald hinauf zum Brunnen **Fonte Astuni (2)** führt, der sich in einem kleinen Hochtal befindet. Dort gibt

Das Rifugio Coppo dell'Orso ist in der Regel verschlossen – trotzdem ein reizvoller Platz zum Rasten.

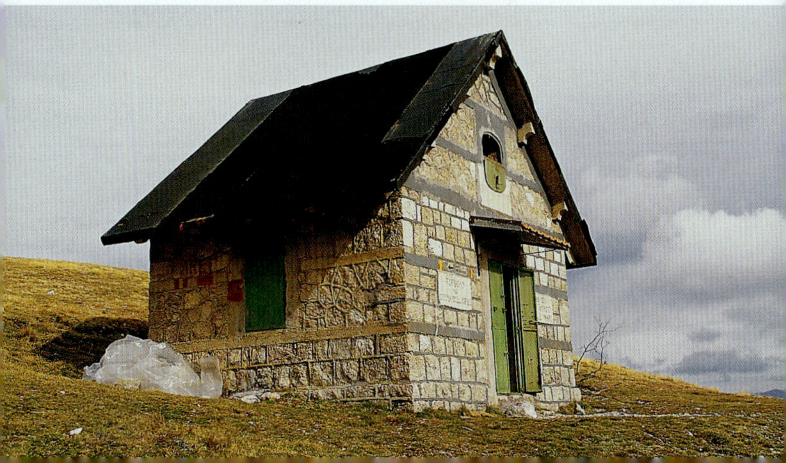

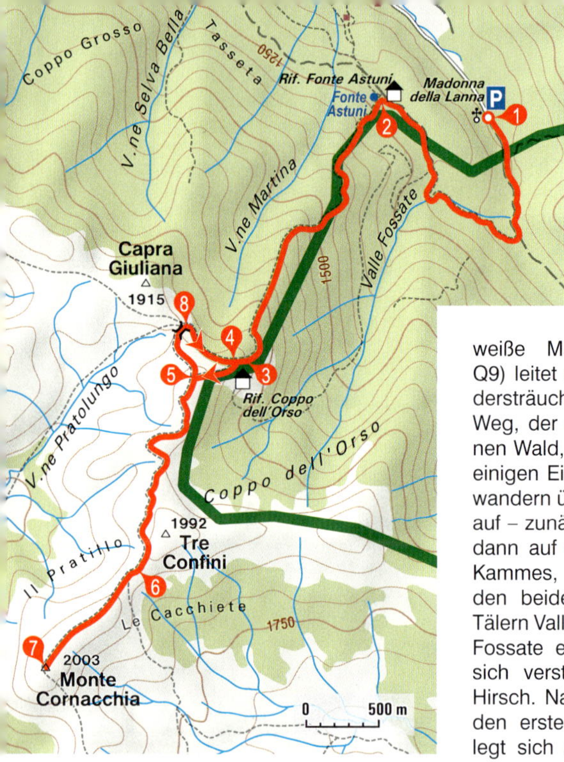

es einen großen Brunnentrog und das verschlossene kleine Rifugio Fonte Astuni sowie ein Picknickareal. Im Herbst finden wir hier jede Menge Brombeeren. Die rot-weiße Markierung (Mark.-Nr. Q9) leitet uns links an Wacholdersträuchern vorbei auf einen Weg, der uns hineinführt in einen Wald, der von Buchen und einigen Eichen geprägt ist. Wir wandern über steile Kehren hinauf – zunächst auf der rechten, dann auf der linken Seite des Kammes, der sich zwischen den beiden dicht bewaldeten Tälern Vallone Martina und Valle Fossate erhebt. Hier tummeln sich versteckt auch Bär und Hirsch. Nach dem anstrengenden ersten Teil des Aufstiegs legt sich das Gelände zurück und es geht weniger steil hinauf, bis wir bei **P. 1628** einen Felsgrat erreichen. Erneut nimmt uns der Wald auf – nun ist es geschlossener Buchenwald –, wir überwinden einen steilen Hang und erreichen wieder schrofiges Gelände. Der geschlossene Wald wird zum lockeren Niederwald. Unser Pfad zieht nun nach links und führt durch einen freien Grashang hinauf zum im Jahre 1927 errichteten **Rifugio Coppo dell'Orso (3)**, das in einem kleinen Sattel liegt. Dort genießen wir endlich die freie Sicht über die von dichtem Wald eingefassten Prati d'Angro hinweg zum Monte Marcolano und weiter bis zum Monte Marsicano. Bergwärts vor uns erhebt sich der Gipfel Tre Confini. Direkt unter uns befinden sich die Gräben des Coppo dell'Orso, sicherer Rückzugsort für den Orso bruno, denn durch diese führen keine Wanderwege, die ihn stören könnten. Von der Hütte folgen wir weiterhin dem Wanderweg mit der Nr. Q9 in südlicher Richtung zu einer **Wegverzweigung (4)** kurz dahinter. Wir halten uns links und steigen auf Pfadspuren steil über den freien, grasigen Hang hinauf auf den **langen Rücken**, der sich von den Tre Confini nach Norden erstreckt.

Dort jenseits kurz hinab, wo wir links haltend dem quer führenden Wanderweg **(5)** folgen, der sich am oberen Rand des Vallone Pratolungo durch den steinigen Hang zieht. Wir wandern nun seitlich am Gipfel **Tre Confini** vorbei, dessen Name anzeigt, dass sich hier drei ehemalige Herrschaftsgebiete begegneten. Wir steuern auf den schrofigen Verbindungskamm zu, der den letztgenannten mit dem Monte Cornacchia verbindet. Auf halbem Weg verzweigen sich die Pfadspuren **(6)** (Mark.-Nr. Q9 führt links weiter). Wir halten uns geradeaus, steuern direkt auf den Gipfel zu und steigen über den langen Ostkamm über leichtes, schrofiges und mit Grasnarben durchsetztes Gelände zum höchsten Punkt des **Monte Cornacchia (7)** an. Den Gipfel schmückt leider kein Kreuz, sondern ein umgefallener Vermessungstriangel.

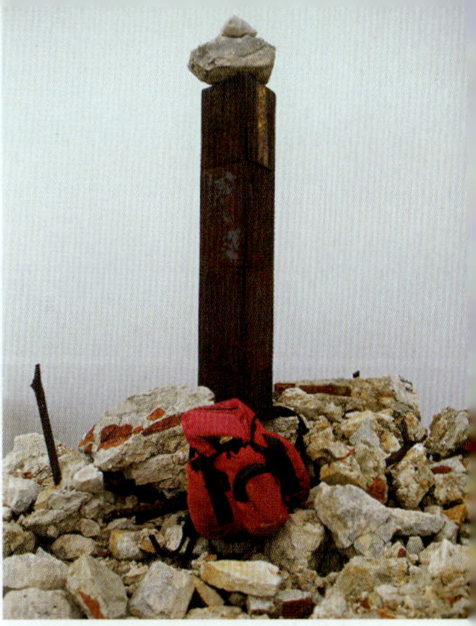

Der Gipfel des Monte Cornacchia ist lediglich durch einen Steinhaufen und einen Vermessungstriangel markiert.

Der **Abstieg** erfolgt im Wesentlichen auf dem Anstiegsweg. Beim Abstieg vom Gipfel halten wir uns jedoch bei der Wegverzweigung nach den Tre Confine links und wandern leicht abwärts zu dem **Sattel (8)**, der die Tre Confini mit der Capra Giuliana verbindet. Dort biegen wir nach rechts ab (nach links führt der Wanderweg Nr. R11 hinab nach Villavallelonga) und wandern auf schmalem Pfad leicht ansteigend durch den schrofigen und von kleinen Schuttreisen durchsetzten Hang (links unterhalb Niederwald) hinauf in den kleinen, vor uns liegenden Sattel, hinter dem unvermittelt das **Rifugio Coppo dell'Orso (3)** auftaucht.

Dort weiter in umgekehrter Richtung wie oben beschrieben hinab über die **Fonte Astuni (2)** zum **Wanderparkplatz (1)**.

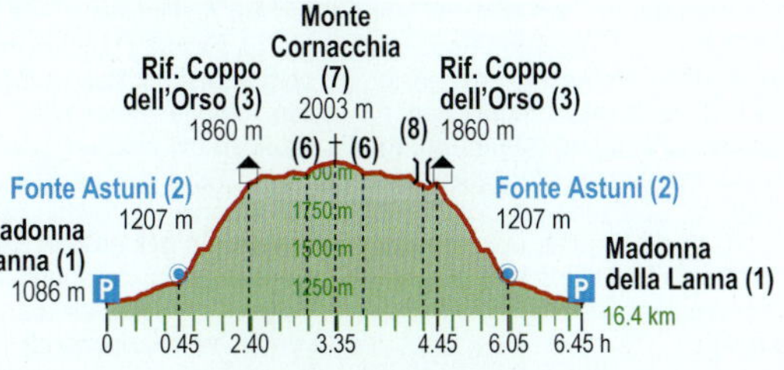

49 Von Pettorano sul Gizio auf den Monte Genzana, 2170 m

9.30 Std.

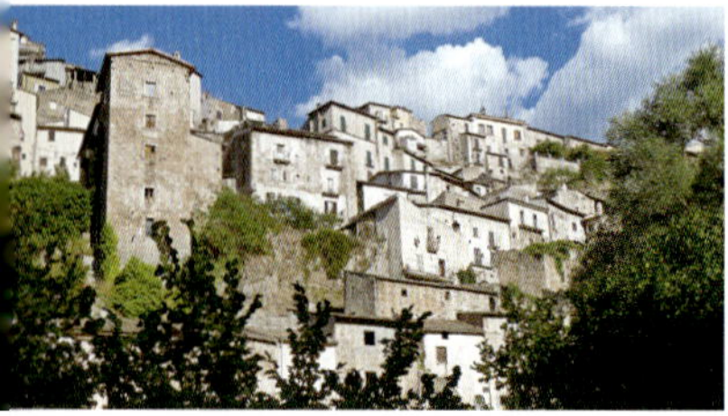

Pettorano sul Gizio liegt malerisch auf einem Felsriegel.

Stille und lange Wanderung auf einen großartigen Aussichtsberg

Der Monte Genzana ist mit seiner grasbewachsenen Gipfelkuppe aus dem Valle Peligna gut auszumachen. Er gehört weder zum Nationalpark Abruzzen noch zum Nationalpark Majella, führt also ein singuläres Dasein. Er ist Teil der »Riserva naturale regionale Monte Genzana Alto Gizio«, die unter einem besonderen Naturschutz steht. Unser Ausgangsort Pettorano sul Gizio ist ein großartiges Beispiel eines wehrhaften abruzzischen Gebirgsortes und erhebt sich auf einer Geländekuppe aus dem Tal des Fiume Gizio. Pettorano ist berühmt für seine Polenta und kann sich zudem mit dem Prädikat schmücken, eines der schönsten Dörfer Italiens zu sein. Vom teilweise restaurierten Castello hat man einen wunderbaren Blick auf das tiefer liegende Tal und die umliegenden Berge.

Talort: Pettorano sul Gizio (638 m). Mittelalterliches Dorf mit 1400 Einwohnern, das auf einer Geländeerhöhung über dem Fiume Gizio erbaut wurde. Im Ort finden wir unter anderem den eindrucksvollen Palazzo Ducale und den Palazzo De Stephanis, das Castello Cantelmo und die Kirche San Dionisio sind einer Besichtigung wert.
Ausgangspunkt: Kleiner Parkplatz auf der Westseite des Ortes am Eingang ins Valle Frevana (556 m). Anfahrt auf der SS 17 von Sulmona in Richtung Roccaraso, Abfahrt nach Pettorano sul Gizio, über eine Brücke, danach rechts halten. Bei der ersten Linkskurve (400 m ab der SS17) rechts steil hinab (Wegweiser Mulini, Sorgenti di Gizio) ins Tal des Fiume Gizio. Noch vor der Brücke über den Gizio befindet sich links der Wanderparkplatz. Anfahrt auch mit dem Bus von Sulmona möglich.
Markierungen: Rot-weiß markiert, Wegnummern 5, 11 und 6.
Höhenunterschied: 1685 Hm im Aufstieg wie im Abstieg.
Anforderungen: Im Talbereich Wirtschaftswege, dann Bergwanderweg und Bergsteige, Trittsicherheit an einigen Stellen erforderlich, aber keine ausgesetzten Stellen. Etwas Orientierungssinn von Vorteil.
Einkehr und Unterkunft: Unterwegs keine. Am Abstiegsweg liegt das kleine Rifugio La Fascia (1659 m; offene Selbstversorgerhütte mit Bettgestellen ohne Matratzen, offene Feuerstelle und Grillplatz, Brunnen mit frischem Wasser). In Pettorano sul Gizio gibt es zwei Bars sowie die Restaurants »Il Torchio« und »La Locanda«. Im Ort gibt es kein B&B und kein Hotel; das nächstgelegene B&B ist das »Il Poggio Dei Pettirossi« (ca. 2 km außerhalb, von Sulmona kommend) in Vallelarga.

Variante: Falls unsere Zeitplanung zu knapp ist, können wir auf einer Höhe von 1600 m auf einer Sterrata (= rauer Forstweg) zum Rifugio La Fascia hinüberqueren, wo wir wieder auf die Hauptroute stoßen, und von dort den Rückweg angehen.
Hinweis: Die Ostseite des Monte Genzana wurde zu einem großen Naturreservat zusammengefasst (»Riserva naturale regionale Monte Genzana Alto Gizio«), das vom Tal bis zum Gipfel reicht und wo nahezu sämtliche Tierarten der Abruzzen sowie die gesamte Flora des zentralen Apennin vertreten sind. Auch wurde ein »Sentiero naturalistico« eingerichtet (Wegweiser am Eingang). Für dieses besondere Naturreservat gibt es eine Begleitbroschüre.

Tipps: 1. Am Eingang ins Valle Frevana finden wir ein paar restaurierte Getreidemühlen, die besichtigt werden können (Broschüre dazu im Tourist Office von Sulmona). Geöffnet Sa/So 11–17 Uhr.
2. Das Castello Cantelmo in Pettorano sul Gizio war Teil eines Befestigungssystems, das mit den Dörfern Pacentro, Popoli, Raiano, Vittorito, Prezza und Anversa degli Abruzzi vernetzt war. Der Hauptturm – den man besteigen kann – wurde mittlerweile wieder instand gesetzt und in der Anlage ein sehenswertes Museum eingerichtet (z. B. mit einer Ausstellung zum Leben der Köhler). Den Ausblick von dort oben sollte man sich nicht entgehen lassen. Von Mai bis Oktober täglich 10–13 Uhr und 16–19 Uhr geöffnet.

Am **Wanderparkplatz (1)** gehen wir zurück zum Sträßchen, queren die Brücke über den Fiume Gizio (gleich dahinter ist links der Zugang zum Archäologischen Park mit den Mühlen) und folgen dem Sträßchen bald ansteigend nach links. Im Auf und Ab geht es entlang des Gizio zum Viadukt der Eisenbahn (rechts befindet sich ein Picknickplatz). Bald erreichen wir die eingefasste Quelle des »Sorgente F. Gizio« (Wegweiser »Santa Margherita della Valle«) ins Bergtal hinein. Links und rechts erstreckt sich an den Hängen Laubniederwald. Unser Weg steigt nun an und geht in ein unbefestigtes Schottersträßchen über. Nach 20 Minuten weist ein Schild auf eine rechts vom Weg liegende archäologische Stätte hin. (Die Reste dieser Tempelanlage sind in wenigen Minuten zu erreichen.) Nach weiteren zehn Minuten erreichen wir die Kirche **Santa Margherita della Valle (2)**, an der sich ein Rastplatz mit Tisch und

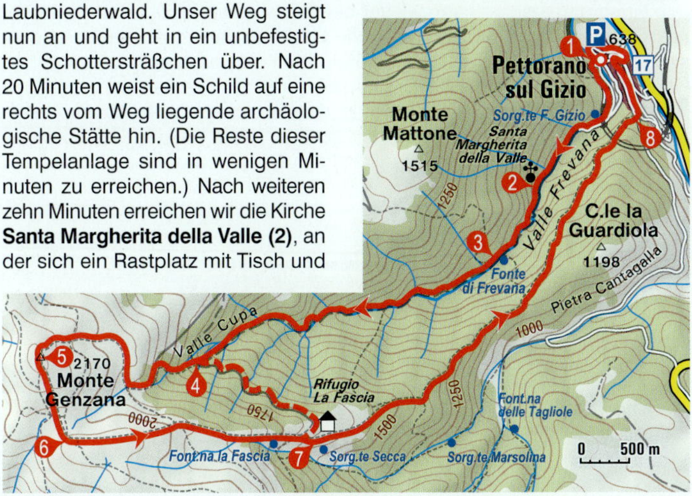

Bänken sowie einem Trinkwasserbrunnen befindet. Bei Regen finden wir hinter der Kirche einen Unterstand. Wir wandern dann weiter ins Hochtal hinein, passieren einen weiteren Picknickplatz mit Viehtränke. Kurz nach der **Fonte di Frevana (3)** zweigt rechts ein Weg ab, der ins Nachbartal »Valle Lavozza« führt. Wir gehen jedoch geradeaus weiter (»Monte Mattone«); vor uns erkennen wir den Monte Genzana, der sich über einem Vorgipfel erhebt. Unser Weg wird begleitet von Haselnusssträuchern, Buschwindröschen, Eichen- und Ahornbäumen und viel Vogelgezwitscher. Bis zum **Ende des Forstweges**, den wir nach etwa zwei Stunden Gehzeit erreichen, wandern wir durch dichten Wald, der nur gelegentlich durch einige Lichtungen aufgelockert wird. Der Weiterweg verläuft nun über einen etwas überwachsenen Pfad, der aber gut markiert (rot-weiß) ist. Wir spazieren über blumenübersäte Lichtungen und erreichen nach einer halben Stunde ab dem Ende des Forstweges wieder Wald. Es geht links haltend in diesen hinein, der Weg wendet sich aber sogleich wieder nach rechts und führt uns etwas beschwerlich durch einen langen Bachgraben mit Niederwald – das sogenannte **Valle Cupa**. Der Weg wird dann deutlich steiler und trifft schließlich auf eine quer führende **Forststraße (4)** (1600 m; siehe auch Variante). Über diese hinweg und dem Wegweiser »Monte Genzana« auf einem überwachsenen Pfad folgen. Bald treffen wir auf einen markanten Stein mit Markierung und einem Steinmann, der uns klar macht, dass wir auf dem richtigen Weg sind. Wir folgen diesem Pfad in direkter Linie bergwärts, queren im Zickzack ein Geröllfeld. Oben angelangt, halten wir uns links, queren nahezu eben den Hang und steigen dann wieder bergwärts weiter an über überwachsenes Gelände, folgen einem trockenen Bachbett (immer ausreichend markiert) und erreichen dann freies Gelände. Nun geht es über Blockfelder und Geröll weiter entlang von Pfadspuren, bis wir einen Grasflecken mit einigen Mauerresten erreichen. Halb links an diesen vorbei und in einem weiten Linksbogen über Weidegelände mit schöner Flora hinauf zum höchsten Punkt des **Monte Genzana (5)** mit kleinem Eisenkreuz, einem Steinhaufen und einer neuen Antennenanlage.

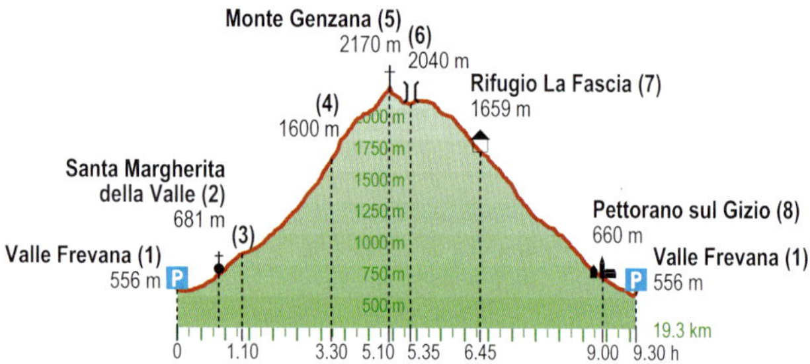

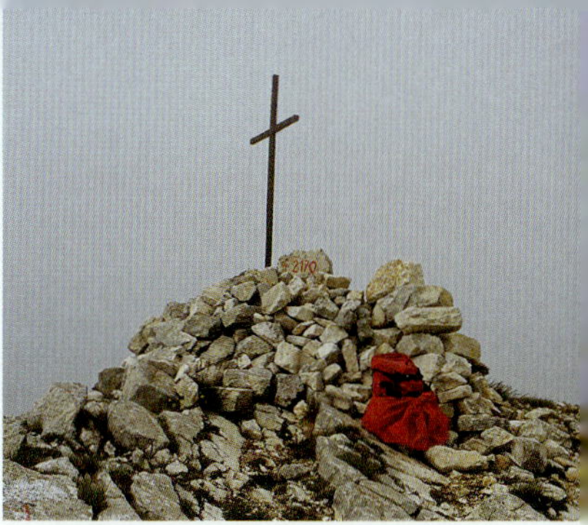

Der Gipfel des Monte Genzana.

Abstieg: Vom Gipfel folgen wir den Pfadspuren (Mark.-Nr. 11) in Richtung »Madonna del Carmine« auf einen großen Steinmann zu. (Rechts weist ein Weg hinab nach Frattura, oberhalb von Scanno.) Nach dem Steinmann geht es steil hinab über Grasgelände und Schrofen (rot-weiß markiert) in einen **Sattel (6)** (2040 m) mit einem auffälligen Felsen, den wir nach 20 Minuten erreichen. Wir folgen einer auffälligen Wagenspur bergan bis zur Höhe einiger Felsen auf der linken Seite; dort verlassen wir den breiten Weg nach links und steuern auf einen Steinmann zu. Anschließend geht es am Rand der Felsabbrüche entlang. Wir halten inne und genießen den freien Blick auf Sulmona, Pacentro und den langen Gebirgskamm der Majella. Wir bleiben zunächst auf der Kammhöhe (unser Weg ist rot-weiß markiert und durch Steinmänner deutlich gemacht; Mark.-Nr. 6 bis Pettorano). Dann erreichen wir wieder den Wald, der hier bis zur Hangkante reicht. Ein Pfad führt uns nun durch lichten Wald steiler hinab, einen Felsvorsprung umgehen wir nach links, danach geht es weiter auf einer Kammhöhe. Wir erreichen wieder freies Gelände und wandern zu einem quer führenden **Wirtschaftsweg** (siehe Variante). Über diesen hinweg zur Fontana La Fascia mit zwei steinernen Schafpferchen und dem kleinen **Rifugio La Fascia (7)**. Von der Hütte wandern wir talwärts weiter über eine lange und breite, meist blühende Wiese, wobei uns ein Steinmann den Weg weist. Dann kurz durch den Wald, erneut über eine Lichtung, dieses Mal mit Wacholdersträuchern. Wald – meist Eiche und Buche – und Lichtungen wechseln sich ab und ein schöner Wanderweg leitet uns weiter hinab; dort wo der Kamm schmäler wird, weicht der Weg zunächst auf die rechte, dann über Serpentinen auf die linke Seite aus. Im Rückblick bietet sich uns eine schöne Sicht auf den Monte Genzana. Nun geht es hoch über dem Valle Frevana auf **Pettorano sul Gizio** zu, das wir auch bald vor uns sehen. Wir erreichen das südwestliche Ende des Dorfes **(8)** (mit kleinem Parkplatz und einer Infotafel). Links sehen wir einen schönen Bauernhof. Dann passieren wir das Ristorante »La Locanda«, halten uns immer links, gehen am Castello vorbei und wandern durch die abwärtsführenden Gassen, zuletzt auf der Via Piaia zur Porta San Nicola. Wir verlassen damit den Borgo, treffen auf die Zufahrtsstraße, die hinauf in den oberen Ortsteil führt, halten uns links und wandern diese kurz hinab (Abkürzung über einen Treppensteig). Bald zweigt das Zufahrsträßchen links ab (Wegweiser Mulini), das wir bereits bei der Anfahrt benutzt haben, und erreichen so wieder unseren **Ausgangspunkt (1)**.

50 Auf die Bergwiesen von Faito

6.20 Std.

Durch das Vallone Sant'Antonio zu einem Aussichtsbalkon über dem Pelignatal

Der Monte Genzana ist ein kleines Gipfelmassiv für sich, auf dessen Ostseite das Naturschutzgebiet »Riserva naturale regionale Monte Genzana Alto Gizio« liegt. An seinen vorgelagerten freien Gipfelhängen im Norden und außerhalb des eigentlichen Schutzgebiets liegen die Bergwiesen von Faito. Dort weiden im Sommer Kühe und Schafe, bewacht von einem Hirten, der im Rifugio Risvolta seinen Stützpunkt hat. Unser Ausgangsort Introdàcqua trägt seine Herkunft schon im Namen: Interaquas = zwischen den Wassern; doch heutzutage lässt sich diese natürliche Herleitung nicht mehr nachvollziehen, denn die Bäche sind weitgehend ausgetrocknet. Die Lage und die Bausubstanz des Dorfes rechtfertigen aber durchaus seine Mitgliedschaft im »Club« der schönsten Dörfer Italiens. Auch wenn sich der Anstieg durch das Vallone di Sant'Antonio – vorbei an der gleichnamigen Wallfahrtskirche – zu Beginn etwas hinzieht, werden wir vom großartigen Panorama, das das gesamte Valle Peligna umfasst, begeistert sein.

An den Hängen des Weidegebietes Faito weiden auch heute noch Kühe und Schafe.

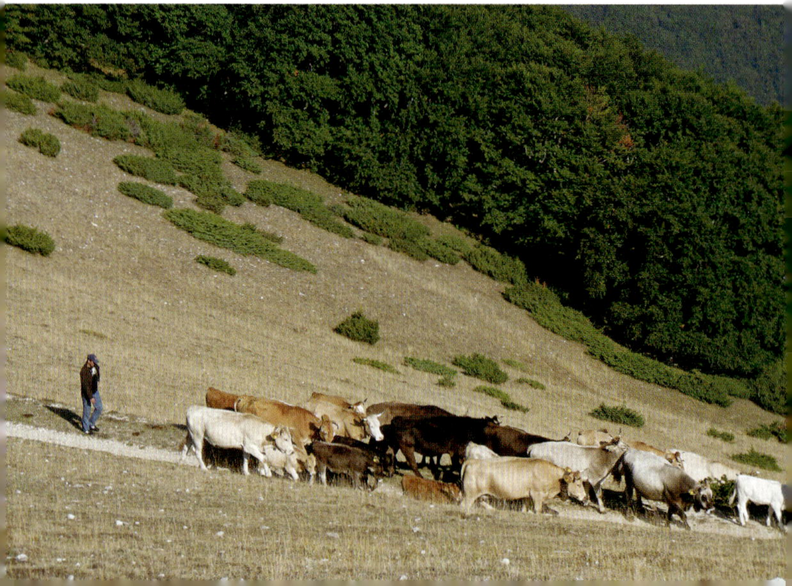

Talort: Introdàcqua (642 m). Hübsches Dorf mit 2100 Einwohnern, einem mittelalterlichen Ortskern, einem Torre aus dem 12. Jahrhundert, der über dem Ort thront, sieben reizvollen Kirchen, dem Trasmondipalast sowie der Fontana Vecchia (dem alten Brunnen von 1706). Der Ort und seine Umgebung weisen auch Spuren der Italiker, Römer und Langobarden auf.

Ausgangspunkt: Ortsmitte von Introdàcqua (642 m). Parkplatz vor dem Rathaus oder in den Seitenstraßen am Ortseingang. Anfahrt von Sulmona in Richtung Scanno, dann links ab in das Hochtal (5 km von Sulmona). Anfahrt auch mit dem Bus ab Sulmona möglich (ab Villa Comunale).

Markierungen: Rot-weiß, aber nicht durchgehend. Ab den Bergwiesen von Faito ist für den Einstieg zum Abstiegsweg etwas Orientierungssinn nötig.

Höhenunterschied: 1140 Hm im Aufstieg wie im Abstieg.

Anforderungen: Leichte Wanderung im Aufstieg auf Wirtschaftswegen und Bergwanderwegen. Das erste Drittel des Abstiegs ist recht steil und setzt Trittsicherheit voraus. Der restliche Weg verläuft dann wieder auf Wirtschaftsweg und Fahrsträßchen. Achtung, Hirtenhunde!

Einkehr und Unterkunft: Rifugio Pelino (1646 m; offene Selbstversorgerhütte mit Bettgestellen – Schlafsack und Matte sind mitzubringen – und Kochmöglichkeit); diese Unterkunftsmöglichkeit liegt eine halbe Stunde Gehzeit abseits der beschriebenen Route bzw. an der Gipfelvariante zum Monte Genzana.
In Introdàcqua: B&B »La Cantina del Barone«, B&B »Il Girasole«, B&B »Myosotis«, B&B »Antonella«, Albergo Trota (am Ortsrand; Ristorante, Pizzeria und B&B) sowie Bars und Ristorante.

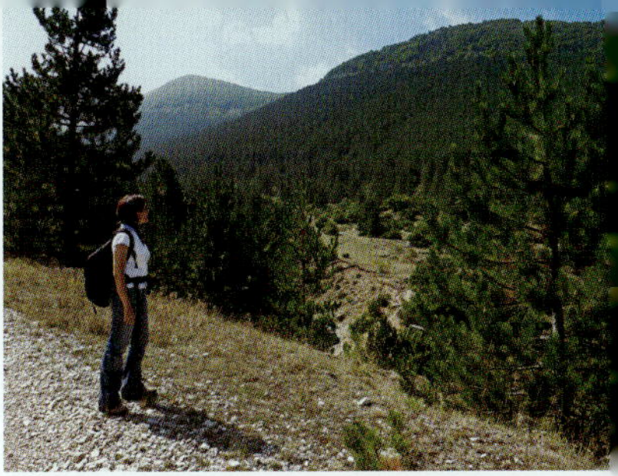

Auf dem Anstiegsweg, kurz vor den Bergwiesen rund um das Rifugio Risvolta.

Variante: An der scharfen Rechtskehre des Wirtschaftsweges (Richtung Rifugio Pelino) auf den Bergwiesen von Faito zweigt nach links ein Steig ab (Mark.-Nr. 3 A), der uns durch steilen Wald und über zahllose kurze Serpentinen hinab ins Valle di Curti leitet. Dort treffen wir auf einen unbefestigten Wirtschaftsweg, dem wir links haltend (talauswärts; Mark.-Nr. 3) folgen. Bald wird dieser Weg zu einem schmalen Teersträßchen und leitet uns hinaus nach Introdàcqua (4 km auf Talweg; insgesamt 2.15 Std. ab Wegabzweigung auf Faito).

Hinweis: Dieser Anstieg ist für die heißen Sommermonate nicht besonders geeignet, da er sehr stark der Sonne ausgesetzt ist.

Tipp: In Introdàcqua gibt es ein kleines Museum: Museo dell'Emigrante »Pascal D'Angelo« (Via Piana); das stellvertretend die Erfahrungen vieler Auswanderer widerspiegelt. Öffnungszeiten: Samstag und Sonntag 10–12 Uhr und 16–18 Uhr; Tel. +39 380 189 2132.

Vom Parkplatz in der Ortsmitte von **Introdàcqua (1)** (beim Rathaus) wandern wir über die Treppen empor zur Hauptstraße, halten uns auf dieser rechts und gelangen nach wenigen Metern zur Piazza Cavour mit dem Heldendenkmal. Dort folgen wir links dem steilen Sträßchen hinauf (links sehen wir den mittelalterlichen Turm), das dann rechts abbiegt und am oberen Ortsrand auf eine quer führende Teerstraße stößt. Auf dieser nach rechts und

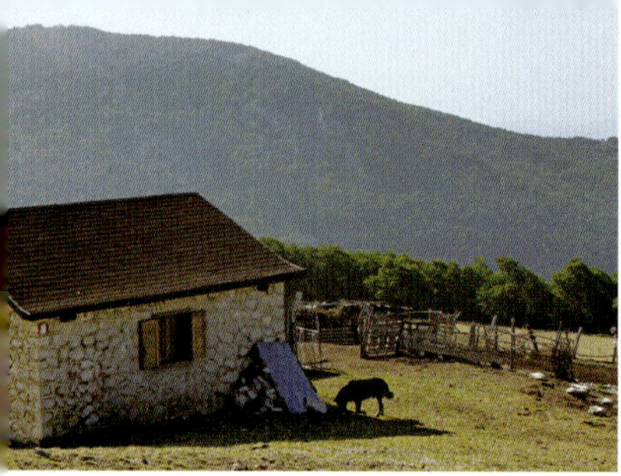

Das Rifugio Risvolta dient nur Schäfern zum Unterschlupf.

leicht abwärts bis zu einer Rechtskurve. Dort verlassen wir die Straße nach links **(2)** und wandern auf einem unbefestigten Wirtschaftsweg durch Eichenwald, zuletzt leicht ansteigend, zur geöffneten **Wallfahrtskirche Sant'Antonio (3)**. (Sant'Antonio ist einer der Schutzpatrone von Introdàcqua, ihm wird alljährlich im Januar ein großes Fest gewidmet, mit zahllosen Lichtern, Umzügen und Degustation der lokalen Produkte.) Links an der Kirche vorbei (Mark.-Nr. 2; rot-weiß) und hinauf zu einer Sterrata, der wir links haltend durch Wald ins **Valleferrone** folgen. Leicht ansteigend wandern wir nun auf diesem rauen Wirtschaftsweg in gerader Linie durch Kiefernwald bergwärts. Der Weg macht dann zwei Kehren, die wir jedoch abkürzen können, bleibt aber immer in Richtung Südwest. Wir wandern bald durch Unterholz, später durch Wacholdergehölz, passieren einen alten Brunnentrog und kürzen dabei immer wieder mal den Wirtschaftsweg ab. Zuletzt geht es durch einen Buchenwald, dann treten wir hinaus in das weite, freie und von Schotter durchsetzte **Vallone Sant'Antonio**. Wir steigen weiter in direkter Linie bergan, nun stark der Sonne ausgesetzt. Die weiten Kehren oberhalb kürzen wir durch einen direkten Pfad ab, der uns stellenweise an Schatten spendenden Buchen vorbeiführt. Schließlich erreichen wir ein unbenanntes **Rifugio (4)** auf einer Höhe von 1410 Metern, das den Forstbehörden vorbehalten ist. Rechts davon erheben sich die Felsaufschwünge der Serra Tricagli. Die weitere Route folgt nun wieder dem Wirtschaftsweg, der uns bald in das bewaldete **Vallone del Cavallo Morto** leitet. Der Weg wird immer breiter und leitet uns in Kehren bergan, schwenkt dann stark nach links und führt uns zu den ersten Bergwiesen, wo im Sommer Jungvieh und Schafe weiden. Kurz darauf sehen wir das **Rifugio Risvolta (5)** vor uns, eine kleine Schäferhütte, direkt neben dem Weg. (Kurz davor zweigt rechts der Zustiegsweg zum Monte Genzana ab.) Wir folgen nun weiter dem wieder schmalen Wirtschaftsweg durch die Weiden, durchwandern ein kurzes Waldstück und sind dann endlich auf den Bergwiesen von **Faito** angelangt. Um die beste Aussicht zu genießen, gehen wir vom

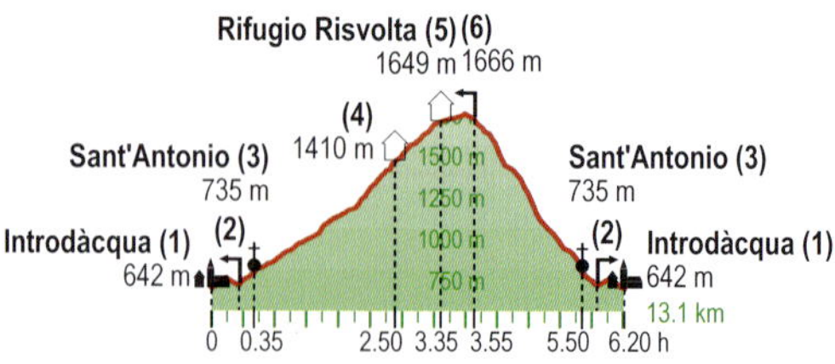

höchsten Punkt des Sattels links auf die freie kleine Kuppe (1710 m). Dort liegt uns das ganze Valle Peligna zu Füßen, rechts erheben sich die höchsten Gipfel des Majellagebirges.
Wir kehren zurück zum Wirtschaftsweg und folgen diesem bis zu einer großen Rechtskehre. Dort halten wir uns links **(6)** und wandern durch buckliges Gelände das kurze Stück zum Waldrand. Bei einer Rinne weisen uns Plastikbänder den Weiterweg. Der gesamte Rückweg führt nun auf einem mehr oder weniger deutlichen Pfad immer durch den Wald, streckenweise auf Ziehwegen, manchmal durch Rinnen, aber immer in nördlicher Richtung bergab. Markante Geländestellen gibt es leider nicht. Einige steilere Passagen wechseln sich mit flacheren ab. Gelegentlich, vor allem im unteren Bereich, genießen wir, durch den Wald hindurch, Blicke auf Introdàcqua. Nach einer etwas strapaziösen Strecke gelangen wir dann unvermittelt wieder an die **Wallfahrtskirche Sant'Antonio (3)** und folgen rechts haltend dem Anstiegsweg zurück nach **Introdàcqua (1)**.

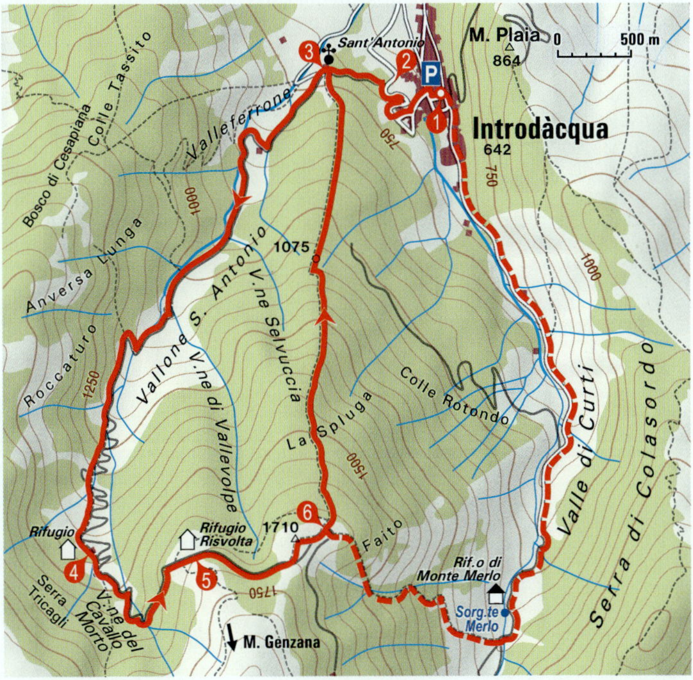

TOP **51**

Durch die Schlucht von Celano

5.15 Std.

Beliebtester und spektakulärster Canyon der Abruzzen

Die »Gole di Celano« ist die längste und mit teilweise 100 Meter hohen Felswänden die gewaltigste Schlucht in den gesamten Abruzzen, ja, sogar im gesamten mittleren Apennin. Der nunmehr kleine Gebirgsbach Foce hat hier in Millionen Jahren einen fünf Kilometer langen Canyon gegraben. Und da die Schluchtwände teilweise bewachsen sind und lediglich in Nähe des Bachbodens grauer Fels herrscht, gilt die »Gole« auch als eine der schönsten Schluchten der Abruzzen. An der engsten Stelle rücken die Felsen sogar auf wenige Meter zusammen. Diese Superlative locken – besonders im Hochsommer – kleine Scharen von Besuchern an, denn die Schlucht ist zudem schnell und leicht erreichbar. Kommen wir jedoch außerhalb der Hochsaison, kann es durchaus sein, dass wir alleine unterwegs sind. Wir können die gesamte Schlucht durchwandern – dann bietet sich die Rückkehr mit öffentlichen Verkehrsmitteln an. Oder wir wandern »nur« bis zur »Fonte degli Innamorati« (= Quelle der Verliebten) und kehren auf dem Anstiegsweg zurück. In beiden Fällen werden wir mit unvergesslichen Landschaftseindrücken belohnt werden.

Talort: Celano (850 m). Kleine Stadt mit 11.000 Einwohnern am nördlichen Ende der Fuciner Ebene, die weithin sichtbar von einem Kastell mit quadratischem Grundriss und vier charakteristischen Ecktürmen überragt wird. Das städtische Leben spielt sich hauptsächlich entlang der Straße nach Ovindoli ab. Sehenswert sind die drei Kirchen Sant'Angelo, San Francesco und Santa Maria del Carmine.
Ausgangspunkt: Wanderparkplatz »La Foce« (797 m) am Schluchteingang. Anfahrt: Auf der A25 bis Ausfahrt Celano-Aielli, dann unter der Autobahn hindurch, wenn man aus Richtung Cocullo kommt, und rechts auf der SS5 weiter, bei der Kreuzung rechts, erneut unter der Autobahn hindurch und auf der Landstraße in Richtung Celano. Nach dem großen Restaurant auf der linken Seite queren wir bald einen Bach; kurz dahinter zweigt rechts in Form einer Spitzkehre ein schmales Sträßchen ab (Wegweiser »Le Foci«); diesem folgen wir etwa 1,6 km (zunächst Teerbelag, dann Piste) bis zum Schluchteingang. Dort Parkplatz mit Picknick-Areal inmitten eines Kiefernhains. Hinweis: Der Ausgangspunkt kann auch mit der Bahn aus der Richtung Rom oder Pescara/Sulmona erreicht werden. Vom Bahnhof ca. 2,5 km zum Schluchteingang.
Endpunkt: Ovindoli (1379 m); siehe Tour 52.
Markierung: Rot-gelb/rot-weiß, Mark.-Nr. 12 sowie einige Wegweiser (Aufschriften auf Felsblöcken).
Höhenunterschied: 680 Hm im Aufstieg, 100 Hm im Abstieg.

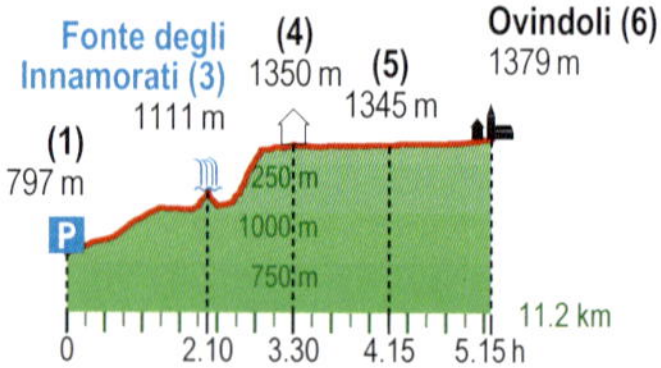

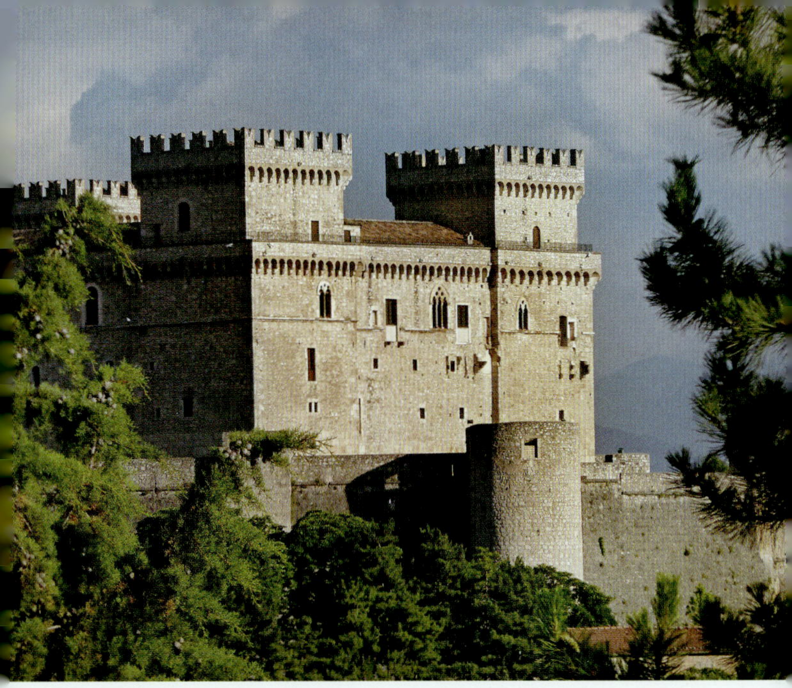

Das beeindruckende Castello Piccolomini in Celano mit seinen markanten Türmen.

Anforderungen: Im Bereich der Schlucht Geröll und blockiges Gestein, ansonsten Schotterwege und Bergwanderwege. Falls die Felsen nass sind, ist erhöhte Vorsicht angeraten. Im Valle d'Arano auf Wirtschaftswegen, zuletzt auf Fahrstraße nach Ovindoli hinein. Trittsicherheit unbedingt erforderlich. Im Winter nicht zugänglich; bis etwa Ende Mai fließt Wasser durch die Schlucht, also erst bei Trockenheit begehen. Es besteht eventuell Steinschlaggefahr!

Einkehr und Unterkunft: Trattoria »Le Foci« 500 Meter vor dem Schluchteingang. Mehrere Hotels, Bars, Pizzerien und Restaurants in Celano wie in Ovindoli; z. B. Hotel »Le Gole«, B&B »Il Vicolo«, »Grotta Azzurra«, »La Torreta«, »La Macina«, »Rebecca's House« (alle in Celano). In Ovindoli: B&B »La Forestiera« (Tel. +39 0863 705476), Hotel »Cenzo« und Hotel »Cavallino Bianco«.

Hinweis: Zwischen Ovindoli und Celano verkehren Busse (vorher den Fahrplan konsultieren). Allerdings müssen wir noch eine halbe Stunde Fußweg einplanen, um zum Wanderparkplatz »Le Foce« zurückzukehren.

Tipp: Das Castello Piccolomini in Celano, das Ende des 14. Jahrhundert errichtet und bald darauf bereits umgebaut wurde, kann besucht werden. Sein Museum enthält neben sakraler Kunst auch viele Gegenstände aus der römischen Epoche. Außerdem informiert es über die Trockenlegung des Fuciner Sees und das große Erdbeben von 1915. Die Burg ist täglich außer Montag 9–18.30 Uhr geöffnet.

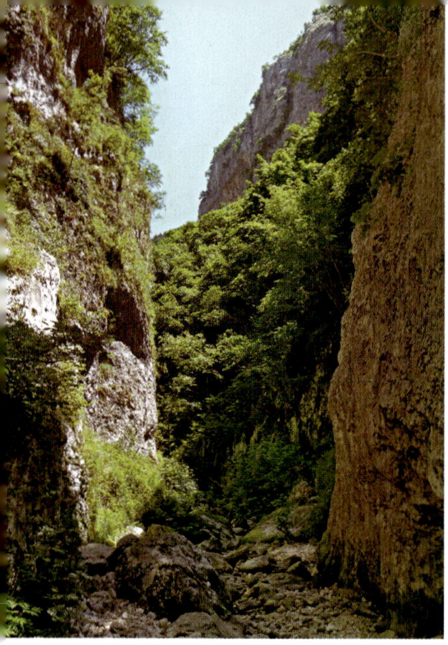

Die tief eingeschnittene Schlucht von Celano.

Am **Wanderparkplatz (1)** mit Infokarte weist uns bereits ein Schild Richtung »Gole di Celano«. Wir folgen einem schmalen Weg durch ein Kiefernwäldchen und über eine grasige Ebene direkt auf den Schluchteingang **»La Foce«** (= die Mündung) zu, der von massiven Felswänden geformt wird, und wandern in die Schlucht hinein. Bald schon verzweigt sich der Weg. Wir halten uns links, queren ein trockenes Bachbett und steigen durch lichten Kiefernwald an. Nach zehn Minuten mündet dieser Weg direkt ins Bachbett. Der Bach hat hier kleine Felsstufen geschaffen, über die im Winter und Frühjahr das Wasser schießt. Bereits nach einer Viertelstunde haben wir den **engsten Teil der Schlucht** erreicht. Die Felsen sind hier nur knapp zwei Meter voneinander entfernt. Felsbrocken versperren teilweise den Weg, sodass wir darüberklettern müssen. Dann jedoch weitet sich die Schlucht und wir wandern durch eine auenartige Bachlandschaft mit bemoosten Felsen und Unterholz. Wir halten uns auf der linken Bachseite und steigen etwas steil an; wir bewegen uns dabei auf einem breiten Wanderweg, der jedoch von Felsblöcken gesäumt ist. Links und rechts streben die steilen Felsen in die Höhe. Wir folgen der Betoneinfassung eines Katarakts links hinauf, queren dann kurz darauf das Bachbett nach rechts und bald wieder nach links. Im Folgenden zunächst eben, dann wieder leicht ansteigend über weitere Katarakte hinweg, wobei unser Weg immer wieder von Laubwald, Kiefern und auch Brombeersträuchern gesäumt ist. Mehrmals müssen wir kurze, steilere Passagen bewältigen. Der Weg ist weiterhin gut markiert. Dann verengt sich die Schlucht wieder auf wenige Meter (die engste Stelle ist knapp über zwei Meter). Die Felswände in diesem Abschnitt sind teilweise sogar überhängend. Nachdem wir **zwei Engstellen** passiert haben, müssen wir die dritte – einen Felssturz – überklettern. Die Schlucht bleibt weiterhin eng und im Sommer ist sie sogar angenehm kühl. Im weiteren Verlauf bewegen wir uns in der Mitte des Bachbetts, teilweise links oder rechts neben ihm. Das Finale kommt allerdings

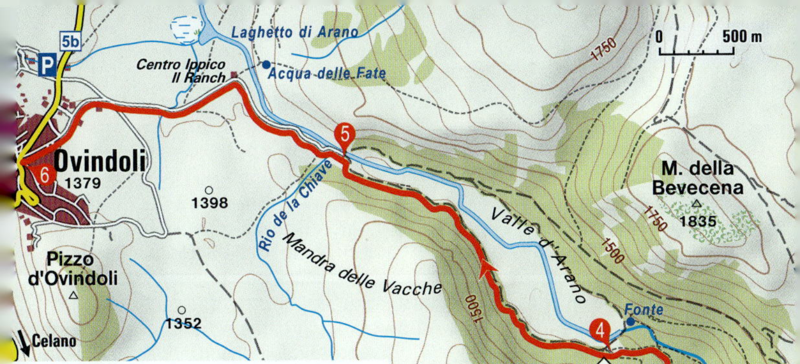

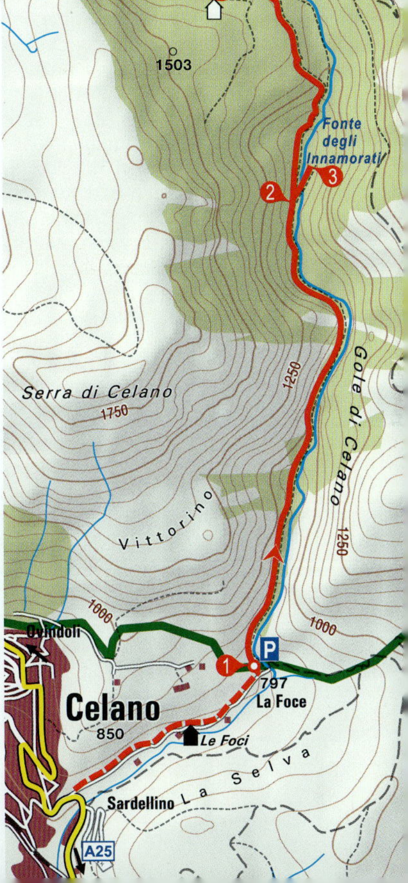

erst noch: Die Schlucht ist nicht mehr ganz so eng, aber die Felswände streben nun 100 bis 150 Meter in die Höhe. Zu Beginn dieses Abschnitts sind die Felsen stark überhängend, sodass wir bei Regen dort sogar Unterschlupf und Schutz finden. Wir steigen über Geröll durch die enge Schlucht, zuletzt geht es 15 Minuten über große Felsblöcke steil hinauf. Kurz darauf wird unser Weg wieder flacher, die Wände weichen zurück. Wir queren mehrmals die Bachseite und wandern durch Laubwald weiter, bald wieder steil ansteigend, dann folgt ein Abstieg, um eine Engstelle zu umgehen. Die Schlucht macht hier einen Bogen nach links und dann nach rechts, und vor uns sehen wir bereits das obere Ende der nun dicht bewaldeten Schlucht. Wir wandern geradeaus weiter auf leichtem Weg und erreichen eine **Wegverzweigung (2)**. Rechts über den Bach, dann links auf einem Pfad entlang eines kleinen Nebenbaches zur **»Fonte degli Innamorati« (3)**, einem beliebten Treffpunkt. Über dem feuchten und bewachsenen Überhang kommt hier selbst im

Sommer ein kleiner Schleierfall zustande, der eine willkommene Abwechslung darstellt (kleine Dusche gefällig?). Reizvoller Rastplatz.
Wir gehen wieder zurück zur **Wegverzweigung (2)**, halten uns dort rechts und wandern auf der linken Seite der Schlucht durch den Wald weiter aufwärts. Der wenig ausgeprägte Pfad führt uns über felsige Abschnitte und entfernt sich allmählich vom Bachbett. Über steile Serpentinen steigen wir hinauf – genießen zuweilen den Rückblick hinab in die Schlucht – und erreichen dann nach einem weniger steilen Wegstück den oberen Schluchtrand. (Abstecher zum verfallenen Monastero di San Marco 10 Min.) Am Schluchtrand wandern wir im Auf und Ab durch einen dichten Laubwald durch die Fosse S. Marco hinaus ins **Valle d'Arano** mit seinen grünen Wiesen. Dort wenige Meter hinab zum Wirtschaftsweg, der jeweils rechts und links am Bergfuß entlang in Richtung Ovindoli führt. Gehen wir auf dem Wirtschaftsweg 300 Meter nach rechts, treffen wir auf einen reizvollen Picknickplatz mit Brunnen. Linker Hand befindet sich eine **Schäferhütte (4)**, die im Sommer eventuell bewirtschaftet ist. Wir wandern auf dem Wirtschaftsweg dann links eben am Bergfuß entlang und verlassen das Tal nach etwa einer Dreiviertelstunde Gehzeit bei einer **Talenge (5)**. Dort, wo wir auf ein Teersträßchen stoßen, treffen wir auch wieder auf den Torrente la Foce, dem wir ein Stück auf seiner linken Seite folgen. Vorbei am Pferdehof »Centro Ippico Il Ranch« (siehe Tipp, Tour 52) spazieren wir entlang der Straße – bei einer Wegverzweigung geradeaus haltend – hinein in den Ort **Ovindoli (6)**.

Nach der langen Schluchtdurchquerung öffnet sich das weite Valle d'Arano.

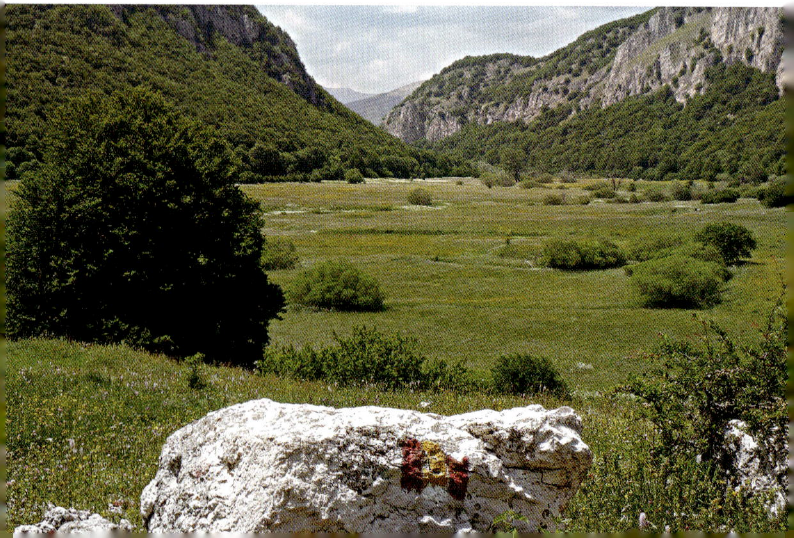

5.00 Std.

Serra di Celano, 1923 m

52

Abwechslungsreiche Tour auf einen Randberg der Sirentegruppe

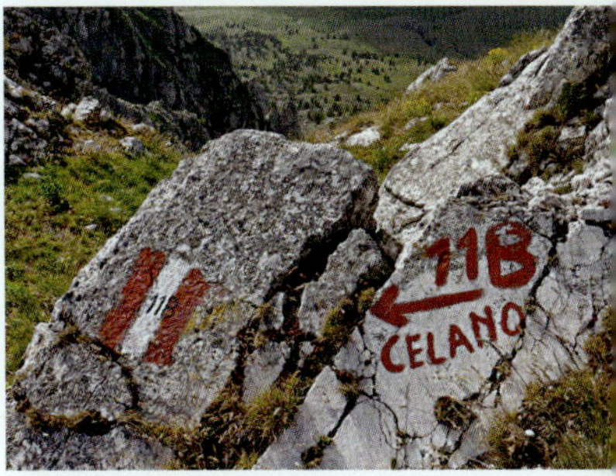

Gut markiert finden wir unseren Weg.

Die Sirentegruppe bildet einen Ring um das Hochplateau, das sich von Ovindoli nach Norden erstreckt. Die Serra di Celano befindet sich an seinem südlichen Ende und bricht dort scharf in die Fuciner Ebene ab. Vom Gipfel haben wir einen überwältigenden Tiefblick auf Celano, das Fuciner Becken und die sich auf der anderen Seite erhebenden Gipfel des Nationalparks Abruzzen. Rechts schließen sich die Monti Simbruini und das Velinogebiet an. Und natürlich haben wir einen vollen Blick auf das Hauptmassiv des Monte Sirente direkt gegenüber, das sich über eine Länge von etwa 20 Kilometern erstreckt.

Talort: Ovindoli (1379 m). Gemeinde der Comunità montana Sirentina mit etwa 1300 Einwohnern und einer Pfarrkirche aus dem Jahre 1755. Ihre Geschichte reicht aber bis zu den alten Marsern und den Langobarden zurück. Der Ort liegt auf einer Passhöhe der N. 5 bis, die von der Autostrada A 25 den gesamten Regionalpark Sirente-Velino überquert und in L'Aquila endet. Im Winter Skibetrieb am Monte Magnola.

Ausgangspunkt: A 25 bis zur Ausfahrt Aielli/Celano; dort weiter über Celano (6 km) auf einer Bergstraße (N. 5 bis) hinauf nach Ovindoli (15 km ab A 25), durch den Ort hindurch und weiter in Richtung Rocca di Mezzo. Am Verkehrskreisel am Ortsende halten wir uns rechts, dann nach 400 m geradeaus wiederum nach rechts, nach einem Kilometer (links befindet sich ein Bauernhof), zu einer Kreuzung (1376 m). Dort parken wir entlang der Straße.

Markierung: Gelb-rot und Mark.-Nr. 11.

Höhenunterschied: 650 Hm im Aufstieg wie im Abstieg.

Anforderungen: Zu Beginn breite Wirtschaftswege, dann Bergwanderweg und im Gipfelbereich Bergpfad. Am Gipfelgrat Trittsicherheit und Schwindelfreiheit erforderlich, objektiv aber nicht schwierig.

Einkehr und Unterkunft: Unterwegs keine. Am Beginn des Weges das Rifugio La Serra (1490 m; nur zu bestimmten Zeiten geöffnet). In Ovindoli finden wir ein paar Restaurants und Pizzerien, Bars und Hotels (u. a. »Il Cavallino Bianca«, »Cenzo«) sowie Alimentari (mit abruzzischen Spezialitäten), Supermercato, Tabaccheria, Bank und Tankstelle. B&B »Abruzzese« (Via O. Moretti, Tel. +39 0863 705176), B&B »Mamma Teresa« (Via Sebastiani, Tel. +39 328 727 3393).

Tipp: Im »Centro Ippico Il Ranch« bei Ovindoli kann man stundenweise, aber auch für einige Tage reiten; für Kinder gibt es Ponys (Tel. +39 349 503 5474 oder +39 328 011 5157).

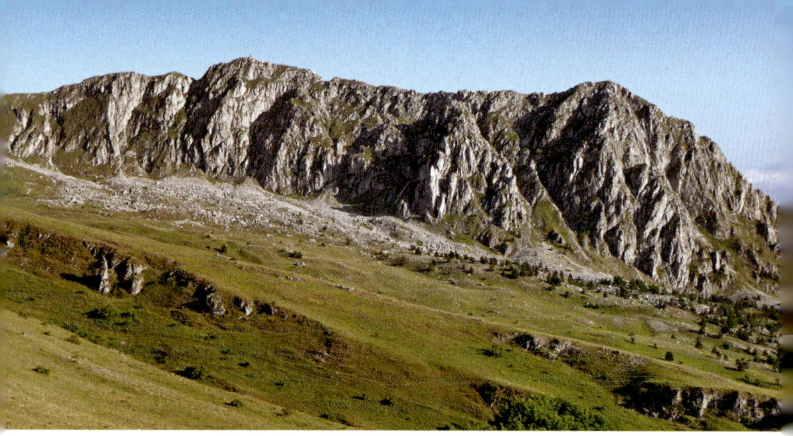

Die Breitseite der Serra di Celano; der Anstieg erfolgt von einem Sattel linker Hand.

Vom **Ausgangspunkt (1)** folgen wir dem rauen Wirtschaftsweg (Wegweiser »Serra di Celano«; Mark.-Nr. 11, versteckt im Gebüsch) leicht ansteigend durch Weideland, das von Kühen und auch von Pferden bevölkert ist. Im späten Frühjahr gibt es hier schöne Blumenwiesen zu bewundern. Nach einer halben Stunde erreichen wir zwei hintereinanderliegende Brunnentröge. Wir folgen weiter dem Hauptweg. (Links unterhalb erkennen wir das Rifugio »La Serra«.) Der Weiterweg erfolgt auf schlechter Lehmpiste (unangenehm nach Regen). Allmählich steigen wir stärker an. (Bald zweigt rechts, bei der **Fonte di Curti**, der Anstieg zum Monte Faito ab.) Buschwindröschen, Sträucher und einige Bäume säumen unseren Weg. Ein Stück weiter erreichen wir einen **Scheitelpunkt (2)** (1600 m). Jenseits leicht bergab (rechts nun Blick auf den Monte Faito) und auf Piste bald wieder ansteigend durch die Bergwiesen auf die Serra dei Curti zu. Bereits nach zehn Minuten (ab Scheitelpunkt) weist uns ein roter Pfeil nach links **(3)**. Direkt vor uns baut sich nun die Serra di Celano auf. Wir wandern steil auf kaum erkennbaren Pfadspuren bergwärts (rot-weiß markiert), nach fünf Minuten biegt unser Pfad rechts ab. Am Rand eines Kalkriffs geht es weiter hinauf zu einer Gratkante. In einem rechten Halbbogen an einem Saum von Büschen entlang hinauf zu einer felsigen Geländefaltung. Am obersten Felsen müssen wir eine kurze steile Passage (roter Pfeil) bewältigen. Dort halten wir uns links, anschließend geht es in einem rechten Winkel über die Bergwiesen hinauf bis zur Kammhöhe, die wir 150 Meter vor den **Felsen des Gipfelaufschwungs** errei-

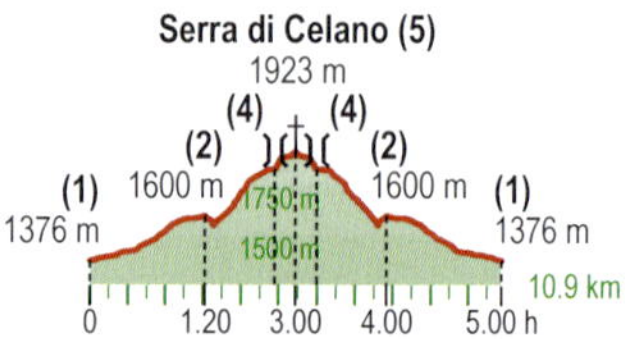

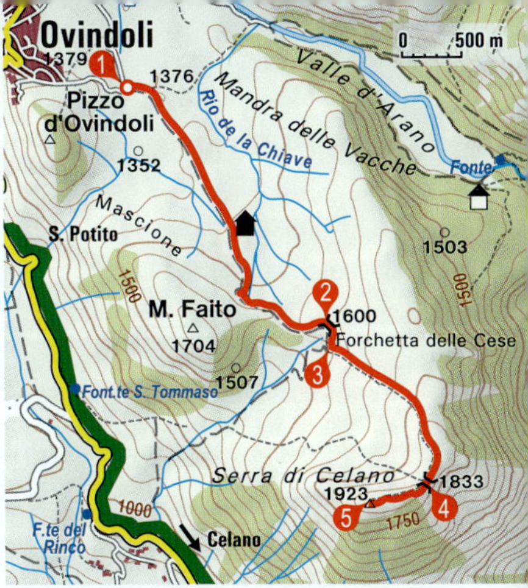

chen. Auf dem Kamm entlang zu den Felsen **(4)**. (Links schöner Tiefblick auf Aielli, die Gole di Celano und das Fuciner Becken.) Den ersten Grataufschwung umgehen wir links – auf der Fuciner Seite – in kurzen, aber steilen Serpentinen. Dann queren wir hinüber auf die andere Seite. Weiter geht es direkt auf dem Grat (relativ breit, aber felsig), dann zuweilen etwas unterhalb auf beiden Seiten, wobei uns Farbkleckse und vereinzelte Steinmännchen die Route vorgeben. Bald erreichen wir den ersten **Vorgipfel**, dann den zweiten. Anschließend steil zur letzten, harmlosen Scharte vor dem eigentlichen Gipfel. Auf der Fuciner Seite auf Pfad hinauf zum Gipfel der **Serra di Celano (5)**, wo wir ein kleines Gedenkkreuz sowie das eigentliche Gipfelkreuz (mit Gipfelbuch) vorfinden. Wenige Meter unterhalb des Gipfels (direkt am Anstiegsweg) befindet sich eine Felsenhöhle, in der wir bei Regen oder Wind Schutz finden.

Der **Abstieg** erfolgt auf dem Anstiegsweg.

Tiefblick vom Gipfel auf die Orte Aielli und Cérchio im Fuciner Becken.

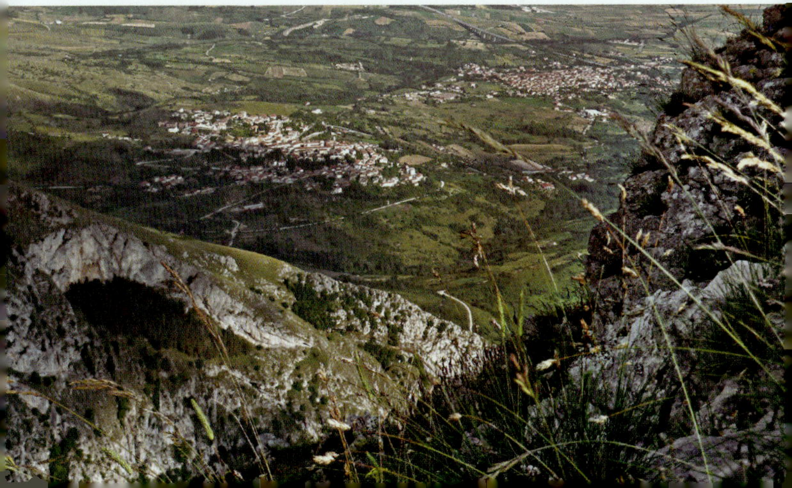

53 *Monte Sirente, 2348 m, von Aielli*

10.00 Std.

Selten begangener Aufstieg von Süden

Die Sirentegruppe bildet einen Bogen um das Hochplateau, das sich von Ovindoli rechter Hand in Richtung Norden erstreckt. Die Serra di Celano befindet sich dabei an seinem südlichen Ende und bricht dort scharf in die Fuciner Ebene ab, im Osten ist der Monte San Nicola die höchste Begrenzung. Im Nordosten befindet sich der Hauptkamm mit dem Monte Sirente als höchster Erhebung, dessen felsiger Nordostkamm steil in Richtung Valle Aterno abbricht. Auf der Südwestseite hingegen fällt der nahezu 20 Kilometer lange Bergkamm relativ sanft ab und ermöglicht uns so zahlreiche leichte Anstiege auf seine Gipfel. Vermutlich jahrtausendelange Weidebewirtschaftung hat dort eine aride Landschaft hinterlassen, in der nur vereinzelt noch Wald vorhanden ist. In den letzten Jahren wurde eine verhaltene Wiederaufforstung betrieben, da die Weidewirtschaft – deren Spuren wir jedoch noch überall sehen können – nahezu zum Erliegen kam. Der Anstieg von Aielli ist der kürzeste zum immerhin 2348 Meter hohen Hauptgipfel. Aber Vorsicht, auf der gesamten Strecke sind wir der Sonne ausgesetzt! Doch der Lohn des Anstiegs ist groß: Der Blick reicht bis zu den Gipfeln des Gran Sasso im Norden, im Osten zum Majellagebirge, im Süden auf die Berge des Abruzzen-Nationalparks und im Westen nimmt uns der Blick auf die Velinogruppe gefangen.

Talort: Aielli (1021 m). Gemeinde mit ca. 1700 Einwohnern am Nordrand des Fuciner Beckens, die nachweislich bereits im Mittelalter existierte. Nach dem schweren Erdbeben von 1915 wurde der Ort etwas unterhalb wieder aufgebaut (Aielli Stazione, also näher an der Eisenbahnlinie). Sehenswert in Aielli Alto sind das alte Ortszentrum mit der Chiesa della SS. Trinità, die Stadttore sowie der runde Turm und die zahlreichen modernen Fassadenmalereien (Murales). Zufahrt bis zur Piazza, dort auch Parkmöglichkeiten. Alimentari, Farmacia und Macelleria.

Ausgangspunkt: Parkmöglichkeit entlang des Wirtschaftsweges auf etwa 950 Metern Höhe. Anfahrt: Auf der A 25 bis zur Ausfahrt Aielli/Celano; dort auf der Landstraße weiter, links unter der Autobahn hindurch und über Aielli Stazione hinauf nach Aielli (6 km) zu einer Straßenverzweigung; dort links 300 m weiter. Noch vor den ersten Häusern (rechts Brunnen mit Waschhaus aus roten Ziegeln) zweigt links ein Sträßchen ab, dem wir 1 km seitlich an Aielli vorbei geradeaus folgen und dort parken. Von dort weiter zu Fuß.

Markierung: Nur streckenweise rotgelb, einige Steinmännchen, Mark.-Nr. 13B und 13.

Höhenunterschied: 1450 Hm im Aufstieg wie im Abstieg.

Anforderungen: Zu Beginn unbefestigte Wirtschaftswege, dann Bergwanderweg und im Gipfelbereich Bergpfad. Trittsicherheit im Gipfelbereich erforderlich.

Einkehr und Unterkunft: Unterwegs keine. Caffè Pierleoni hinter der Kirche und Ristorante/Pizzeria »Il Casale« in Aielli. Hotel »Feudo dei Pierleoni« zwischen Aielli und Celano; B&B »Magione dei Marsi« in Cérchio.

Tipp: Literaturinteressierte können nach der Tour einen Abstecher nach Pescina machen (eine Ausfahrt vor Celano), um das Grab des Schriftstellers Ignazio Silone zu besuchen, der aus der Region stammte. Er hatte das Leben der Bauern und Tagelöhner in der Fuciner Ebene in eindringlicher Weise beschrieben. In Pescina gibt es sogar ein Museo Siloniano und ein Studienzentrum, das ihm gewidmet ist.

Vom **Parkplatz** entlang der Straße bei **Aielli (1)** folgen wir dem unbefestigten, bald rauen Sträßchen zunächst seitlich eben an Aielli vorbei, wobei wir immer dem Hauptweg folgen. Durch eine leichte Senke, dann links haltend an Bauernhöfen vorbei zu einer Wegverzweigung; dort rechts haltend weiter ansteigend bergwärts, bis wir nach etwa 3 km den Eingang des Regionalparks Sirente-Velino oberhalb von Aielli erreichen, der deutlich erkennbar ist. Jenseits des Gatters folgen wir zunächst dem rauen Wirtschaftsweg weiter bergwärts. Links erhebt sich der Monte Secino, der mit 1506 Metern Höhe nicht nur einen guten Aussichtspunkt auf das Fuciner Becken abgeben würde, sondern auch archäologisch interessant ist. Auf seinem großen, weiten Gipfelplateau befand sich früher eine heute noch unerforschte Befestigungsanlage; der unmarkierte Aufstiegsweg beginnt etwa 100 Höhenmeter unterhalb unseres Parkplatzes. Über weit angelegte Kehren wandern wir durch die ehemaligen Weiden von »La Difesa«, die sich links oberhalb in den Prati di Cerro fortsetzen. Das Gelände verengt sich dann und führt uns durch den »Schlauch« des **Vado Castello (2)** zu einem kleinen Wiesenplateau oberhalb, den Prati Curano (1532 m). Dort verlassen wir den Hauptweg nach links. Wir biegen nun in einem Halbbogen zu den Wiesen der Prati di Santa Maria ab, die links von einem Wäldchen gesäumt werden. Hier weidet im Sommer Jungvieh, es gibt einige Brunnentröge und Hirtenunterstände. Zu-

Blick auf den Monte Sirente von der Serra di Celano (Tour 52).

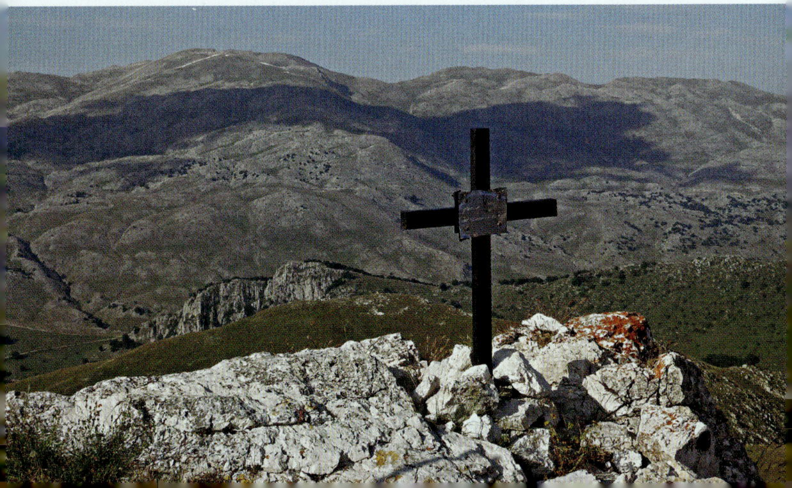

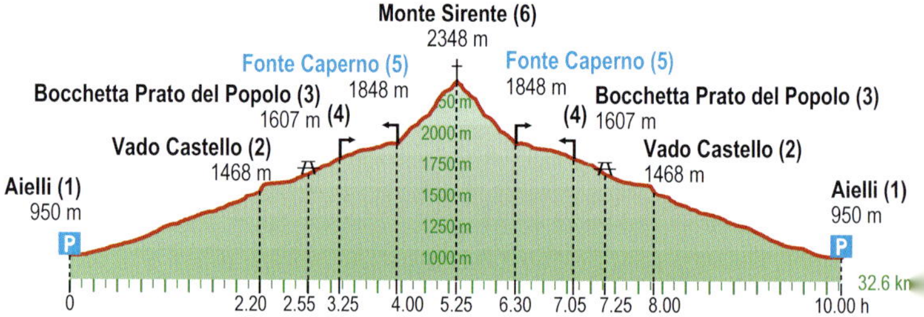

weilen hat man hier auch schon einen Braunbären gesehen. Unser Fahrweg ist nun nicht mehr so deutlich, aber die Routenführung durch die bucklige Bergflanke macht keine Probleme.

Wir stoßen dann auf die erste Markierung, den Wanderweg Nr. 13B, der aus dem Valle d'Arano zum Monte S. Nicola führt. Diesem folgen wir nach links und erreichen bald die **Bocchetta Prato del Popolo (3)** (1607 m; Tisch für Picknick). Hier mündet von links der Anstiegsweg von Ovindoli ein und hier startet auch der Anstiegsweg zum Monte Etra, der einen fantastischen Tiefblick in die Gole di Celano bietet. Auch wir erhaschen einen – wenn auch bescheidenen – Blick auf die nördlichen Ausläufer dieser berühmten Schlucht. Wir gehen rechts haltend weiter und folgen der nun wieder breiteren, aber rauen Piste bergwärts (rot-weiß markiert; Mark.-Nr. 13) zu einem Übergang, dann eben weiter, bis wir nach 20 Minuten, auf Höhe des links sich befindenden Monte della Revecena, auf eine Wegabzweigung stoßen. Hier müssen wir in einem **spitzen Winkel (4)** nach rechts abbiegen (weiterhin mit Mark.-Nr. 13). Wir folgen der nur mäßig ansteigenden Piste in Richtung Osten und biegen dann nach links in ein Hochtal ein. Vorbei am Stazzo di Cristo und einer halb verfallenen Unterstandshütte erreichen wir die **Fonte Caperno (5)** (1848 m). Hier biegt unsere Route scharf nach links (Pfeil, rot-weiß markiert) und führt uns auf einem Pfad (teilweise nur Pfadspuren) näher an den von hier nur mäßig ausgeprägten Gipfel heran. Wir wandern durch steinige Bergwiesen und hügeliges Gelände nordwärts, bis unser Weg wieder ostwärts einbiegt. Durch Rinnen und über grüne Bergkuppen geht es an den eigentlichen Gipfel heran. Vor einigen größeren Felsen zieht der Weg nach links, steigt weiter an und leitet uns in eine grasige Senke. Links weiter über einen Steinwall und über Grasflecken zu einem großen Felsblock (roter Pfeil). Wir gehen einige Bodenwellen aus und steigen über einige Geländestufen zum Vorgipfel an. Kurz vor diesem nach links, durch eine erneute Bodenwelle und über einen kleinen Kammausläufer hinweg. Zuletzt in einem Rechtsbogen hinauf zum höchsten Punkt des **Monte Sirente (6)**, den ein schlichtes Kreuz aus Eisenrohren »schmückt«. Achtung, Steilabbruch nach Nordosten! – Der **Abstieg** erfolgt auf dem Anstiegsweg.

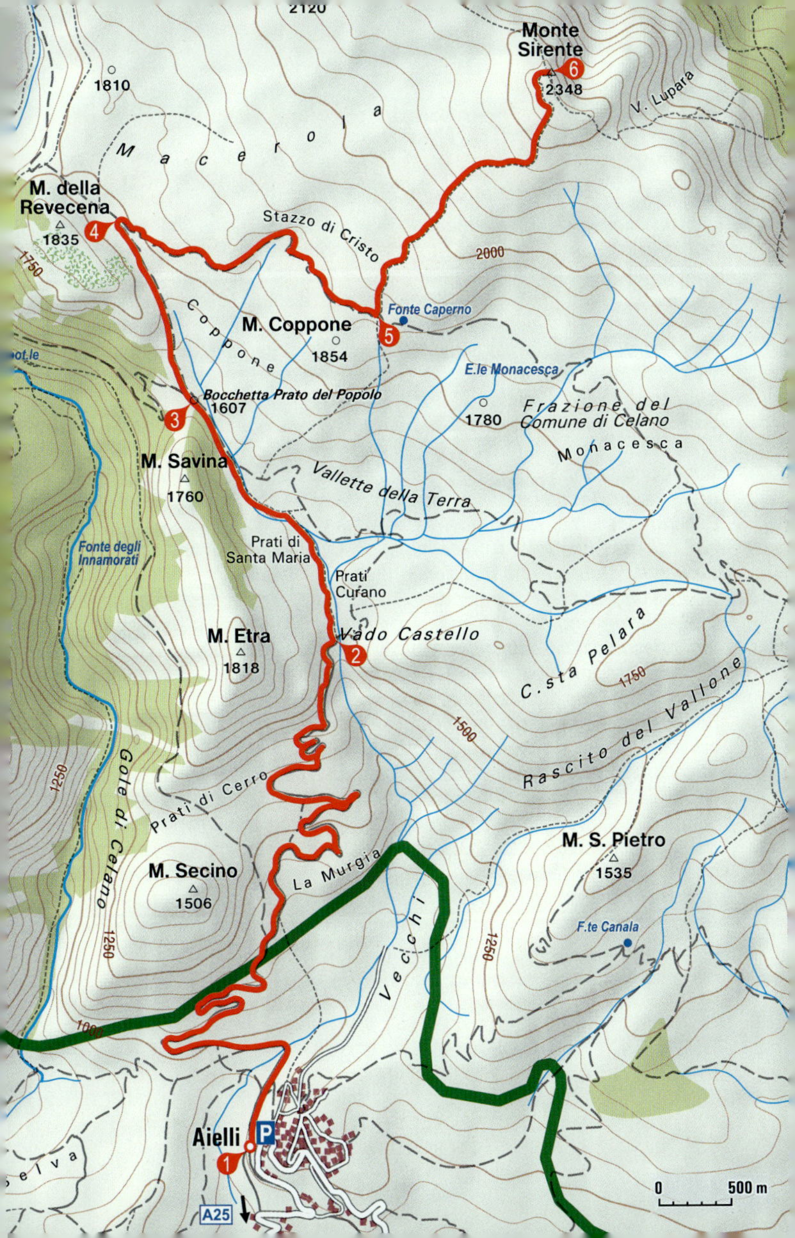

2120
Monte Sirente
2348
V. Lupara
1810
M a c e r o l a
M. della Revecena
1835
1750
Stazzo di Cristo
2000
Fonte Caperno
C o p p o n e
M. Coppone
1854
E.le Monacesca
Bocchetta Prato del Popolo
1607
1780
Frazione del Comune di Celano
Monacesca
M. Savina
1760
Vallette della Terra
Fonte degli Innamorati
Prati di Santa Maria
Prati Curano
M. Etra
1818
Vado Castello
C.sta Pelara
1750
1500
Rascito del Vallone
Gole di Celano
1250
Prati di Cerro
M. S. Pietro
1535
M. Secino
1506
La Murgia
Vecchi
F.te Canala
1250
1000
Aielli
P
selva
A25
0
500 m
1
2
3
4
5
6

54 Monte Sirente, 2348 m, aus dem Valle d'Arano

9.30 Std.

Lange Panoramarunde über die Südwestflanke des Monte Sirente

Der Hauptgipfel der gleichnamigen Sirentegruppe ist eine unspektakuläre Erhebung im Kammverlauf, der sich vom Altopiano delle Rocche im Westen bis zum deutlicher ausgeprägten Monte San Nicola im Osten erstreckt. Dieses lange Massiv bricht abrupt zur Piana della Chia ab und bildet dort für den Normalwanderer verschlossene Felsfluchten. Die Südwestflanke des Monte Sirente hingegen fällt leicht geneigt ab und war daher über Jahrtausende Weidegebiet für Schafe und Ziegen. Die Überweidung hat nahezu alle Waldflächen verschwinden lassen. Das hatte auch den Effekt, dass Fuchs, Hase und Wolf nahezu verschwunden sind. Erst langsam kommen Wald und Fauna wieder zurück. Heute können wir hier aber den Königsadler und viele andere Vögel entdecken. Im späten Frühjahr blühen zahlreiche Blumen – jedoch ohne große Vielfalt. Die bis in Gipfelnähe angelegten Wirtschaftswege lassen unseren Anstieg etwas monoton erscheinen. Wer jedoch Interesse für Geologie, Botanik und Almwirtschaft mitbringt, kann so einiges entdecken.
Diese Wanderung gehört zu den längsten der in diesem Band vorgestellten Routen und ist daher nur bis zum Frühherbst geeignet, wenn die Tage noch lange genug sind. Wir haben jedoch die Möglichkeit, die Tour abzukürzen, indem wir von der Kammhöhe direkt wieder ins Valle d'Arano absteigen. Trotz des weitläufigen Geländes gibt es dort oben keine bewirtschaftete Hütte. Doch finden wir auf der Mandra Murata eine originelle und immer offene Selbstversorgerhütte. Und der Gipfel des Monte Sirente bietet uns ein Panorama, das kaum zu übertreffen ist: Der Blick reicht vom Gran Sasso über die Majella und den Abruzzen-Nationalpark bis zum Monte Velino und offeriert damit ein 360°-Panorama. Dieses intensivieren wir dann noch, indem wir entlang der langen Kammlinie nach Ròvere hinabwandern und damit eine Rundtour gestalten, die voller Abwechslung ist. Bis zur Sperrung des Wirtschaftsweges durch das Valle d'Arano war dies der schnellste Aufstiegsweg auf den Monte Sirente.

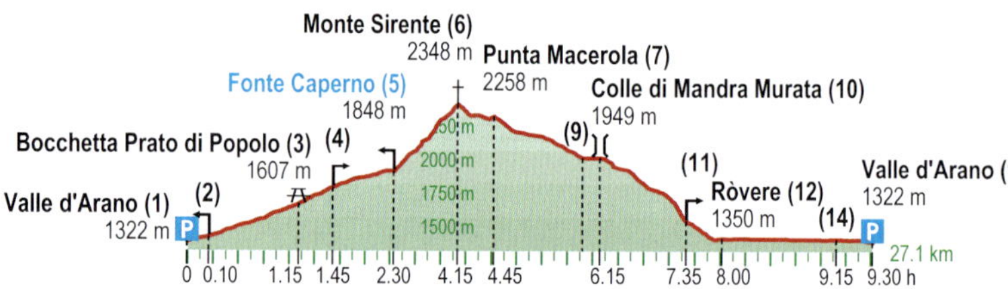

Talort: Ovindoli (1379 m); siehe Tour 52.
Ausgangspunkt: Ponticello di Valle d'Arano/Eingang ins Valle d'Arano (1322 m). Anfahrt: A 25 bis zur Ausfahrt Aielli/Celano; dort weiter über Celano (6 km) auf einer Bergstraße (N 5 bis) hinauf nach Ovindoli (15 km ab A 25), durch den Ort hindurch und weiter in Richtung Rocca di Mezzo. Am Verkehrskreisel am Ortsende halten wir uns rechts, dann nach 400 m links in Richtung Valle d' Arano und vorbei am Pferdehof »Maneggio Il Ranch« bis zum Ende der Teerstraße (2,2 km ab Verkehrskreisel), direkt am Eingang des Tales: Dort parken wir (nur wenige Möglichkeiten); Infotafel mit Wanderkarte.
Markierungen: Rot-gelb und rot-weiß einige Wegweiser, Mark.-Nr. 13 und 14.
Höhenunterschied: 1070 Hm im Aufstieg wie im Abstieg.
Anforderungen: Zu Beginn unbefestigte Wirtschaftswege, dann Bergwanderweg und im Gipfelbereich Bergpfad. Trittsicherheit im Gipfelbereich erforderlich. Der Rückweg erfolgt vorwiegend auf Bergpfaden und Bergwanderwegen, das letzte Stück jedoch auf Wirtschaftswegen. Bei Nebel kann es auf den weiten, ariden Berghängen zu Orientierungsproblemen kommen. Die Tour ist sehr lang und erfordert Kondition.
Einkehr und Unterkunft: Unterwegs keine. Auf der Mandra Murata befindet sich eine immer offene Unterstandshütte (1870 m; Rifugio La Vecchia) aus Holz und Steinen mit einem grasbedeckten Dach (das Rifugio Mandra Murata gleich in der Nähe ist jedoch verschlossen; 8 Plätze, Info Tel. +39 0862 9166). In Ròvere: Hotels Robur Marsorum und Alba Sporting, Ostello di Camoscio im Centro storico (B&B, Zimmer mit 2, 3 und 4 Betten, ganzjährig bewirtschaftet, aber nur auf Voranmeldung; Tel. +39 333 290 0653), Bars und Pizzeria.
In Ovindoli finden wir ein paar Restaurants und Pizzerien, Bars und Hotels (u. a. »Il Cavallino Bianca«, »Cenzo«) sowie Alimentari (mit abruzzischen Spezialitäten), Supermercato, Tabaccheria, Bank und Tankstelle. B&B »Abruzzese« (Via O. Moretti, Tel. +39 0863 705176), B&B »Mamma Teresa« (Via Sebastiani, Tel. +39 328 7273393).
Variante: Von der Kammhöhe – auf halber Strecke nach Ròvere – gibt es eine Möglichkeit zur Abkürzung der Tour. Pfadspuren (Mark.-Nr. 14D) leiten hinab ins Vallone dei Puzzilli und durch dieses auf einer alten Mulattiera (Mark.-Nr. 13C) hinab ins Valle d'Arano. Gehzeit: 2 Std. (der Rückweg ab Wegpunkt 8 führt durch Gämsen-Schutzgebiet; zeitweise ist diese Route daher gesperrt).
Tipps: 1. In Ovindoli gibt es Sportgeschäfte und einen Mountainbike-Verleih (die ersten zwei Drittel der Strecke bequem mit dem Mountainbike machbar).
2. Um uns den langweiligen Rückweg von Ròvere zum Ausgangspunkt zu ersparen, empfiehlt es sich, sich in Ròvere abholen zu lassen oder dort ein zweites Auto zu parken.

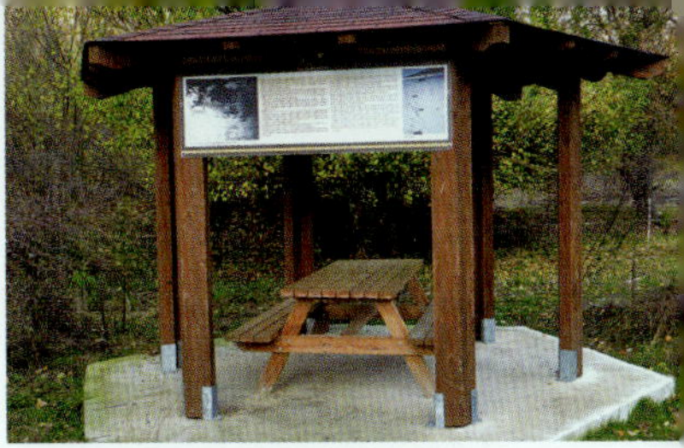

Kleiner Pavillon am Ausgangspunkt.

Am Eingang ins **Valle d'Arano (1)** – einem weiten von Laubwald eingefassten Talkessel mit einer großen Bergwiese – verzweigen sich zwei unbefestigte Wirtschaftswege. Wir halten uns links (Wegweiser »Monte Sirente«), queren eine kleine Brücke und folgen rechts dem Wirtschaftsweg (Mark.-Nr. 13), der auf der linken Talseite zunächst am Torrente la Foce entlangführt. Bei

einer Weggabelung halten wir uns links **(2)**. Bald steigt der Weg etwas an und wir erreichen P. 1365, wo sich auf der linken Seite das Vallone dei Puzzilli bergwärts zieht. Wir queren eine kleine Brücke und wandern weiter, nun am bewaldeten Bergfuß des felsigen Monte della Revecena entlang. Allmählich steigt unser Weg an – rechts unten sehen wir den tiefen Einschnitt der Gole di Celano – und erreicht nach zwei großen Kehren die **Bocchetta Prato del Popolo (3)**, wo sich die Wege kreuzen. Rechts führt ein Bergweg zum Monte Etra; von rechts unten führt der Weg von Aielli herauf.
Wir gehen links haltend weiter und folgen der nun wieder breiteren, aber rauen Piste bergwärts (rot-weiß markiert; Mark.-Nr. 13) zu einem Übergang, dann eben weiter, bis wir nach 20 Minuten, in Höhe des links sich befindenden Monte della Revecena auf eine Wegabzweigung stoßen. Hier müssen wir in einem **spitzen Winkel (4)** nach rechts abbiegen (weiterhin mit Mark.-Nr. 13). Wir folgen der nur mäßig ansteigenden Piste in Richtung Osten und biegen dann nach links in ein Hochtal ein. Vorbei am Stazzo di Cristo und einer halb verfallenen Unterstandshütte erreichen wir die **Fonte Caperno (5)** (1848 m). Hier biegt unser Weg scharf nach links (Pfeil, rot-weiß markiert) und führt uns auf einem Pfad (teilweise nur Pfadspuren) näher an den von hier nur mäßig ausgeprägten Gipfel heran. Wir wandern durch steinige Bergwiesen und hügeliges Gelände nordwärts, bis unser Weg wieder ostwärts

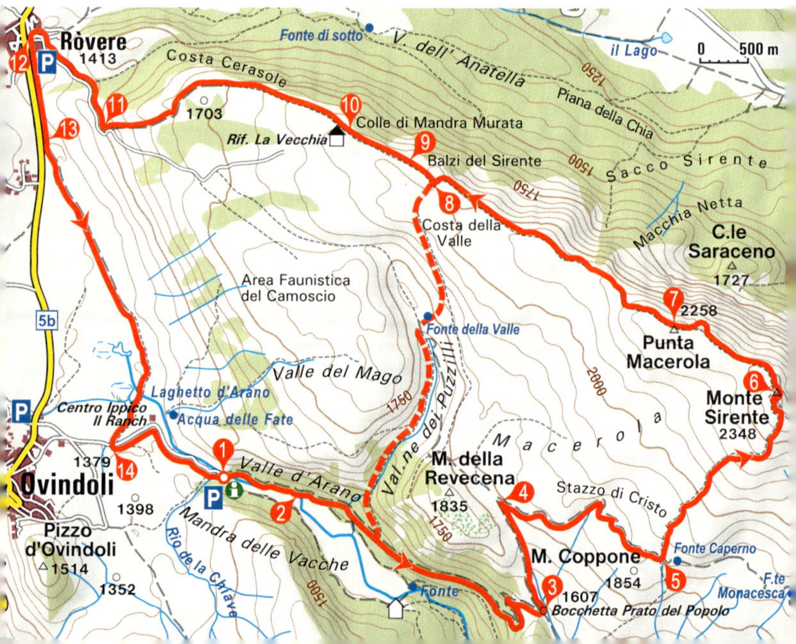

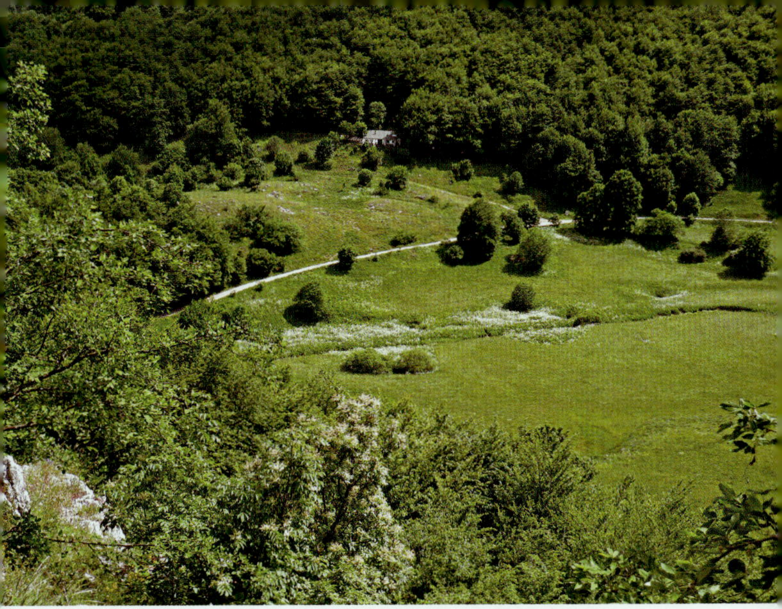

Tiefblick vom Anstieg zur Bocchetta Prato del Popolo ins Valle d'Arano.

einbiegt. Durch Rinnen und über grüne Bergkuppen geht es an den eigentlichen Gipfel heran. Vor einigen größeren Felsen zieht der Weg nach links, steigt weiter an und leitet uns in eine grasige Senke. Links weiter über einen Steinwall und über Grasflecken zu einem großen Felsblock (roter Pfeil). Wir gehen einige Bodenwellen aus und steigen über einige Geländestufen zum Vorgipfel an. Kurz vor diesem nach links, durch eine erneute Bodensenke und über einen kleinen Kammausläufer hinweg. Zuletzt in einem Rechtsbogen hinauf zum höchsten Punkt des **Monte Sirente (6)**, den ein schlichtes Kreuz aus Eisenrohren »schmückt«. Achtung, Steilabbruch nach Nordosten!
Abstieg nach Ròvere: Am Gipfel halten wir uns links und folgen den Pfadspuren in nordwestlicher Richtung (mit der Mark.-Nr. 14) immer der Kammlinie entlang, wobei wir darauf achten müssen, nicht zu nahe an die Abbrüche ins Valle Aterno zu gelangen. Aussichtsreich wandern wir auf Pfadspuren zunächst hinab zur **Punta Macerola (7)**, dann steiler hinab und im Folgenden weiter im Auf und Ab zur **Costa della Valle**. Gelegentlich schauen wir rechts hinab zur Piana della Chia, ein grünes, von Wald eingerahmtes Weidegebiet, das so ganz anders erscheint als die mondartige Karstlandschaft auf der anderen Seite. Den besten Tiefblick haben wir bei den »Affacci del Sirente«, wo wir die Steilabbrüche nach Norden bewundern können.

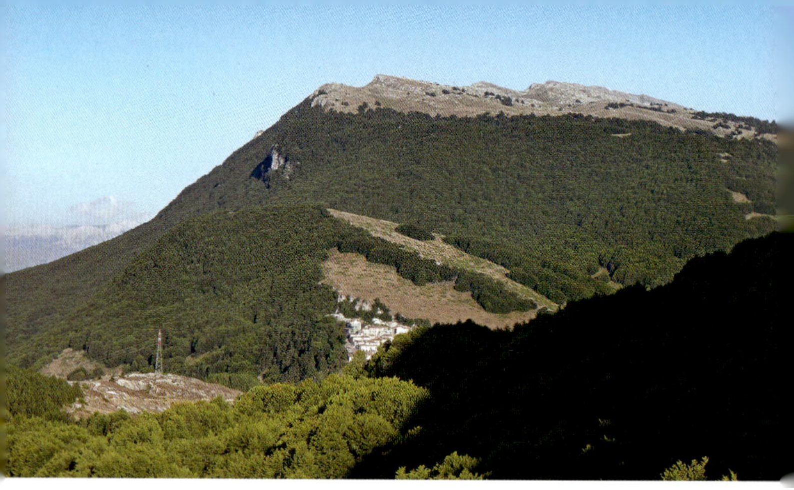

Blick auf den Westabfall des langen Sirentekammes; in der Bildmitte Ròvere.

Dann geht es steil hinab zu einer Scharte im Kamm (2010 m) und zu einer **Wegverzweigung (8)** (links führt die Variante hinab durch das Vallone dei Puzzilli); wir gehen rechts weiter über Grasflecken und erreichen die Felszacken der **Balzi del Sirente (9)** (1950 m), die das westliche Ende der gewaltigen Nordwand des Monte Sirente markieren. Wir wandern seitlich davon geradeaus weiter, treffen auf einen Felsblock mit Wegmarkierung, gehen dort rechts weiter und links am **Colle di Mandra Murata (10)** vorbei. Dann queren wir ein nahezu ebenes Karstgelände, die »Costa Cerasole«. Unser Weg biegt nach links und führt über ein großes Wiesengelände. Wir steigen weiter hinab durch den Wald, der rechts durch eine Felswand begrenzt wird, bis wir auf eine **Wegverzweigung (11)** stoßen. Dort halten wir uns rechts und wandern hinab, dann kurz hinauf zu einem kleinen Sattel; zuletzt steil durch einen locker bewaldeten Taleinschnitt hinunter zum Altopiano delle Rocche. Wir treten aus dem Wald heraus, queren einen Wirtschaftsweg, gehen seitlich an der »Area Faunistica del Camoscio« vorbei und erreichen die ersten Häuser von **Ròvere (12)**, das auf einem steilen Hügel erbaut wurde. Dort kurz in den Ort hinein, dann nach links (rechts nicht weit zu Lu's Bar) und vor zur Hauptstraße, der wir wiederum nach links in Richtung Ovindoli folgen. Beim Kreisel sogleich auf einem Pfad zum breiten Wanderweg. (Wir können vor dem Ort auch links zum Fußballplatz gehen. Beim Flutlichtmast beginnt der Wanderweg nach Ovindoli.) Nach etwa einem Kilometer verlassen wir den Wanderweg nach links **(13)** und gehen entlang einer Fahrspur über die grasige Hochebene, bis wir auf die Zufahrtsstraße **(14)** ins **Valle d'Arano** stoßen. Auf dieser links weiter zum **Ausgangspunkt (1)**.

Monte Sirente, 2348 m, von Fonte all'Acqua

Der Normalweg durch die wilden Felsschluchten des Valle Lupara

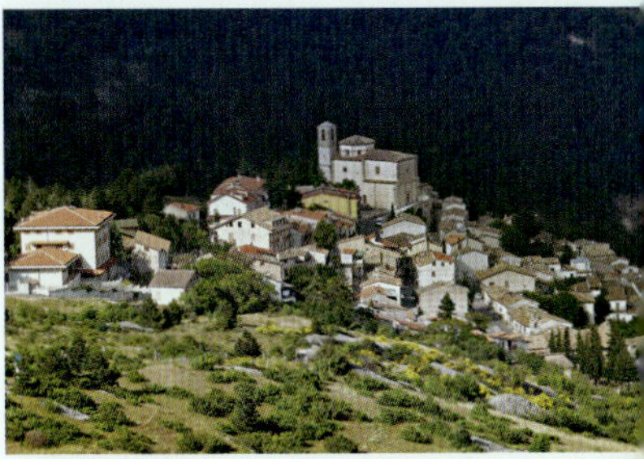

Secinaro ist der Talort für die Besteigung des Monte Sirente von Norden.

Die schroffen Felswände auf der Nordostseite des Sirentemassivs werden heute werbewirksam auch als Dolomiten der Abruzzen vermarktet. Tatsächlich erinnert dieser Teil des Massivs an die »bleichen Berge« im Norden des Landes. Im Gegensatz zur sanften, landwirtschaftlich genutzten Südwestseite ist der Monte Sirente hier wild und unzugänglich und Heimat von Königsadler, Hirsch, Wildschwein und sogar Stachelschwein. Der steile Anstieg aus dem Valle del Condotto, durch den Wald von Canale und über die Schutthänge des Valle Lupara ist der sogenannte Normalweg auf den Monte Sirente. Und im Vergleich zu allen anderen Anstiegen ist dieser wirklich spektakulär und auch für den geübten Bergwanderer machbar.

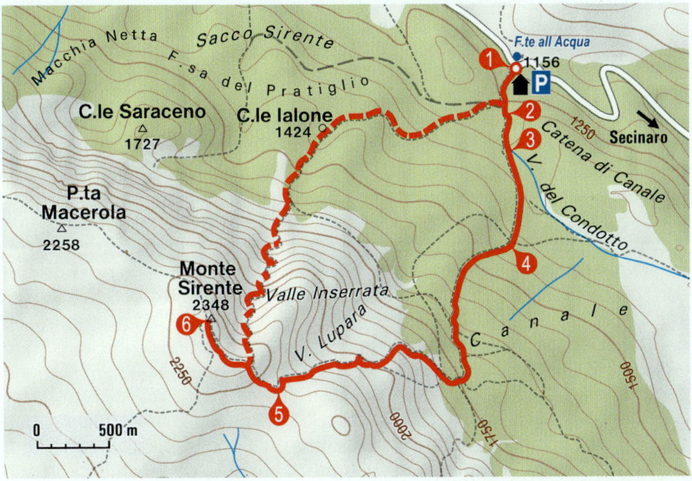

Talort: Secinaro (859 m). Bereits in vorrömischer Zeit besiedelter Ort mit heute 400 Einwohnern; er ist Sitz der Comunità montana Sirentina. Noch im 19. Jahrhundert waren die Bewohner von Secinaro Holzfäller und Köhler und sie nutzten den Gletscher am Monte Sirente, um mit den Eisblöcken Handel zu treiben. Sehenswert sind die Kirchen San Nicola, Madonna della Consolazione sowie einige Brunnen in der Umgebung aus dem 14. und 17. Jahrhundert. Das mittelalterliche Castello, das dem Ort sein prägendes Gesicht gab, ist bis auf einen Turm abgetragen worden.
Ausgangspunkt: Fonte all'Acqua (1156 m). Anfahrt: Von der A 25 Ausfahrt Pratola Peligna/Sulmona nach Raiano, dann weiter auf der SS 5 nach Castelvécchio Subéquo; in der Ortsmitte folgen wir rechts dem Sträßchen nach Secinaro. Die Straße führt seitlich an diesem Ort vorbei, gewinnt über zahlreiche Serpentinen weiter an Höhe und erreicht nach einem längeren Waldstück und zwei kurzen Kurven den Ausgangspunkt (7 km von Secinaro); dort gibt es zwei Parkplätze und ein Picknickareal sowie Infotafeln. Oder Anfahrt von Rocca di Mezzo (13 km) über die Prati del Sirente (einige Picknickplätze) mit großartigem Blick auf die Felsabstürze des Sirentemassivs.
Markierungen: Rot-weiß und Wegtafeln (Mark.-Nr. 18 u. 15); gelegentlich Aufschriften auf Felsen und Bäumen (»Sirente«).
Höhenunterschied: 1190 Hm im Aufstieg wie im Abstieg.
Anforderungen: Zu Beginn Wirtschaftsweg, dann Bergwanderwege und Bergsteige. Trittsicherheit und Schwindelfreiheit jedoch erforderlich, darüber hinaus auch etwas Orientierungssinn.
Einkehr und Unterkunft: Am Ausgangspunkt befindet sich das »Chalet del Sirente« (2 Zimmer; Tel. +39 339 7429265). Ristorante »Da Ada e Giovanni« und Bar in Secinaro.
Variante: Abstieg durch das wilde Valle Inserrata: nur für geübte Bergsteiger und Wegsucher. Kaum Markierungen und eine Hangneigung von 40 Grad. Route: Vom Gipfel zurück zum ersten Grateinschnitt, wo links der steile »Sentiero Majori« ansetzt und rechts haltend zunächst über Felsen, dann durch ein langes, von hohen Felsen eingefasstes Kar abwärts zu einem Absatz leitet. Weiter über lockeren Schutt, immer rechts haltend, an den Fuß des Colle lalone und dort rechts haltend durch Buchenwald – schwierige Wegfindung – hinab zum Valle del Condotto.
Hinweis: Die nächstgelegene Infostelle zum Regionalpark Sirente-Velino befindet sich in Rocca di Mezzo (siehe S. 24).

Vom **Wanderparkplatz (1)** bei der **Fonte all'Acqua** orientieren wir uns kurz am Info-Kasten mit Wanderkarte und folgen zunächst einem breiten Forstweg (Mark.-Nr. 15) bergwärts. Wir betreten sofort einen Buchenwald und wandern hinauf in das kleine Hochtal Valle del Condotto, das links von der Catena di Canale begrenzt wird, vor uns ragen die Felsen des Sirente auf. Nach wenigen Minuten erreichen wir eine **Wegverzweigung (2)** (1228 m), wo wir auf den von Secinaro zu den Prati del Sirente führenden Reitweg stoßen. Dort halten wir uns links (Wegweiser »Fonte Canale«) und folgen diesem leicht ansteigend 200 Meter weit, bis rechts (!) ein **Pfad abzweigt (3)**, der uns über steile Serpentinen durch Laubwald höher führt und in die **Mulattiera (4)** einmündet, die von links aus Secinaro hochkommt. Wir steigen geradeaus weiter an durch den Bosco di Canale. Bei P. 1543 biegt unser Weg nach links und nach einer Weile verlassen wir den Wald und erreichen die Bergwiesen zwischen den sich vor uns auftürmenden Felsen und dem Wald. Links erheben sich die Felsen des Monte di Canale. Wir blicken nun

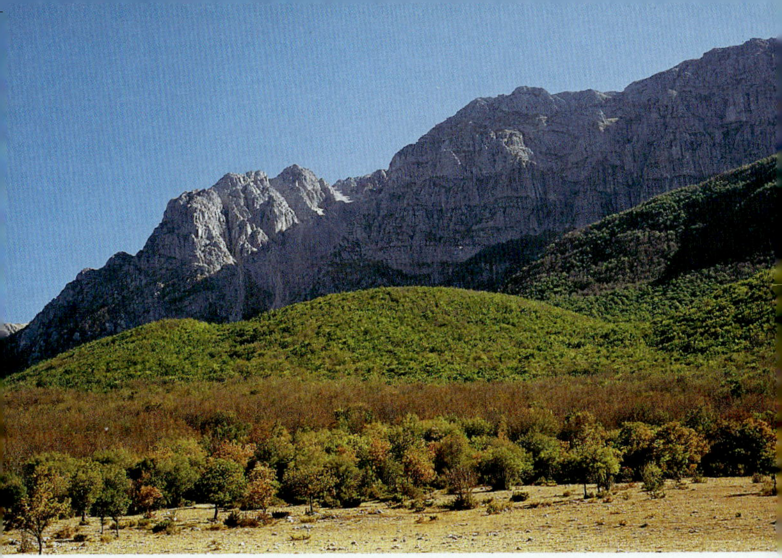

Das Sirentemassiv bricht nach Norden mit steilen Felsfluchten ab.

zurück auf das Valle Aterno. Etwas oberhalb haben wir einen Blick auf das sommerliche Hirtendorf Pagliare di Tione. Unser Weg schwingt nun nach rechts und führt uns noch ein Stück durch Wald, hinauf über felsiges Gelände und über zahlreiche kurze Serpentinen, bis wir das **Valle Lupara**, ein riesiges, von Felsflanken eingefasstes Kar, erreichen, das sich vom Gipfelgrat herabzieht. Wir halten uns auf der linken Seite und steigen steil über die Schutthänge an, zuletzt sehr steil zum **Grateinschnitt (5)**, der den Übergang auf die andere Seite markiert. Dort eröffnet sich uns ein freier Blick hinaus bis zum Fuciner Becken. Wir schwenken nach rechts und folgen nun links des Steilabbruchs dem ansteigenden Kamm weiter, passieren die Scharte, die den Abstieg ins Valle Inserrata markiert (siehe Variante) und erreichen nach 20 Minuten den höchsten Punkt des **Monte Sirente (6)**, der deutlich mit einem Gipfelkreuz und einem Vermessungspfosten gekennzeichnet ist.

Der **Abstieg** erfolgt auf dem Anstiegsweg.

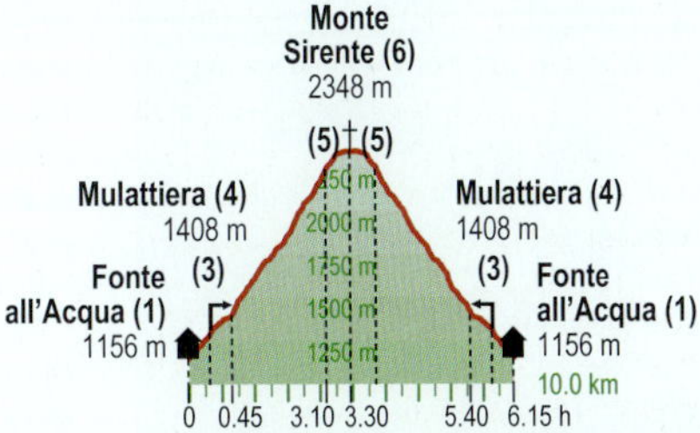

56 Monte San Nicola, 2012 m

5.15 Std.

Über die Costa Cerasoli zu einem großartigen Aussichtsberg

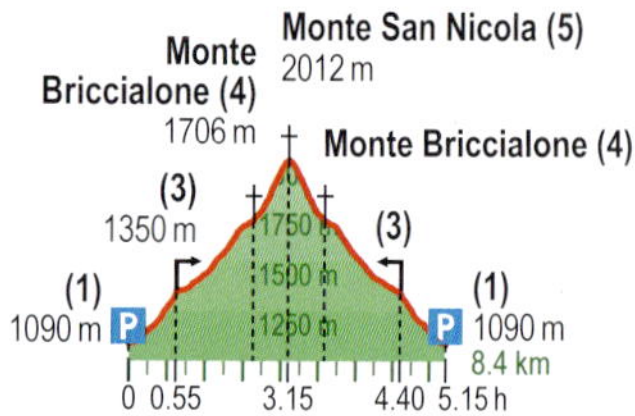

Der Monte San Nicola ist trotz seiner Höhe von knapp über 2000 Meter weder von seiner Form noch von seinem Anstiegsweg her ein besonders bemerkenswerter Gipfel. Doch allein schon die Höhe des Ausgangspunktes verspricht uns eines: ein großartiges Panorama. Haben wir endlich den höchsten Punkt erreicht – wobei der Aufstieg nur auf Pfadspuren erfolgt – so erwartet uns aufgrund seiner zentralen Lage in den Abruzzen ein beeindruckender Blick auf die zerklüftete Ostseite des Monte Sirente auf der einen sowie ein freier Ausblick auf das weite Pelignatal zwischen Sulmona und Raiano auf der anderen Seite. In dieser Richtung sehen wir auch einige Windräder, die sich am Monte Ventrino die Kraft des Windes zunutze machen; eine bisher noch seltene Ansicht in den Abruzzen. Dahinter erkennen wir die Forca Caruso (1107 m), die bereits in der Antike als wichtiger Übergang galt. Erst mit dem Bau der Eisenbahn und der Autobahn hat sie ihre Bedeutung verloren. Zur Zeit der Transumanza wurden hier Tausende von Schafen, die aus Apulien kamen, auf die Weiden rund um den Monte Sirente getrieben. Im Süden erstrecken sich die Berge des Abruzzen-Nationalparks. Interessanter Nebenaspekt: Es fehlt ein ausgetretener Pfad hinauf zum Gipfel, lediglich Markierungen helfen uns weiter. Doch auf diese Weise können wir uns frei wie ein Schafhirte fühlen, der unabhängig von vorgegebenen Routen seine Herde in der oft einsamen Berglandschaft der Abruzzen begleitet. Und noch eins: Im Frühjahr dürfen wir dort oben eine herrlich blühende Flora erleben.

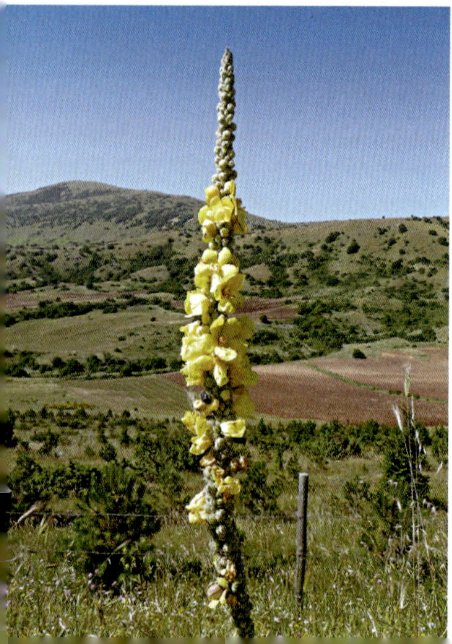

Die Königskerze dominiert unseren Aufstieg zum Monte San Nicola.

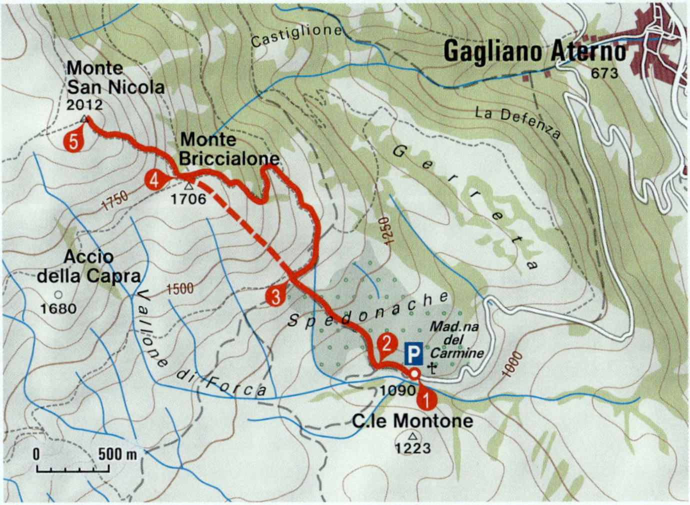

Talort: Gagliano Aterno (673 m). Gemeinde mit etwa 250 Einwohnern, die zur Comunità montana Sirentina gehört. Der Ort wird von einem spätmittelalterlichen Kastell dominiert. Sehenswert sind die Kirchen San Rocco, San Martino, Madonna delle Grazie sowie ein gotischer Brunnen aus dem Jahre 1328.

Ausgangspunkt: 300 Meter nach der »Madonna del Carmine« (kleines Marterl mit Marienfigur) Parkmöglichkeit entlang der Straße (1090 m). Anfahrt: Von der A25, Ausfahrt Pratola Peligna/Sulmona, nach Raiano, dann weiter auf der SS5 nach Castelvécchio Subéquo; kurz hinter dem Ort zweigt rechts das Sträßchen nach Gagliano Aterno ab. Dort, beim Convento di Santa Chiara, links hinauf, bei der nächsten erneut links und geradeaus weiter, dann durch ein steinernes Tor. Auf einem Sträßchen aus dem Dorf hinaus und über zahlreiche Kehren hinauf durch den bewaldeten Hang La Defenza. Bei einem Aussichtspunkt (La Veduta, 964 m) macht das Sträßchen eine scharfe Kehre nach Westen. Nach einer weiteren Kehre passieren wir die unauffällige kleine Statue »Madonna del Carmine« und parken nach 400 m am Ende der ausgebauten Straße (knapp 8 km ab Gagliano Aterno).

Markierungen: Einige Farbtupfer und Steinmänner, sonst keine.

Höhenunterschied: 920 Hm im Auf- wie im Abstieg.

Anforderungen: Leichte Wanderung, jedoch ohne markante Markierungen oder Wegtafeln. Orientierungssinn erforderlich, da nur auf Pfadspuren.

Einkehr und Unterkunft: Unterwegs keine. Bar/Ristorante »Canale Verde« in Gagliano Aterno. Unterkunft: Ferienwohnungen »La Casa di Angizia«, Pensione »Sotto L'Aia«.

Variante: Dort, wo wir auf den quer führenden Pfad stoßen, können wir in direkter Linie zum Monte Briccialone aufsteigen.

Hinweis: Am ersten oder zweiten August-Wochenende findet in Gagliano Aterno die »Sagra de J'nteme'« statt, wo das typische Gericht nach einem alten Rezept der Schwestern aus dem Kloster Santa Chiara zubereitet wird.

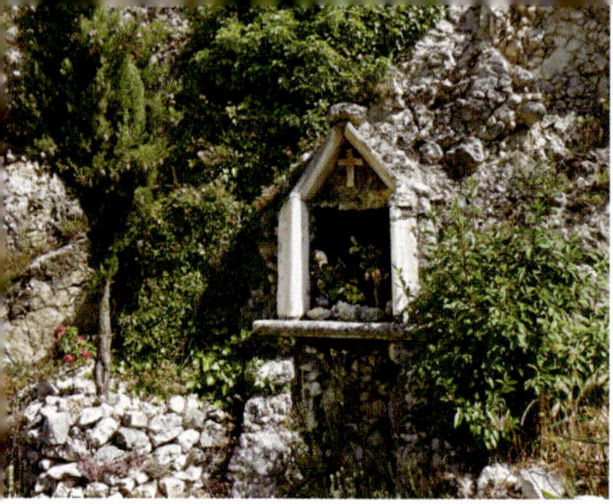

Das kleine Marterl »Madonna del Carmine«.

Von der **Parkmöglichkeit (1)** am Ende des ausgebauten Sträßchens (das als rauer Fahrweg weiter nach Collarmele führt) noch etwa 60 Meter weiter, dann rechts **(2)** in ein kleines Trockenbachtälchen einbiegen. Nach zehn Metern rechts hinauf, dann sogleich links weglos weiter und ohne Markierung in direkter Linie zu den Pinienbeständen oberhalb. Dahinter sehen wir bereits den Monte Briccialone (Vorgipfel des Monte San Nicola). Nun durch das lichte Waldstück hindurch und über die verwachsenen Weideflächen der Spedonache weiter bergwärts. Vorbei an Kiefern, die vor noch nicht langer Zeit hier Fuß gefasst haben, wandern wir in einem leichten Zickzack auf einen deutlich sichtbaren Kalkfelsen zu. Dann flacht das Gelände etwas ab und weniger steil steuern wir auf eine lange Haselnussstrauchreihe zu. Auf halber Höhe zum Vorgipfel quert ein **markierter Weg (3)**. Diesem folgen wir nach rechts, wobei sich der Weg bald zum Pfad verengt und auf eine angenehm schattige Baumgruppe zuführt. Durch einen Buchenbestand weiter, dann auf eine frei stehende Pinie neben einigen Felsblöcken zu. Hier wenden wir uns links und halten direkt auf den Vorgipfel zu. Wir genießen talwärts einen herrlichen Blick auf das Fuciner Becken, die Montagne del Morrone und die Monti Simbruini. Nach bereits 15 Minuten halten wir uns wieder links und sehen nun wieder Markierungen. In einem leichten Linksbogen geht es weiter. Wir passieren ein Schlupfloch durch eine Hecke von Buschwindröschen, halten leicht links auf eine kleine Felsgruppe zu und steigen entlang der roten Markierungen und einiger Steinmännchen hinauf zum **Monte Briccialone (4)**. Vor uns baut sich nun der Monte San Nicola auf mit seinen schrofigen Flanken. Bei einer kleinen Felsgruppe wartet ein schöner Rastplatz auf uns.

Wir gehen zunächst noch weiter ansteigend in gleicher Richtung, durchwandern einen kleinen Sattel und schauen fasziniert nach rechts – dort haben wir einen großartigen Tiefblick auf Gagliano Aterno und die weiter entfernt liegenden Dörfer. Rechts haltend wandern wir auf den mit versprenkelten Felsblöcken garnierten Gipfelhang zu und steigen am linken Rand eines Abbruchs nach Nordosten steil hinauf. Rote Punkte und Steinmänner zeigen uns dabei die Route an. Die letzten Meter führen dann ohne Probleme über die grasigen Berghänge hinauf zum leicht nach hinten versetzten Gipfel des **Monte San Nicola (5)**. Ein Steinhaufen und ein bescheidenes eisernes Kreuz markieren den höchsten Punkt dieser weitläufigen Erhebung, die uns einen großartigen Ausblick bietet. Der **Abstieg** erfolgt auf dem Anstiegsweg.

8.10 Std.

Monte Velino, 2486 m, von Santa Maria in Valle

57

Auf den höchsten Gipfel des Regionalparks

Der Monte Velino ist nicht nur der höchste Gipfel der Velinogruppe, nein, darüber hinaus ist er mit seinen 2486 Metern Höhe der vierthöchste Gipfel der Abruzzen und damit auch des gesamten Apennin. Er erweist sich im oberen Teil zwar als karger, aufgrund seiner Lage über dem Fuciner Becken jedoch herrlicher Aussichtsgipfel. 1800 Meter überragt er das weite Becken an seinem Bergfuß, das bis zum Jahre 1875 der drittgrößte See des damaligen Königreichs Italien bedeckte. Doch nicht genug der Superlative, der Monte Velino kann bei klarem Wetter sogar von der Hauptstadt Rom gesehen werden, und umgekehrt kann man von seinem Gipfel die Adria auf der einen und das Tyrrhenische Meer auf der anderen Seite sehen. Dieser Anstieg über die Südwestseite fordert uns ein gehöriges Maß an Durchhaltevermögen ab, denn nahezu 1300 Höhenmeter sind zu bewältigen, der Weg ist steil und der Sonne ausgesetzt. Also am besten in aller Frühe losgehen!

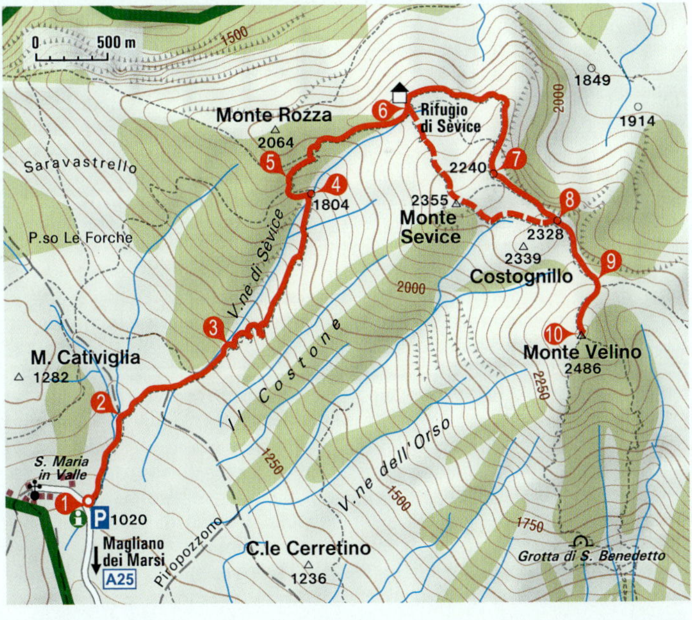

Talort: Magliano dei Marsi (728 m). Die in der Fucino-Ebene und am Fuß des Monte Velino gelegene Stadt weist knapp 4000 Einwohner auf und war im Mittelalter ein Handelszentrum für Safran.
Ausgangspunkt: Wanderparkplatz etwa 400 m vor der Kirche Santa Maria in Valle (1020 m) mit Wanderkarte und Infotafeln zum »Parco Naturale Regionale Sirente-Velino«. Anfahrt: Auf der A 25 bis zur Ausfahrt Magliano dei Marsi, bei der nächsten Wegverzweigung rechts, dann unter der Autobahn hindurch in den gleichnamigen Ort hinein. Dort folgen wir links der SS 578 ein kurzes Stück, bis rechts die Straße nach Rosciolo dei Marsi und Santa Maria in Valle abzweigt. Dieser folgen wir nun in die Berge hinein nach Rosciolo (5 km ab A 25); kurz vor dem Zentrum zweigt rechts im spitzen Winkel die Via Madonna in Valle ab, an deren Ende (nach 1,7 km) wir die berühmte Kirche Santa Maria in Valle erreichen.
Markierung: Gelb-rot und Wegtafeln (Mark.-Nr. 3 und 3A, »Alta Via Velino-Sirente«).
Höhenunterschied: 1470 Hm im Aufstieg wie im Abstieg.
Anforderungen: Steile Bergwanderwege und Bergsteige. Trittsicherheit und Schwindelfreiheit erforderlich. Sehr der Sonne ausgesetzt, daher unbedingt eine Kopfbedeckung mitnehmen. Kaum Wasser! Im Gipfelbereich Vorsicht bei Nebel!
Einkehr und Unterkunft: Rifugio Capanna di Sèvice (2119 m; GEV und ANA, von Ende Juli bis Ende August bewirtschaftet, ansonsten Selbstversorgerhütte mit 9 Schlafplätzen, ein Raum ist immer zugänglich), Schlüssel erhältlich in Magliano dei Marsi (neben der Tabaccheria in der Piazza della Repubblica; Anmeldung über Tel. +39 380 5431004). In Rosciolo: Locanda dell'Arco, B&B »La Residenza« (Via Melchiorre, 15; Tel. +39 340 865 2011). B&B »Bricioledi« (5 Betten in 2 Zimmern, Hunde willkommen; Tel. +39 347 522 0664) links unterhalb der Kirche Santa Maria in Valle. B&B »Il Cùnnolo« (ca. 1 km vor dem Wanderparkplatz).
Variante: Rückkehr über den Monte Sèvice: Beim P. 2328 (8), den wir etwa 15 Min. nach dem Abstieg vom Gipfel des Monte Velino erreichen, biegen wir links ab und folgen dem Pfad hinab zur Bocchetta di Orticito, umgehen dann den Monte Costognillo nach rechts und steigen hinauf zum Monte Sèvice. Von dort folgen wir den steilen Serpentinen über felsiges Gelände und Grashänge hinab, bis wir bei der Bocchetta di Sèvice wieder auf unseren Anstiegsweg stoßen.
Hinweis: Das »Centro Visita Monte Velino« bei Magliano dei Marsi (Via S. Martino 10) mit Hirschen und Rehen, botanischem Garten und Bike-Verleih ist Teil des Schutzgebietes »La Riserva Monte Velino«.

Vom großen **Wanderparkplatz (1)** unterhalb der Kirche **Santa Maria in Valle**, der von Eichenwald und vereinzelten großen Bäumen umgeben ist, folgen wir kurz dem Sträßchen in Richtung Kirche, bis rechts eine steinige Fahrspur abzweigt (»Rifugio«, gelb-rot), die in Richtung Passo Le Forche führt. Diesem folgen wir durch Buschwerk, bis rechts eine alte **Mulattiera (2)** (1090 m; Mark.-Nr. 3) abzweigt. Diese schlängelt sich in mäßiger Steigung durch aufgelassene Terrassen und kleine Wiesenflecken. Wir wandern an einem großen Wiederaufforstungsareal vorbei, durchschreiten den Bachgraben des **Vallone di Sèvice** und treffen auf eine **Wegverzweigung (3)** (links geht es zum Passo Le Forche). Unser Weg führt uns nun immer auf der rechten Talseite zunächst über zahlreiche Serpentinen, dann über eine lange, steile Hangquerung bergwärts, wobei wir überwiegend durch Niederwald wandern, der zuweilen von einzelnen kleinen Bergwiesen aufgelockert wird.

Einige halb verfallene Schafpferche (»Stazzi«) erinnern uns daran, dass hier früher Weidewirtschaft betrieben wurde. Wir queren ein paar Schuttreisen und erreichen dann **P. 1804 (4)**, wo wir auf die andere Seite des Bachgrabens wechseln. In Kehren geht es durch eine steinige Zone aus dem Graben hinaus zu einer **Wegverzweigung (5)** (von links kommt der Anstieg vom Passo Le Forche herauf). Wir halten uns rechts und steigen über zahlreiche Serpentinen weiter an und erreichen den Fonte di Sèvice. Unser Weiterweg – eine alte Mulattiera – verläuft nun etwas angenehmer über Bergwiesen und erreicht bei P. 2100 einen Sattel inmitten eines früheren Weidegebiets, die **Bocchetta di Sèvice (6)**. Von hier sind es nur wenige Meter nach links zum **Rifugio Capanna di Sèvice** (2119 m), einem kleinen gemauerten Hüttchen. An der Bocchetta halten wir uns dann rechts und steigen über die steinigen Bergwiesen auf der anderen Seite der Capanna hinauf zur Kammhöhe und zu einem **Einschnitt (7)** (2240 m) im Kammverlauf. Von dort bietet sich uns ein herrlicher Tiefblick hinab ins Valle di Teve. Wir wandern nun auf dem Kamm entlang einer guten Wegspur weiter und erreichen die Weggabelung bei **P. 2328 (8)** (rechts zweigt hier unsere Variante für den Rückweg ab). Wir bleiben weiter auf dem Kamm und erreichen die **Wegverzweigung (9)** (Bocchetta di Orticito, 2386 m) am Gipfelfuß des Monte Velino (geradeaus führt der Weg weiter zum Monte Cafornia). Wir halten uns nun rechts und steigen über den steilen und schuttbedeckten Gipfelhang in Serpentinen hinauf zum höchsten Punkt des **Monte Velino (10)**. Der **Abstieg** erfolgt auf dem Anstiegsweg.

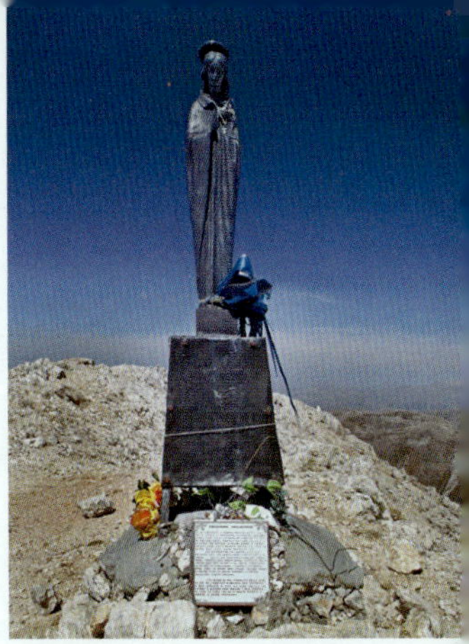

Madonnenstatue auf dem Monte Velino.

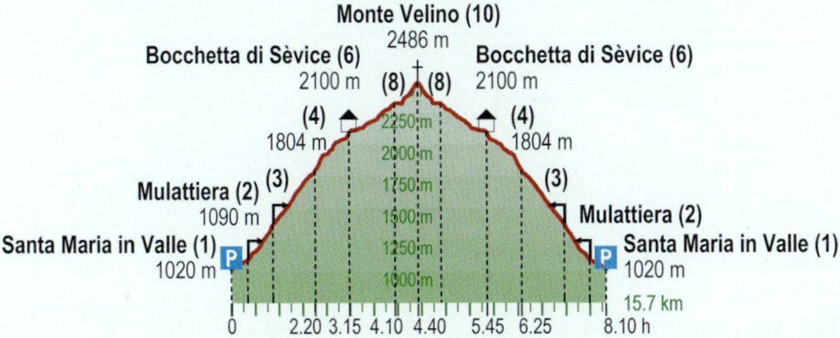

58 Monte Velino, 2486 m, von Piano di Pezza

11.00 Std.

Großartige Gipfelrunde über mehrere Pässe

Dieser Anstieg auf den Monte Velino nimmt seinen Ausgang von Piano di Pezza und erspart damit einige Höhenmeter im Vergleich zu den Anstiegen aus dem Fuciner Becken (siehe Tour 57). Der Zustieg ist zwar sehr lang, dafür haben wir auf dieser Route die wenigsten technischen Schwierigkeiten aller Anstiege auf den höchsten Gipfel des »Regionalparks Velino e Sirente« zu erwarten. Und es ist einsam dort oben. Ab dem Colle dell'Orso wandern wir immer auf Höhen über 2000 Meter bis zum höchsten Punkt. Belohnt werden wir mit einem großartigen Panorama nicht nur der umliegenden Berge, sondern bis zu den Monti Sibillini, dem Gran Sasso, der Majella bis hinüber zu den Monti Simbruini. Und den Tiefblick vom Gipfel auf das Fuciner Becken gibt es noch als Dreingabe. Abgesehen davon zeigt uns diese Wanderung, die im lokalen Sprachgebrauch als die »Via degli Aquilani« (= Weg der Leute von L'Aquila) eingeführt ist, alle Facetten dieser Berggruppe: weite Bergwiesen, Buchenwälder, von früheren Gletschern geformte Berge und Täler und nackte, aride Bergflanken. Aber auch eine abwechslungsreiche Flora und – mit etwas Glück – auch Fauna.

Der von großen Karen geprägte, kahle Gipfel des Monte Velino vom Colle dell'Orso aus gesehen.

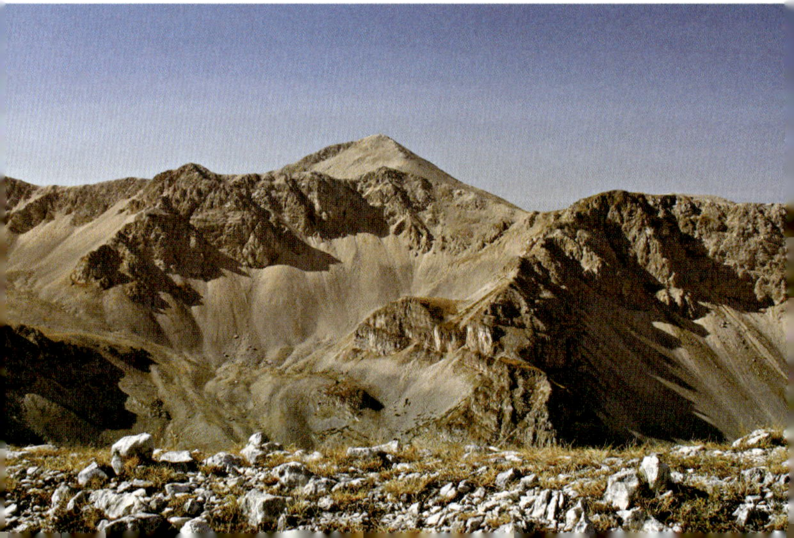

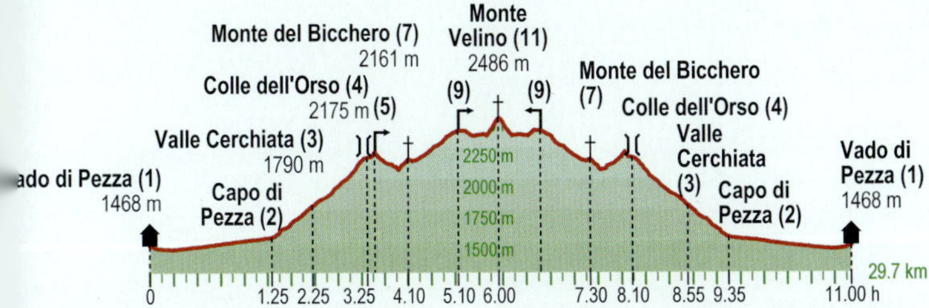

Talort: Rocca di Mezzo (1332 m). Gemeinde mit etwa 1500 Einwohnern auf dem Altopiano delle Rocche. Sehenswert sind die Kirchen Madonna della Neve und Santo Leucio sowie Reste mittelalterlicher Befestigungsmauern und Tore. Hotels und Restaurants sowie einige Geschäfte.

Ausgangspunkt: Vado di Pezza, (1468 m). Anfahrt: In Rocca di Mezzo, an der SS 5 bis, zweigt gegenüber dem Hotel Caldora (Wegweiser »Piani di Pezza«) ein Teersträßchen ab, auf dem wir nach 4 km unseren Ausgangspunkt erreichen. Wanderparkplatz am Ende der Teerstraße (mit Infotafeln).

Markierungen: Gelb-rot sowie Wegtafeln (Mark.-Nr. 1).

Höhenunterschied: 1500 m im Aufstieg wie im Abstieg.

Anforderungen: Zu Beginn Piste, dann Mulattiera, die Hauptstrecke auf Bergsteig. Trittsicherheit und auch Schwindelfreiheit an einzelnen Stellen erforderlich. Und natürlich eine gute Kondition, da wir eine reine Gehzeit von mindestens 10 Std. veranschlagen müssen. Da wir uns die meiste Zeit in freiem Gelände über 2000 Metern Höhe bewegen, sind entsprechende Kleidung und guter Sonnenschutz unbedingt notwendig.

Einkehr und Unterkunft: Unterwegs keine. Il Rifugio del Lupo (1468 m) am Vado di Pezza, nur Einkehr. Rifugio Vado di Pezza (1468 m; Eigentum der Kommune von Rocca di Mezzo, im Juli und August täglich bewirtschaftet, davor und danach an schönen Wochenenden, 20 Betten).

Varianten: 1. Den Abstieg können wir an der Punta Trento variieren (diese Route ist allerdings länger): Wir halten uns dort rechts (Mark.-Nr. 1G), gehen seitlich am Gipfel vorbei und steigen dahinter zur Kammhöhe an, der wir weiter in Richtung Osten bis zu einer Einsenkung folgen. Anschließend steigen wir wieder an und folgen dem Kamm bis zur Punta Trieste (2230 m). Wir gehen seitlich an dieser vorbei und halten dann leicht absteigend auf den Capo di Pezza zu, doch bevor wir diesen erreichen, biegt unser Pfad nach links, quert das große Kar auf seiner Nordwestseite und leitet hinüber zum Vado di Castellaneta (2068 m). Dort links haltend und über felsiges Terrain hinab in das weite Hochtal unterhalb, das rechts von steilen Felsen begrenzt wird. Wir erreichen den Wald und gehen links am Felszahn »La Castelluccia« vorbei und erreichen bald die Wiesen von Capo di Pezza (3.15 Std. ab Abzweigung).
2. Die Wanderung kann mit Tour 59 kombiniert werden, falls wir auf dem Hinweg oder Rückweg eine Einkehr oder Übernachtung im Rifugio V. Sebastiani einplanen wollen. Achtung, nur wenige Schlafplätze (max. 20); unbedingt vorher Kontakt aufnehmen!

Hinweis: In Rocca di Mezzo Info-Point zum Regionalpark Sirente-Velino (Verkauf von Karten u. Führern) sowie Sportgeschäfte und Mountainbike-Verleih.

Tipp: Capo di Pezza kann auf einer Piste (5 km) angefahren werden, wer allerdings sein Auto schonen will, lässt sein Fahrzeug besser auf dem Wanderparkplatz am Ende der Teerstraße stehen (von Rocca di Mezzo kommend).

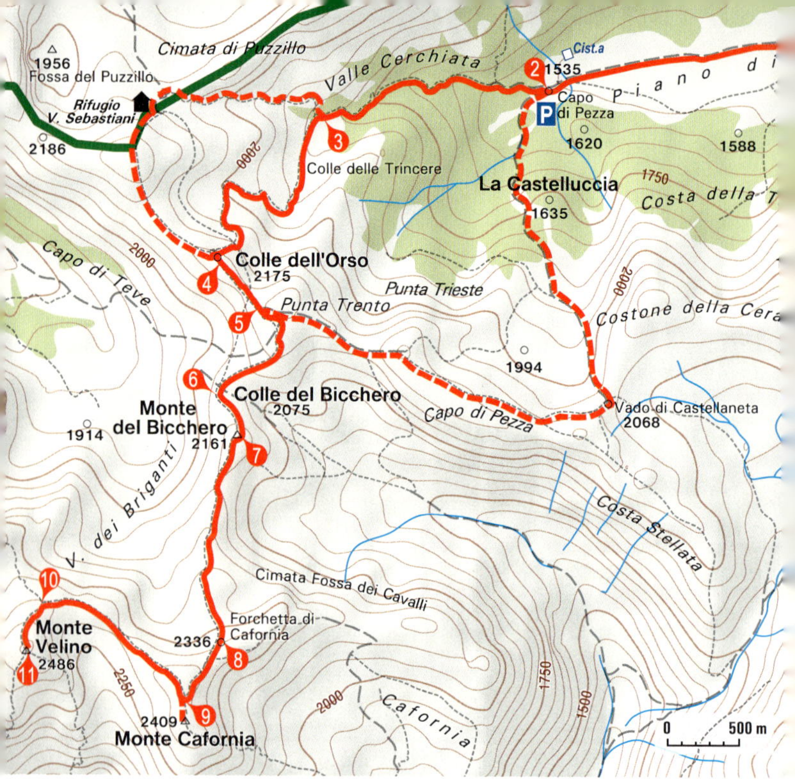

Vom Wanderparkplatz in **Vado di Pezza (1)** folgen wir dem rauen Wirtschaftsweg (siehe Tour 59) über den Piano di Pezza zum **Capo di Pezza (2)**. Auf dem weiten Platz folgen wir kurz der Piste bergwärts, bis uns ein Wegweiser auf der grünen Wiese den Weiterweg zum Rifugio V. Sebastiani weist. Wir halten uns also rechts und streben auf den Buchenwald zu, der uns nun eine Zeit lang begleiten wird. Eine gute Mulattiera führt uns leicht aufwärts. Nach einer guten halben Stunde Gehzeit ab Capo di Pezza erreichen wir eine kleine Lichtung mit einem großen Felsblock. Danach geht es weiter auf dem klar vorgegebenen Weg durch Wald mit teils riesigen Buchen, bis die Mulattiera bald darauf endet. Wir wandern auf einem Bergsteig auf der rechten Talseite des bachlosen Valle Cerchiata leicht ansteigend hinauf und betreten dann den großen, freien Kessel des **Valle Cerchiata (3)** (1790 m). Wenige Minuten oberhalb befindet sich eine Wegverzweigung mit Wegtafeln. Dort halten wir uns nun links (Mark.-Nr. 1, »C. Orso« auf Stein). Wir

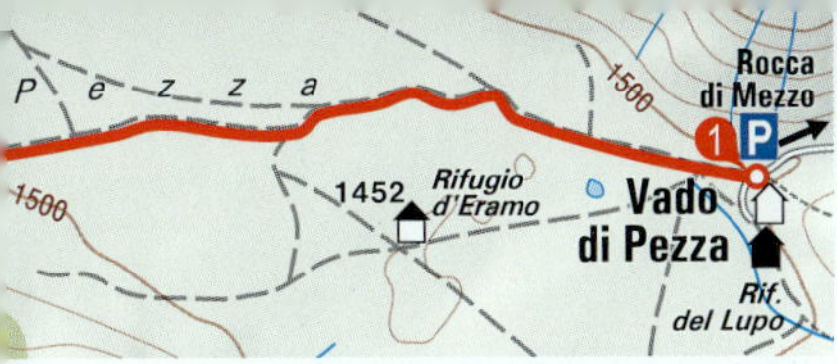

gehen über freies Gelände (»lacetto di Capo Pezza«) weiter – vorbei an einzelnen Buchen und an einem kleinen Hain – und steigen (rechts einige Felsen) durch Wald und über einige Geländestufen hinauf in ein großes Kar. Dann geht es über steiles Blockwerk weiter bergan. Bei einer Wegverzweigung (2020 m) führt von rechts eine kaum begangene Route vom Rifugio V. Sebastiani heran. Wir steigen links haltend über Serpentinen die grasigen Hänge hinauf, biegen links ab und erreichen den **Colle dell'Orso (4)** (2175 m). Hier sehen wir unser – noch weit entferntes – Ziel, den Monte Velino, zum ersten Mal.

Wir folgen der Kammhöhe zehn Minuten lang weiter und treffen erneut auf eine **Wegverzweigung (5)** (2220 m; links beginnt die Variante 1 in Richtung Punta Trieste) auf einer kleinen Ebene, noch vor der Punta Trento. Wir halten uns hier rechts und steigen über Grashänge hinab zum **Colle del Bicchero (6)** (Wegkreuzung), wo wir den tiefsten Punkt im Kammverlauf erreicht haben. Wir steigen nun jenseits über den ebenfalls grasigen Nordwestkamm hinauf zum **Monte del Bicchero (7)** (2161 m), überschreiten diesen und erreichen im leichten Auf und Ab die Sella della Valle dei Briganti (2160 m). Rechts unter uns erstreckt sich das Valle dei Briganti, das sich weiter unten im bewaldeten Valle di Teve fortsetzt. Die markante U-Form dieses langen Hochtales weist auf seine Formung durch frühere Gletscher hin. Nun steigen wir wieder deutlich über ein Kar an und erreichen über zahlreiche Kehren die **Forchetta di Cafornia (8)** (2336 m). Wir bewegen uns hier in einer ariden Landschaft, die bis zum Gipfel anhält. Linker Hand genießen wir den ersten Tiefblick auf die Fuciner Ebene. Unsere Route biegt nun bei der **Wegverzweigung (9)** (kleiner Sattel) direkt vor dem Gipfel des Monte Cafornia nach rechts (dieser Gipfel ist in wenigen Minuten erreichbar; großes Gipfelkreuz) und führt über steiniges Gelände auf gut ausgetretenem Pfad knapp unterhalb der Gratlinie nahezu eben hinüber bis zum Gipfelfuß des Monte Velino, den wir nun links vor uns sehen. Bei der **Weggabelung (10)** (2375 m) auf seiner Nordseite biegen wir nach links und erreichen über die steinige, dem Wind ausgesetzte Nordseite auf einem Serpentinenpfad den **Monte Velino (11)**. Ein Gipfelkreuz und eine Madonnenstatue schmücken seinen höchsten Punkt.

Die **Rückkehr** erfolgt auf dem Anstiegsweg.

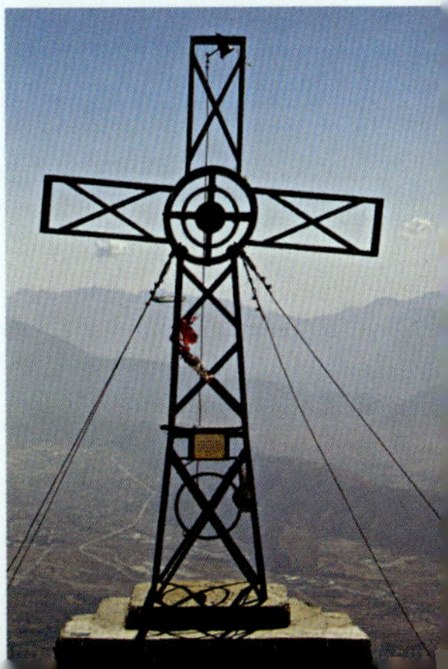

Das Gipfelkreuz des Monte Velino.

TOP **59**

Zum Rifugio V. Sebastiani, 2102 m

7.00 Std.

Abwechslungsreiche Hüttenwanderung von Piano di Pezza

Voll bewirtschaftete Hütten für Wanderer und Bergsteiger sind rar in den Abruzzen, und im Regionalpark Sirente-Velino gibt es nur eine davon, das Rifugio V. Sebastiani. Doch dieses entspricht ganz genau unseren Erwartungen: großartige Lage, schlichte Gestaltung, ein großes Schlaflager und einfache, aber schmackhafte Verpflegung. Die im Jahre 1922 eröffnete und 2022 umfassend renovierte Unterkunftshütte des Club Alpino Italiano auf dem Colletto di Pezza war ursprünglich als Stützpunkt für die Besteigung des Monte Velino gedacht. Heute nehmen allerdings viele Bergsteiger die direkte Route, die vom Capo di Pezza ausgeht. Doch auch als reine Hüttentour ist diese großartige Runde zu empfehlen, denn sie führt uns durch einen reizvollen Buchenwald – der im Frühjahr ein frisches Grün und im Herbst sattrote Farben versprüht. Als Zugabe gibt es ein großartiges Panorama mit Gipfel-Amphitheater auf dem kleinen Plateau, auf dem sich die Hütte befindet. Den Abstieg bewältigen wir in Form einer kleinen Runde über den Colle dell'Orso.

Talort: Rocca di Mezzo (1332 m). Siehe Tour 58.
Ausgangspunkt: Vado di Pezza (1468 m). Anfahrt von Rocca di Mezzo siehe Tour 58. Wanderparkplatz am Ende der Teerstraße (mit Infotafeln).
Markierungen: Rot-weiß bzw. gelb-rot und Wegtafeln (Mark.-Nr. 1, 1A und 1G).
Höhenunterschied: 850 Hm im Aufstieg wie im Abstieg.
Anforderungen: Zu Beginn Piste, dann Mulattiera, die Hauptstrecke auf Bergsteig. Trittsicherheit erforderlich.
Einkehr und Unterkunft: Rifugio V. Sebastiani (2102 m; an eine Cooperative verpachtete Hütte des CAI, von Mitte Juni bis Mitte September durchgehend bewirtschaftet (Halbpension), davor und danach auf Anfrage an Wochenenden (Minimum 12/15 Personen), 20 Lager, Tel. +39 368 279 463). Rifugio Vado di Pezza (1468 m; im Sommer täglich, im Winter nur an den Wochenenden bewirtschaftet, 20 Betten) sowie das Rifugio del Lupo (nur Einkehr) in Vado di Pezza. In Rocca di Mezzo: B&B »Fiocco di Neve« (Tel. +39 0862 914538).

Hinweis: In Rocca di Mezzo gibt es einen Info-Point zum Regionalpark Sirente-Velino mit Verkauf von Karten und Führern sowie Sportgeschäfte und Mountainbike-Verleih.
Tipp: Capo di Pezza (1535 m) kann auf einer Piste angefahren werden (5 km), wer allerdings sein Auto schonen will, lässt sein Fahrzeug besser auf dem Wanderparkplatz am Ende der Teerstraße in Vado di Pezza stehen. Ideal ist die Anfahrt mit dem Mountainbike.

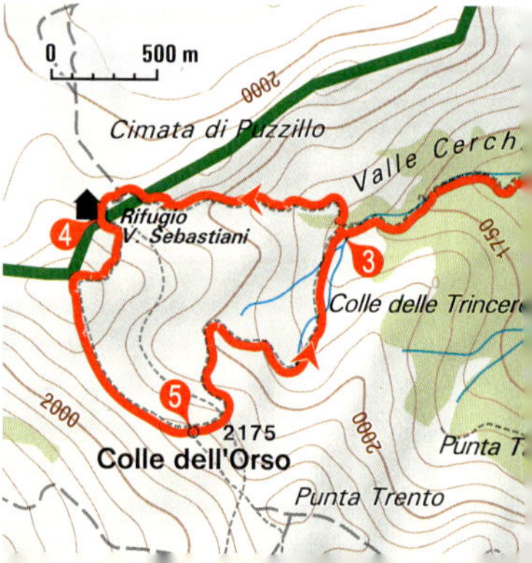

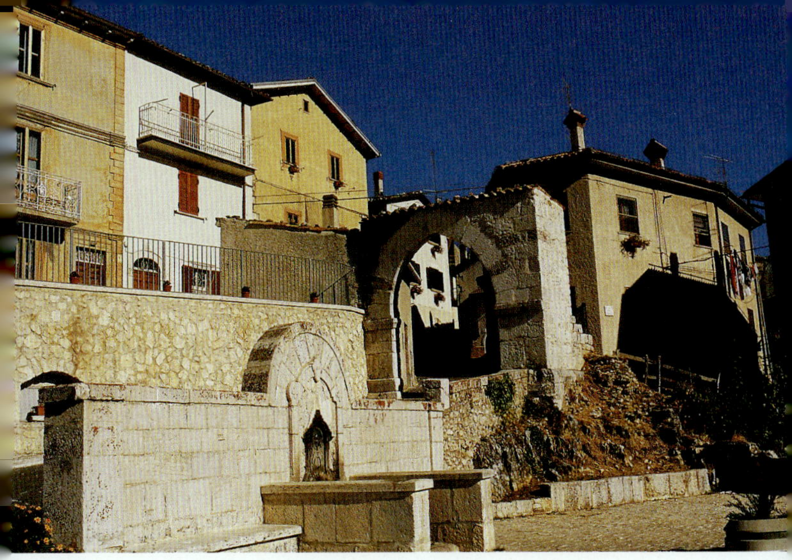

Im Zentrum von Rocca di Mezzo mit den Resten alter Befestigungsmauern.

Vom **Wanderparkplatz (1)** am Ende der Teerstraße in **Vado di Pezza** folgen wir leicht rechts haltend (links befindet sich das Rifugio del Lupo) der Piste, die in leichtem Auf und Ab im Wesentlichen in gerader Richtung über den Piano di Pezza auf den halbkreisförmigen Bergkranz am anderen Ende der Hochebene zuhält. Auf dem weiten Platz des **Capo di Pezza (2)** folgen wir kurz der Piste bergwärts, bis uns ein Wegweiser auf der grünen Wiese den Weiterweg zum Rifugio V. Sebastiani weist. Wir halten uns also rechts und streben auf den Buchenwald zu, der uns nun eine Zeit lang begleiten wird.

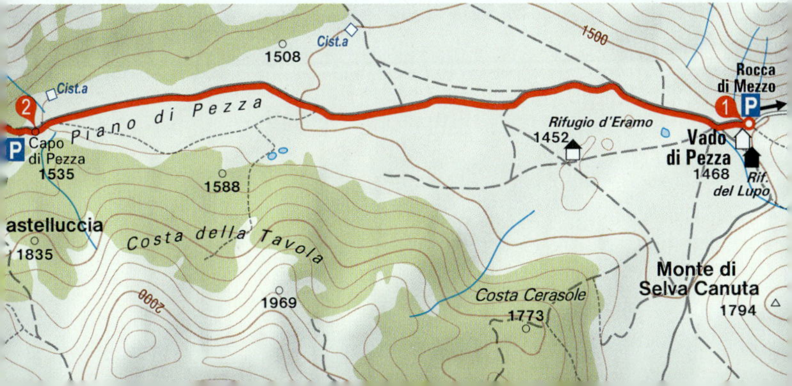

Eine gute Mulattiera führt uns leicht ansteigend durch den Wald. Nach einer guten halben Stunde Gehzeit ab Capo di Pezza erreichen wir eine kleine Lichtung mit einem großen Felsblock. Danach geht es weiter auf dem klar vorgegebenen Weg durch Wald mit teils riesigen Buchen, bis die Mulattiera bald darauf endet. Wir wandern auf einem Bergsteig auf der rechten Talseite des bachlosen Valle Cerchiata leicht ansteigend hinauf und betreten dann den großen freien Kessel des **Valle Cerchiata (3)** (1790 m). Wenige Minuten oberhalb befindet sich eine Wegverzweigung mit Wegtafeln. Dort halten wir uns rechts (links zweigt die Route zum Monte Velino ab), gehen wieder in den Buchenwald hinein (Mark.-Nr. 1A) und über Serpentinen aufwärts (schöner Panoramapunkt am Weg). Wir verlassen bald den Wald und steigen über ein paar Geländestufen höher. Auf der linken Seite erhebt sich ein steiler Felsabbruch, der der bewaldeten Berglandschaft einen besonderen Akzent verleiht. Rechts erheben sich die Felsen der Cimata di Pezza, die weiter oben von der Cimata di Puzzillo abgelöst werden.
Wir erreichen die Grathöhe und genießen den Blick ins Valle di Puzzillo; links sehen wir bereits das **Rifugio V. Sebastiani (4)**, das von den Felswänden der Costone della Cerasa überragt wird. Wir wandern nun über einige Serpentinen in einer Linksschleife in wenigen Minuten hinauf zur schützenden Unterkunft auf dem freien »Colletto di Pezza«.
Abstieg: Von der Hütte folgen wir linker Hand einem Bergsteig (Wegweiser; rot-weiß markiert) hinauf zu einem Metallgerüst. Dann um die »Ecke« und in

An unserem Ausgangspunkt in Vado di Pezza; links das gleichnamige Rifugio.

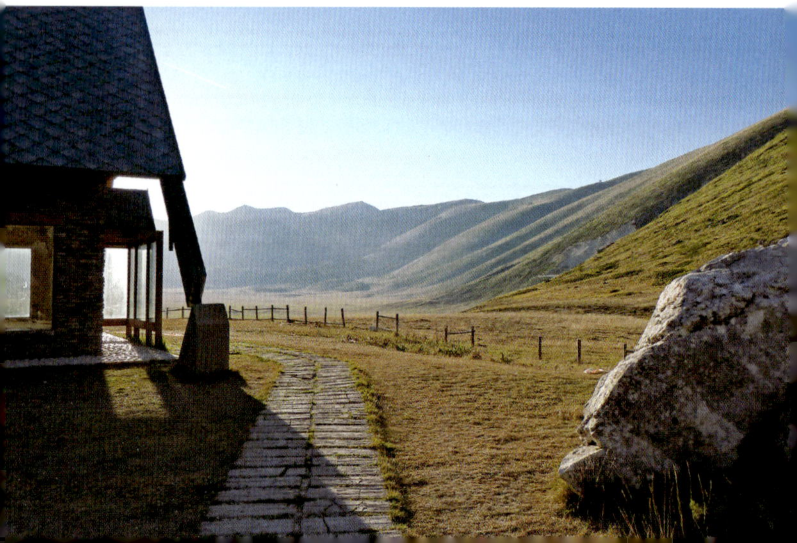

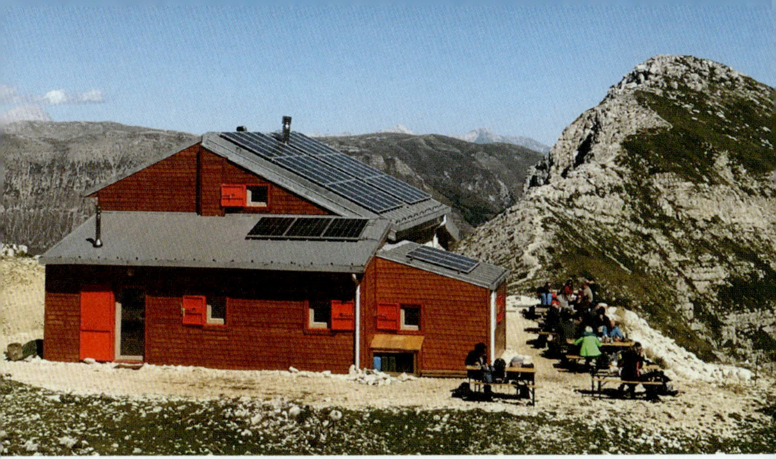

Das Rifugio V. Sebastiani, eine der wenigen bewirtschafteten Hütten in den Abruzzen; sie wurde im Jahr 2022 umfassend renoviert.

südwestlicher Richtung durch den steil abfallenden Berghang leicht ansteigend durch Schrofengelände hinauf zu einer Grathöhe. Auf dieser links weiter und hinüber zu einer Wegverzweigung vor dem **Colle dell'Orso (5)** (2175 m). Dort ist dann auch der höchste Punkt unserer Wanderung erreicht. Wir verlassen nun die Höhe (rechts haltend geht es weiter zum Monte Velino) und steigen links haltend auf dem markierten Pfad über Serpentinen durch blockreiches Gelände hinunter in einen Hochtalkessel. Dann über eine Geländestufe durch den Wald hinab und rechts haltend durch buckliges Gelände (Mark. gelb-rot und rot-weiß) und über weitere Geländestufen hinab, bis wir wieder freies Gelände erreichen. An einem kleinen Hain vorbei und zuletzt begleitet von einigen Buchen erreichen wir links haltend die Wegverzweigung im **Valle Cerchiata (3)**, wo wir wieder auf unseren Anstiegsweg stoßen. Wir gehen dort rechts, wandern dann in einer Dreiviertelstunde hinab zum **Capo di Pezza (2)** und folgen dort der Piste über den Piano di Pezza zurück zum Ausgangspunkt in **Vado di Pezza (1)**.

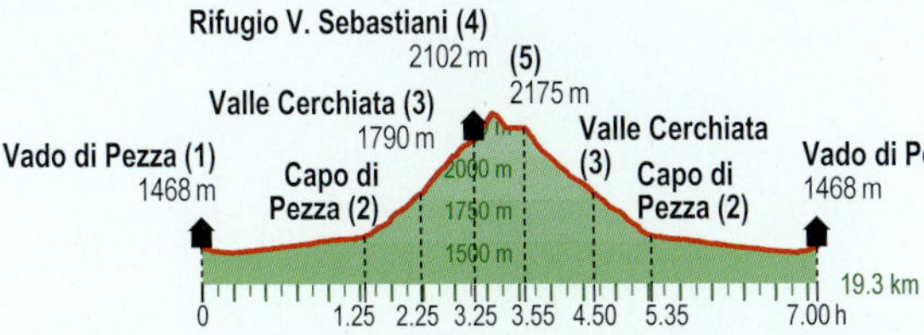

TOP **60**

Zu den »Pagliare« von Tione degli Abruzzi

5.15 Std.

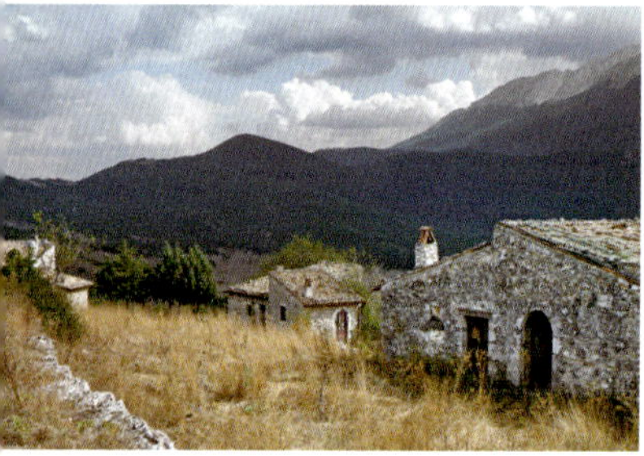

Historische Saisondörfer der Hirten über dem Valle Aterno

Hoch über dem Valle Aterno haben sich einige Dörfer erhalten, die aufgrund des Bevölkerungsdrucks in den tiefer gelegenen Tälern saisonal für die Viehweide (Schafe, Ziegen, auch einige Kühe und Esel), aber auch für den Getreideanbau und für das Dreschen genutzt wurden. Diese sogenannten »Pagliare« (Paglia = Stroh), die auch in anderen Teilen der Provinz L'Aquila zu finden waren, konnten früher nur über Maultierwege erreicht werden. Die Pagliare di Fontécchio und die Pagliare di Tione sind zwei besonders gute Beispiele, die wir auf einer schönen Rundtour besuchen können. Teilweise sind diese Siedlungen noch komplett erhalten, wenngleich im Verfall begriffen, teilweise wurden sie auch restauriert. Bei den Pagliare di Fontécchio finden wir sogar eine kleine Kirche vor. Einige Infotafeln weisen uns auf die Geschichte und die Bedeutung dieser Dörfer hin.

Die Pagliare di Tione (oben) und die Pagliare di Fontécchio (unten) dienten früher als Sommerdörfer.

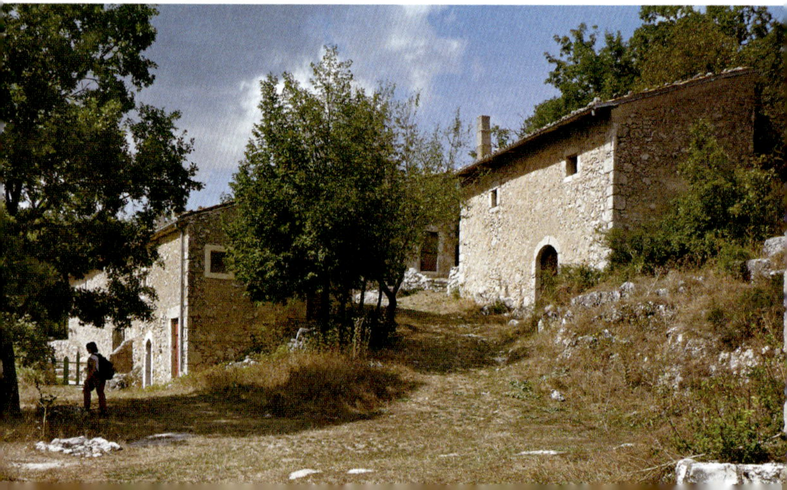

Talort: Fontécchio (668 m). Dorf und Gemeinde im Valle Aterno mit etwa 290 Einwohnern im Regionalpark Sirente-Velino. Sehenswert sind der alte Brunnen in der Ortsmitte sowie einige alte Palazzi.
Ausgangspunkt: Stazione di Fontécchio (528 m). Anfahrt: A 24, Ausfahrt L'Aquila Est, dann auf der SS 17 Richtung Pescara, nach 17 km Abfahrt in Richtung San Demetrio und auf der SS 262 nach Fontécchio. Oder Anfahrt auf der A 25, Ausfahrt Pratola Peligna, dann über Raiano ins Valle Aterno bis Fontécchio; am nordwestlichen Ortsende Abfahrt zur tiefer gelegenen Bahnstation Stazione di Fontécchio; dort, am Ende der Teerstraße, parken (3 km von Fontécchio). Anfahrt mit Bahn möglich.
Markierungen: Rot-weiß sowie einige Wegweiser. Infotafel mit Karte bei den Pagliare di Fontécchio.
Höhenunterschied: 850 Hm im Aufstieg wie im Abstieg.
Anforderungen: Leichte Wanderung. Zu Beginn Wirtschaftsweg, dann Bergwanderweg und Bergpfade; auf den Pagliare und beim Abstieg ins Tal Wirtschaftswege und Fahrsträßchen. Nach Erreichen der Hochfläche etwas Orientierungssinn erforderlich, da der Weg etwas überwachsen ist.
Einkehr und Unterkunft: Unterwegs keine. In Fontécchio: Bars und Alimentari sowie »Ristorante del Rio«, Ristorante »Il Sirente« und Trattoria »La Fontana« (regionale Küche). Übernachten: B&B »La Torre«, B&B »La Costarella«, B&B »La Capinera«, B&B »Dal Conte«, B&B »La Locanda del Paese«, »Casa Torre del Cornone« (Appartments und Zimmer), »Casa Fulè« (Zimmer). In San Pio di Fontécchio: Albergo diffuso »Il Borgo« und »Alle Vecchie Querce«.

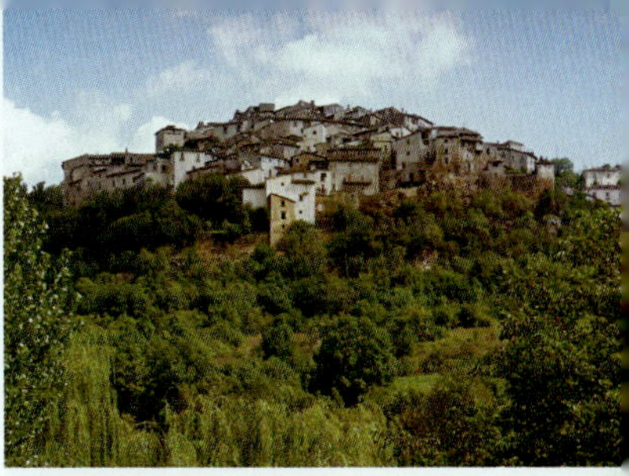

Fontécchio hoch über dem Aternotal.

Variante: Zwischen den beiden Pagliare gibt es einen Verbindungsweg parallel zum Wirtschaftsweg, der allerdings etwas schwer zu finden ist. Bei der kleinen Kirche gehen wir rechts und folgen ein paar Hundert Meter einem alten Wirtschaftsweg; bei der Weggabelung gehen wir dann spitzwinkelig nach links und folgen diesem zu den Pagliare di Tione.
Hinweis: Der Haltepunkt der Bahn in Stazione di Fontécchio (Bahnlinie Sulmona – L'Aquila) wurde aufgelassen.
Tipp: In Fontécchio gibt es ein neues Studienzentrum zur Fauna des Regionalparks Sirente-Velino mit dem Schwerpunkt Rehe: Centro Visite del Capriolo.

Vom kleinen **Parkplatz (1)** an der **Stazione di Fontécchio** folgen wir kurz dem unbefestigten Wirtschaftssträßchen in Fahrtrichtung bis zu einer kleinen, mittelalterlichen Brücke. Direkt gegenüber beginnt ein alter **Maultierweg (2)** (Wegweiser »Pagliare«), auf dem wir an einer Trockensteinmauer entlang bergwärts wandern. Zuerst in direkter Linie durch Wald und einige Lichtungen hinauf, dann biegt der Weg leicht nach links und führt über viele kurze Serpentinen höher. Bei **P. 778** verzweigt sich der Weg; wir gehen links haltend weiter. Gelegentlich bietet sich durch den dichten Wald aus Eichen und Niederholz ein freier Blick über das Valle Aterno hinweg auf das gegenüberliegende Fontécchio. Nach einer Rechtsbiegung folgen zahlreiche Serpentinen durch die Terra Lucigno, bis wir nach einiger Anstrengung das

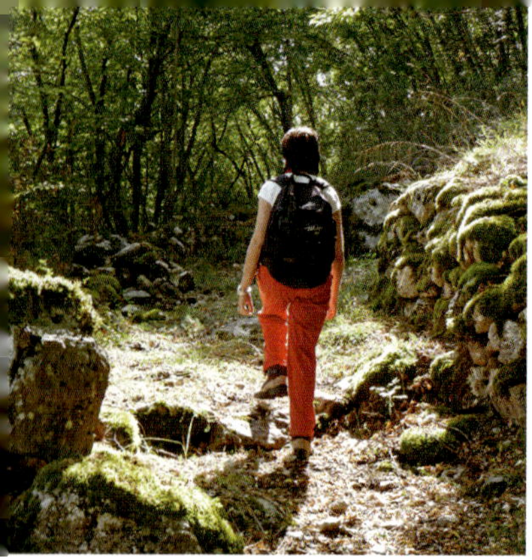

Die alte Mulattiera zur Hochfläche.

Hochplateau erreichen, auf dem sich die Pagliare befinden. Beim Wegpunkt **»La Croce« (3)**, der durch ein schlichtes großes weißes Kreuz markiert ist, müssen wir nun den Pfad suchen, der (markiert, aber im ersten Teil überwachsen) links haltend über die bucklige und mittlerweile mit lichtem Wald bewachsene Ebene zum **Wirtschaftsweg (4)** führt, über den heute die weitgehend verlassenen »Sommerdörfer« erreicht werden. Wir halten uns kurz links und wandern dann rechts hinab zu den **Pagliare di**

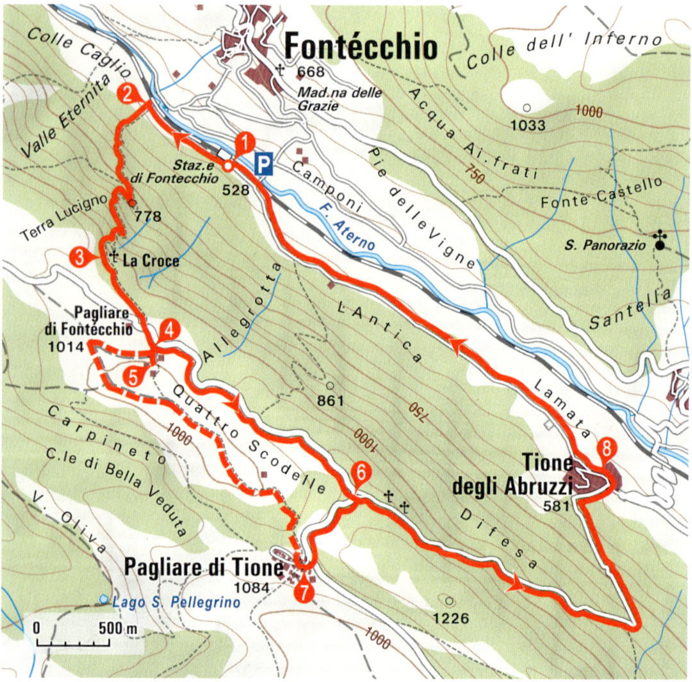

Fontécchio (5). Unter den verstreut liegenden Häusern findet sich auch eine kleine Kirche. Am Eingang zum Dorf wurden neue Infotafeln aufgestellt, die auch einen Ortsplan enthalten.

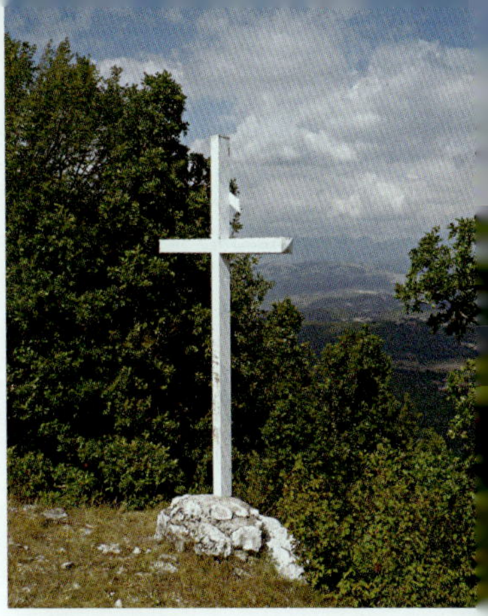

Am Kreuz endet der steile Anstieg aus dem Tal.

Nach einem Rundgang kehren wir zum oberhalb entlangführenden Sträßchen **(4)** zurück und folgen diesem nach rechts. Wir wandern am oberen Rand des kleinen Hochtales entlang, passieren dabei die »Quattro Scodelle« (= die vier Suppenschüsseln) und stoßen auf eine **Straßengabelung (6)**. Dort halten wir uns rechts und wandern hinüber zu den bereits sichtbaren **Pagliare di Tione (7)**. Dieses kleine Dorf liegt auf einer kleinen Anhöhe und ist deutlich größer als das vorhergehende; man sieht noch die große Zisterne, den Dreschboden und viele kleine, teils eingestürzte Häuser – ein Platz zum Rasten und Schauen. Und es ist nicht schwer, sich das Leben der Leute von damals vorzustellen. Gegenüber erheben sich die steilen Felswände der Sirente. Das Ganze – Landschaftseindruck und historische Bauten – entführt uns in eine andere Welt.

Rückweg: Falls wir längeres Wandern auf Teersträßchen vermeiden wollen, müssen wir auf dem Anstiegsweg zurück bis zum Ausgangspunkt.

Andernfalls gehen wir zurück bis zur **Straßengabelung (6)** und folgen rechts dem unbefestigten Wirtschaftsweg, der bald in einen Teerweg übergeht. Er führt uns zunächst durch Wald, dann durch freies Gelände mit gleichmäßigem Gefälle in einem weiten Linksbogen hinab nach **Tione degli Abruzzi**. Zunächst seitlich am Dorf vorbei, bis wir auf das Talsträßchen **(8)** stoßen. Dort halten wir uns links, wandern durch den Ort, verlassen diesen wieder und gehen immer geradeaus durch die Gemarkung »L'Antica« an dem kaum befahrenen Sträßchen entlang zurück zum Bahnhalt **Stazione di Fontécchio (1)**, unserem Ausgangspunkt.

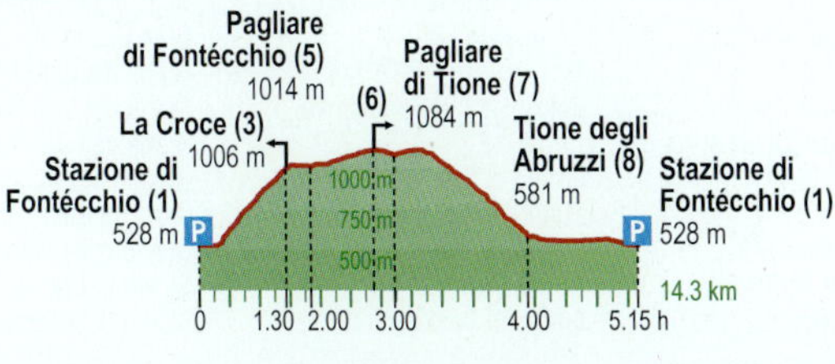

Stichwortverzeichnis

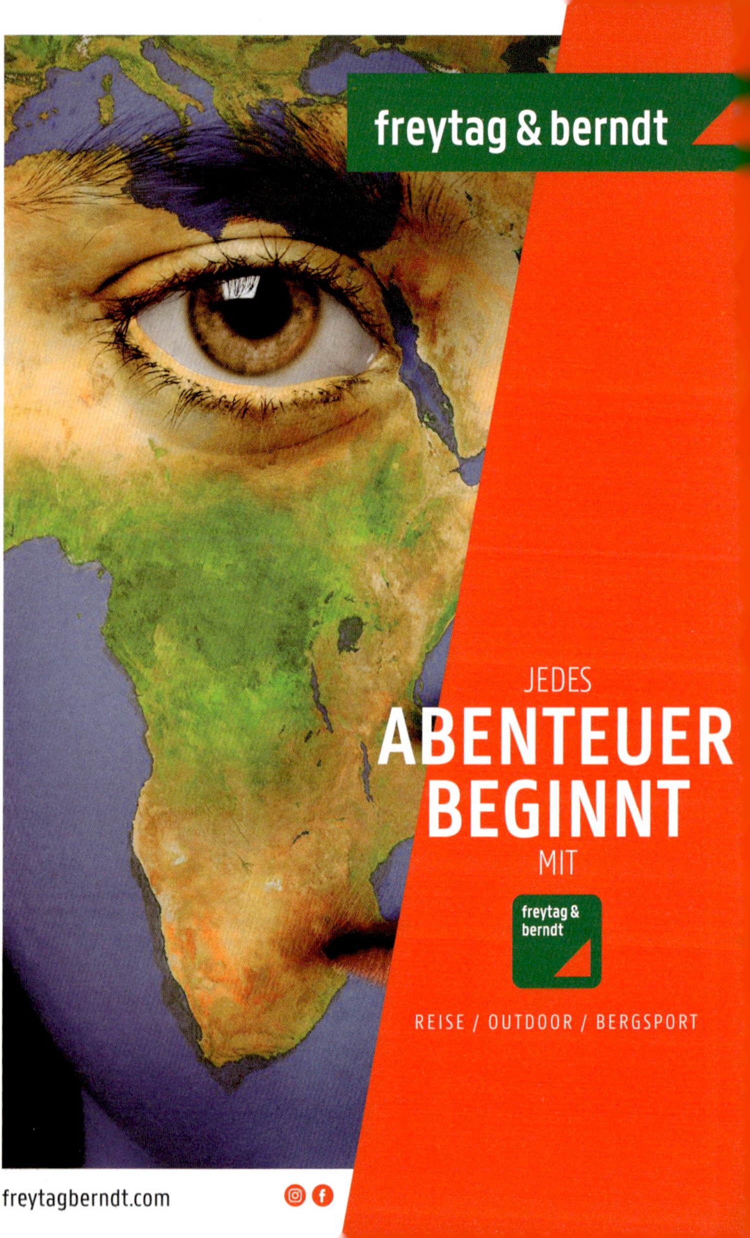
freytag & berndt
JEDES
ABENTEUER
BEGINNT
MIT
freytag & berndt
REISE / OUTDOOR / BERGSPORT
freytagberndt.com

Danken möchte ich allen Wegbegleitern auf zahlreichen Touren, besonders Tiziana Gualtieri und Peter Gebhardt, der so manchen guten Tipp beigesteuert hat, sowie Kirsten Schäfer.
Den Uffici Turistici Sulmona, den Nationalparkverwaltungen des Nationalparks Abruzzen sowie der Majella (insbesondere Nicola Scalzitti) gilt ein herzlicher Dank für die großartige Unterstützung bei der Erstellung dieses Führers.

R

S

T

Umschlagbild: Anversa degli Abruzzi.

Bild im Innentitel: Blick von Barrèa über den gleichnamigen See zu den Gipfeln des Nationalparks Abruzzen.

Bild S. 2: Die Kirche Santa Maria della Pietà – im Hintergrund der Gran Sasso.

Bild S. 36/37: Auf dem Campo Imperatore weiden im Sommer auch heute noch Schafe und Kühe. Noch vor 100 Jahren wurden Hunderttausende Schafe aus Apulien zu diesen saftigen Weiden getrieben. Der Corno Grande bewacht dieses großartige Idyll. In der Mitte des steilen Felsabbruchs sieht man den südlichsten Gletscher Europas, den Calderone.

Alle Fotos vom Autor, mit Ausnahme folgender Abbildungen:
G. Hohenester: S. 49, 62, 63, 64; Nationalpark Abruzzen: S. 17; E. Saggioro: S. 261; N. Scalzitti: S. 10, 119, 140, 156; K. Schäfer: S. 1, 35, 84, 85, 122, 126 o./u., 173, 176, 191, 193, 195, 196, 253, 254, 257.

Kartografie:
60 Wanderkärtchen im Maßstab 1:50.000 und 1:75.000
Geodaten © OpenStreetMap und Mitwirkende,
kartografisches Design: Freytag & Berndt Prag, freytagberndt.cz
zwei Übersichtskarten im Maßstab 1:800.000 und 1:1.430.000
© Freytag & Berndt, Wien

Werk-Nr.: 4013

3., aktualisierte Auflage 2023

ISBN 978-3-7633-4013-2

MIX
Papier | Fördert gute Waldnutzung
FSC® C147178

Wir freuen uns über jeden Korrekturhinweis zu diesem Wanderführer!
Bitte per E-Mail an: leserzuschrift@rother.de

ROTHER BERGVERLAG · München
D-82041 Oberhaching · Keltenring 17 · Tel. +49 89 608669-0 · rother.de